Pourquoi
j'aime tant
l'Alsace

COLLECTION « FIGURES D'ALSACE »
dirigée par Bernard Reumaux

FRÈRE MÉDARD
L'Alsace fidèle à elle-même ?

PIERRE PFLIMLIN
Itinéraires d'un Européen
Entretiens avec Jean-Louis English et Daniel Riot

MGR LÉON-ARTHUR ELCHINGER
L'âme de l'Alsace et son avenir

MARCEL RUDLOFF
Souvenirs pour demain
Entretiens avec Alain Howiller

DANIEL HOEFFEL
En trois points et quelques autres...
Entretiens avec Michel Stourm

HUBERT HAENEL
De facteur à sénateur, chemin faisant...

ALAIN HOWILLER
L'Europe au cœur

SIMONE MORGENTHALER
Ces années-là...

JACQUES-HENRY GROS
Au fil du siècle

MICHEL HOEFFEL
Pasteur de tout cœur

PIERRE KARLI
Devenir un Homme

BERNARD-THIERRY MIEG
BTM. Écrits, souvenirs et témoignages
Ouvrage dirigé par Lucien Cendré

PIERRE BOCKEL
L'aumônier de la liberté
Par Daniel Froville

www.nueebleue.com

Mgr Joseph Doré

Avec la collaboration de Bernard Xibaut

Préface de Mgr Jean-Pierre Grallet
Archevêque de Strasbourg

Pourquoi j'aime tant l'Alsace

Souvenirs et réflexions

Figures d'Alsace

La Nuée Bleue

Photographie de couverture : Aude Boissaye / Studio Cui-Cui

ISBN 978-2-7165-0839-1

PRÉFACE

Un livre d'amour et de passion

par Mgr Jean-Pierre Grallet
Archevêque de Strasbourg

« Pourquoi donc aimez-vous tant l'Alsace ? » demanda-t-on souvent à Mgr Doré au cours de son épiscopat strasbourgeois. Question reprise par sa famille et ses amis nantais, qui finirent par s'habituer : « Avec Joseph, il n'y en a que pour l'Alsace ! »

Ce livre de Joseph Doré est un livre d'amour et de passion, d'aveu et d'engagement. « J'ai donc décidé de m'expliquer sur l'Alsace et, plus précisément, sur mon attachement à elle, sur mon amour pour elle », confie-t-il dès les premières pages. « À la faveur des quelque dix années de ma présence et de mon action en Alsace, je l'ai maintes fois arpentée en tous les sens ; et la possibilité m'a été donnée de la "rencontrer" suffisamment pour l'aimer tout entière et de tout cœur. » La subjectivité des sentiments, fervents et fidèles, n'empêche pas l'objectivité des descriptions, méthodiques et exhaustives. Mgr Doré a écrit ce livre, me semble-t-il, pour trois raisons essentielles : témoigner de l'alliance établie entre un évêque et le peuple qui lui est confié, rendre compte de la beauté d'une région, et rendre compte enfin de l'amabilité de ses membres...

L'alliance entre un évêque et les fidèles qui lui sont confiés n'est pas un vain mot. En étant nommé archevêque de Strasbourg en 1997, Mgr Joseph Doré reçut une mission importante : servir l'Église qui est en Alsace, se soucier de tous ses membres, les enseigner, les guider, les soutenir, présider leur prière et veiller à leur unité, bref, les servir et les aimer, comme le Christ servit et aima ses disciples, comme les apôtres le firent à sa suite, et comme leurs successeurs s'y appliqueront à leur tour. Belle et exigeante mission sur laquelle veille le Christ lui-même par le don, toujours actuel, de son Esprit. Belle et exigeante mission qu'assuma Joseph Doré durant dix années bien remplies, années d'ardeur, de service constant et de mutuel attachement. Lors de l'ordination épiscopale, un anneau, signe de fidélité, est remis au nouvel évêque. En le recevant, Joseph Doré acceptait la fidélité à la mission et le lien d'alliance conclu entre lui et le peuple chrétien d'Alsace.

Comment un évêque pourrait-il exercer son ministère sans aimer profondément ceux qui lui sont confiés ? Bien évidemment, devenant leur archevêque, Mgr Doré témoigna un intérêt, un dévouement et un amour sincère à l'Église d'Alsace et à tous les Alsaciens, et ceux-ci le lui rendirent. Le livre nous relate de multiples preuves de cette mutuelle affection. Citons, par exemple, la spontanéité de cette dame découvrant son archevêque se promenant, en famille, dans les rues d'Eguisheim : « Vous êtes bien Mgr Doré ? Vous êtes donc mon évêque, puisque je suis alsacienne... Alors, puis-je vous embrasser ? » L'élan simple et affectueux de cette femme, que Mgr Doré accueillera comme « le baiser de l'Alsace », dit bien le lien fort et réciproque de l'esprit et du cœur, unissant l'archevêque et ses diocésains, Mgr Doré et les Alsaciens. De cela, je fus très souvent témoin, lorsque j'étais évêque auxiliaire de Mgr Doré. De cette estime et de cette affection mutuelles, je suis désormais l'héritier. Héritage d'hier, et généreux échange d'aujourd'hui que j'accueille avec humilité et reconnaissance émue.

L'autre grande raison de l'amour de Joseph Doré pour l'Alsace est double : elle tient au grand charme de cette région et à l'évidente amabilité des Alsaciens. Pour démontrer cela, Mgr Doré décrit avec ampleur et précision toutes les richesses de la région : sa terre, son histoire, ses institutions, ses grandes ressources économiques, culturelles et intellectuelles, sa vie cultuelle aussi, à laquelle il a abondamment participé. Rien n'échappe à l'attention de Mgr Doré : l'habitat et ses charmes, la cuisine et ses saveurs, la langue et ses particularités, la variété et le prestige de ses vins, l'abondance de ses fêtes, religieuses et profanes, la multiplicité de ses associations...

L'archevêque émérite se souvient des grands événements auxquels il a participé, et qu'il a souvent suscités, au sein de l'Église catholique, dans ses rencontres œcuméniques ou ses relations avec les responsables politiques locaux, territoriaux ou nationaux et les responsables de la vie culturelle, en particulier pour valoriser la cathédrale de Strasbourg, ce joyau qu'il saluera comme une grâce !

Au cœur de cette région, de ses institutions et de ses réalisations économiques, culturelles et religieuses, il y a des hommes et des femmes d'Alsace. Mgr Doré se souvient d'eux, en salue un grand nombre – ceux qu'il a bien connus et ceux que, depuis son départ d'Alsace en 2007, je côtoie désormais avec bonheur : prêtres, évêques et collaborateurs ecclésiaux, multiples personnalités civiles reconnues pour leurs qualités humaines, professionnelles et morales. C'est eux dont je souligne l'amabilité, au sens où ils sont, à l'évidence, aimants et aimables, attachants et reconnaissants... « Vous avez bien compris l'Alsace ; maintenant, vous êtes vraiment un évêque alsacien », avaient dit des Alsaciens à Mgr Doré après son homélie, si délicate à prononcer, lors d'un voyage de mémoire à Oradour (homélie entièrement retransmise par notre télévision régionale). Ces mots allèrent droit au cœur de Mgr Doré. Il ne les a pas oubliés.

La préface à cet ouvrage, j'ai spontanément accepté de l'écrire en signe de gratitude envers Mgr Doré, mon aîné qui me fit l'honneur et la confiance de m'appeler à ses côtés, et à qui j'ai succédé, à la demande du Pape, pour servir ce beau diocèse d'Alsace. C'est donc tout à la fois un signe de sincère reconnaissance, et de respectueuse et cordiale fraternité que j'adresse à mon illustre prédécesseur. C'est aussi un signe de la « succession apostolique », du lien qui unit un évêque à un autre dans le service d'un même peuple...

Comme le fit Mgr Doré dans ce livre, en saluant ses prédécesseurs et son successeur, je fais de même à son égard, en le saluant avec gratitude : merci, cher père Doré ! Et, bien spontanément, j'ajoute : merci à l'Alsace, merci aux Alsaciens !

OUVERTURE

Par amour de l'Alsace

Ce livre : pourquoi ?

Dimanche 2 septembre 2012. La célébration de l'ordination épiscopale touche à sa fin. Guidé par l'archevêque, le nouvel évêque auxiliaire est descendu dans la nef de la cathédrale pour s'avancer à la rencontre du Peuple de Dieu, et lui donner sa bénédiction. Les grandes orgues éclatent en sons majestueux sous les doigts agiles de leur titulaire, tandis que la procession sillonne les allées du grand vaisseau. Je connais ce rituel par cœur : je l'ai vécu ici même le 23 novembre 1997, jour de ma propre ordination épiscopale ; et je l'ai pratiqué ensuite deux fois comme archevêque, avec chacun des deux auxiliaires qui m'ont été donnés : Mgr Christian Kratz, le 14 janvier 2001, et Mgr Jean-Pierre Grallet, le 23 octobre 2004.

Le même Jean-Pierre Grallet conduit aujourd'hui son nouvel auxiliaire au milieu de la foule des diocésains. L'élu est Mgr Vincent Dollmann, dont j'avais aussi fait l'un de mes proches collaborateurs en le nommant directeur au grand séminaire – fonction pour laquelle j'ai toute estime, puisque dès 1962 j'ai rejoint la Compagnie des prêtres de Saint-Sulpice, spécialisés comme l'on sait dans la formation des prêtres.

Je réalise soudain le caractère étrange de la situation : celui que j'avais choisi comme évêque auxiliaire est désormais mon successeur, et le collaborateur qu'il s'adjoint a été – il est vrai d'une autre manière – d'abord le mien. C'est même la seconde fois que le schéma se reproduit à l'identique, puisque le 11 novembre 2008 déjà, j'ai participé dans les mêmes conditions à l'ordination épiscopale de

Mgr Vincent Jordy, également l'un de mes proches collaborateurs au grand séminaire avant de devenir lui aussi auxiliaire de Mgr Grallet. Quant à moi, c'est dans une position quelque peu inhabituelle que je me retrouve dans cette cathédrale où j'ai installé mon successeur le 13 mai 2007.

Cette fois-ci, je n'ai pas à y conduire l'action liturgique, avec toute la tension qu'entraîne la présidence d'une assemblée de près de deux mille fidèles qui attend légitimement de son pasteur la clarté de l'enseignement et l'assurance de la voix. Je n'occupe plus le siège en marbre griotte que j'ai fait installer à la faveur du réaménagement global du chœur achevé en novembre 2004. Je suis assis au premier rang, juste devant l'autel, face à la nef, au milieu d'autres évêques, à la droite du nonce apostolique en France, avec le prédécesseur duquel j'ai mené tant de négociations au cours de mes dix années d'épiscopat... Cette situation « centrale » me permet non seulement de suivre parfaitement le déroulement de la célébration, mais aussi de m'émerveiller à nouveau devant la splendide assemblée réunie pour la circonstance, et de contempler la grande rosace qui orne la façade de ce chef-d'œuvre de l'art gothique qu'est notre merveilleuse cathédrale.

Pendant le bon quart d'heure que dure la procession autour du nouvel évêque saluant l'un après l'autre les rangs de la nef, la tension se relâche dans un chœur momentanément déserté par les célébrants principaux du jour. Timidement, puis de façon plus marquée, certains évêques échangent quelques impressions avec leurs voisins, car la charge de l'épiscopat les retient le plus souvent dans leur diocèse respectif, ne leur permettant de se rencontrer que de manière épisodique. D'autres feuillettent le beau livret de célébration, un peu perplexes peut-être sur la prière concordataire qui vient d'être chantée ou sur le chant du *Grosser Gott* qui va suivre bientôt.

Pour ma part, je n'ai pas à m'étonner des particularismes de la liturgie alsacienne, car j'ai appris à en connaître et à en apprécier toutes les subtilités. Du reste, je n'ai guère le cœur à bavarder, même sur des questions sérieuses, avec les confrères qui m'entourent. Je suppose que je n'étonnerai pas trop mon lecteur si je lui confie que j'éprouve des sentiments mêlés de joie et de tristesse, en ce jour où je retrouve autrement et la cathédrale, et le diocèse ! Finalement, je me dis que le mieux est encore pour moi, comme tout m'y porte du reste en ce moment, de me laisser aller à penser et à prier. Ou, plutôt, à adopter simultanément ces deux attitudes, car si la prière ne peut s'appuyer que sur les pensées de l'homme, comment les pensées qui m'habitent, moi, en ce moment précis, ne me conduiraient-elles pas tout naturellement à la prière ?

Et quel pourrait être, en cette heure si particulière, l'objet de ma pensée et de ma prière, si ce n'est cette Alsace que j'ai passionnément aimée et que j'aime toujours tant ? Certes, je ne suis pas né sur son sol et ce n'est pas là que j'aurai passé le plus grand nombre des années de ma vie. Pourtant, l'anneau que je porte toujours au doigt me rappelle que j'aurai été personnellement uni comme évêque à un seul diocèse, celui de Strasbourg, et que cette union demeure officiellement à travers le titre d'« archevêque émérite de Strasbourg » qui m'a été attribué par le pape à mon départ. Même si je peux comprendre l'utilisation d'évêchés disparus dans certaines titulatures épiscopales, je n'aurais pour ma part voulu aucune autre appellation : je serai jusqu'à ma mort rattaché au siège de Strasbourg. Je me trouve d'ailleurs en ce moment placé exactement à l'aplomb du caveau des évêques, où mon corps reposera un jour. L'indissolubilité du mariage compte pour moi, et j'ai uni ma vie à la vie de l'Église qui est en Alsace.

C'est dans ce cadre précis, tout de célébration et de méditation on le voit, que l'idée m'est venue, et que j'ai pris la décision de faire ce livre. La question à laquelle il se propose de répondre provient à la fois des autres et de moi. « Pourquoi donc aimez-vous tant l'Alsace ? » m'a-t-on souvent demandé au cours de mon épiscopat strasbourgeois. L'interrogation était d'abord formulée par mes collaborateurs, étonnés que je prenne la défense de tel aspect de la culture ou de la gastronomie locales, en des circonstances où eux-mêmes toléraient sans réaction que devant eux on les critique ou les dévalue. Cette même question m'a été tout particulièrement adressée de multiples fois après l'homélie d'Oradour, où j'ai invité, sur les lieux mêmes des atroces souffrances qui ont accablé les Limousins, à prendre aussi en compte les souffrances endurées de leur propre côté par les Alsaciens, victimes à leur manière de la même barbarie nazie. Il est également arrivé qu'on m'interroge, après la publication de tel ou tel livre dont j'étais l'auteur ou le sujet, sur ma constance à « défendre » comme je le faisais l'Alsace et les Alsaciens...

Mais cette interrogation venue de l'extérieur résonne aussi fortement à l'intérieur de moi-même. Venant à Strasbourg, j'ignorais à peu près tout de l'Alsace. Si j'étais fermement décidé à prendre le temps de la découverte du diocèse et à enraciner mon action dans le terrain particulier où elle était appelée à se déployer, je n'avais toutefois jamais envisagé de « tomber amoureux » de la région qui m'accueillait. Mais après tout, si l'image matrimoniale peut être appliquée aux relations entre un évêque et son diocèse, ne doit-on pas aller jusqu'au langage de l'amour ?

« Pourquoi j'aime tant l'Alsace ? » : cette question, je me la suis souvent posée alors que je sillonnais la région, de Wissembourg à Lucelle et des sommets des Vosges aux bords du Rhin. Je me la pose désormais régulièrement à Issy-les-Moulineaux, dans ce havre de calme où mes confrères sulpiciens m'ont accueilli lorsque la question de savoir où je résiderais s'est brusquement posée au moment de ma renonciation pour raisons de santé. Et voici encore que je me la pose aujourd'hui, dans cette cathédrale où je suis venu assister à l'ordination épiscopale d'un prêtre dont j'ai apprécié la collaboration, retrouvant à cette occasion tant d'autres prêtres, diacres, religieux et fidèles, dans la communion de cette grande célébration diocésaine.

M'interrogeant de cette manière, je n'oublie certes ni les fatigues que j'ai connues, ni les épreuves que j'ai rencontrées, ni les souffrances que j'ai eu à subir, et dont la première aura été une forme de disqualification, voire de rejet, en tant que *Hergelofener* (celui qui vient de l'extérieur), par une poignée d'individus d'ailleurs sans visage. Au long de mes années d'épiscopat, cette souffrance inattendue aura cependant été très rapidement effacée, d'abord, par ma vive communion personnelle aux souffrances endurées par les Alsaciens eux-mêmes, hier et aujourd'hui : avant tout, bien entendu, les dévastations des guerres, mais aussi, tout près de nous, les drames des grands accidents, des catastrophes naturelles, des fermetures de mines ou d'usines, des profanations de cimetières, etc. Elle aura été effacée surtout par les multiples preuves d'estime et d'affection qui m'ont été incessamment données, aussi bien par les dirigeants des instances régionales et départementales que par tant d'habitants de la région – et pas seulement catholiques – rencontrés à la faveur de mes nombreux déplacements dans toute l'Alsace. En passant par le grand nombre de confréries et d'associations, de cercles et de réseaux qui m'ont admis avec chaleur en leur sein... mais en commençant par les prêtres – et pas seulement ceux de mon entourage immédiat.

Oui, je peux et veux dire que j'aime l'Alsace. Mais je dois aussitôt ajouter que le miracle est bien plutôt, pour moi, que l'Alsace m'ait aimé. Et qu'elle veuille encore bien toujours m'aimer, si j'en juge par les fréquentes marques d'amitié qui me parviennent sous forme de chaleureux courriers, à l'occasion accompagnés de savoureuses gratifications alsaciennes. Le seul fait d'en reprendre conscience en ce moment même me touche d'ailleurs aux larmes – et je ne vois pas pourquoi je m'en cacherais.

« Pourquoi j'aime tant l'Alsace ? » : c'est donc cette question qui va faire l'objet de ce livre tout entier. Parce que j'ai le devoir de répondre à ceux qui me la posent, mais aussi parce que j'ai envie de me comprendre moi-même. Pour quelle obscure raison rien ne sera-t-il plus « comme avant » dans ma vie ? Comment est-il possible que je ne me conçoive désormais plus moi-même sans l'Alsace ?

Il y a maintenant un peu plus de six ans que je l'ai quittée. J'ai le sentiment que c'est une « bonne distance » chronologique pour me livrer à l'opération-vérité dont l'idée m'est venue dans les circonstances que je viens de dire. M'efforçant de faire ainsi la clarté sur un point qui me tient à cœur par-dessus tout, j'espère bien – entre autres – aider les trop nombreux Alsaciens qui hésitent encore à mettre en avant les richesses de leur région, à le faire sans se laisser piéger ou retenir par certains complexes hérités de l'histoire.

En ce qui me concerne en tout cas, je suis persuadé que les réponses que je vais tenter d'apporter feront grandir encore mon affection et mon estime pour cette terre qui a été et reste la mienne. Et aussi envers ses habitants, en qui je reconnais – s'ils veulent bien me permettre de les considérer effectivement comme tels – mes très proches et très chers compatriotes.

L'Alsace : comment ?

J'ai donc décidé de m'expliquer (d'abord avec moi-même) sur l'Alsace et, plus précisément, sur mon attachement à elle, sur mon amour pour elle. Mais comment le faire – je veux dire : selon quelles modalités et, surtout, selon quelles règles ?

De toute manière, il ne peut être question pour moi d'apprendre quoi que ce soit à qui que ce soit à son sujet. Il est clair que je suis loin de connaître tout ce qui la concerne. Je ne me reconnais donc ni compétence ni autorité pour vouloir enseigner quiconque y est né ou y a vécu plusieurs décennies avant que je vienne moi-même y résider. Et je me vois encore moins prétendre présenter une vision ou une théorie de cette région unique en France à ceux qui souhaitent partir à sa découverte.

Cela n'empêche pas que j'ai envie de m'exprimer amplement sur tout ce que j'ai vu, découvert et apprécié entre Vosges et Rhin, et que je souhaite n'en rien laisser de côté. La raison de me taire sur bien des points serait toute trouvée : je n'en suis pas spécialiste. Mais ce qui me porte à parler de *tous* a aussi du poids : ayant eu l'occasion de les apprécier l'un après l'autre, je souhaite n'en négliger aucun. Sans surfaire certes la connaissance que j'ai pu en acquérir, mais en ne manquant pas non plus de dûment les évoquer de mon mieux.

À la faveur des quelque dix années de ma présence et de mon action en Alsace, je l'ai maintes fois arpentée en tous les sens ; et la possibilité m'a été donnée de la rencontrer suffisamment pour l'aimer tout entière et de tout cœur. Comme, en somme, on en vient à aimer une personne très proche dont pourtant on ne connaît pas tout, et dont certaines limites peuvent aussi ne pas complètement nous échapper... Devrais-je, dans ces conditions, me justifier davantage de souhaiter m'exprimer sur l'Alsace en ne laissant autant que possible dans l'ombre aucun des aspects qui m'ont frappé dans son histoire, aucune des richesses qui m'ont séduit dans son présent ?

Pour parler, ainsi, de tout ce que j'ai découvert et apprécié concernant cette région unique, je ne me limiterai cependant pas à ce que j'ai enregistré et mémorisé au seul temps de mon séjour sur place, de l'automne 1997 à l'été 2007. Je m'en rapporterai aussi non seulement à tout ce que j'ai mieux compris de l'Alsace, mais encore à tout ce que j'ai bel et bien appris sur elle depuis mon retour en région parisienne.

Avec le petit décalage d'un jour, je reçois en effet régulièrement les *Dernières Nouvelles d'Alsace.* Je les lis avec grand intérêt : à travers ce quotidien, c'est quotidiennement l'Alsace qui vient à moi. Je parcours avec attention chaque numéro, et peu d'entrefilets échappent à ma lecture. Je m'attarde chaque lundi aux « Chuchotements » sur la vie politique locale comme si j'étais encore sur place. Et je ne manque pas, chaque fois que j'en ai la possibilité, de fréquenter aussi *L'Alsace*. Surtout, je m'intéresse aux événements signalés et aux analyses présentées ; je suis aussi la progression des grands dossiers touchant la région : avenir des aéroports, prolongement du/des TGV, abandon du grand contournement ouest de Strasbourg, que sais-je ? D'une certaine manière même, disposant de plus de temps que lorsque j'étais en pleine activité, je suis souvent informé d'une manière plus approfondie que naguère concernant bien des « choses de l'Alsace ». Chaque semaine me parvient aussi *L'Ami hebdo*, dans sa nouvelle et attachante formule qui ne me laisse rien ignorer de ce qui s'est passé de significatif du nord au sud de la région. À leur rythme mensuel, je reçois également les revues diocésaines : *L'Église en Alsace*, *Carrefours d'Alsace* et *Caecilia.* Chaque année, je suis encore destinataire de l'*Almanach Sainte-Odile* et de l'*Annuaire diocésain*. Pour faire bonne mesure, j'ajoute que je n'ai pas manqué de poursuivre mon abonnement à la *Revue des sciences religieuses*, que publie trimestriellement notre faculté locale de théologie.

Par ces diverses lectures, je me trouve correctement informé de tous les détails de la vie politique, économique, culturelle, religieuse, et même théologique, de la région. Je relève aussi ce qui concerne les personnes et personnalités : élections, changements d'affectation, arrivées, départs, promotions, mariages, décès... Plus généralement, je suis les débats en cours, les projets qui sont formulés, les évolutions qui se dessinent... Mais je reste aussi attentif aux fêtes organisées dans les villages, aux horaires des offices dans les pèlerinages – je les ai tous fréquentés –, et jusqu'à la météo dans le vignoble alsacien.

Chaque jour, à l'aide d'une longue paire de ciseaux – cadeau d'une Alsacienne –, je sélectionne les nombreux articles qui retiennent ainsi mon attention : la nomination d'un responsable civil ou ecclésial, la fermeture d'une entreprise, un projet d'aménagement touristique, une chronique gastronomique, le point de vue éclairé d'un lecteur... Toutes ces coupures, sélectionnées, amassées et classées depuis quasiment mon départ, ont largement accompagné ma mémoire dans la rédaction des chapitres que l'on va lire. Elles vont bien entendu beaucoup enrichir et préciser les souvenirs enregistrés et les notes accumulées par ailleurs, tout au long de mon séjour sur place.

Ces diverses indications me permettent de répondre avec clarté à la seconde question liminaire. Après avoir exposé pourquoi j'ai décidé d'écrire sur l'Alsace, je vais maintenant pouvoir indiquer comment exactement je me propose de le faire.

Il m'a paru de toute manière nécessaire de commencer par préciser ce qu'il en est de mon propre rapport à la région : comment il s'est noué, quelles formes il a prises jusqu'à aujourd'hui, en vertu de quoi exactement il me conduit à parler de l'Alsace et, au bout du compte, à m'en déclarer amoureux comme le fait sans ambages le titre de ce livre. J'ai bien conscience que ce rapport est très personnel, donc très particulier. Mais j'ose dire qu'en somme il m'a permis d'accéder à ce que je crois pouvoir appeler « l'âme de l'Alsace ». Puisque dès lors il a tout déterminé de mon regard sur l'Alsace et de mon lien à elle, il s'imposait bel et bien que j'en fasse état en premier.

Suivra une série de chapitres dont chacun abordera l'Alsace sous un aspect particulier ; on verra vite que, mettant en valeur à chaque fois la spécificité de notre région, il exposera du même coup ce qui peut justement porter à l'aimer.

Seront d'abord présentées ce que, faute de mieux, j'appellerais bien les « coordonnées générales » : le pays, l'histoire, le cadre politique (chapitres 2, 3, 4). Viendra alors tout ce qui se déploie entre Vosges et Rhin dans les principaux champs de l'activité humaine, depuis les métiers de la terre jusqu'au commerce, en passant bien sûr par l'artisanat et l'industrie (chapitres 5, 6, 7). La suite immédiate sera consacrée aux valeurs (au sens large) de l'Alsace : potentialités de la communication, patrimoine artistique, dimension religieuse, en leurs nombreux aspects (chapitres 8, 9, 10). Une dernière étape ouvrira l'horizon sur les atouts, chances et voies d'avenir (chapitres 11, 12 et envoi).

On ne s'étonnera sans doute guère qu'en tout cela je fasse place à l'histoire de notre région et à son régime politique, à son patrimoine artistique, à ses richesses et particularités religieuses. Peut-être sera-t-on en revanche quelque peu surpris de voir l'ancien archevêque s'arrêter, entre autres, à l'agriculture et à l'écologie, à l'artisanat et à l'industrie, et même aux infrastructures et communications...

... Mais c'est un fait que, et comme citoyen, et comme évêque, j'ai bel et bien eu à connaître de tous ces aspects *aussi* de l'Alsace et de la vie en Alsace ! À un titre ou à un autre, je n'ai pas pu m'empêcher de ressentir au moins une impression à leur sujet, et donc de me découvrir « concerné » par eux. J'estime que n'en rien dire risquerait de donner à penser que j'aurais pu vivre en Alsace en quelque sorte «hors sol» et «hors réalité». Or, j'ai suffisamment seriné à tous mes collaborateurs que *«les conditions d'une chose appartiennent à la chose»*, pour n'en pas tirer moi-même, en l'occurrence, des conclusions précises. Cela dit, je répète que ce que je me risquerai à dire n'entend aucunement exprimer la seule et totale vérité de tout ce dont je parlerai. Je ne suis ni un chef d'entreprise ni un économiste, ni un spécialiste des voies de communication ni un préfet – et j'en ai bien conscience. Il se trouve seulement que j'ai eu quelque peu à connaître des domaines et situations sur lesquels toutes ces compétences exercent leurs responsabilités respectives, que bien sûr je respecte. J'ai au moins envie de dire comment j'ai ressenti et apprécié tout ce qui a été accompli, et dans quelle mesure cela a contribué chez moi à cet amour pour l'Alsace sur lequel ce livre tout entier s'interroge et que, par-dessus tout, il veut éclairer.

En fin de parcours, je me contenterai de proposer quelques remarques sur différents aspects de ce que je crois pouvoir désigner comme «le rayonnement de l'Alsace». Je serai heureux de les soumettre à mon lecteur avant de prendre congé de lui, afin de l'inviter à participer davantage encore, si possible, à ce sentiment résolu (parce que motivé!) qui aura porté toutes ces pages et que je ne crains pas, pour ma part, d'appeler l'amour de l'Alsace.

CHAPITRE 1

Un rapport très personnel à l'Alsace

L'Alsace « avant » l'Alsace

La grande fête de l'ordination épiscopale pour laquelle je suis venu à Strasbourg est maintenant terminée. Un peu las, je me retrouve seul dans le petit appartement du rez-de-chaussée de l'immeuble tout proche de l'archevêché où je passerai la nuit. Je reste un long moment assis à la table qui sert de bureau, et jette déjà, à chaud, quelques impressions sur le papier, en vue de l'ouvrage dans la rédaction duquel je viens de décider de me lancer...

Comme j'ai souvent eu l'occasion de le dire et de l'écrire, je connaissais somme toute peu de choses de l'Alsace avant d'y être envoyé, mais ce peu de choses ne comprenait déjà – je le jure ! – que des réalités sympathiques. Et donc, j'avais beau ignorer presque tout de cette région de France, déjà je l'aimais. Je ne l'ai sans doute encore jamais aussi clairement réalisé qu'il m'est donné de le faire ici et maintenant.

Je l'aimais d'abord parce que mon père en parlait toujours avec un grand respect : il était de cette génération qui avait souffert de la séparation de « l'Alsace-Lorraine » et qui gardait les yeux fixés sur « la ligne bleue des Vosges ». Alors qu'il n'avait pourtant que dix ans, le retour de ces deux provinces dans la mère-patrie en 1918 l'avait, nous disait-il, empli de joie. Au moins tous ces morts dont les noms étaient gravés sur les monuments aux morts de tous nos villages n'avaient-ils pas fait en vain le sacrifice de leur vie, comme il était arrivé à l'un de ses propres frères de devoir le faire. Dans toute ma famille, on avait dès lors de l'Alsace une image positive et admirative qui déjà me frappait, et qui a grandi encore après la Libération qui a suivi la Deuxième Guerre mondiale.

La région est par ailleurs présente de multiples manières dans mes plus lointains souvenirs d'enfant. Ce sont d'abord des souvenirs littéraires, à travers le fameux récit de *La dernière classe* d'un instituteur alsacien, magistralement rapporté par Alphonse Daudet, et que je connaissais pratiquement par cœur. Mais je pense aussi au *Tour de la France par deux enfants*, dont les épisodes me captivaient, en même temps qu'ils m'émouvaient profondément, tant, à l'école primaire que je fréquentais, je m'étais attaché au destin mouvementé des deux frères André et Julien.

S'ajoutent des souvenirs visuels, à travers la fameuse plaque ovale des Mines de potasse d'Alsace où figurent les deux symboles majeurs de la cigogne et de la cathédrale, et que, tout enfant, j'ai aperçu en plusieurs exemplaires dans le magasin d'engrais proche de notre maison. J'ai été très ému lorsqu'il m'a été donné, bien plus tard, de descendre au fond de la mine Amélie de Wittelsheim (la dernière à avoir été en activité, et alors en instance de fermeture), puis lorsqu'au moment de mon départ j'ai reçu, de l'un de mes vicaires épiscopaux, le père Jean-Pierre Fohrer, une reproduction de cette fameuse plaque. Elle orne désormais l'une de mes pièces au séminaire d'Issy-les-Moulineaux. Çà et là, sur mes étagères, quelques morceaux de potasse brute commémorent d'ailleurs également ma mémorable descente aux profondeurs de la terre, en même temps qu'ils m'évoquent la Communauté de paroisses judicieusement nommée « Sel de la terre », première de celles que j'ai « reconnues » dans le diocèse...

Il y a encore des souvenirs gustatifs. Après la fin de la guerre de 1939-1945, quand une certaine aisance fut revenue chez nous, un de nos amis, qui avait été prisonnier outre-Rhin, nous initia au « vin d'Alsace » (au singulier !). Il s'agissait de gewurztraminer. Nous butions quelque peu sur la prononciation du mot, mais un éclair passait dans les yeux et il y avait de l'allégresse dans l'air, et du sourire sur les visages, aussitôt qu'on annonçait « *du* vin d'Alsace »... comme si l'on ne pouvait dès ce moment se retenir d'anticiper sur le plaisir qu'en procurerait à coup sûr la dégustation ! Pour rester dans le gustatif, je dois aussi souligner que ma sœur Madeleine s'était très tôt employée à fournir la vaisselle familiale d'assiettes et de verres frappés au coin de la pure authenticité alsacienne : assiettes des Faïenceries Obernai et verres au grand pied vert !

Des souvenirs sonores hantent enfin ma mémoire : quelques mesures de plusieurs chansons sur l'Alsace qui retentissaient immanquablement à la fin de tous nos repas de famille. En juillet 1997, quand l'une de ces chansons a été entonnée par ma cousine Maria à la fin d'un repas de la grande famille, et alors que personne, à l'exception de mes deux sœurs, ne connaissait la nouvelle de ma nomination à Strasbourg, je n'ai pu contenir un moment d'émotion. Et je resterai longtemps marqué par le fait que, célébrant mon jubilé sacerdotal en septembre 2011 dans le pays nantais de mon origine (avec la participation de plusieurs Alsaciens), j'ai eu la grande surprise de voir et d'entendre mes deux sœurs, Madeleine et Suzanne, interpréter une « douce chanson d'Alsace », connue d'elles et de moi depuis toujours, et tout simplement intitulée *Carillon d'Alsace* :

> « Toi qui pars, je voudrais mon ami
> Que tu passes par l'Alsace.
> Tu verras qu'il est beau mon pays,
> Plein de grâce et d'esprit [...] »

Une fois prêtre, mes chemins ont croisé, à un moment ou à l'autre, ceux de plusieurs Alsaciens. Je pense en particulier à cette Sélestadienne, mariée à un professeur de droit de l'Université de Strasbourg, que je rencontrais chaque année en Auvergne. Elle tenait l'harmonium du lieu de pèlerinage marial où j'étais chapelain tout le mois de septembre – et comme elle faisait bien la promotion de son Alsace !

Dans le cadre de mes activités d'enseignant en théologie, j'ai aussi eu nécessairement affaire aux collègues des deux facultés de théologie, catholique et protestante, de Strasbourg. Des noms viennent spontanément à ma mémoire : Cyril Vogel, le liturgiste ; Antoine Chavasse, le dogmaticien ; Joseph Schmitt, l'exégète ; Maurice Nédoncelle, le philosophe personnaliste. Et je n'oublie pas les protestants : Marc Lienhard, Gérard Siegwalt, André Birmelé et Gabriel Vahanian ! Plusieurs fois invité à prendre part à des jurys de thèse, j'ai vite pris mes habitudes au café Brant, pour relire une dernière fois mes notes avant la soutenance et peaufiner les questions que je poserais au candidat. Je croisais dans ces jurys des Alsaciens comme Simon Knaebel, mais aussi plusieurs collègues originaires de l'Ouest comme Marc Michel ou Jean-Paul Resweber. Avec eux tous, et aussi avec Maurice Sachot et Charles Wackenheim, j'ai même collaboré à la préparation de l'un des tomes du *Manuel de théologie* que j'ai dirigé au tournant des années 1980-90 aux éditions Desclée et Cie.

Devenu doyen de la faculté de théologie de l'Institut catholique de Paris, je participais bien sûr aux rencontres régulières organisées entre les six facultés de théologie de France, Strasbourg étant la seule à bénéficier d'un statut public d'État. À cette occasion, j'ai fréquenté avec joie et profit les doyens strasbourgeois Knaebel, Metzger, Schlosser et Deneken... Mais comment aurais-je alors pu imaginer que je deviendrais un jour chancelier de cette même faculté, donnant mon avis sur le recrutement de ses enseignants, participant à un grand nombre des colloques qui y seraient programmés, célébrant en 2003 le centenaire de sa fondation, et organisant en cet honneur, dans la résidence épiscopale, une réception solennelle (qui me fut bien «rendue» au moment de mon départ!) pour l'ensemble des enseignants, actifs ou retraités?

Malgré tout cela, qui ne représente assurément pas rien à mes yeux, je confirme ma première affirmation: je ne connaissais pratiquement rien de l'Alsace. En dehors du rare gewurz évoqué ci-dessus, je n'avais qu'une expérience très vague de ses produits, sauf à mentionner la choucroute et le sylvaner moyens servis au buffet de la gare de l'Est à Paris. Surtout, je ne savais quasiment rien de l'histoire si riche de la province des marches de l'Est, et n'avais qu'une approche quasiment caricaturale du Concordat.

C'est dans ce contexte que j'ai entendu, éberlué, le nonce s'adresser à moi un jour du début de juin 1997: «Le Saint-Père vous demande d'accepter la responsabilité d'archevêque de Strasbourg!» Si ma convocation par le représentant du pape pouvait légitimement me laisser subodorer une demande de ce genre, pas un seul instant je n'avais en tout cas envisagé qu'elle pût concerner Strasbourg. Telle a, en tout cas, été ma réponse: «Monseigneur, je ne suis pas sûr qu'il me sera possible de donner suite positive à votre demande...» À vrai dire, ma réticence aurait été la même s'il s'était agi de devenir évêque auxiliaire ou titulaire d'un moins grand diocèse; mais je dois bien confesser que le fait qu'il se soit agi précisément de Strasbourg compliquait grandement le «non» auquel j'étais porté: on ne se moquait certes pas de moi en me faisant pareille proposition ! Je me suis alors brusquement souvenu que moins d'un an auparavant, en novembre 1996, alors que je venais de présenter aux évêques français réunis à Lourdes la fameuse *Lettre aux catholiques de France*, l'archevêque de Strasbourg Mgr Brand, qui m'avait bien sûr entendu, s'était approché de moi et m'avait discrètement glissé à l'oreille : « Beau programme pour un diocèse ! » Mais je n'avais sur le moment aucunement fait le lien avec le fait qu'on était alors en train de lui chercher un successeur...

J'ai su plus tard que le cardinal Lustiger (qui était membre de la Congrégation des évêques) était dès le départ au courant de ce qui se tramait dans mon dos. Il aurait paraît-il souhaité, trois ans auparavant, que je devienne recteur de l'Institut catholique de Paris ; mais les évêques fondateurs avaient choisi autrement, « afin de [me] garder pour la théologie ». Peut-être est-ce à la suite de cet épisode que l'archevêque de Paris en était venu à nourrir l'espoir que je puisse un jour être nommé évêque, et en un lieu qui fût « en lien avec la théologie », selon l'expression un jour entendue de sa propre bouche ?

Lors de la première Assemblée épiscopale de Lourdes que j'ai vécue comme évêque, plusieurs amis devenus confrères m'interpellèrent avec des sentiments étonnés : « Toi en Alsace ? Comment vas-tu te débrouiller avec "leur" Concordat ? » Plus tard, il est arrivé qu'on interprète mon élection au Conseil permanent, la première depuis l'origine d'un évêque alsacien ou mosellan, comme une manière de reconnaître la légitimité et l'intérêt de la situation concordataire. Je note en tout cas que, assez naturellement semble-t-il, mon successeur Mgr Jean-Pierre Grallet a été élu, à son tour, dans cette instance animatrice de l'Assemblée des évêques de France. Je m'en suis d'autant plus réjoui que la chose n'allait vraiment pas de soi lorsque je suis devenu archevêque de Strasbourg, tant la situation du diocèse d'Alsace paraissait, malgré tout, marquée d'une certaine « exceptionnalité », avec la conséquence que son titulaire n'était guère susceptible de se voir consulté sur les affaires concernant l'ensemble de l'Église de notre pays.

Je serais incomplet si, pour terminer cette évocation de ce que fut pour moi l'Alsace *avant* l'Alsace, je ne mentionnais pas la figure de Mgr Jean-Julien Weber, sulpicien comme moi, rencontré à l'automne 1963 à la Procure générale de Saint-Sulpice, via delle

Quattro Fontane à Rome. Il participait à la deuxième session du concile Vatican II, tandis que je préparais mon doctorat sur place et fréquentais l'Institut biblique pontifical... Mais comment aurais-je pu imaginer à l'époque que je lui succéderais, trente-cinq ans plus tard, au siège de Strasbourg ? Après mon ordination épiscopale en novembre 1997, le supérieur général de Saint-Sulpice me confia la croix pectorale que mon anté-pré-prédécesseur avait par testament léguée à la Compagnie, qui la lui avait offerte au moment de sa propre ordination comme évêque. Il va de soi qu'après ma mort, cette croix retournera dûment au lieu d'où elle m'est venue ; mais d'ici là, c'est avec honneur et fierté que je l'aurai portée (dans les grandes circonstances, faut-il le préciser).

L'entrée : par la cathédrale

La nuit passée dans l'immeuble jouxtant l'archevêché après l'ordination épiscopale pour laquelle je suis venu à Strasbourg a été pauvre en sommeil, mais riche de toutes sortes de pensées. Alors que le train s'éloigne à présent de la capitale alsacienne, il m'est donné de porter un dernier regard sur la cathédrale, ainsi que je le fais, à l'aller comme au retour, à chacune de mes brèves visites. En achetant mes billets sur Internet, je veille en effet à choisir autant que possible, à l'aller, un siège dans le sens de la marche et, au retour, un siège en sens inverse – placés de telle sorte que je découvre la cathédrale le plus tôt possible sur le *Hin*, et qu'elle disparaisse de mes yeux le plus tard possible sur le *Zurück*. Monument le plus haut de la chrétienté pendant plusieurs siècles, la cathédrale signale à elle seule, dès que vous l'apercevez, que vous êtes arrivé à Strasbourg, mais aussi, lorsque sa vue s'estompe, que vous avez maintenant quitté la ville dont elle est l'emblème. Une fois de plus, je viens d'y vivre des moments intenses. Pour moi, d'une certaine manière, l'Alsace et sa cathédrale se confondent, puisque j'ai découvert l'une et l'autre ensemble – ou bien, plutôt, la première par la seconde.

Je revois comme si c'était hier ce dimanche du début de l'automne 1964 durant lequel j'ai fait halte à Strasbourg sur la route de Münster (en Westphalie), où mes supérieurs sulpiciens m'envoyaient compléter, après Rome, mes études théologiques. C'était ma toute première rencontre avec Strasbourg et l'Alsace. Il m'avait alors paru évident que je n'avais rien de mieux à faire, en ce dimanche matin là, que de rejoindre la messe de onze heures à la cathédrale. Or, au moment où j'entrai ainsi pour la première fois dans l'édifice, un dominicain prêchait dans la merveilleuse chaire de pierre que je n'avais pas encore identifiée comme étant celle du grand Geiler. Je m'approchai discrètement – et je reconnus... le père Congar ! Le moment fut marquant pour moi puisque ma première rencontre avec l'Alsace (déjà, donc, par sa cathédrale !) me plaçait face à l'un des plus grands théologiens français du XXe siècle. Oui, ce dominicain comme il y en eut tant à Strasbourg et en Alsace à travers les siècles, ce grand témoin qui avait fait la Seconde Guerre mondiale comme officier et à qui Mgr Weber avait offert asile en son diocèse au temps des dénonciations intégristes qu'il avait dû subir ; oui, Yves-Marie Congar était bel et bien là devant moi, en train de prêcher dans la prestigieuse chaire du grand Geiler de Kaysersberg, et nous étions au temps du concile Vatican II, où il était expert ! Comment n'aurais-je pas été grandement impressionné, en ma toute première venue à Strasbourg, par l'accumulation de tant de données, dont chacune éveillait en moi tant d'échos ?

Avant de poursuivre ma route vers Münster (où j'allais être l'auditeur du professeur Joseph Ratzinger), j'ai encore pris, après la messe, le temps d'admirer quelques-unes des merveilles de la cathédrale, marquant successivement un temps d'arrêt devant l'horloge astronomique, les vitraux du bas-côté sud, les fameuses statues de l'Église et de la Synagogue adossées au portail sud et, pour finir, devant les portails de la façade, en levant les yeux vers (j'ose reprendre ici Péguy parlant, lui, de Chartres) « la flèche unique au monde, la flèche irréprochable et qui ne peut faillir » ! Je ne pouvais pas me douter que ce premier contact serait suivi de bien d'autres, et combien plus intenses encore.

Une seconde « brève rencontre » avec la cathédrale me marqua cependant aussi, entre-temps. C'était durant l'été 1997. Ma nomination comme archevêque du lieu était encore tenue secrète, pour laisser aux complexes procédures concordataires le temps de se déployer. Impatient de voir, au cœur de la ville où j'étais appelé à résider, la cathédrale qui m'accueillerait, j'avais fait incognito le voyage de Strasbourg, seulement accompagné d'un ami cher. Dès mon arrivée dans l'édifice, où nous nous sommes rendus bien sûr en premier, je me suis assis dans le haut de la nef, le souffle coupé. J'y suis resté longtemps silencieux, perdu dans mes méditations – et surpris déjà, mais j'y reviendrai, de ne pas voir de cathèdre dans le chœur. Mon collègue finissant par éprouver quelque impatience, il réussit à m'entraîner pour une déambulation un peu incertaine à travers les rues environnantes... mais je voulais aussi voir à quoi ressemblait l'archevêché: nous nous y sommes rendus en rasant les murs! En prime, il me fut d'ailleurs donné de découvrir: la plaque de marbre signalant, rue des Écrivains, l'immeuble où naquit Gustave Doré; et, dans la liste des «généraux nés à Strasbourg» affichée place Broglie à l'entrée du mess des officiers, le nom du général Émile-Paul Doré, né lui-même à Strasbourg... et qui n'est autre que le petit frère de Gustave! Même si, malgré l'homonymie, je ne me connais aucun lien de parenté directe avec eux, j'eus tout à coup le sentiment fort de n'être plus tout à fait, en cette ville, un étranger. Je ne pus reprendre le train sans avoir une fois encore contemplé la splendide façade de grès rose. En attendant de la revoir quelques semaines plus tard (je ne savais pas combien), lorsque ma nomination serait officialisée – mais cette fois sans plus jamais la perdre aussi longtemps de vue... jusqu'à ce qu'arrive le bien triste moment de la quitter.

Vint le 23 novembre, date de mon ordination épiscopale. Ce jour-là, allongé de tout mon long, face au sol, sur le dallage du chœur, j'ai entendu dans la plus grande émotion défiler le nom d'un certain nombre des saints d'Alsace, sur la belle mélodie de Michel Wackenheim qui résonne toujours dans mon cœur, la chorale et l'assemblée reprenant inlassablement le refrain «Priez pour nous». À ce moment particulier, j'ai réalisé que, en ce lieu-là, en cette Église-là, je venais m'inscrire dans la succession des Apôtres, «pour devenir avec eux témoin de la Résurrection», selon l'expression du livre des Actes au moment de l'élection de Matthias, le treizième Apôtre. Si je me suis certes relevé physiquement à la fin de la litanie, je dois bien reconnaître en revanche que je ne me suis toujours pas relevé du choc existentiel que j'ai alors éprouvé, à cause du lien direct qui était désormais établi dans ma vie avec le Jésus de l'histoire grâce au grand mystère de la succession apostolique dans laquelle je venais d'être sacramentellement introduit. Que cette réalité, qui avait fait jusque-là l'objet de mon étude et de mon enseignement, soit alors entrée dans ma propre existence m'a définitivement marqué. Or cela n'advint, pour moi, nulle part ailleurs que dans la cathédrale de Strasbourg.

J'ai retrouvé le dallage de la cathédrale quelques mois plus tard, plus précisément le Vendredi saint suivant. Je raconte dans *La grâce de vivre* (Bayard, 2005) combien cet office, vécu à l'heure même de la mort de Jésus dans un édifice archi-plein grâce au congé traditionnel en Alsace, m'a à son tour bouleversé. À l'ouverture de la célébration, dans un silence impressionnant, de nouveau allongé de tout mon long, j'ai alors complété ma découverte du jour de l'ordination : si j'étais devenu évêque, pasteur du Peuple de Dieu qui est en Alsace, je ne pourrais effectivement l'être qu'en portant avec lui et pour lui la Croix de Jésus. Des difficultés et des épreuves avaient certes déjà marqué mon ministère antérieur ; elles m'avaient déjà fait expérimenter que cette Croix qu'il nous arrive d'avoir à porter, *elle nous porte aussi.* La suite de mon ministère, en Alsace cette fois, le confirmera pour sa part. Je me rappelle que la première fois où je le rencontrai après ma nomination – c'était sur l'esplanade de Lourdes –, le cardinal Lustiger m'avait dit : « Je me réjouis beaucoup que vous ayez accepté d'aller à Strasbourg ; mais, vous le savez bien, il y aura aussi la Croix... »

Ce dallage du chœur de notre cathédrale, il m'a été donné de le refaire quelques années plus tard, en même temps du reste que nous réaménagions l'ensemble du « mobilier de célébration ». Ce furent de grands travaux, qui d'ailleurs me donnèrent l'occasion de belles collaborations avec tous les partenaires concernés, de la Direction régionale des affaires culturelles jusqu'au ministère de la Culture, en passant bien sûr par la préfecture de région et la municipalité strasbourgeoise. J'avais insisté pour que l'inauguration solennelle, comportant consécration d'un nouvel autel, pût avoir lieu le jour même du soixantième anniversaire de la Libération de Strasbourg, le 23 novembre 2004 (et jour anniversaire, je le rappelle, de ma propre ordination sur place comme évêque en 1997). Accompagné des diverses autorités de l'Alsace, le premier ministre Jean-Pierre Raffarin siégeait au premier rang. À mon invitation, le cardinal Karl Lehmann, archevêque de Mayence et président de la Conférence des évêques d'Allemagne, et le cardinal Jean-Marie Lustiger, archevêque de Paris, prirent la parole au début de la messe solennelle que j'allais présider : ils déclarèrent ce que l'événement, et leur rencontre à cette occasion, représentaient pour eux. Quant à moi, je soulignai dans mon homélie que la Libération de 1944 avait bel et bien été aussi celle de la cathédrale ; et je me fis un devoir de rappeler que la commémoration que, sur le nouvel autel, nous allions faire du sacrifice du Christ était pour nous une invitation nette à faire dûment mémoire de ceux de nos pères et de nos frères qui n'avaient pas craint de verser leur sang pour notre propre vie.

À ce point, je ne puis que souligner ce qui est devenu pour moi une évidence : après avoir donc été le lieu de mon tout premier contact avec l'Alsace (simplement touristique en somme) plus de trente ans avant que j'y devienne évêque, la cathédrale de Strasbourg a été pour moi, sept ans après mon ordination épiscopale, au plus fort de mon engagement d'évêque sur place, le lieu d'une intervention d'une haute portée à la fois symbolique, théologique et pastorale. Non seulement en effet les grands travaux évoqués à l'instant permirent de belles collaborations avec nombre d'instances officielles ; non seulement ils furent inaugurés dans le cadre d'une commémoration significative tant sur le plan historique que du point de vue politique ; mais, de surcroît, leur résultat fut d'inscrire dans la pierre de ce prestigieux monument un message exprimant clairement la nature de la mission épiscopale appelée à s'exercer, de fait à partir de ce lieu référentiel, par rapport à l'ensemble du diocèse.

Ces grands travaux ne furent en effet pas entrepris pour de simples raisons de mode ou de commodité ! Il n'y avait pas de cathèdre fixe dans l'édifice ; en contre-plaqué, l'autel était évidemment toujours provisoire ; lieu de proclamation de la Parole de Dieu, l'ambon ne se distinguait pas du simple pupitre d'animation ; enfin, pour diverses raisons (hauteur du chœur et garde-corps de presque un mètre à son entrée), la vue était, pour les fidèles, considérablement réduite sur l'action liturgique elle-même.

Dans ces conditions, procéder au réaménagement du chœur de la cathédrale, c'était – dans l'esprit même du concile Vatican II – à la fois : en instaurant un autel de pierre solidement ancré et donc pérenne, marquer la place centrale du Christ au cœur de toute la vie du diocèse ; en érigeant un ambon de la même pierre, mettre en avant l'importance décisive de la proclamation en ces lieux de la toute bienveillante et souveraine Parole de Dieu ; en installant en regard une cathèdre, faire apparaître que tout le sens du ministère de l'évêque est d'être au service de ces « deux Tables » que sont pour un diocèse la Parole et le Pain de la Vie ; en ouvrant la vue sur le chœur pour toute l'assemblée, donner à comprendre que tout ce qui se passe du côté des ministères dans l'Église n'a de sens qu'à appeler, et rendre possible, la participation effective de tous les membres du Peuple de Dieu.

Le 23 novembre 1997, je n'avais certes pas conscience de tout ce que je viens de rapporter concernant ce que je serais amené à vivre en Alsace, en relation avec la cathédrale ! Il est en revanche assez clair pour moi aujourd'hui que c'est bien *par elle* que je suis entré en Alsace, ainsi que l'annonce le titre de ce sous-chapitre, puisque c'est dans son cadre qu'a eu lieu cette célébration qui a inauguré l'ensemble de ma mission.

Cela exprimé, je pourrais passer tout de suite au sous-chapitre suivant, car, se proposant d'exposer que je n'ai été en Alsace que comme évêque, il s'inscrit dans la suite logique de ce que je viens de dire concernant la cathédrale où je le suis effectivement devenu. Avant toutefois d'y venir, quelques précisions me paraissent encore indiquées à propos de ce lieu où tout s'est joué pour moi.

Je veux d'abord souligner que ce fut pour moi un bonheur toujours renouvelé de revenir en ce haut lieu pour y présider les ordinations et la messe chrismale, les trois messes programmées le jour le Noël et le jour de Pâques, pour y prononcer des conférences d'Avent ou de Carême, pour y introduire des concerts ou d'autres manifestations, pour y accueillir et accompagner des visiteurs officiels ou non, et pour y présider un grand nombre de festivités : du centenaire de la Caritas diocésaine à ceux de la faculté de théologie et de l'Union Sainte-Cécile, mais aussi du cent cinquantième anniversaire de la proclamation du dogme de l'Immaculée Conception au quarantième de l'adoption de la constitution de Vatican II sur la liturgie.

À chaque fois ce fut la même joie d'être là pour une assemblée célébrante, confessante et chantante, afin d'accueillir avec elle la Parole de Dieu et de partager pour elle le Pain de Dieu. À chaque fois ce fut, aussi, le même sentiment de présider à la communion de toute l'Église diocésaine – ce qui, je le relève en passant, m'a précisément porté à utiliser volontiers, à côté de la désignation traditionnelle d'évêque/archevêque de Strasbourg, celle d'évêque/archevêque d'Alsace.

Je souhaite en deuxième lieu préciser que, malgré cet attachement sans réserve, et motivé comme j'ai dit, à la cathédrale, mon amour pour elle est toujours resté « chaste » ; je veux dire que je n'ai jamais employé l'expression « *ma* cathédrale » (tout comme à Paris, je n'ai jamais dit « *ma* faculté »). J'ai même failli me fâcher tout rouge lorsqu'un hebdomadaire catholique bien intentionné me l'a attribuée, alors que j'avais pris grand soin de l'éviter tout au long de l'interview que l'on rapportait. Je tiens d'ailleurs à rappeler ici que j'étais très loin d'être seul à m'occuper de la cathédrale. Outre le chapitre qui y siège et y prie de droit, et outre les nombreuses personnes intervenant dans son entretien et son animation, il y avait les membres des chorales et leurs chefs, les organistes, les sacristains, les surveillants... et bien sûr l'intendant : ma reconnaissance les concerne tous. Mais je dois et veux souligner surtout deux collaborations qui furent à la fois fréquentes et fécondes : avec l'archiprêtre Bernard Eckert d'abord, avec qui la relation fut confiante et heureuse ; et plus largement avec le conseil de fabrique, auquel je dois nombre d'avis judicieux et un soutien constant.

Tout le reste étant dit, on me permettra d'ajouter que je ne cesse de me féliciter d'avoir eu l'idée de consacrer à notre cathédrale un ouvrage monumental digne d'elle[1]. Mon départ n'étant alors nullement programmé, ce projet aurait pu se trouver compromis lorsque je dus quitter ma charge. Nous avons néanmoins pu mener à bien le chantier après mon retour sur Paris. Parmi les multiples réactions qui m'ont été formulées lors de mes nombreuses séances de dédicaces dans les librairies d'Alsace, je retiens la parole de cette femme qui m'a déclaré, en me regardant droit dans les yeux : « Monseigneur, je vous en ai voulu lorsque j'ai appris votre départ de chez nous. Mais, maintenant que je vois ce que vous avez fait pour notre cathédrale, je comprends bien que vous nous aimez. »

Cet ouvrage ayant remporté un grand succès, il est devenu le premier d'une collection tout entière consacrée aux cathédrales de France, sous le titre d'abord choisi pour celle de Strasbourg : *La grâce d'une cathédrale*. Me laisserai-je cependant aller à confier ici que, pour moi, « la cathédrale » (au singulier), c'est toujours et d'abord la nôtre ? D'ailleurs, grâce à cette collection de fait lancée (sans que je le sache alors !) avec l'ouvrage publié en 2007, je n'ai pas tout à fait quitté l'Alsace, puisque son éditeur est La Nuée Bleue, rattaché comme l'on sait aux *Dernières Nouvelles d'Alsace*

1. Il s'agit évidemment de *La grâce d'une cathédrale*, qui devait paraître en novembre 2007 à La Nuée Bleue.

et domicilié au 3, rue Saint-Pierre-le-Jeune à Strasbourg : les nécessités de la collaboration éditoriale avec M. Bernard Reumaux et son équipe – dont sa fille Mathilde, que je tiens aussi à mentionner nommément – entraînent nécessairement plusieurs aller-retour chaque année !

Me permettra-t-on enfin, en conclusion de ce sous-chapitre spécifiquement consacré à la cathédrale, de rappeler que le jour venu, je serai enterré, aux côtés de mes prédécesseurs dans la charge apostolique, sous ce même dallage du chœur où je me suis prosterné comme je l'ai dit, et que j'ai été conduit à réaménager ? Je résiderai alors, pour y demeurer dans mon corps jusqu'à la Résurrection des morts, dans le lieu où, pour l'évêque que j'ai été appelé à devenir et suis toujours, tout a bel et bien commencé.

Il me paraît très significatif que les évêques soient de la sorte enterrés, et reposent dans le lieu même qui a été celui de leur enseignement de la foi chrétienne. Car, si le *credo* dont ils se sont efforcés de témoigner commence par un « Je crois » décidé : « Je crois en Dieu le Père [...] et en Jésus-Christ, son Fils unique [...] et en l'Esprit saint [...] », il s'achève sur un non moins clair « Et j'attends [...] ». Comme tout croyant en Jésus le Christ, *j'attendrai* moi aussi, dans la paix de l'espérance, l'exaucement de ce que j'aurai confessé, comme tout le monde, dans l'obscurité de la foi. Cette attente aura pour moi comme lieu la crypte de notre Notre-Dame de Strasbourg. Dieu, et son Église qui est en Alsace en soient bénis !

Évêque en Alsace

Le trajet de retour à Paris par le train s'est avéré propice à la méditation. Tout au long, je n'ai pas cessé de penser à ce qu'a (et aura) représenté pour moi le fait non seulement d'être moi-même un jour devenu évêque, mais de l'avoir été précisément en Alsace.

M'inscrivant à ce titre dans la succession apostolique, je me reconnais en premier lieu obligé à l'égard de mes prédécesseurs sur place. J'en ai déjà évoqué deux, d'ailleurs rencontrés en dehors de l'Alsace : Mgr Weber à Rome et Mgr Brand à Lourdes – lieux significatifs s'il en est ! J'aurai bien sûr à revenir sur le second, mais je n'ai pas encore évoqué Mgr Elchinger.

Mgr Léon-Arthur Elchinger, mon anté-prédécesseur, toujours vivant au moment de ma nomination, tint à être présent à mon ordination, mais je ne l'avais jamais rencontré auparavant. Il était établi, pour sa retraite, quasiment sur les lieux mêmes de son épiscopat actif, dans l'immeuble tout proche de la résidence de son successeur. Il me réserva un accueil très affectueux lorsque je lui rendis une visite de courtoisie quelques jours après mon arrivée. Se mettant à genoux, il me demanda de le bénir, avant de me donner longuement l'accolade. De ses propos, j'ai surtout retenu sa joie de ma venue en Alsace. « N'ayez aucune inquiétude de n'être pas alsacien », me dit-il, ajoutant après un bref silence : « D'ailleurs, vous êtes théologien. » Avouerai-je que je ne suis pas assuré d'avoir bien saisi la subtile logique qui le faisait raisonner ainsi ? En tout cas, la disposition d'esprit qui l'inspirait me parut évidente. Il enchaîna du reste en ajoutant que j'étais « quand même un peu connu dans la région ». Faisait-il allusion à Jean Kahn, président du Consistoire juif d'Alsace et du Consistoire de France, qui était son ami comme il sera le mien, et qui, avant même que ma nomination fût officialisée, m'avait écrit à « la Catho » de Paris pour m'en féliciter ?

À dire vrai, j'abordais Mgr Elchinger à travers les articles qu'encore vers cette époque il rédigeait dans *La France catholique.* Ils m'avaient donné de lui une image un peu à distance de celle que j'avais perçue en prenant connaissance de ses importantes interventions au Concile : il se révélait en effet désormais fort critique envers toutes les évolutions de la société moderne. Ses prises de position à l'égard des homosexuels avaient même fait craindre des manifestations d'hostilité susceptibles de perturber le déroulement de la célébration de mon ordination, comme il y en avait eu à d'autres occasions dans la cathédrale. Il n'en fut heureusement rien.

Sans s'attarder à me parler de mes autres prédécesseurs, il se montra bien plutôt préoccupé de souligner nombre de points qu'il estimait positifs dans la vie du diocèse, et dont il tenait à m'entretenir. Plusieurs des accents qu'il mettait dans son discours m'ont éclairé, notamment sur les tâches catéchétiques ou sur le Concile. À propos de ce dernier sujet, il formulait la réelle crainte que l'on s'écarte de plus en plus de tel ou tel enseignement pourtant à ses yeux fondamental.

Je me félicite d'avoir eu l'idée d'anticiper le quatre-vingt-dixième anniversaire de mon illustre prédécesseur en en joignant la célébration à celle du quarantième anniversaire de son épiscopat, le jour de Pâques 1998. Il a en effet ainsi pu présider et prêcher une dernière fois, en présence d'une belle assemblée de fidèles, dans la cathédrale où, quelques mois plus tard seulement, nous avons eu à célébrer ses obsèques le jour même qui aurait marqué l'anniversaire de sa naissance à Soufflenheim le 2 juillet 1908.

Si Mgr Elchinger était visiblement heureux de ma venue à Strasbourg, j'ai eu après sa mort l'agréable surprise de découvrir qu'il m'avait légué les chasubles qu'avaient confectionnées à son intention les bénédictines hollandaises un temps établies à Klingenthal. Comme lui, j'ai systématiquement porté ces précieuses chasubles durant tout mon épiscopat à la messe du matin dans la chapelle de l'archevêché. J'ai ensuite cru pouvoir les prendre avec moi à Issy, dans la mesure où elles m'étaient personnellement affectées. Je les revêts chaque fois que je préside la messe chez les toutes proches bénédictines du couvent Sainte-Bathilde de Vanves, où elles sont présentement déposées. Elles sont bien entendu destinées à retourner en Alsace, et je sais où, après mon propre décès.

Pour ce qui concerne Mgr Charles-Amarin Brand, j'ai déjà eu l'occasion d'évoquer ma première rencontre avec lui à Lourdes, et les mystérieuses paroles qu'il m'avait alors adressées, avec un regard que je n'avais aucunement su interpréter sur le moment.

Mon second contact avec mon immédiat prédécesseur fut téléphonique. C'était au courant de l'été 1997. Ma nomination était signée depuis juin, mais elle ne devait être rendue publique qu'au mois d'octobre. Aux environs du 15 août, je mettais la dernière main à une livraison de mon Bulletin de théologie fondamentale de la revue *Recherches de science religieuse* qui allait être le dernier, lorsque mon téléphone sonna: «Ici Mgr Brand!» Alors que traînaient les procédures dans la torpeur de l'été, il prenait l'heureuse initiative de me proposer un premier rendez-vous incognito. La rencontre ne pouvant se faire discrètement ni à Paris sans éveiller les soupçons de la Catho, ni à Strasbourg sans soulever les commentaires du diocèse, il m'invitait en terrain «neutre», à mi-chemin, dans un restaurant choisi de Nancy. Je suis venu en train, lui-même étant conduit par son chauffeur, qui allait bientôt devenir le mien.

Nous avons fait connaissance et nous avons parlé de l'Alsace. Il m'a exprimé la grande impatience des diocésains concernant l'arrivée d'un nouvel évêque. Dans ses paroles, je n'ai relevé ni prescriptions ni mises en garde, mais j'ai recueilli différentes informations précises sur la vie du diocèse, avec une insistance marquée sur le régime local à préserver. La suite devait rapidement me faire comprendre l'importance toute particulière de ce dernier point.

Avant de partir, il me remit un chèque destiné à couvrir les frais de mon « équipement épiscopal ». Je ne disposais en effet pas d'une paroisse qui aurait pu mobiliser des contributions de divers ordres, même si l'Institut catholique et le curé de Saint-François-Xavier où je résidais se montrèrent généreux en m'offrant chacun une mitre, et si ma famille put se cotiser pour ma croix pectorale.

Avec Mgr Brand, quand ma nomination fut devenue officielle, nous nous sommes revus une fois, à Strasbourg. Il était venu avec son chauffeur me chercher à l'aéroport. Dès que la flèche de la cathédrale fut visible, il eut ce commentaire qui me prit totalement au dépourvu : « Voici votre cathédrale ! » Mais je fus plus surpris encore, au moment où nous entrions dans Strasbourg, de l'entendre comparer la ville à « un arrondissement de Paris ». L'idée ne m'en serait jamais venue.

J'eus sur le champ une brève rencontre de travail avec le Conseil épiscopal ; puis, après la messe concélébrée par nous deux à la chapelle de l'archevêché, il me convia à déjeuner et me retint une partie de l'après-midi. Il avait rédigé un certain nombre de fiches sur différents sujets ; il me les remit en les commentant. Nombre des indications et conseils qu'elles contenaient se sont révélés précieux pour moi par la suite.

Enfin, à l'avant-veille de mon ordination épiscopale, alors que je venais de m'installer à Strasbourg, nous avons abordé la question du déroulement de la célébration. Il eut l'élégance de me laisser trancher sur un point délicat, celui de la remise d'une crosse par l'un des prisonniers de la maison d'arrêt de l'Elsau qui l'avaient confectionnée. Fallait-il, à l'offertoire, l'apporter en procession à la suite des autres oblats ? Le jeu de l'orgue aurait alors empêché toute expression orale. J'ai choisi que la crosse vienne au contraire en tête de la procession, ce qui permit au prisonnier qui la portait, me saluant comme « Monseigneur Joseph », de se faire entendre de toute l'assemblée pour recommander à celle-ci cette partie méconnue du Peuple de Dieu qui, privée de liberté, réside dans nos prisons.

La matinée du lendemain de l'ordination fut consacrée à une dernière rencontre, de passation de consignes, dans ce qui était jusque-là la maison de mon prédécesseur et qui devenait la mienne. Il me présenta Michèle Cardoso, sa si compétente et si dévouée secrétaire qui allait devenir la mienne, puis telle personne dont il avait apprécié la collaboration et qu'il me recommandait. Nous avons ensuite de nouveau longuement parlé du diocèse. Je l'ai alors conduit à sa voiture personnelle et, sur une dernière embrassade, il est parti pour sa nouvelle résidence de Colmar. Après avoir ensuite brièvement déjeuné seul, je prenais aussitôt la route vers le mont Sainte-Odile pour y confier mon tout jeune ministère à la patronne de l'Alsace.

Trois semaines plus tard, à l'occasion de la Sainte-Odile justement, je me suis fait un devoir d'inviter mon prédécesseur sur le Mont pour le remercier de son accueil, aussi bien dans mon homélie à l'église que dans le toast que je portai à la fin du repas en ce haut lieu de l'Alsace où il m'avait précédé, y accueillant d'ailleurs Jean-Paul II en 1988.

Lorsque Mgr Brand publia un ouvrage de mémoires sous le titre *La paix du soir* (peut-être inspiré par le titre de Mgr Weber, *Au soir d'une vie* ?), je proposai à Alain Howiller, rédacteur en chef des *Dernières Nouvelles d'Alsace*, d'en faire moi-même la recension dans son journal, ce qu'il accepta sur le champ. Et, lorsque parut notre grand ouvrage sur la cathédrale, il me sembla juste et bon d'en faire parvenir un exemplaire dûment dédicacé à mon aîné. Il ne manqua pas de m'en remercier sans retard.

Je pourrais encore évoquer d'autres prédécesseurs, comme Mgr Ruch ou Mgr Raess, mais je ne les ai pas connus de leur vivant, contrairement à Mgr Weber, Mgr Elchinger et Mgr Brand. Comme moi, ils ont été pasteurs de cette Église. Avant moi, ils se sont efforcés de la servir dans l'ordre de l'annonce de la foi et de la diaconie *ad intra* et *ad extra.* Eux aussi, ils se sont employés de tout leur cœur à connaître ce diocèse, à le sillonner, à l'aimer. Je n'ai fait que m'efforcer de m'inscrire de mon mieux dans leur succession.

Qu'il me soit en revanche permis d'ajouter à l'évocation de Mgr Elchinger et de Mgr Brand celle de Mgr Léon Hégelé, qui fut donné comme évêque auxiliaire à mon prédécesseur, et en qui j'ai trouvé à mon tour un collaborateur loyal et précieux. Il m'accueillit comme un frère et me témoigna une confiance totale. Je le voyais, en particulier, toutes les semaines en tête-à-tête avant le Conseil épiscopal. Il m'initia à Tambov, et fut le tout premier à me parler des Malgré-Nous. Il m'aida dans la compréhension du Concordat et de ce qu'il stipulait en particulier pour notre régime scolaire, qu'il connaissait et soutenait bien. Lorsque certaines méchancetés ont circulé, il m'a été d'un précieux soutien. Dans son « alsacianité » même, il m'a été tout proche.

Au moment où l'on dut remplacer le bel arbre qui ornait le centre de la cour d'honneur de l'archevêché, on organisa une petite cérémonie de plantation un jour de Conseil épiscopal. Je reste reconnaissant à Mgr Hégelé d'avoir commenté l'événement en disant qu'il voyait dans ma décision d'entretenir ainsi le patrimoine vivant de la maison la volonté déclarée de ne le faire qu'en prenant les moyens d'un véritable enracinement dans la terre d'Alsace.

J'ai beaucoup regretté le départ à la retraite de ce précieux collaborateur, même si j'ai trouvé ensuite la même confiance et le même soutien chez Mgr Christian Kratz, qui lui a succédé comme évêque auxiliaire, et chez Mgr Jean-Pierre Grallet, venu nous rejoindre quelque temps après et qui devait me succéder en 2007.

Un évêque n'a cependant pas que des prédécesseurs évêques, et il ne collabore pas seulement avec des évêques auxiliaires... lorsqu'il lui est donné d'en avoir.

Je tiens à dire ici que, comme responsable de l'Église catholique en Alsace, il ne m'a pas été possible de concevoir et de conduire mon épiscopat autrement qu'en lien étroit avec les prêtres. La prière d'ordination qui les fait tels, et que j'ai maintes fois proclamée pour ma part, les présente comme *cooperatores ordinis nostri*, c'est-à-dire comme coopérateurs de la mission pour laquelle l'évêque a lui-même été ordonné. Mon identité sulpicienne et mon service de seize ans dans les séminaires (à Nantes, puis aux Carmes à Paris) m'avaient d'emblée rendu attentif à eux, ainsi du reste qu'aux séminaristes de notre si attachant séminaire diocésain, que j'ai bien sûr très régulièrement fréquenté.

Il va de soi que chaque visite pastorale comportait obligatoirement une rencontre personnelle avec chacun des prêtres du doyenné concerné, retraités compris. J'écrivais personnellement à tous ceux qui, plus âgés, fêtaient un anniversaire significatif; je prenais régulièrement des nouvelles de ceux dont la santé défaillait pour une cause ou une autre; et je tenais à rendre personnellement visite aux plus éprouvés. Même si je ne les ai pas toujours rencontrés autant que je l'aurais souhaité, je crois pouvoir dire que j'ai porté le souci de tous, comme je les invitais à porter eux-mêmes le souci de tous ceux qui leur étaient confiés. Le jour où, pour la première fois, je les invitai tous à Huttenheim et où ils furent plus de cinq cent cinquante à répondre à l'appel reste pour moi définitivement marqué d'une pierre blanche. Je me souviens qu'en remerciement de leur si excellent accueil chez eux lorsqu'ils me recevaient, je leur offris à tous, ce jour-là, un bienvenu crémant d'Alsace.

C'est d'abord aux prêtres que je dois d'avoir pu m'ajuster, pour mieux la servir, à cette portion du Peuple de Dieu à laquelle j'avais été envoyé pour en être le pasteur. J'aime à me souvenir que ceux des prêtres du diocèse qui ont été ordonnés pour Strasbourg la même année que moi à Nantes me firent cadeau de la vidéocassette du film *Les Alsaciens ou les deux Mathilde* lors de ma première participation à leur réunion annuelle. Je ne pourrais trouver, dans son ordre et sur un point particulier mais décisif, meilleure illustration de l'aide que, comme évêque, j'ai reçue des prêtres du diocèse pour m'initier à ce que j'appelle dans ce chapitre « l'âme de l'Alsace ».

Cela vaut tout particulièrement pour le Conseil du presbyterium, que je consultais deux fois chaque année sur l'ensemble de la pastorale diocésaine. Cela vaut plus encore pour le Conseil épiscopal, que je réunissais, lui, chaque semaine et avec lequel j'ai vécu une collaboration – j'ose le dire – proprement extraordinaire. Et cela vaut en tout premier lieu pour ce que nous avons nommé notre « G5 » lorsque j'eus deux évêques auxiliaires venant s'ajouter à mes deux vicaires généraux, Joseph Gaschy et Joseph Musser (qui, eux, constituaient avec moi le sous-groupe des « trois Seppi » !).

On le voit bien : souligner, comme l'annonce le titre du présent sous-chapitre, que c'est « comme évêque » que j'ai vécu en Alsace, et à ce titre donc que je l'ai aimée, m'imposait absolument de préciser que cela n'a pas été possible sans les prêtres, qui, comme le dit encore la prière d'ordination, me furent donnés comme à la fois « des fils et des frères ».

Il n'est évidemment pas envisageable, car ce n'en est pas le lieu, de m'étendre beaucoup plus sur le fait, pour moi évident, que j'ai découvert et pratiqué, apprécié et aimé l'Alsace précisément *en tant qu'évêque*. On pourra, pour de plus amples développements, se reporter à l'ouvrage écrit à l'occasion de mes soixante-dix ans par Bernard Xibaut, à partir de l'abondante documentation que je lui avais fournie et dans le cadre d'un dialogue suivi avec moi :

Joseph Doré. La responsabilité d'un évêque (Mame, 2006). Il me paraît néanmoins indiqué d'apporter ici encore quelques brefs compléments.

D'abord ceci : à côté des prêtres, et comme ministres ordonnés eux aussi, je me suis vraiment employé à faire leur place aux diacres, heureusement ré-institués dans l'Église catholique par le concile Vatican II et accompagnés dans le diocèse par le précieux collaborateur que fut toujours pour moi le père Jean-Pierre Zirnheld. Ensuite cela : grâce au régime concordataire, la participation active de laïcs soigneusement formés et officiellement nommés, que nous appelons en Alsace « coopérateurs de la pastorale », est essentielle à la vie de l'Église diocésaine. Ils étaient plus de 220 quand je suis parti, et l'une de mes joies aura été de réussir, juste avant mon départ, à obtenir l'application du principe du « un pour un » dans le remplacement des ministres prêtres (dont le nombre allait en diminuant) par de véritables « ministres laïcs »... en même temps que, logiquement, je m'efforçais par ailleurs de clarifier leur statut sur le plan proprement théologique. Et je ne saurais oublier ni les religieuses, ni les religieux, si nombreux en Alsace, et avec lesquels j'eus de fait tant de bonheur à multiplier visites, rencontres et collaborations.

Dernier point, majeur lui aussi. C'est le fait d'avoir été éclairé et aidé par cet ensemble diversifié de collaborateurs, qui m'a effectivement permis d'initier et d'entretenir mon rapport à l'Alsace comme *pasteur* avant tout préoccupé de rejoindre « l'âme » du peuple qui y vit. Or c'est précisément cela aussi qui m'a conduit à « tant » l'aimer.

Saint Paul nous déclare que « Dieu a tant aimé le monde » (entendons : le monde entier) qu'en Jésus il lui a « donné son propre Fils ». Procédant à une ordination de prêtres dans notre cathédrale alors que je revenais tout juste des obsèques à Bordeaux de mon ancien recteur de Paris et ami personnel le cardinal Pierre Eyt, et précisant aux futurs prêtres dans mon homélie du jour que la consigne suprême était et serait pour eux d'« aimer les gens », je m'étais laissé aller à confier qu'à partir de là, ma propre interrogation était la suivante : « Lorsque je quitterai moi-même ceux qui m'auront été confiés comme pasteur, est-ce que je les aurai assez aimés ? » Je me souviens qu'à mon grand étonnement les nombreux prêtres présents, et finalement toute l'assemblée, avaient applaudi. Comment aujourd'hui, ayant dû partir en effet, et bien prématurément, pourrais-je répondre à la question formulée ce jour-là ? Il me semble, en tout cas, que je puis déclarer ceci : cette Alsace que j'ai eu la joie et l'honneur de servir comme évêque, non seulement je l'ai beaucoup aimée, mais mon amour pour elle n'a encore fait que croître depuis que je l'ai quittée.

Je suis, je l'ai dit, très sensible à la symbolique nuptiale du lien de l'évêque à son diocèse, symbolique qu'exprime bien l'anneau qu'il porte toujours (et l'on me permettra de rappeler ici qu'à l'intérieur du mien est gravée ma devise épiscopale : « À cause de Jésus »). Au moment où j'ai confié au nonce mes difficultés de santé, il a émis l'hypothèse de me rechercher une charge « plus légère ». Comment aurait-il pu être pour moi question de l'envisager ? D'abord, certes, je sentais bien que j'aurais retrouvé le risque de me laisser emporter à nouveau au-delà du raisonnable comme cela m'était déjà arrivé à Strasbourg. Mais surtout – oserai-je le dire ? –, je n'avais aucune envie de devenir évêque d'« autre chose » que de ce diocèse tant aimé. D'ailleurs, c'est dans ma soixante et unième année que, comme évêque justement, j'ai lié ma vie à celle de l'Alsace ; vous me voyez nouer une nouvelle idylle les soixante-dix ans passés ? C'est clair : je ne serai jamais et n'aurai jamais été évêque que de l'Alsace.

La mission qui m'a été confiée m'a envoyé à cette terre et à cette province, à cette histoire et à cette tradition. Sans exclusive ni de lieux, ni de moments, ni de personnes, ni de réalités. C'est toute l'Alsace qui m'a été confiée, à la place spécifique qui devait être la mienne comme évêque, sans que j'aie le moins du monde à me substituer ni aux responsables politiques et sociaux, ni à ceux des autres confessions et religions. Je me suis donné à la tâche en m'efforçant de n'en rien laisser de côté, en me soumettant volontiers à l'exigence d'en faire toujours plus « à cause de Jésus ». Plus je suis allé, plus je me suis réjoui de la mission qui m'avait de la sorte été confiée et que j'avais acceptée. Plus je l'ai appréciée et plus j'ai été heureux de découvrir ce que c'est que d'être évêque pour un Peuple – dans mon cas, celui de l'Alsace.

Car il me faut bien en définitive le reconnaître, le ministère d'évêque est un métier extraordinaire (je rappelle que « ministère » et « métier » relèvent de la même étymologie). Vous êtes envoyé dans un lieu que vous connaissez peu, voire pas du tout ; et si vous le connaissez déjà, il vous faudra le redécouvrir, car c'est à un tout autre titre que, désormais, vous aurez rapport à lui. Au titre de la mission que vous aurez à y exercer, vous rencontrerez en effet aussi bien de hauts responsables politiques et sociaux que des petits et des pauvres. Vous aurez à connaître, à votre titre propre, de situations économiques et de problèmes financiers qu'autrement vous ignoreriez tranquillement, mais qui tout à coup vous importent du seul fait qu'ils sont essentiels pour telle ou telle portion du Peuple auquel votre vie est désormais liée. Vous rencontrerez des malades et des personnes âgées, mais aussi les infirmiers, soignants et médecins qui prennent soin d'eux, des prisonniers, mais aussi leurs surveillants, des chefs d'entreprises, mais aussi leurs collaborateurs de tout rang. Vous serez invité dans des familles et chez des officiels. Vous aurez à prendre la parole en toutes sortes de circonstances et sur toutes sortes de problèmes. Il vous faudra trouver les mots et les gestes pour rejoindre aussi bien les petits enfants et les personnes handicapées que les intellectuels, les universitaires et les chercheurs, s'ils vous font l'honneur de vous solliciter ou, du moins, de vous accueillir. Vous serez directement concerné par les épreuves et les réussites, les souffrances et les combats de personnes et d'institutions, pour la seule et bonne raison qu'elles sont de votre diocèse.

Vous découvrirez de la sorte que votre vie est effectivement solidaire de la vie de tout un Peuple, et même de chacun de ceux qui le composent. Vous n'aurez certes jamais de solution technique à proposer à des problèmes pourtant bel et bien techniques, de quelque ordre qu'ils soient : il y aura pour cela des spécialistes, sur le terrain desquels vous devrez bien vous garder de vous aventurer. J'ose le dire : c'est toujours par leur dimension spirituelle au sens large qu'il vous faudra approcher ces problèmes et inviter ceux que vous rencontrerez à les aborder. Cela ne pourra évidemment aller sans une attention soutenue, une disponibilité constante, une bienveillance indécourageable, une espérance à toute épreuve – bref : sans un amour vrai. Et c'est cela être évêque. C'est cela être, comme dit la Tradition chrétienne, le pasteur d'un Peuple. Extraordinaire métier, oui, que celui d'évêque. Merveilleux métier d'homme !

Bien entendu, en tout cela, vous recevrez infiniment plus que ce que vous aurez pu vous-même donner : vous recevrez d'être justement reconnu comme évêque. Une seule illustration suffira, je pense, à faire comprendre ce que j'évoque ici. C'est un beau jour d'été. J'ai accueilli pour quelques jours de détente une partie de ma famille en Alsace. Circulant à travers le Haut-Rhin, nous déambulons dans la rue principale d'Eguisheim. Une dame s'approche, un peu hésitante. Elle me dit : « Vous êtes bien Mgr Doré ? » Je ne fais évidemment aucune difficulté à le reconnaître. « Donc, vous êtes mon évêque, puisque je suis alsacienne ! » Nouvel acquiescement de ma part. « Alors, poursuit-elle, s'exécutant gentiment sans même attendre ma réponse, je peux vous embrasser ? » Me croira-t-on si je déclare que, dans ce simple et beau geste qui m'a beaucoup ému, j'ai cru pouvoir discerner quelque chose comme « le baiser de l'Alsace » à celui qui, alors, se trouvait, par la grâce de Dieu, en être l'évêque ?

L'histoire, cependant, ne s'arrête pas là. Trois ans après mon départ, je traverse Paris à bord du bus n° 72, que je connais bien pour l'avoir emprunté maintes fois sur une part au moins de mon trajet pour la nonciature. Il y a relativement peu de monde. Un peu sur ma droite, mais me faisant face, je remarque un couple qui me paraît regarder dans ma direction avec une certaine insistance. Je ne bronche pas. Au bout de quelque temps, le monsieur se lance : « Vous ne seriez pas Mgr Doré ? » Ils sont alsaciens. Nous bavardons un moment. Question de la dame : « Ça ne vous gêne pas d'être ainsi reconnu alors que, peut-être, vous préféreriez rester incognito ? » Je réponds que non, décidément, je ne me cache pas d'être évêque ; j'ajoute que je ne regrette pas non plus d'être reconnu comme tel – et j'illustre en évoquant sur la lancée ma petite aventure dans les rues d'Eguisheim. Quatre stations plus tard, arrivé à destination, le couple se lève pour descendre. Je me lève aussi, pour les saluer tous les deux. Au moment où je me dispose à serrer la main de la dame, elle me dit : « Vous permettez que je fasse comme la dame d'Eguisheim ? »

Oh oui, vraiment, merveilleux métier que celui d'évêque ! Vient pourtant, un jour ou l'autre, le moment où il faudra bien quitter le diocèse où, pour un temps, vous aurez connu le bonheur d'accomplir cette mission à nulle autre pareille, et d'avoir été effectivement accueilli et reconnu dans l'exercice que vous en aurez fait.

Une Alsace que j'ai dû quitter

De retour à Issy-les-Moulineaux, je franchis la lourde porte du séminaire Saint-Sulpice. Je monte les trois étages de l'escalier monumental qui, le surprenant quelque peu, accueille le visiteur.

Je regagne le simple mais vaste appartement que, au moment où j'ai dû quitter Strasbourg, mes confrères de la Compagnie des prêtres de Saint-Sulpice ont mis à ma disposition à l'autre bout de la maison.

Me revient soudain en mémoire le sentiment très vif que j'ai éprouvé lors de mon troisième et dernier déménagement – car il m'en a bien fallu trois pour passer de Strasbourg à Issy ! À vrai dire, les deux premiers n'avaient concerné que mes affaires personnelles et quelques éléments de mobilier; une voiture un peu spacieuse avait donc à chaque fois suffi. Cette fois-ci, il s'agissait de la bibliothèque, et il avait fallu pour elle mobiliser un véhicule avec remorque autrement plus conséquent. En somme, tant que mes livres se trouvaient encore dans la résidence épiscopale, encombrant du reste quelque peu mon successeur (qu'il m'en pardonne !), je n'avais pas vraiment l'impression d'avoir quitté l'Alsace. Mais lorsque le grand semi-remorque a négocié soigneusement le virage pour sortir de la cour d'honneur du séminaire, lorsque j'ai vu le camion vide affichant en grandes lettres sur son bâchage le nom de Strasbourg s'éloigner après avoir déposé son volumineux chargement, alors, j'ai vraiment pris conscience que – pour de bon – j'étais parti. J'en ai été si ému que lorsque, tout penaud en somme, je suis rentré dans la maison après avoir salué les déménageurs, la dame de l'accueil a bien remarqué que mon regard était quelque peu embué.

Je grimpe avec un peu de peine les hautes marches des trois grands étages... Oui, cela aura été rude de quitter l'Alsace ! Non pas parce que j'étais «en bien mauvais état» comme vient à l'instant de me le rappeler l'économe du séminaire évoquant avec moi cette époque. Pas davantage parce que je ne savais pas bien ce que j'allais devenir: à l'étonnement de plusieurs, je n'avais en effet pris strictement aucune disposition pour prévoir une quelconque résidence de retraite... puisque, théoriquement, j'étais encore en charge pour cinq ans. Mais tout simplement parce que là, tout d'un coup, je n'étais plus en Alsace, vivant en Alsace, pour elle et par elle.

La seule voie de salut dans ce réel désarroi fut pour moi – en attendant mieux, si j'ose dire – de m'en remettre à Dieu et à sa grâce, dans la foi et la prière. J'ai en effet bien vu tout de suite que la foi m'invitait à vivre précisément dans la prière cette subite épreuve. Action de grâce d'abord, pour avoir été jugé digne de servir quasiment dix ans en terre d'Alsace. Intercession ensuite – plus d'une fois j'ai alors invoqué les saints et saintes d'Alsace, non seulement pour le diocèse que je venais de quitter, mais pour moi-même, qui avais été un temps son « humble serviteur ».

Des paroles de l'Écriture ont alors trouvé un sens nouveau dans ma vie. Déjà au plein temps de mon ministère j'avais bien compris, comme Jean le Baptiste, qu'il fallait que « Lui, il croisse et que donc moi, je diminue » (Jn 3,30). Maintenant, je méditerais surtout la parole de Paul vieillissant : « J'achève en ma chair ce qui manque à la passion du Christ, pour son Corps qui est l'Église » (Col 1,24). Bien sûr, bien sûr, j'aurais dû être plus raisonnable et réussir à limiter mes engagements quand il en était encore temps. Je n'y suis pas parvenu, et je ne sais même pas si je m'y suis vraiment essayé. Maintenant pourtant, je ne regrette assurément pas d'être allé aussi loin et d'avoir accompli tout ce qu'il m'a été donné de faire. Je regrette seulement de ne plus pouvoir continuer de le faire.

Lors de la cérémonie de mes adieux qui suivit la messe chrismale de 2007 – et c'était beau, en somme, de terminer ma mission épiscopale sur une messe chrismale ! –, j'ai bien compris qu'on ne m'en voulait pas, alors même que pourtant on ne comprenait pas tout à fait ma décision, et qu'on avait de la peine à me laisser partir comme cela, même si l'on me sentait bien exténué. Les diverses paroles d'adieu qui furent prononcées me sont entrées dans le cœur pour n'en plus jamais sortir : Conseil épiscopal, Conseil du presbyterium, Conseil diocésain de la pastorale... J'ai été heureux de pouvoir dire moi-même, comme saint Augustin, que « tous mes souvenirs [étaient et seraient] des actions de grâce », et que si épreuve il y avait eu à un moment ou à l'autre, tout cela était « oublié, balayé, pardonné » de longue date. Et donc, que ne demeurerait plus à tout jamais dans mon cœur que l'humble fierté d'avoir servi de toute mon âme le Peuple de Dieu qui est en Alsace et d'avoir été si bien traité par lui. Six ans plus tard, je puis confirmer que mes sentiments n'ont pas changé.

En cadeau d'adieu, j'ai reçu quatre étoles, une à chacune des quatre couleurs liturgiques fondamentales – et une cinquième, dorée, avec mon blason brodé. Si un jour je rejoins mes confrères sulpiciens âgés dans cette maison de la Solitude – toute voisine du séminaire – qui, après avoir été la pépinière de formation des nouveaux membres de la Compagnie, est devenue l'asile de leur vieillesse, j'emporterai précieusement ces étoles pour concélébrer chaque jour dans la petite chapelle néo-gothique dédiée aux soixante-douze disciples. Les quatre premières resteront dans cette maison-là après ma mort ; la cinquième, celle qui est « à mes armes », sera posée sur mon cercueil.

La générosité du Conseil épiscopal a fait en sorte que mon cadeau de départ ne soit pas limité à la prière et à la liturgie. Ses membres m'ont aussi, entre autres, offert une magnifique paire de chaussures de marche, avec pour commentaire le refrain du cantique : « Reviendra-t-il marcher sur nos chemins ? » À cette question, je réponds maintenant : par discrétion, j'évite les séjours prolongés. Je reviens pour assurer quelques prestations ecclésiales toujours soumises au préalable au jugement de mon successeur comme il est normal, et pour entretenir quelques relations, plus personnelles ou plus officielles selon les cas. S'ajoutent l'un ou l'autre déplacement culturel ou de détente – et, bien sûr, ce que requiert ma collaboration avec mon éditeur, La Nuée Bleue. L'été qui a suivi mon départ, j'ai ainsi sillonné l'Alsace du Sud une dizaine de jours en compagnie de ma sœur Suzanne et de son époux Édouard, avec pour base arrière le couvent des Sœurs de Saint-Joseph de Saint-Marc à Gueberschwihr. Et l'été d'après, j'ai fait la même chose avec ma sœur Madeleine et son époux Ambroise pour l'Alsace du Nord, notre résidence étant cette fois au mont Sainte-Odile.

Après ma renonciation, le fait d'être officiellement devenu « administrateur apostolique » m'avait, Dieu merci, permis de négocier au mieux mon départ du diocèse. En même temps que je suivais de près la nomination de mon successeur, j'ai ainsi pu prendre congé successivement de l'ensemble des forces vives de l'Église d'Alsace. L'un ou l'autre a-t-il pu estimer que je multipliais les adieux ? À vrai dire, d'adieu, il n'y eut qu'un seul ; mais j'ai eu le souci de le moduler auprès de tous ceux auxquels je souhaitais présenter mon au revoir et mon merci. Or c'est un fait qu'il y en avait un certain nombre : coopérateurs de la pastorale, diacres, prêtres, religieuses et religieux – pour ne parler que des instances proprement diocésaines.

Je conserve précieusement la médaille de la Ville de Strasbourg que le maire, Fabienne Keller, m'a remise lors d'une réception organisée à l'Hôtel de Ville, d'autant qu'y figure gravée au revers l'inscription « Joseph Doré. Archevêque de Strasbourg », que je ne relis jamais sans que, comme on dit, cela me fasse quelque chose... Elle est à demeure sur une petite commode placée tout en haut de mon long couloir, voisinant avec la médaille de « citoyen d'honneur » de quelques communes alsaciennes qui m'ont officiellement décerné ce titre : Kintzheim dans le Bas-Rhin et Sigolsheim dans le Haut-Rhin, avec les maires desquelles je corresponds d'ailleurs toujours fidèlement, en particulier à l'époque des vœux annuels.

Parmi les paroles fortes qui m'ont été adressées au moment de mon départ, j'en conserve un certain nombre en vive mémoire. Le président luthérien Jean-François Collange m'a crédité d'avoir, par mes initiatives pastorales, contribué à « dynamiser aussi » la communauté protestante : qu'il en soit fraternellement remercié ! Quant à l'abbé Michel Wackenheim, devenu depuis archiprêtre de la cathédrale, à la préface que j'ai rédigée dans le temps de mes adieux pour sa belle publication de la *Présentation générale du Missel romain*, il a répondu en me faisant la surprise de saluer « l'extraordinaire impulsion que [j'ai] donnée au diocèse ». Au grand rabbin René Gutman et au président de Région Philippe Richert, enfin, je tiens à redire que grâce aux paroles de « consolation » et d'« au revoir » qu'ils ont alors su m'adresser et que je n'ai pas oubliées, « la nostalgie ne sera plus jamais ce qu'[un temps] elle a été ».

À présent, je suis « archevêque émérite de Strasbourg », comme j'étais déjà « doyen honoraire de la faculté de théologie et de sciences religieuses de l'Institut catholique de Paris ». Plus encore qu'à ces deux missions et charges que j'ai désormais quittées, de tels titres ne cessent de me renvoyer à l'immense grâce que ce fut pour moi d'avoir été, un temps, appelé à les exercer.

Cette Alsace à laquelle je resterai toujours attaché

Me voici maintenant arrivé dans mes appartements personnels, au troisième étage du séminaire, à l'extrémité de son aile orientée sud-ouest. Je m'assois dans mon meilleur fauteuil, celui-là même dans lequel en juin 1997, il y a un peu plus de quinze ans, j'ai longuement réfléchi à ce que je répondrais au nonce me sollicitant pour Strasbourg, et où m'était montée au cœur la formule paulinienne « À cause de Jésus ». En ce lieu et en ce moment, au terme de mon aller-retour d'à peine quarante-huit heures en Alsace, je me laisse aller à une sorte de petit bilan.

L'Alsace m'a marqué, elle m'a changé : c'est évident. Mais dès qu'eut été prise la décision d'y aller, je n'ai pas un seul instant remis le moins du monde en cause la disponibilité, ainsi finalement manifestée, à l'appel reçu. De toute ma bonne volonté en effet, je me suis dès le premier moment efforcé de devenir ce à quoi j'avais été appelé : archevêque de Strasbourg, évêque d'Alsace. Aucune difficulté rencontrée, aucune fatigue subie ne m'ont jamais porté au moindre regret, et – je le déclare en mon âme et conscience – ma renonciation n'eut pas d'autre raison que mon épuisement physique.

Plusieurs mois après mon retour en région parisienne, après un long temps encore de fatigues qui m'ont paru un moment quasi insurmontables – un temps qui fut aussi de réelle désorganisation relationnelle et même d'épreuve spirituelle –, ma santé avait fini par se reconstituer quelque peu. J'eus alors le sentiment d'avoir retrouvé une certaine forme, quitte à mesurer soigneusement désormais mes investissements pour ne pas risquer de dilapider à vive allure un acquis de santé que je sentais toujours bien fragile. Je pouvais enfin envisager de reprendre quelque activité. Je raconte cela assez en détail dans mon livre *À cause de Jésus* (Plon, 2011), paru presque quatre ans après mon retour à Paris.

Au début de 2011, j'ai mené à son terme de cent volumes annoncés la collection « Jésus et Jésus-Christ », que j'avais fondée à Paris en 1973 et conduite aussi à travers tout mon « temps d'Alsace ». Avant même sa clôture, marquée par deux colloques organisés l'un à Strasbourg et l'autre à Paris par les doyens respectifs Deneken et Bordeyne, je me suis trouvé en lancer une autre aux éditions La Nuée Bleue : « La grâce d'une cathédrale », avec, après Strasbourg (2007), Reims (2010), puis Lyon, Rouen, Amiens, Paris, Chartres, etc. J'ai publié une bonne vingtaine d'articles d'importances diverses, écrit entre autres l'ouvrage *À cause de Jésus*, mentionné à l'instant. J'ai par ailleurs assuré un certain nombre de retraites ou sessions, et additionné conférences, interviews et même expertises. Pourtant, loin que tout cela se soit substitué à ce que j'ai vécu en Alsace et l'ait relégué dans l'ombre d'un passé désormais révolu ou disparu, j'ai maintenant tout au contraire l'impression que je ne faisais à travers cette activité que prolonger et approfondir ce que j'ai appris, et suis devenu, à travers mon épiscopat alsacien. Tout se passe même comme si tout cela, je l'avais en réalité fait « comme Alsacien » – je veux dire : au titre de ce que l'Alsace m'a fait devenir. Je sursaute certes toujours un peu quand on me présente comme « archevêque émérite de Strasbourg », mais j'ai bel et bien néanmoins l'évidence intime que rien ne saurait davantage ni mieux m'identifier désormais.

Il faut dire que je n'ai rien fait non plus pour oublier l'Alsace ! D'abord, elle est partout dans la décoration et l'aménagement de mes appartements. J'ai déjà parlé des quelques blocs de potasse et de la grande plaque ovale de ma grande pièce-bibliothèque – qui héberge aussi d'ailleurs, entre autres, une série de belles poteries de Betschdorf. Ma cuisine accumule des assiettes et des verres d'Alsace, une petite horloge reçue un jour en cadeau de la Ville de Molsheim, et divers ustensiles rapportés « de là-bas ». Aux vitres du fond de mon long couloir, que jalonnent du reste de grandes photos de Walbourg, Rouffach, Habsheim et Herrlisheim, sont attachés de petits vitraux aux armes de Brunstatt, Sierentz, Schweighouse et de Notre-Dame des Portes du Sundgau. Les murs de mon bureau personnel affichent une reproduction du Christ de Wissembourg, une grande photo de la cathédrale et de sa flèche, une marqueterie de Rosheim et une autre du mont Sainte-Odile, en même temps que des gravures de Rosheim et d'Uffholtz, et qu'une reproduction en miniature de *La Cène* de Kuder du réfectoire du grand séminaire de Strasbourg, qui me fut remise en grande solennité, au moment de mon départ, par l'ensemble des membres de la maison réunis au complet. Sur une étagère placée juste face à mon bureau figurent côte à côte deux belles reproductions, elles aussi offertes à mon départ, des statues de l'Église et de la Synagogue du portail sud de la cathédrale.

Quant à ma chambre, s'y conjoignent une reproduction encadrée de ma bulle de nomination à Strasbourg et la magnifique chaise alsacienne qui me fut donnée lors de la reconnaissance que je fis de la Communauté de paroisses de Saint-Éloi du Val de Traubach... Et je n'ai pas tout mentionné, bien entendu !

Il faut ajouter que, dans ces lieux ainsi décorés, je fais encore tout pour non seulement ne pas oublier l'Alsace (comme si j'étais menacé de le faire !), mais pour en entretenir le vivant souvenir. J'ai déjà dit que je reçois régulièrement la presse régionale, et quelle attention j'y porte. Mais je puis ajouter que les nouvelles que j'y apprends me conduisent à entretenir un courrier finalement assez fourni. M'en ont offert plus ou moins récemment l'occasion – exemples entre bien d'autres – un certain nombre de nominations dans la Légion d'honneur (sœur Denise Baumann, sœur Monique Guggenberger, sœur Sophie Moog et le professeur Marie-Jo Thiel), ainsi que, par exemple encore, l'élévation du président Jean Weber au rang de commandeur. J'écris au maire de Saint-Louis Jean Ueberschlag quand il annonce sa démission ; au président Joseph Daul du Parti populaire européen du Parlement européen, à l'occasion de sa réélection ; à Mme Adrien Zeller au moment du décès de son époux ; au curé de Gerstheim quand son église a brûlé ; à tel jeune prêtre qui vient de subir sept pontages ; et au président de la grande mosquée de Strasbourg lors de l'inauguration officielle de l'édifice. Lorsqu'un responsable est nommé à la tête de la communauté trappiste de l'Oelenberg, je ne manque pas de l'assurer de ma prière. La réponse, le plus souvent, ne tarde pas ; mais la question n'est, à vrai dire, pas là : j'ai du moins, quant à moi, honoré la fidélité de mon lien à l'Alsace !

Corrélativement d'ailleurs, le courrier spontanément envoyé d'Alsace ne s'est pas tari : anniversaires et événements divers en sont l'occasion souvent renouvelée ; et, à chaque fois, la même joie renaît. L'un m'annonce qu'il fait mémoire de moi à la messe, et l'autre écrit : « Vous qui restez attaché à l'Alsace, croyez que nous vous aimons. » Un troisième me fait savoir, de manière assez inattendue et d'autant plus suggestive : « Je profite d'un temps [de répit] pour vous redire ma profonde reconnaissance pour votre ministère d'évêque à la tête du diocèse de Strasbourg [...] Laissez-moi vous dire que votre passage aura marqué ma vie. » Me croira-t-on si je dis que de tels messages m'ont à la lettre bouleversé, et n'ont pu qu'imprimer davantage encore en moi une trace alsacienne qui ne s'effacera jamais ?

Je constate du reste que tout m'est moyen de repenser à l'Alsace. Il suffit d'une publicité dans le métro parisien : je me rappelle que peu après mon départ, les murs du métro affichaient justement un « Alsacez-vous » convaincant, que j'ai alors maintes fois répercuté. (Ce slogan m'a même donné l'idée de faire ce commentaire à la part de ma famille qui est désormais angevine : « Vous devriez suggérer au Conseil général du Maine-et-Loire de lancer, pour sa part, un "Anjouez-vous" ! ») Jamais je ne regarde un bulletin météo de la télévision nationale sans concentrer mon attention sur le temps qu'on annonce pour l'Alsace. Le petit accent chantant que je repère au passage lors de telle rencontre alsacienne impromptue où que ce soit, ou bien, par exemple, à l'occasion d'un coup de téléphone dans tel presbytère d'Alsace, suffit à m'enchanter.

D'un autre côté, je ne perds jamais une occasion d'évoquer moi-même l'Alsace, éventuellement même «à temps et à contre-temps» comme dirait saint Paul. Cela n'échappe à personne dans mon entourage. J'entends: «Avec Joseph, il n'y en a que pour l'Alsace!» Je demande: «Mais est-ce que j'aurais tort d'aimer l'Alsace?» La réponse est invariablement: «Non, bien sûr; on n'a jamais dit ça!» Aux membres de ma famille à qui je fais un jour visiter le séminaire Saint-Sulpice, notre guide commente, à la fin: «Mais je croyais avoir affaire à des Alsaciens!» Réponse de ma sœur Suzanne, immédiatement appuyée par son époux: «Mais, mon Père, il y en avait un – et bon teint – dans votre auditoire, puisque Joseph est avec nous!»

À propos des cathédrales, grande cause à laquelle je consacre désormais une partie notable de mon temps, on me taquine souvent: «Laquelle aimez-vous le mieux?» Ma réponse est toujours en substance la suivante: «Que voulez-vous, je vois chacune d'elles à travers l'unique qui m'a donné accès à leur grâce à toutes!» Lorsque je prêche la fête de l'Assomption à Pouillé-les-Côteaux, près d'Ancenis, le 15 août 2012, la famille qui nous reçoit pour le déjeuner ouvre «en [mon] honneur» une bouteille de gewurz soigneusement mise de côté en prévision de ma venue. Quand, au début d'octobre 2012, je rentre d'un périple de quasiment un mois aux États-Unis, puis au Japon avec retour par l'autre côté de la planète, ma sœur Madeleine, celle qui est aujourd'hui domiciliée en Anjou, a préparé une (d'ailleurs excellente) choucroute «pour me faire revenir sur terre et me redonner le goût du pays».

Qu'on soit cependant bien rassuré: ce goût, je ne l'avais aucunement perdu entre-temps, puisqu'à Tokyo, la jeune femme qui dirigeait la chorale de la messe dominicale est venue me saluer pour me dire que, mariée et établie sur place depuis plus de dix ans, elle est originaire de la vallée de la Doller, qu'elle connaît bien le maire d'Urbès, et qu'elle a fréquenté un établissement scolaire catholique de Mulhouse auquel elle a conscience de devoir beaucoup. Je viens, pour le nouvel ouvrage de la collection «La grâce d'une cathédrale», de visiter la cathédrale de Nantes; j'attends sur le parvis mon beau-frère Édouard avec qui j'ai rendez-vous; un homme souriant s'avance vers moi: «Vous êtes bien Mgr Doré? Nous, nous venons de Schiltigheim et nous rendons visite à l'un de mes anciens camarades de service militaire qui habite Vertou; est-ce que je peux vous le présenter, avec sa femme et la mienne?» Je suis à Kinshasa en avril 2012, participant à l'ordination de deux nouveaux évêques auxiliaires; au cours de la longue procession, un homme qui s'est placé sur le bord de l'allée attrape ma main et me dit tout fort pour se faire entendre dans le brouhaha: «J'ai vécu plusieurs années à Strasbourg; je vous ai entendu à la cathédrale; j'y pense souvent.» Je suis au Mont-Saint-Michel, accueilli par la communauté locale des Fraternités monastiques de Jérusalem. Je viens de présider la messe de la Sainte-Madeleine, le 22 juillet 2010. Je sors un moment sur le parvis; un jeune couple de l'Alsace bossue se présente à moi. Nous échangeons un moment. Nous concluons d'un commun accord que, mont pour mont, nous ne sommes pas en reste avec notre mont Sainte-Odile.

Je pourrais en rajouter longuement encore sur le sujet. Je n'en conclus qu'une chose: non seulement je dois bien constater que je suis (et me sens) à maints égards «devenu alsacien», mais on me reconnaît – en tout cas, on me traite souvent – comme tel, aussi bien en Alsace qu'en dehors d'elle. À tout prendre, je ne saurais d'ailleurs pas dire laquelle de ces deux reconnaissances est pour moi la plus impressionnante. M'en rapportant à la fréquence respective des deux, maintenant que je réside habituellement hors Alsace, j'avouerai qu'en tout cas je ne peux pas tenir pour négligeable le fait suivant: lorsque du côté des Vosges où je vis désormais on veut vraiment me faire plaisir, on me parle de l'Alsace, on m'en vante, voire on m'en sert les produits, et l'on souligne à plaisir l'importance qu'elle a prise et continue si manifestement de tenir dans ma vie. Aggraverai-je mon cas si je dis que j'en éprouve plus que du plaisir: une vraie joie? Je ne cacherai pas, en tout cas, que j'ai eu un vrai coup au cœur lorsque, dans un tout récent numéro de *Élan*, la revue du Foyer de l'étudiant catholique de Strasbourg, et sous le titre «Deux best-sellers de l'histoire contemporaine en Alsace» où il m'associe à Mgr Pierre Bockel, le professeur Jean-Luc Hiebel me présente comme (c'est moi qui souligne) «ce théologien de renommée internationale *devenu Alsacien* en même temps qu'archevêque dans le diocèse de Strasbourg».

Je tiens à ajouter – et je terminerai par là – que pour entretenir mon lien personnel à l'Alsace, je dispose à Paris (en même temps que de la presse déjà dûment mentionnée) de plusieurs moyens précieux, auxquels je ne manque pas de recourir. Tout d'abord – et sur les Champs-Élysées s'il vous plaît ! – la Maison de l'Alsace. Son réaménagement actuel la rend temporairement indisponible ; mais, avant qu'elle soit mise en chantier en 2012, je l'ai souvent fréquentée pour des manifestations diverses, à l'initiative de son si affable directeur Bernard Kuentz. Je me rappelle plus particulièrement une table ronde organisée par lui sur les religions, la laïcité et le Concordat, à laquelle prenaient part aussi des représentants des autres cultes, et une réunion d'information et de relance à propos du Racing de Strasbourg, autour de Frédéric Sitterlé et Marc Keller. Je ne doute pas qu'en accordant à l'avenir plus de place aux entrepreneurs et aux entreprises, tout en continuant la promotion du tourisme via les produits régionaux et grâce à l'agence de voyages ouverte sur place, le président Francis Flury et son Conseil aient fait un choix prometteur pour l'avenir de cette grande Maison alsacienne de Paris.

Mais il y a aussi l'Association générale d'Alsace et de Lorraine (AGAL) à laquelle préside efficacement Jean-Yves Grenier ; j'en suis membre actif et en reçois le bulletin. Je m'associe volontiers à certaines des manifestations qu'elle organise : la dernière fois, c'était à l'occasion de la venue du professeur Marc Lienhard, venu présenter son récent livre sur l'Alsace et son histoire. À l'initiative conjuguée cette fois de la Maison de l'Alsace et de l'AGAL, j'ai participé à plusieurs reprises à la Saint-Nicolas organisée en décembre pour les Alsaciens et Mosellans de Paris sur un bateau (et avec le soutien) de la compagnie CroisiEurope de la famille Schmitter. On a la joie d'y rencontrer nombre de personnalités alsaciennes de Paris, Michel Lucas du CIC-Crédit Mutuel et Rémy Pflimlin de France Télévisions par exemple. Et il y a encore le Cercle des juristes alsaciens et lorrains de Paris, que j'ai pu fréquenter plusieurs fois à la célèbre brasserie Chez Jenny.

Il y a enfin l'aumônerie de la Mission des Alsaciens de Paris, qu'accompagne avec Mgr Joseph Musser le père Claude Drui, spiritain, et qui organise messes, rencontres (et excursions) diverses, auxquelles il m'arrive aussi d'être présent. La première fois, c'était dès 2007 pour la Sainte-Odile, à la paroisse qui est dédiée à la patronne de l'Alsace dans le XIIe arrondissement de Paris, du temps du père Jean-Paul Karrer, prédécesseur du père Drui, et alors que venait tout juste de paraître notre grand livre sur la cathédrale.

Même si j'apprécie toujours Nantes et Paris – Paris où j'ai à ce jour passé au total presque trente-cinq ans de ma vie (mais où, donc, je retrouve aussi l'Alsace !) –, c'est sans doute quand, en Loire-Atlantique, je retrouve Le Grand-Auverné avec la maison de ma famille, les sites que j'y ai aimés et les amis que j'y garde, que la question de mes appartenances affectives réelles pourrait se poser. Lorsque, avant l'Alsace, je reprenais le refrain « J'ai deux amours : mon pays et Paris », le premier était évidemment pour moi le pays nantais (et même castelbriantais). Je ne forcerai rien en disant que ce que je peux aujourd'hui appeler « mon pays » est *aussi* – et au moins à égalité – le pays d'Alsace. C'est d'ailleurs à lui que dans la suite immédiate du présent ouvrage, je vais consacrer mon premier développement.

Il me semble que je ne saurais mieux terminer ce premier chapitre, où je me suis efforcé de dire comment je me suis approché de ce que j'ai cru pouvoir appeler « l'âme de l'Alsace », autrement qu'en citant saint Jean Chrysostome écrivant à ses diocésains depuis son exil, où il mourra. Ce propos nous est régulièrement donné à lire dans l'Office des lectures le 13 octobre, jour de la fête liturgique de ce grand évêque de Constantinople au IVe siècle (qui dut lui aussi quitter prématurément sa charge). Il me parle beaucoup depuis que j'ai moi-même quitté « cette Alsace à laquelle je reste et resterai toujours attaché » :

« En quelque lieu que je sois, vous y êtes aussi. [...] Si nous sommes éloignés par la distance, nous sommes unis par la charité, et la mort elle-même ne pourra couper ce lien-là. Si mon corps vient à mourir, mon âme restera vivante et se souviendra de [la part du] Peuple de Dieu qui me fut, comme évêque, un temps confiée sur cette terre. »

CHAPITRE 2

Le pays d'Alsace

De même que l'apôtre Paul nous invite à contempler le mystère de Dieu dans sa largeur, sa longueur, sa hauteur et sa profondeur, de même m'a-t-il été donné de découvrir l'Alsace dans l'ensemble de ses dimensions ! C'est de fait en me rapportant à ces dimensions et en les prenant toutes en compte que j'ai commencé, puis jamais cessé, d'aimer notre région.

Les « dimensions » de la région Alsace

Concernant la hauteur, je garde le souvenir des sommets vosgiens, des Ballons d'Alsace et de Guebwiller, des châteaux du Haut-Koenigsbourg et du Haut-Landsbourg, de la chapelle du Markstein et des grandes étendues du Champ-du-feu... mais aussi et d'abord du mont Sainte-Odile, véritable « haut lieu » de l'Alsace, dans les deux sens que cette expression peut revêtir.

Comme je l'ai déjà précisé, c'est sur cette montagne sainte que j'ai voulu venir recommander au Seigneur le commencement de mon ministère. J'ajoute maintenant que je n'ai pas quitté la région sans revenir dûment saluer sa patronne, lui confiant alors la nouvelle étape de ma vie en même temps que le ministère de mon successeur.

Pour ce qui est de la profondeur, il m'est indispensable d'évoquer ici l'expérience inoubliable de la descente dans les entrailles de la Terre d'Alsace. Comme me l'a alors dit le père Paul Schaeffer, vicaire épiscopal qui m'accompagnait : tant qu'on ne l'a pas approchée ainsi, peut-on vraiment prétendre connaître une terre « en profondeur » ? Il s'agit rien de moins que de sentir, d'expérimenter

– comment dire ? – la matérialité, la densité, la massivité de la terre comme telle. Dans mon cas, cette initiation a pris la forme d'une descente au cœur des Mines de potasse – exactement : dans la mine Amélie de Wittelsheim, à plus de 700 m de profondeur.

Entre ces deux extrêmes, la hauteur et la profondeur, j'ai été sensible à tous les intermédiaires. Chaque fois que je me rendais à Gueberschwihr, où je bénéficiais régulièrement d'un court temps de repos grâce à la belle hospitalité des religieuses de Saint-Marc – Dieu les bénisse ! –, j'aimais vivre et revivre cet étagement, si caractéristique de l'Alsace que j'entendis un jour le chanoine François Geissler, économe diocésain, exposer lumineusement à mon ami parisien le père Moingt qu'avec moi il conduisait au mont Sainte-Odile.

C'est d'abord la plaine, riche des alluvions que le Rhin et son affluent l'Ill y ont déposés pendant des millénaires – plaine fertile où poussent le blé, le maïs, le chou, le colza, et toutes sortes de plantes fourragères.

Au fur et à mesure que l'on s'approche du piémont des Vosges, la vigne apparaît, celle-là même dont les différents cépages ont fait la réputation du vin d'Alsace ; dès que commencent les coteaux, les autres cultures s'effacent respectueusement pour laisser à sa seule disposition le soleil le plus généreux.

La voiture serpente à travers les vignes – et la plaine, sur laquelle vous rouliez il y a quelques instants, vous apparaît soudain dans une nouvelle splendeur, grâce au point de vue nouveau qui est désormais le vôtre... Mais vous atteignez bientôt le point d'altitude maximum de la culture de la vigne, et vous entrez dans une épaisse forêt où les conifères, sapins et épicéas, voisinent avec les hêtres, les chênes et les châtaigniers.

Paraît enfin une clairière où des prés verdoyants constituent le lieu idéal de pâture pour les vaches, et leur offrent la nourriture qui leur permettra de produire ce lait bien crémeux dont dépendra la qualité de ce qui sera le plus savoureux des fromages. Et il faut encore évoquer les vergers, croulant de cerises ou de mirabelles à la belle saison ; quelques-unes finiront en tartes, tandis qu'à travers l'épreuve du feu, les autres donneront naissance aux eaux-de-vie qui couronneront les repas de fête.

Voilà tout ce que le visiteur découvre de l'Alsace lorsqu'il la parcourt, cette fois dans la largeur, des rives du Rhin au sommet des Vosges : ces monts et ces piémonts, ces coulées de vignes et de céréales, ces vallées et ces forêts... qui respirent tout ensemble la générosité et la douceur de vivre. Combien de fois, prenant la route un beau matin ensoleillé de printemps ou d'automne, ne me suis-je pas remémoré certains passages des Psaumes : sur la beauté des paysages (« Toute la campagne est en fête ! »), avec leurs vallonnements plus ou moins marqués à l'horizon ; sur la fécondité des prairies et des champs ; sur les couleurs des forêts et des vignes, que sais-je ? – bref, sur la splendeur de la Création tout entière, pour en rendre grâces. Me revenait alors infailliblement en mémoire cette réflexion lue dans les *Actuelles* de Camus au temps où j'arpentais – dans de tout autres conditions bien sûr – certaines vallées d'Algérie : « La guerre a jeté un interdit sur la beauté du monde. » Comme elle me faisait du bien, alors, la contemplation sereine des beautés, des splendeurs même, du « pays d'Alsace » !

J'ai parcouru bien des régions de France, j'en ai sillonné les recoins et reconnu les charmes ; jamais il ne m'a été donné de contempler ailleurs qu'en Alsace une telle diversité. Quelle région de notre pays peut en effet se vanter de produire à la fois le blé pour le pain et le raisin pour le vin, mais aussi le houblon pour la bière ? Dans laquelle rencontre-t-on simultanément le tabac et le sucre, le maïs et la pomme de terre, les légumes et les fruits, le chou et les oignons, la rhubarbe et les asperges ?

Tout cela, avant de le goûter sur votre table en spécialités exquises, vous le voyez d'abord prendre racine et soleil dans la terre d'Alsace. Quand Dieu a choisi la Terre promise, il y avait, à ce qu'on dit, beaucoup de brouillard entre les Vosges et la Forêt-Noire.

Les régions avoisinantes

Géographiquement et géologiquement, les frontières n'ont pas la même signification qu'historiquement. Lorsque vous traversez le Rhin à Strasbourg, vous quittez la France en quelques minutes. Vous n'êtes pourtant nullement dépaysé par les vergers d'arbres fruitiers et les maisons à colombages que vous rencontrez sur l'autre rive. Vous voici dans l'Ortenau, cette terre qui a relevé pendant tout le Moyen-Âge et jusqu'à la Révolution de l'évêché de Strasbourg. C'est avec regret que les habitants de cette contrée ont été rattachés à l'archevêché de Freiburg en 1803, et ils continuent d'appeler la cathédrale de Strasbourg « unser Münster / notre cathédrale », ce qui à mon arrivée en Alsace faisait certes mon grand étonnement, mais m'indisposait aussi quelque peu !

Je me suis fait un devoir de visiter l'une ou l'autre fois cette ancienne partie du diocèse. Je suis notamment allé m'incliner sur la tombe de l'un de mes lointains prédécesseurs, le quatrième cardinal de Rohan, à Ettenheim. Les manuels d'histoire l'ont figé dans la fameuse affaire du Collier, mais les habitants de cette charmante localité badoise ont gardé de lui l'image d'un prélat bon et digne.

Plus au sud, vous avez Freiburg. Depuis deux siècles, les deux diocèses de Strasbourg et de Freiburg partagent une longue frontière le long du Rhin. Pendant la dernière guerre, alors que notre grand séminaire avait été brutalement fermé, l'archevêque du diocèse allemand voisin a hébergé les séminaristes alsaciens, et ces derniers ont été tout autant marqués par la cordialité de l'accueil qui leur a été réservé que par le caractère plus libéral du « règlement » qui leur était appliqué, notamment sur la question du tabac...

Les deux archevêques de Strasbourg et de Freiburg retrouvent régulièrement leur voisin de Bâle, qui était avant la Révolution l'évêché dont dépendait la plus grande part du Haut-Rhin. Les liens sont aujourd'hui essentiellement vécus dans le Sundgau et dans la zone dite *Dreieckland* / les Trois Frontières : beaucoup d'Alsaciens se rendent quotidiennement en Suisse ou en Allemagne pour leur travail ou pour leurs courses. Je me réjouis d'avoir co-signé dans ce cadre tri-national, à la faveur de l'une de nos très régulières rencontres d'évêques, une importante déclaration sur les questions posées par la gérance responsable de notre planète.

La plaine est moins large sur la rive allemande du Rhin, et l'on atteint très rapidement les contreforts de la Forêt-Noire, ainsi appelée en raison de sa densité. Il est cependant possible de la traverser par différents itinéraires, alternant les vallées et les cols. On débouche alors sur un impressionnant plateau : le pays souabe. J'ai l'une ou l'autre fois accompli ce voyage pour participer à une rencontre théologique dans la prestigieuse faculté de Tübingen, berceau de l'école de la Nouvelle Théologie allemande, où naguère ont enseigné simultanément Hans Küng et Joseph Ratzinger. J'y entretiens toujours des liens avec le professeur Max Seckler, et il m'est arrivé d'aller discuter avec lui de projets éditoriaux dans la charmante villa qu'il s'est fait construire dans les environs de Tübingen. Suivant ses conseils, j'avais demandé à mon chauffeur de circonstance de ne pas contourner le massif montagneux par l'autoroute, mais de le traverser par la route sinueuse et typique qui relie Oberkirch à Freudenstadt. Comme le dit la fiancée du *Cantique des cantiques*, «nigra sum sed formosa/je suis noire mais belle»: c'est vraiment une splendide forêt que la Forêt-Noire!

Après nous être ainsi intéressés à l'au-delà de cette dernière, passons de l'est à l'ouest, et portons maintenant nos regards vers l'au-delà des Vosges, c'est-à-dire vers la Lorraine. Les liens sont anciens et étroits avec cette province, dont une partie a partagé le sort de l'Alsace après la guerre de 1870. J'ai néanmoins vite réalisé que l'expression courante «Alsace-Lorraine» n'est pas juste, dans la mesure où elle ne concerne en fait qu'une part de la Lorraine actuelle, à savoir la Moselle. C'est en effet avec ce seul département lorrain que nous avons des liens étroits, en raison du Concordat qui nous est commun. Lorsqu'il s'est agi de célébrer le bicentenaire de ce dernier, j'ai proposé qu'une première journée de colloque se tienne à Strasbourg, et une seconde à Metz. Une autre trace de cette communion de destin est plus récente: annexés comme les Alsaciens en 1940, les Mosellans ont connu comme eux le drame de l'incorporation de force, et certains d'entre eux étaient présents à Oradour...

Alsace-Lorraine: je soupçonne le premier ministre Jean-Pierre Raffarin d'avoir été abusé par cette expression approximative, forgée à la fin du XIXe siècle et encore aujourd'hui fréquemment utilisée dans la France de l'Ouest, lorsqu'il a proposé la fusion des deux régions administratives! Personne ne veut assurément en entendre parler ni d'un côté des Vosges, ni de l'autre. Le col de Saverne, pour ne citer que lui, permet de traverser ce qui est une vraie barrière (géographique), dont je témoigne en ce qui me concerne: il suffit d'avoir fait une fois en train le trajet Paris-Strasbourg (ou Strasbourg-Paris!) pour l'avoir clairement ressenti.

La cruauté avec laquelle les troupes du duc Antoine de Lorraine ont réprimé les paysans en 1525 a laissé des traces durables dans les mentalités alsaciennes, promptes à «se méfier» des Lorrains, comme le dit une expression populaire. Les réelles animosités ont disparu, mais il subsiste une rivalité de coquetterie. Tel est le cas du débat qui resurgit périodiquement à propos du lieu de naissance du pape Léon IX. La tradition alsacienne le fait naître à Eguisheim, fief de son père, tandis que la tradition lorraine l'imagine à Dabo, château de sa famille maternelle, les Dagsbourg.

En tant qu'archevêque de Strasbourg, j'ai bien évidemment mis tout mon poids dans la balance pour faire présider par un légat pontifical, en la personne du cardinal Poupard, la grande célébration du millénaire de la naissance de Léon IX à Eguisheim. Considérant cependant que Léon IX a de toute manière été évêque de Toul, j'ai invité les évêques lorrains dans la cathédrale de Strasbourg pour un autre office solennel, et leur ai donné la parole comme il se devait.

Au nord de la Lorraine enfin, voici le grand-duché du Luxembourg, avec lequel nous avons également quelques rapports suivis. Dès mon retour à Paris, j'ai, pour honorer encore nos liens, donné une contribution aux *Mélanges* offerts à Mgr l'archevêque Franck à l'occasion de son jubilé. Je l'ai fait dans le même esprit où, quelque temps auparavant, j'avais accepté son aimable invitation à venir m'associer à la célèbre procession dansante d'Echternach.

Les « régions » dans la région

À l'issue de ce bref parcours des régions avoisinantes, il est temps de revenir en Alsace. Après l'avoir présentée de ses hauteurs à ses profondeurs, puis traversée dans sa largeur, j'invite maintenant à en mesurer la longueur. À mon arrivée, le Conseil épiscopal m'avait élaboré un programme intensif de découverte de la région, du nord au sud. Je n'avais guère compris à ce moment-là les sourires qui avaient accompagné l'idée, naïvement évoquée, de visiter Wissembourg et Saint-Louis dans une même journée. J'ai, peu de temps après, expérimenté dans sa réalité la longueur du diocèse : 250 kilomètres entre Wissembourg, sur la frontière allemande, et Lucelle, à l'entrée de la Suisse ! Je me suis alors rétrospectivement associé de bon cœur aux sourires amusés de mes collaborateurs.

Cela étant, comment la diversité décrite à propos des paysages et des productions de la terre ne trouverait-elle pas sa transposition selon la latitude des pays considérés ?

Au nord du Bas-Rhin est l'Outre-Forêt, qui a conservé intacts ses villages et ses traditions. Les visiteurs de Hunspach, Seebach et autres en sont émerveillés, et nous avec eux – moi-même le tout premier.

L'Alsace bossue, à l'ouest de Saverne, est une des parties de la région où le protestantisme est le plus ancré : je me souviens d'une visite pastorale, au tout début de mon épiscopat, où le groupe que je rencontrais comportait dix pasteurs pour cinq prêtres. Comme par hasard, le texte *Dominus Jesus* venait d'être publié par le futur Benoît XVI, et j'ai dû répondre en direct à l'ire qu'il avait soulevée chez les pasteurs, qui s'estimaient méconnus dans leur ecclésialité propre... Pendant longtemps, j'ai mis un point d'honneur à demander un jus de pomme de la marque Réa, produit dans cette partie bien spécifique de l'Alsace, lors de mes voyages en avion Strasbourg-Paris et retour. Il semble malheureusement qu'il ne soit plus proposé par Air France.

La montagne des Vosges, qui constitue en quelque sorte l'épine dorsale de l'Alsace, ne peut pas être considérée comme un tout indistinct : sa partie la plus septentrionale, connue sous le nom de Vosges du Nord, a fait très justement l'objet d'un classement en parc naturel régional. C'est un régal de visiter le château du Petit Arnsberg, façonné dans un piton rocheux, de se balader dans la forêt près du Fleckenstein ou de méditer devant les paysages qui ont vu la charge héroïque des cavaliers français le 6 août 1870 entre Froeschwiller et Woerth (bataille également connue sous le nom de « charge de Reichshoffen ») ! Le grès est ici l'élément déterminant des paysages. Il rend les sols si pauvres que l'homme les a abandonnés à la forêt, au point que le taux de boisement est de 90 %. En dessous, m'a-t-on dit, on ne verrait qu'une immense couche de sable rose. On est en tout cas heureux de retrouver la même couleur rose dans maintes constructions locales.

Viennent ensuite les vallons du Kochersberg, qui est une région vallonnée, véritable grenier à blé de l'Alsace, où des villages de taille modeste se sont bâtis à deux ou trois kilomètres les uns des autres. J'y admire la construction des fermes, ordonnancées autour d'une cour imposante sur laquelle s'ouvrent l'habitation des exploitants et les vastes bâtiments où peut s'engranger la richesse des récoltes.

La partie centrale de l'Alsace est sans doute la plus connue, grâce à ses paysages de carte postale où l'on voit les vignes s'étager sur les coteaux accrochés aux flancs des Vosges. Les géologues nous expliquent que la lente descente des collines vers la plaine, avec l'harmonieuse diversité des reliefs qui en résulte, est le fruit d'affaissements du terrain à répétition, dits en « touches de piano », qui permettent la cohabitation entre des reliefs successivement consacrés aux céréales, aux vignobles, aux vergers et aux forêts.

N'oublions pas pour autant le Ried et ses prairies humides, qui renferment de véritables réservoirs de biodiversité. Certaines de ses parcelles se trouvent heureusement gérées par le Conservatoire des sites alsaciens, qui propose régulièrement à ses bénévoles des chantiers de conservation de la nature.

La géographie particulière de la région accorde une grande importance aux vallées, creusées par les rivières dans la roche des Vosges. Si celle, très longue, de la Bruche s'enfonce en coude dans la montagne, d'autres, comme celle de Villé, forment un bel arrondi qui fait parfois croire aux résidents qu'ils habitent la totalité du monde. Tout un travail de reconquête des prairies est à l'œuvre en ces vallées. On avait laissé les friches gagner un peu trop de terrain, et laissé aussi pousser de grands pins et des épicéas de peu d'intérêt, qui fermaient les paysages et empêchaient le passage de la lumière. L'acidité du sapin avait de plus contaminé les sols et les avait rendus infertiles. En fin de compte, en certains endroits, la tempête de 1999 paraît avoir eu du bon. Quoi qu'il en soit, cinq cents hectares de prairies nouvelles ont au total été dégagés en vingt-cinq ans de labeur acharné. Il ne s'agit bien sûr pas de supprimer la forêt, mais de revenir à l'alternance entre forêts et prairies d'altitude, typique de la haute vallée de la Bruche.

La vallée de Sainte-Marie-aux-Mines, qui porte aussi le beau nom de Val d'argent, inaugure une série de vallées parallèles, qui se répartissent du nord au sud du département du Haut-Rhin. Citons, parmi les plus belles : la vallée de Munster qui permet trente-trois circuits de randonnées au cœur des Hautes-Vosges ; le Florival, vallée de Guebwiller ; la vallée de la Thur (Thann) et celle de la Doller (Masevaux). Chacune constitue une entité bien particulière – et à chacune continuent de m'attacher de précieux souvenirs, dans lesquels je n'ai pas cessé de me complaire.

Au sud s'ouvre le parc naturel régional des Ballons des Vosges, créé en 1989. La route des Crêtes, héritage de la Première Guerre mondiale, offre aux nombreux touristes qui l'empruntent des vues exceptionnelles sur les sommets. Faut-il ou non fermer cette route au nom de la protection de la nature ? J'avoue éprouver sur ce point des sentiments partagés. Une chose est sûre : le Ballon d'Alsace accueille chaque hiver près d'un million de passionnés de neige et de ski ; il est difficile de ne pas les traiter dans les conditions les meilleures, ce qui suppose des téléskis et des parkings ! La station du lac Blanc, près d'Orbey, est également une destination très fréquentée l'hiver, au point, nous dit-on, que ses belles pistes neigeuses sont souvent « noires de monde ». Le Markstein, qui trône à 1 260 mètres d'altitude, est le paradis des parapentistes et... des vaches, aussi beau l'hiver sous la neige qu'au retour de la belle saison, lorsque fleurit l'arnica jaune, précieuse plante médicinale qui, dit-on, est « bien plus qu'une fleur ». J'admire le dynamisme déployé là-haut par le curé-recteur François Juncker, qui, avec une belle équipe motivée, a fait revivre et fait vivre la chapelle édifiée sur ses pentes : messe dominicale à la belle saison, bénédiction des troupeaux en transhumance, fête patronale, etc. Il me faut encore citer le fameux Champ-du-feu, qui accueille dix à quinze mille skieurs chaque dimanche en saison hivernale, leur offrant cinquante hectares de ski alpin et cent kilomètres de pistes de ski de fond.

Les collines sous-vosgiennes, qui s'étalent du nord au sud (Bastberg, Goeftberg, Bischenberg, Bickenberg, Bollenberg...), constituent un petit paradis de biodiversité, avec leurs pelouses sèches dues au sol calcaire propice aux orchidées, et leurs arbustes rabougris quasi méditerranéens.

La forêt de la Hardt, qui s'étend au sud-est de Colmar jusqu'au Rhin, est hélas trop méconnue, alors qu'avec ses treize mille hectares elle représente pourtant le deuxième massif forestier d'Alsace. C'est une des plus grandes forêts naturelles de charmes en Europe, alternant les zones impénétrables et les clairières de steppes. Le promeneur ou le cycliste peuvent facilement y tomber nez à nez avec un chevreuil, avant de déguster peut-être les côtes de l'un de ses congénères, cuisinées aux chanterelles fraîches dans l'un des restaurants des villages situés à l'orée des bois.

On pourrait peut-être croire que la région mulhousienne offre peu d'intérêt pour la balade à pied. Ce serait ignorer le sentier de l'Ill, aménagé en 2009 par le Club vosgien, qui offre plus de trois heures de marche sur terrain plat, avec des paysages apaisants de collines, et d'autres au décor végétal luxuriant, où alternent les chênes, les hêtres ou les érables.

Aux régions très caractéristiques du nord répond par ailleurs la région typique du sud dite Sundgau (littéralement : le *Gau*/comté du sud). Sa dépendance envers la maison de Habsbourg en a fait un bastion du catholicisme. J'ai calculé, en mettant bout à bout mes diverses visites pastorales, que j'ai dû y passer cinq semaines entières de ma vie (ce qui m'a valu, entre autres, de savourer plusieurs carpes frites). J'ose demander : y a-t-il beaucoup d'Alsaciens non-sundgauviens qui pourraient en dire autant ?

La population de l'Alsace

La géographie n'est pas seulement une réalité physique. C'est aussi une donnée humaine. Le recensement de 2010 (publié en 2012) faisait état de 1 836 000 habitants en Alsace, ce qui plaçait la région au quatrième rang français pour sa vitalité démographique, Strasbourg étant pour sa part la septième ville de France avec 276 000 habitants. Au rythme actuel, on dépassera les deux millions d'Alsaciens en 2030. Ces dernières années, quatre communes sur cinq ont gagné en population, et la densité atteint aujourd'hui 220 habitants au km^2. Les espaces périurbains ont, il est vrai, davantage grandi que les centres. Selon les normes de l'Insee, moins de 10 % de la population alsacienne habite un espace à dominante rurale. D'ores et déjà, une vingtaine de villes de plus de dix mille habitants abritent près de la moitié de la population alsacienne, et l'on prévoirait à terme une « zone urbaine » unique s'étendant de Strasbourg à Mulhouse (avec leurs villes-satellites respectives), en passant par Colmar, à mi-chemin entre un pôle septentrional signifié par Karlsruhe et un pôle méridional marqué par Bâle et Belfort.

Ainsi, Strasbourg se trouve conforté dans sa position de deuxième diocèse de France (après Paris) par sa population et son nombre de prêtres. Au moment où j'ai demandé un second auxiliaire, plusieurs s'en sont étonnés, qui trouvaient pourtant parfaitement normal que Paris dispose de quatre auxiliaires, et Lyon de deux.

Cela dit, il serait caricatural d'imaginer chez nous une population unifiée. Le fond actuel reste certes homogène, constitué des descendants des Alsaciens ayant survécu à la terrible guerre de Trente Ans et de ceux des Suisses, des Souabes et des Autrichiens appelés par après pour étoffer la population de la région. Mais le XXe siècle a vu de nouvelles populations arriver. Ce furent d'abord les Polonais dans les zones minières, puis les Italiens depuis 1945. Plus récemment sont venus d'Allemagne ou par l'Allemagne les Turcs, rejoints par les Maghrébins. Depuis la chute du Mur de Berlin, on voit de plus en plus de gens de l'Est, Russes, mais surtout Roumains.

Bien évidemment, ces apports allogènes ne vont pas sans entraîner quelques problèmes. Souhaitable, l'intégration rencontre des oppositions de part et d'autre. J'ai été le premier surpris de voir dans certaines localités alsaciennes se développer des formes plus ou moins déclarées de réticence, voire de racisme et de xénophobie, nourries par des peurs plus fantasmatiques que réelles. Les scores de l'extrême-droite ne m'ont pas ravi. Les multiples discussions avec la population m'ont cependant tout à fait convaincu que les comportements haineux étaient très minoritaires, marginaux même, et qu'il fallait tenir compte du sentiment de grande peur face aux désordres qui peuvent être ressentis dans les zones rurales, abreuvées entre autres d'images de voitures qui flambent dans les banlieues. Autour du Nouvel An 2013, la télévision nationale ne s'est pas privée de nous infliger, sur ce point, son habituelle séquence alsacienne...

Au moment où les profanations de cimetières se sont multipliées, le préfet de région a réuni les représentants des différents cultes ; ils se sont tous positionnés de manière très responsable. Je demeure optimiste : Strasbourg est la ville des routes – *Strass-burg* –, le lieu où les chemins se croisent et où les voyageurs se rencontrent. Il en a toujours été ainsi. Pour une large part – j'y reviendrai –, la ville doit sa beauté au mélange des monuments inspirés du Moyen-Âge rhénan, de l'époque classique française et de l'architecture de l'époque allemande. Ce n'est pas pour rien que l'Europe se trouve « bien » à Strasbourg et en Alsace !

Les trois grandes villes d'Alsace

La répartition de la population sur le territoire alsacien mérite elle aussi considération. Un assez grand nombre de mes confrères évêques exercent leur mission dans un diocèse constitué d'une ville qui se trouve être simultanément le chef-lieu et le siège épiscopal, et entourée d'une vaste zone rurale. J'ai très vite découvert que l'Alsace a au contraire engendré une multitude de villes au cours de son histoire, et qu'il en reste des traces notables aujourd'hui à travers un chapelet de cités qui s'égrènent du nord au sud de la région. Chacune dispose d'une histoire prestigieuse, d'au moins une église imposante, d'une population significative... et mérite d'être traitée comme telle. Je les ai bien sûr régulièrement toutes fréquentées. Commençons par les trois plus grandes.

Strasbourg, l'antique *Argentoratum* des Romains, a été construite au confluent de deux rivières, en asséchant des marécages. Elle est restée une ville d'eau. Il suffit pour s'en convaincre de faire le tour traditionnel en bateau-mouche qui vous transporte de la cathédrale vers les Institutions européennes, vous permettant de découvrir au passage de multiples églises construites en bord de rivière, dont l'admirable chevet roman de l'église abbatiale Saint-Étienne et les deux tours néo-gothiques de l'église réformée Saint-Paul. N'oublions pas du reste que la Navigation du Rhin, la plus ancienne instance européenne, a son siège dans la ville-capitale de l'Alsace.

Hormis bien sûr notre extraordinaire cathédrale, il reste trop peu, hélas, de la ville médiévale : quelques splendides oriels, l'un ou l'autre cloître plus ou moins dissimulé, quelques caves vertigineuses, les traces de la communauté juive à travers des Bains rituels. Le quartier de la Petite-France attire en masse touristes et flâneurs ; j'avoue apprécier moi-même de le traverser, longeant les canaux, admirant les façades à colombages ou quelque platane tricentenaire dont les branches procurent l'été une ombre bienfaisante, à l'abri de laquelle il fait bon savourer une bonne bière. Je ne manquais jamais d'y entraîner mes visiteurs après dîner, l'été surtout... et l'on prolongeait au moins jusqu'au moment où, sur le chemin du retour vers l'archevêché, retentirait la *Zehner Glocke*.

Lorsque Strasbourg est devenue ville royale et française, Louis XIV a souhaité l'orner de ce qui se faisait de plus beau dans son royaume. C'est ainsi qu'est arrivée l'architecture classique, avec le modèle versaillais d'hôtel particulier, entre cour et jardin. La rue Brûlée est particulièrement représentative de cette implantation, dont le signal aura été donné par la construction vers 1722 de l'hôtel du grand doyen du chapitre, aujourd'hui résidence épiscopale, que suivront les actuels hôtel du préfet, hôtel du gouverneur militaire et hôtel de ville, puis le château des Rohan.

Au-delà de l'Ill, c'est une autre ville qui s'ouvre à nos yeux. Là où avant 1870 il n'y avait que champs et terrains vagues, s'étale maintenant la *Neustadt* (nouvelle ville), que je présenterai davantage dans le parcours historique. Née de la volonté de l'Empire allemand de donner à la capitale de la province annexée ce qu'il avait de meilleur, elle a longtemps été honnie pour des raisons liées à la Deuxième Guerre mondiale. Il est à présent question de lui étendre la protection de l'Unesco (d'ores et déjà acquise pour le quartier urbain que ceinturent l'Ill et le canal des Faux-remparts).

Cette partie de la ville n'est cependant pas la dernière édifiée, puisque la venue des institutions européennes a entraîné la construction de grands ensembles destinés à accueillir respectivement le Conseil de l'Europe, le Parlement européen (un magnifique bâtiment circulaire semblant inachevé, comme la construction de l'Europe), et la Cour européenne des droits de l'homme (étonnante construction figurant les deux balances de la justice). Le tout bénéficiant, à quelques pas, du bel écrin vert du grand parc de l'Orangerie.

J'éprouve, je le déclare, un amour particulier pour la ville de Colmar, où je retrouve les traces de la riche culture rhénane de la Renaissance. Je mets évidemment en belle place le fameux *Retable d'Issenheim*: a-t-on jamais sur un autre support rassemblé aussi prodigieusement la quintessence de la foi chrétienne? Le doigt de Jean-Baptiste désignant le Christ mérite à lui seul un commentaire théologique. Il m'est souvent arrivé d'en proposer un pour ma part: toute la tâche de l'Église ne se résume-t-elle pas, au bout du compte, à tout faire pour orienter les regards vers «Celui qui vient»?

Colmar est une ville de culture, marquée aujourd'hui par la présence de la préfecture du Haut-Rhin, de casernes et de nombreux tribunaux (grande instance, cour d'appel, cour d'assises...), avec la population de fonctionnaires, d'officiers et d'avocats qui les accompagne, et le caractère «bon chic, bon genre» au meilleur sens de ces termes qui en découle, et qui est perceptible jusque dans la composition des assemblées paroissiales de la collégiale Saint-Martin ou de l'église Saint-François.

Au Moyen-Âge, c'était plutôt une ville de couvents; les ordres mendiants y avaient trouvé un lieu de prédilection: dominicains, dominicaines, franciscains, béguines... Les fleurons de cette grande tradition sont encore visibles avec, à côté du *Retable d'Issenheim* conservé dans l'ancienne chapelle des dominicaines d'Unterlinden, la *Vierge au buisson de roses*, visible elle dans l'église, encore affectée au culte, des dominicains: je l'ai gardée en vive mémoire durant des décennies, après l'avoir contemplée lors de ma toute première visite en Alsace.

Il fait bon flâner dans les rues adjacentes à la collégiale Saint-Martin (on dit «la cathédrale», car elle accueillit un évêque constitutionnel sous la Révolution) – où je fus reçu avec joie successivement par les pères Paul-Émile Bernhard puis Thomas Brunagel –, ou bien le long des canaux de la Petite Venise, dont je ne suis jamais rassasié. Comme il avait raison, ce fils du professeur de droit qui m'hébergeait lors de ma toute première venue en Alsace, lorsqu'il avait péremptoirement déclaré : « Il n'y a pas que Strasbourg "chez nous" ! Dimanche après-midi, je vous emmène à Colmar, mon Père ! »

Colmar a profité de la période allemande pour s'enrichir de grands bâtiments publics, comme la monumentale cour d'appel, construite entre 1902 et 1906, et comme l'*Oberlandesgericht* (tribunal supérieur du *Reichsland* d'Alsace-Lorraine), à la rentrée solennelle duquel je me faisais chaque année un devoir de participer.

Mais Colmar est aussi une ville de viticulture. La commune possède un vignoble réputé, dont la municipalité s'est toujours ingéniée à me faire apprécier les produits – et le fait encore. Elle accueille chaque année la fameuse Foire aux vins d'Alsace, à laquelle je participais régulièrement – et qui dispense aux meilleurs crus des médailles appréciées.

Une certaine rivalité existe quasi nécessairement entre Colmar, qui accueille la préfecture du Haut-Rhin, et Mulhouse, ville la plus peuplée de ce département. Ce fut naguère une grande cité industrielle, « la ville aux cent cheminées », dont les fumées s'élevaient dans le ciel au-dessus des ateliers de textile. Dieu merci, l'industrie automobile est venue s'établir comme en suppléance : oserai-je confesser que j'ai poussé un soupir de soulagement lorsque j'ai appris que l'interrogation des dirigeants du groupe PSA se portait plutôt sur leur usine d'Aulnay-sous-Bois ? Qu'on me pardonne ce réflexe sans doute trop chauvin ; il ne s'explique que par l'attachement tout particulier à la ville qu'a suscité chez moi la rencontre de nombre de militants d'Action catholique et de paroissiens travaillant, sur place, « chez Peugeot ».

Mulhouse est, semble-t-il, moins fréquentée par les touristes que les deux autres grandes cités d'Alsace. Ils ont tort. J'admire en effet la façon dont elle a su rebondir en devenant « la ville aux nombreux musées » : Musée de l'automobile avec l'ancienne collection des industriels Schlumpf ; Musée du chemin de fer ; Musée des textiles ; magnifique parc zoologique, etc.

D'ailleurs, cette ville certes industrielle est aussi ville de culture : si *La Filature* n'y désigne plus aujourd'hui une usine, elle est devenue l'enseigne d'un grand complexe culturel ! C'est avec grande fierté que la cité du Bollwerk a reçu en 2009 le label de « ville d'art et d'histoire », couronnant des années d'efforts en ce domaine. Le maire actuel, Jean Rottner, qui a succédé au ministre Jean-Marie Bockel, poursuit inlassablement son objectif de faire de sa cité non seulement un lieu d'habitat accepté en raison de la naissance ou du travail, mais aussi un véritable « choix de vie ».

L'appartenance de Mulhouse à la Confédération helvétique a laissé des traces. Elle est la seule grande ville de France dont l'édifice religieux principal soit un temple protestant. Le catholicisme y a d'abord été la religion des ouvriers, le culte évangélique étant celui des patrons. Grâce en particulier à plusieurs curés qui furent de vrais pasteurs, Mulhouse est devenue, avec Thann, à la fin du XIXe siècle, le fleuron du catholicisme social alsacien.

En fait, la ville n'est française que depuis 1798. Il en résulte un certain esprit frondeur, une certaine revendication d'autonomie, y compris sans doute au plan ecclésial. Mais je tiens à dire ici que jamais pour ma part je n'ai eu l'impression ni que Mulhouse « orbitait » loin de Strasbourg du point de vue diocésain, ni d'en être moi-même à distance. J'ai toujours eu, au contraire, le sentiment d'être évêque (aussi) de « là-bas », et d'y être effectivement tenu pour tel. J'en étais venu à estimer que tout ce qu'il y avait d'épiscopat en Alsace ne devait pas être concentré sur Strasbourg, et le fait que Mgr Kratz résidait plusieurs jours par semaine à Mulhouse (comme, un peu plus tard, Mgr Grallet sur Colmar) m'a incliné à penser non pas qu'il me faisait écran sur place, mais au contraire, et compte tenu de l'excellence de notre collaboration, qu'il m'y représentait ès qualités. J'ai déjà eu l'occasion de le dire, mais tiens à y insister.

Dès mes tout premiers temps en Alsace, j'ai été splendidement accueilli à Mulhouse. D'abord, par une église pleine à Saint-Étienne, où devaient se succéder entre autres les curés Jean-Pierre Fohrer et Jean-Louis Hug, et dont je suis revenu fêter le centenaire avec Mgr Kratz peu avant mon départ. Puis, pour une conférence publique dans les locaux, remplis de manière impressionnante, de la grande salle de la Société industrielle. Y compris ces dernières années, j'ai donné plusieurs séries de conférences à Sainte-Marie, église de centre-ville dont, déjà du temps du père Léonard Basler, nous avions élargi la mission bien au-delà de celle qui incombe à une paroisse. J'aimais aussi beaucoup, comme pasteur de l'Alsace, me rendre dans les paroisses du Sacré-Cœur, de Saint-Fridolin, de Saint-Joseph, de Saints-Pierre-et-Paul, des Coteaux (cher Robert Charlier !) et de Saint-Antoine de Bourtzwiller (cher Robert Harter !), et aussi d'Illzach, de Dornach, etc. Aujourd'hui encore, je revois les églises et les assemblées, les visages des prêtres et des équipes pastorales autour d'eux... À Mulhouse, dans ce vaste contexte apostolique, nous avons réfléchi sur la pastorale du mariage et des personnes divorcées, sur l'accueil des étrangers, sur la pratique du dialogue interreligieux, etc. – bref, sur toutes les questions aujourd'hui posées à l'Église, à sa vie et à ses responsables. Comment n'y serais-je pas de tout cœur attaché ?

Un long chapelet d'autres villes alsaciennes

Il n'y a pas que les trois grandes ! Du sud au nord de l'Alsace s'égrène le long chapelet des autres villes alsaciennes, dont certes les dimensions varient, mais qui ont chacune une « personnalité » bien repérable. Chacune m'a laissé un très précieux et très vivant souvenir. J'énumère :

Saint-Louis, jouxtant la Suisse et donc ville-frontière, très animée et riche d'environ vingt mille habitants, avec sa Foire aux livres et son Festival transfrontalier de théâtre (et avec, au temps de Noël, la belle exposition de crèches que le curé Louis Lévêque préparait dans son église paroissiale). « Entre urbanité pure et nature cachée », lisait-on dans *L'Ami hebdo* du 4 novembre 2012...

Altkirch, capitale du Sundgau – ce qui est à soi seul un titre de gloire –, que m'ont successivement fait découvrir les curés Pierre Rapp et Jean-Marie Uhlen. On y vénère saint Morand et l'on s'y drape chaque année, en décembre, des mystères de la Forêt enchantée, grâce à 160 personnages de cire issus des contes populaires du Sundgau.

Thann « la française », libérée dès 1914 par les troupes nationales. On dit de la flèche de sa collégiale qu'elle est la plus fine (*die Feinste*), à défaut d'être, comme celle de Strasbourg, la plus haute *(die Höchste*), ou comme celle de Fribourg, la plus belle (*die Schönste*). Une fondation a récemment été mise en place afin d'accompagner les travaux de rénovation de l'édifice, trop lourds pour la seule municipalité. Je me suis rendu sur place, entre autres, pour une crémation de la Saint-Thiébaut et pour la bénédiction de l'orgue rénové, à l'invitation conjuguée des curés alors en poste, André Bernhard puis Jean Arnold, et du maire Jean-Pierre Baeumler.

Guebwiller, avec ses deux splendides édifices religieux, l'un roman (Saint-Léger) et l'autre classique (Notre-Dame – quand je l'ai découverte la première fois, en « tombant » en quelque sorte sur elle au détour de la rue qui nous y conduisait, j'ai eu le sentiment d'être tout à coup là, au sud de l'Alsace, face à l'immense église Saint-Sulpice du VIe arrondissement de Paris !)... sans oublier ni « les Dominicains », ni les domaines viticoles Schlumberger.

Sélestat, cité des humanistes, avec sa prestigieuse bibliothèque de Beatus Rhenanus, cher ami d'Érasme ; il m'arrivait d'y conduire les lauréats du Prix de l'archevêque, que saluait alors le maire Marcel Bauer. Et avec aussi ses deux magnifiques églises, Saint-Georges (dont j'ai consacré le nouvel autel) et Sainte-Foy ; et avec encore ses fameuses Tanzmatten. La ville a été désignée en 2010 par le journal *L'Équipe* comme « ville la plus sportive de France » dans la catégorie des moins de vingt mille habitants. Les livres d'un côté, les muscles de l'autre, le compte est bon !

Ribeauvillé, cité des ménétriers, où ont été formées des milliers de sœurs enseignant dans les écoles d'Alsace, où mon prédécesseur sulpicien Mgr Weber a choisi le lieu de sa retraite, de sa mort et de sa sépulture, et où j'ai rendu plusieurs fois visite à mon confrère, également sulpicien et aumônier du lieu, Jean Bougarel.

Molsheim, ville épiscopale quand Strasbourg était passée à la Réforme, où les jésuites avaient fondé une prestigieuse université (aussi épiscopale), et où je continue de suivre avec le plus grand intérêt les travaux de rénovation de la Chartreuse qui y avait trouvé refuge. Je me souviens d'y avoir, entre autres, présidé les obsèques de Mgr Maurer, ancien administrateur apostolique de Saint-Pierre-et-Miquelon.

Saverne, autre ville épiscopale, où les Rohan avaient construit leur château de prédilection et où Adrien Zeller a été relayé à la mairie par Émile Blessig. Elle vit naître Libermann, fils d'un rabbin qui fut le second fondateur des spiritains, dont la belle maison Saint-Florent m'accueillit au moins deux fois : pour son centenaire en 2000 et pour le tricentenaire de la congrégation en 2003.

Haguenau, quatrième ville d'Alsace, ancienne résidence impériale, avec son immense forêt et la proximité de Marienthal, siège d'un pèlerinage et d'un Carmel. Son maire, Pierre Strasser, frère d'un prêtre connu et apprécié de tout notre diocèse, m'y accueillit pour une chatoyante Fête des peuples, et le curé Joseph

Weinling, pour (entre autres) une mémorable Fête-Dieu à la Halle-aux-blés, après laquelle il me conduisit en pèlerinage sur le site du fameux Gros Chêne, où j'ai pu rendre hommage à mon lointain prédécesseur saint Arbogast, dans la chapelle qui lui est dédiée.

Wissembourg enfin, aux portes de l'Allemagne, souvent sous la menace d'une occupation, comme me l'avait expliqué à ma première venue le curé Gérard Wackenheim, qui m'avait conduit sur les hauteurs environnant la ville. Elle est aujourd'hui largement fréquentée par des touristes allemands à la fois décontractés et généreux. Généreux, ils le furent en particulier par la réfection totale de l'orgue Dubois, chef-d'œuvre du XVIIIe siècle que j'ai eu la joie de bénir et d'inaugurer en 2012 à l'invitation du curé Dominique Moog, et qui orne une magnifique église abbatiale de style gothique où m'avait accueilli précédemment le père Gérard Helmer, devenu depuis curé de Thann. Une fois de plus, les chefs-d'œuvre se côtoient : à quelques kilomètres de cette merveille gothique, voici l'église d'Altenstadt, merveilleux chef-d'œuvre roman ! Et l'ancien couvent des dominicains est devenu un splendide centre culturel, avec des salles multi-activités aménagées au premier étage de l'église, à la hauteur des ouvertures et des vitraux...

Les villes de taille moyenne apparaissent finalement comme une belle spécificité alsacienne. Notons que depuis le Moyen-Âge, certaines d'entre elles s'honorent du titre de « ville libre » ; affranchies du pouvoir seigneurial, dix d'entre elles se sont regroupées dans une alliance appelée « Décapole ». Je les énumérerai en parlant bientôt de l'histoire de l'Alsace ; dans la plupart d'entre elles, il flotte du reste toujours comme un « esprit de Décapole ».

Les maisons et les villages

Nombreux sont aussi les villages d'Alsace. N'est-ce pas d'ailleurs par rapport à eux et à ce qui s'y vit que l'on perçoit le mieux ce que c'est, au fond, qu'« habiter en Alsace » ?

L'Alsacien aime sa maison. La rigueur du climat le conduit à y passer une bonne part de son temps durant l'hiver. Je me souviens du grand étonnement d'un jeune prêtre malgache visitant pour la première fois un village d'Alsace et, frappé par le vide des rues, se demandant « où sont les gens ».

Si, de la sorte, l'Alsacien reste chez lui, ce n'est pas parce qu'il ne serait pas à l'aise à l'extérieur, mais parce qu'il est bien à l'intérieur; ce n'est pas d'abord parce qu'il aurait froid dehors, mais parce qu'il se sent au chaud dans sa maison. Autrement dit, la maison n'est pas pour lui un refuge subi, mais un havre choisi. Indice entre bien d'autres: le nombre de communes dont le nom se termine en «-heim», mot qui désigne bel et bien quelque chose comme le «chez-soi».

Trois éléments du mobilier apparaissent bien caractéristiques du *Heim* alsacien. Le *Eckbank* (banc de coin) d'abord, qui permet de se rassembler autour d'une table qui n'est pas centrale – pour ne pas perdre une place précieuse – mais utilise judicieusement un des coins de la pièce à vivre. Chacun, selon sa fonction ou son âge dans la maisonnée, occupera une place précise sur ce banc ou sur une des chaises qui lui font face. La chaise alsacienne ensuite: quand on l'a pratiquée, avec son dossier incliné (souvent sculpté) et ses quatre pieds positionnés en biais vers l'extérieur de manière à lui conférer un maximum de stabilité, on regrette de n'avoir connu au préalable que des modèles aux pieds parallèles et à l'inconfortable dossier droit. J'ai déjà dit combien je me félicite de celle, reçue en cadeau dans le val de Traubach, qui trône désormais en belle place dans ma chambre. Troisième élément: le *Kacheloffe* (poêle), qui ronronne en saison froide, mais constitue en tout temps un élément central de la décoration de la pièce principale, avec ses superbes carreaux de céramique colorée et décorée. Il procure une douce chaleur qui rayonne dans toute la maison, mais dont profitent spécialement les privilégiés qui peuvent s'adosser à lui pour une longue soirée d'hiver!

Un signe parlant du très grand attachement des Alsaciens à leur «chez-soi» est le dynamisme du marché spécialisé dans l'aménagement de la maison. En août 2012, ce qui s'appelle significativement le Pôle aménagement de la maison en Alsace affichait même une «croissance insolente». Il recensait trois cents entreprises alsaciennes spécialisées dans l'ameublement, l'équipement domestique, les revêtements intérieurs, les portes et les fenêtres, ou encore la décoration, pour un total de onze mille emplois. Et il rassemblait une multiplicité de savoir-faire, avec des pointes d'innovation dans certains secteurs comme l'éclairage, le chauffage ou la domotique, selon une expression récemment forgée pour désigner la science de la maison.

De l'ameublement et de l'aménagement, il faut passer à la maison elle-même – et là, il faut commencer par rendre hommage à la maison traditionnelle alsacienne, que la France entière sait identifier à ses colombages. Alors qu'on redécouvre aujourd'hui un peu partout les vertus écologiques et isolantes des maisons en bois, il serait paradoxal de ne pas soigner les maisons traditionnelles. Une Association pour la sauvegarde de la maison alsacienne se consacre à la belle tâche indiquée par son nom : chaque année, elle choisit un canton d'Alsace où elle envoie ses bénévoles sillonner les rues des villages et sélectionner des maisons auxquelles sera attribuée une des médailles qu'elle décerne. En 2009, c'est le canton de Geispolsheim qui a fait l'objet de sa sollicitude. Quarante maisons ont été primées, et des conseils ont été donnés aux propriétaires : les tuiles traditionnelles dites *Bieberschwantz* / queue de castor sont plus appropriées dans une maison à colombages que les tuiles mécaniques, et les fenêtres en bois, bien préférables à celles en PVC ou en aluminium !

Le village d'Obermorschwiller, dans le Sundgau, a été miraculeusement préservé au cours des nombreux conflits dont l'Alsace a été le théâtre, de la guerre de Trente Ans (1618-1648) à la Deuxième Guerre mondiale. Plus d'une trentaine de constructions du XVIe siècle y subsistent, ce qui est exceptionnel. La cohabitation entre des maisons en pierre et d'autres en bois donnait lieu jusqu'à il y a peu à une interprétation quasi marxiste : aux riches la pierre, aux pauvres le bois. Une récente étude menée par des étudiants de l'Université de Haute-Alsace a relativisé cette interprétation, montrant que l'usage de la pierre correspondait en fait aux périodes où le bois était rare. L'utilisation très extensive de ce dernier au début du XVIe siècle aurait en effet entraîné une raréfaction de la ressource et obligé à se rabattre alors sur la pierre ! Une fois les forêts régénérées au début du XVIIIe siècle, on a pu revenir au bois...

Le colombage ne fait pas le tout de la maison alsacienne. Il délimite un espace rempli de torchis, puis revêtu de crépi ; mais sur la question de savoir quelle est la couleur traditionnelle appliquée sur ce crépi, les avis divergent. Selon Maurice Ruch, président-fondateur de la Maison du Kochersberg, et Jean-Marie Gérard, secrétaire général de l'Institut des arts et traditions populaires d'Alsace, le blanc obtenu à partir de la chaux serait bel et bien la couleur traditionnelle de la maison alsacienne, du Sundgau à l'Outre-Forêt. Ils ne recensent que trois exceptions, liées à des pays particuliers : l'ocre était imposé par les seigneurs du pays de Hanau ;

le bleu était appliqué dans les alentours de Bouxwiller ; enfin, le Sundgau connaissait une palette plus diversifiée, allant du vert au rouge « sang de bœuf ». De quand date alors la mode des façades très colorées que l'on rencontre aujourd'hui : jaune, vert, bleu, violet, rouge... ? Gabriel Muller, président de l'Association pour la sauvegarde de la maison alsacienne, estime que cette tradition est récente et qu'elle ne remonte pas au-delà de la dernière guerre.

Si l'Alsacien a l'élégance de soigner l'intérieur de la maison, il n'en veille pas moins à sa beauté extérieure et à son fleurissement : de Schleithal et Seebach, villages pittoresques du nord de l'Alsace, aux localités du Sundgau, en passant par les fermes du Kochersberg et les maisons cossues des vignerons à Hunawihr ou à Eguisheim, c'est partout le même enchantement. Il semble que le géranium ait été inventé pour l'Alsace, tellement nombreuses sont les fenêtres qui s'en trouvent décorées. En tout cas, cette fleur est la seule en France à faire l'objet d'une certification pour les horticulteurs de notre région qui respectent le cahier des charges très exigeant de l'*Elsass Geranium*.

Accessoirement, on est heureux de noter que la filière horticole représente huit cents emplois en Alsace, et un chiffre d'affaires de près de cinquante-quatre millions d'euros. Le monde des fleurs permet en outre la rencontre entre l'économie et l'écologie : de plus en plus de communes se rallient au développement durable et à la formule dite du « zéro phyto ». On me permettra d'ajouter qu'ici je repense à ma maman s'occupant si attentivement des fleurs de son jardin dès le retour du printemps... et aux sœurs de l'archevêché s'activant chaque année dès qu'allait revenir la saison des géraniums. Les regardant faire, je me suis souvent dit que, décidément, j'aurais eu beaucoup de peine à survivre dans un monde sans fleurs !

Cependant, de même qu'on ne rencontre pas en Alsace de paysage type, mais une multitude de variantes selon la latitude et le microclimat, de même n'y existe-t-il pas de maison type, même si le modèle à colombages se trouve largement popularisé en dehors de la province et se trouve de fait très largement pratiqué. En certains lieux, comme dans le très agricole Kochersberg ou sur la Route des vins, un très large portail donnant sur la rue s'ouvre sur un corps de ferme impressionnant. Si l'on a d'un côté le logis des habitants, les autres bâtiments enserrant la cour sont réservés à l'usage agricole : grange pour le foin, étable pour les bovins, remise pour la charrette et pour les outils... Lorsqu'on traverse cette remise, on découvre encore le potager (accompagné souvent d'un poulailler) et, si l'on est à l'orée du village, un verger qui s'ouvre sur les champs. Mais ce modèle supporte lui-même toutes sortes de variantes.

Tout autre est la ferme des hauteurs d'Orbey, dans la partie welche en particulier. Les habitants ont tiré parti des pentes très fortes sur lesquelles ils ont agrippé leur maison, de sorte que les bêtes puissent rentrer directement dans une étable constituant le grenier. Il n'y a là aucune cour, mais un vaste espace de pâturage, ouvert de tous côtés.

Tous les éléments évoqués – la maison, le fleurissement, l'environnement... – contribuent à positionner l'Alsace en bonne place dans un concours prestigieux : celui des Plus beaux villages de France. Au démarrage de ce concours, il y a trente ans, notre région était déjà représentée par les trois villages de Riquewihr, Mittelbergheim et Hunspach, sur un total de soixante-six élus. En 2012 s'étaient ajoutés Hunawihr et Eguisheim[1], et le village de Wangen aspirait à devenir le sixième labellisé. Heureusement, on paraît bien conscient, ici et là, des deux dérives contradictoires dont il faut se garder : transformer le village en musée sans âme, ou finir par le convertir en parc d'attractions. On sait bien que céder à l'une ou l'autre ne serait ni plus ni moins démériter du pays d'Alsace.

1. Eguisheim qu'une émission de France 2 conduite par Stéphane Bern a justement désigné en 2013 comme le « village préféré des Français » !

CHAPITRE 3

L'histoire de l'Alsace

Dire que l'Alsace doit tout à sa géographie serait probablement exagéré, même s'il est certes permis d'affirmer que la configuration particulière de cette langue de terre entre une barrière montagneuse et un fleuve large et capricieux a largement contribué à en faire une entité humaine très caractéristique. Mais l'histoire aussi a eu son mot à dire. Mes dix années de présence dans la région m'ont convaincu de la richesse du patrimoine historique de cette région où le moindre coup de pioche laisse apparaître les vestiges d'un habitat néolithique, d'une voie romaine, d'un cloître médiéval ou d'un village disparu durant la guerre de Trente Ans.

Vestiges et enracinements

Parmi les sites anciens, je retiens évidemment en premier lieu la fameuse enceinte dite « Mur païen » qui enserre le sommet du mont Sainte-Odile et appartient en partie au domaine de la mense épiscopale. La permanence d'une habitation en un même lieu pendant de nombreux siècles provoque mon admiration, en même temps qu'elle suscite ma réflexion sur le développement de l'espèce humaine. Songer que tant de nos ancêtres ont fait avant nous le même chemin pour parvenir au sommet de la colline, et qu'ils ont eu le même point de vue sur le pays d'Alsace que vous habitez vous-même aujourd'hui, ne peut que vous renvoyer vers l'impressionnante suite des générations qui vous y ont précédé.

Cela fait des millénaires que la plaine accueille des populations humaines. En 2007, à l'occasion de fouilles préventives menées à proximité de l'aéroport d'Entzheim, les archéologues du Pôle d'archéologie interdépartemental rhénan ont mis à jour toute une nécropole : des dizaines de sépultures dont les corps inhumés datent de sept mille ans et nous ramènent donc au néolithique. Dans le détail, quelques tombes très anciennes remontent à environ 5400 avant J.-C., et la plupart sont de la période dite *Grossgartach* (4600 avant J.-C.). Avec les squelettes ont été mis à jour des bols, des vases, des outils et des bijoux. Dans une des tombes, on a même trouvé une femme et son enfant enlacés.

En ce qui concerne la ville épiscopale de Strasbourg, l'histoire nous dit qu'elle doit son existence à un camp établi par les légionnaires romains dans une zone inondable et marécageuse qui ne présentait guère d'intérêt, sinon la proximité du Rhin et, par voie de conséquence, la possibilité de surveiller les frontières de l'empire. Les archéologues ont restitué l'emplacement – assez limité – de ce camp, qui n'englobe pas la totalité de l'îlot constituant le cœur actuel de Strasbourg, mais seulement sa partie centrale, autour de la cathédrale d'aujourd'hui. Une belle reconstitution parue dans les *DNA* du 4 novembre 2010 m'a permis de constater que l'actuel évêché en représentait pratiquement l'un des angles, un autre étant assuré par notre collège épiscopal – ancienne abbaye – Saint-Étienne.

Selon Bernadette Schnitzler, conservatrice en chef du Musée archéologique de Strasbourg, le nom latin du camp, *Argentoratum*, viendrait du celte et signifierait « la forteresse d'Argens », Argens étant le nom que portait alors la rivière Ill. C'est vers l'an 10, autrement dit peu après la naissance de Jésus, qu'une première légion romaine s'y est établie avant de rejoindre l'Angleterre, en laissant quelques petites garnisons sur place. En l'an 90 de notre ère, la relève a été prise par la VIIIe légion Augusta, au passé militaire glorieux, qui y est restée au moins trois siècles ; six mille légionnaires se trouvaient alors logés dans des baraquements déployés sur une surface de vingt hectares environ. Au passage, j'ai découvert qu'il n'était pas certain que la cathédrale ait été précédée par un temple païen, comme on l'affirme souvent, mais plutôt par l'habitation du légat commandant la légion. Indirectement, c'est donc l'écroulement de l'Empire romain, entraînant l'abandon du camp par ses armées, qui permettra à mon lointain prédécesseur saint Arbogast de récupérer le site pour en faire sa cathédrale, au VIIe siècle.

Il y a en Alsace d'autres vieux cailloux qui ne me laissent pas indifférent : ce sont les châteaux forts, qu'ils aient été restaurés

– comme le Haut-Koenigsbourg – ou qu'ils soient restés à l'état de ruines, comme la plupart d'entre eux. Ils se dressent comme un chapelet de pierre sur les sommets vosgiens. Lorsque vous parcourez l'Alsace dans sa longueur, vous pouvez parfaitement repérer votre latitude au château que vous apercevez : Ortenbourg, Haut-Koenigsbourg, Kintzheim, Ribeauvillé, Eguisheim... La plupart ont été démantelés par la monarchie française ; il en reste cependant des traces suffisamment significatives pour impressionner ceux qui les contemplent, de près comme de loin.

Aux « cailloux » s'ajoutent encore les écrits. En ce domaine précisément, l'Alsace a été le lieu d'un acte fondateur de l'histoire occidentale, à savoir la signature des Serments de Strasbourg, en 842. Je dois à Roland Ries, maire de Strasbourg, d'avoir mieux mesuré l'importance de ce traité, dans lequel deux des petits-fils de Charlemagne, Charles le Chauve et Louis le Germanique, nouent alliance entre eux contre les ambitions de leur frère aîné, Lothaire Ier. L'originalité de ce document est aussi et surtout linguistique, puisque Louis le Germanique déclare son serment en langue romane pour être compris des soldats de Charles le Chauve, tandis que ce dernier prononce le sien en langue tudesque pour être entendu des troupes aux ordres de son frère. De la sorte voisinent les deux langages qui donneront respectivement naissance au français et à l'allemand. Dès le partage de l'Empire carolingien, l'Alsace s'affirme donc comme un territoire intermédiaire, comme une passerelle entre deux mondes politiques et culturels : l'Alsace est déjà bilingue, et elle le restera. Robert Grossmann a raison de souligner que si le texte des Serments de Strasbourg est le premier document officiel rédigé en langue populaire (et non en latin), il représente de fait le plus ancien texte en langue française qui ait été conservé ; et il fut bel et bien prononcé à Strasbourg.

Un autre signe de l'omniprésence de l'histoire en Alsace ne trompe pas : le nombre des sociétés savantes et d'histoire. Le moindre canton dispose de la sienne, avec ses membres, sa revue, son annuaire, ce qui est probablement unique en France. Cela m'a très souvent valu, au cours de mes visites pastorales, de recevoir les productions de la société du lieu qui m'accueillait. Soigneusement conservées dans le département alsatiques de ma bibliothèque, ces publications retrouveront, le moment venu, l'Alsace – plus précisément la bibliothèque du grand séminaire, à laquelle je les léguerai.

Villes libres et seigneurs

De l'importance de ce devenir local pour l'histoire générale de toute une région, nous avons en Alsace un exemple heureux à travers la Décapole (les Dix Villes, 1354-1679), cette extraordinaire alliance de cités conservant leur autonomie dans le cadre du Saint-Empire, lieu privilégié de développement des arts et de la culture. Ce regroupement rappelle celui de la Grèce antique, signalant une grande capacité d'organisation dans le cadre d'une grave menace de destruction. Rappelons la série, elle est évocatrice : Haguenau (siège), Colmar, Wissembourg, Turckheim, Obernai, Kaysersberg, Rosheim, Munster, Sélestat (lieu des archives), Mulhouse (remplacée par Landau en 1515, lorsque la ville se rapprocha des cantons suisses). Ajoutons, pour l'exhaustivité, que Seltz était membre de la Décapole entre 1358 et 1418.

Si des villes ont ainsi pu nouer des alliances entre elles, c'est bien parce qu'elles s'étaient préalablement affranchies de la tutelle pesante de leurs seigneurs respectifs. Elles étaient devenues des « villes libres » et elles le sont restées longtemps, grâce au système original du Saint-Empire, qui permettait justement à des cités de se trouver au même niveau que des domaines gouvernés par des familles seigneuriales, sous la bienveillante tutelle de l'empereur.

Ici, l'objectivité m'oblige à dire que, parmi les seigneurs éconduits par les cités en recherche d'indépendance, certains étaient ecclésiastiques ! En 2012, nous avons fêté un grand anniversaire de la bataille d'Hausbergen. Elle vit, en 1262, les bourgeois de Strasbourg défaire les troupes pourtant aguerries de l'évêque Walter de Geroldseck, qui fut dès lors prié de se tenir à l'écart des affaires de la cité. Tout semblait pourtant avoir bien commencé pour cet évêque qui, dans l'esprit de son temps, était assis sur la selle de son cheval plus souvent que sur sa cathèdre, et exerçait davantage le considérable pouvoir temporel dont il disposait comme prince que ses prérogatives spirituelles. Fort de sa puissance, le prélat pensait abolir facilement les privilèges que ses prédécesseurs avaient consentis aux habitants de Strasbourg, notamment en matière de taxes.

Voici donc que, pour la Pentecôte 1261, il pose un ultimatum au Conseil de la ville. Les Strasbourgeois ripostent en attaquant un des châteaux épiscopaux, à Mundolsheim. Après plusieurs péripéties, arrive la journée décisive du 8 mars 1262. Fort de sa nombreuse piétaille et de ses trois cents chevaliers, l'évêque s'estime sûr de sa victoire. Il pense un instant que les Strasbourgeois fuient et il lance ses troupes à leur poursuite, mais ce n'était qu'une ruse. Une pluie de flèches s'abat bientôt sur les fantassins épiscopaux, tandis que les bouchers strasbourgeois coupent les jarrets des chevaux, ce qui entraîne la chute des chevaliers, lourdement équipés et incapables de se défendre au sol. L'évêque lui-même ne doit son salut qu'à un second cheval qu'on lui procure en toute hâte. Les pertes sont très lourdes pour son camp, aussi bien en soldats qu'en chevaliers tués ou faits prisonniers.

Qu'on ne s'y méprenne cependant pas : la défaite de l'évêque n'entraîna pas l'avènement de la démocratie dans la ville de Strasbourg désormais gouvernée par ses patriciens, ni même l'autonomie par rapport au pouvoir impérial, mais seulement la fin de la tutelle épiscopale ! Le principal effet de cette malencontreuse affaire fut d'amener les évêques successifs à préférer résider dans des villes dont ils gardaient le contrôle complet, comme Molsheim ou Saverne. De sorte que lorsque vint la Réforme, il ne fut même pas nécessaire de chasser l'évêque d'une ville où il ne séjournait que très épisodiquement. Pour cette raison aussi, les sépultures d'évêques médiévaux sont très rares dans notre cathédrale.

Louis XIV – dont on va reparler – étant passé par là, le XVIIIe siècle aurait dû permettre le retour des évêques dans leur cité, mais les Rohan seront plus intéressés par leur fonction de grand aumônier à Versailles que par la gestion de leur diocèse sur place. Il faudra attendre la période concordataire pour que la résidence épiscopale soit de nouveau permanente à proximité de la cathédrale. En revanche, cette bataille de 1262 a eu un effet heureux sur le chantier de la cathédrale : il a alors été retiré à un évêque qui s'en préoccupait fort peu, pour être confié au chapitre puis, quelques décennies plus tard, à l'Œuvre Notre-Dame. Cette institution merveilleuse a été maintenue au-delà de la Révolution, de sorte qu'ont été préservés ses biens fonciers, ses précieuses archives sur le chantier et le savoir-faire de ses tailleurs de pierre.

Guerres et ravages

L'illustration malheureuse des conséquences de la grande histoire sur les populations locales nous est donnée par les guerres, notamment la guerre de Trente Ans, qui a décimé les habitants et dévasté leurs habitations. Ce fut le temps des invasions, des confiscations, des massacres. Les Suédois sont restés dans l'imaginaire populaire comme le symbole des troupes qui brûlent, violent et détruisent, au point – tout Alsacien le sait – qu'en certains lieux, on menace encore les enfants qui ne sont pas sages du retour des méchants Suédois.

Mais il faut évoquer aussi certains ravages des guerres napoléoniennes, de la guerre de 1870 et des deux guerres mondiales du XXe siècle. J'ai été très touché de découvrir que certains villages de la poche de Colmar ou des bords du Rhin ont été pratiquement anéantis lors des combats de la Libération. Parfois on a conservé, à côté de l'église moderne en béton, un pan de mur en grès rose : c'est là tout ce qui reste de l'ancienne église et de l'ancien village ! Avec une de mes sœurs, j'ai visité le Hartmannswillerkopf où, durant la « Grande Guerre de 14 », il s'est passé des scènes parfois plus terribles que pendant la Deuxième Guerre mondiale.

Il est des régions françaises, plus centrales, qui ignorent ce que signifie un village rasé, démantelé, anéanti. Heureux sont-ils d'en avoir été préservés ! Encore plus heureux les dirons-nous cependant s'ils savent comprendre la souffrance de ceux qui ont vécu de telles épreuves. Le jour où l'on fêtait le soixantième anniversaire de la Libération de Strasbourg, après avoir consacré le nouvel autel devant le premier ministre, entouré du cardinal d'origine juive Jean-Marie Lustiger et du cardinal allemand Karl Lehmann, j'ai reçu à ma table le maire d'Oradour-sur-Glane et le président de l'Association des victimes ; j'ai estimé devoir porter en leur présence un toast sur le thème suivant : « Ici aussi, on a eu besoin d'être libéré ! »

Dès mon arrivée en Alsace, j'avais reçu, à sa demande, la visite extrêmement courtoise du président Pierre Pflimlin, ancien maire de Strasbourg, mais aussi ancien chef du gouvernement français et même ancien président du Parlement européen. Il m'a éveillé comme nul autre au sens de la réconciliation entre les peuples, et tout spécialement bien sûr entre les Français et les Allemands :

« Moi, ici, j'ai vécu un miracle, me déclara-t-il d'emblée. Avec les Allemands, nous nous sommes entre-tués pendant des siècles. Nous ne le faisons plus. J'ai encore connu le temps où nous étions ennemis jurés. Aujourd'hui, nous ne disons certes pas que nos voisins ont toutes les qualités, et ils gardent leurs opinions à notre sujet. Mais nous faisons des choses ensemble, et nous cultivons une estime réciproque. Je vois là, Monseigneur, *un véritable miracle.*

Je suis venu vous le dire. Il m'a semblé que vous ne pouviez pas commencer votre ministère en Alsace sans la vive conscience de cette donnée capitale. »

Son propos fut évidemment pour moi essentiel et décisif. D'autant qu'il faisait chez moi écho à une prière eucharistique « pour la réconciliation » qui figure au Missel romain d'aujourd'hui. Utilisée chaque année pour notre Messe pour la France du 14 juillet, entre autres, elle proclame : « Des ennemis enfin se parlent et des peuples qui s'opposaient acceptent de faire ensemble une partie du chemin. » Lorsqu'avant de venir en Alsace je prononçais cette prière, il m'arrivait de me demander *où* une telle expérience avait bien pu être vécue... Ma venue à Strasbourg m'a apporté la plus claire des réponses. Et voici que j'apprends qu'un prêtre africain accueilli chez nous pour un temps d'études a été à ce point marqué par ce qu'il a découvert concernant la réconciliation franco-allemande qu'il a décidé de se consacrer lui-même, après son retour au pays, à la réconciliation entre Hutus et Tutsis ; elle lui paraissait jusqu'alors totalement inenvisageable !

Je n'en suis que davantage scandalisé par les oppositions qui apparaissent là où il n'y en avait pas. Quand je pense que la querelle linguistique et culturelle de Louvain/Leuven a entraîné la tragique séparation de la bibliothèque de la prestigieuse Université Lovanium ! Comment le partage d'une bibliothèque ne serait-il pas toujours une perte immense pour chacun de ceux qui n'en reçoivent qu'une partie ? L'inverse est d'ailleurs vérifié : quelle richesse multipliée fut partagée lorsque les deux bibliothèques des facultés catholique et protestante de Strasbourg décidèrent de fusionner !

Louis XIV et Napoléon

Pour en revenir au déroulement de l'histoire tumultueuse de l'Alsace, attardons-nous un moment sur les deux souverains français qui ont plus particulièrement marqué notre région, à savoir Louis XIV, qui l'a fait entrer dans son royaume, et Napoléon Ier, qui l'a pleinement intégrée à la France selon les principes centralisateurs légués par la Révolution.

Louis XIV avait dit de l'Alsace, la voyant depuis le col de Saverne, qu'elle était un « beau jardin », et il avait pris la sage décision de « ne pas toucher aux choses de l'Alsace ». Cela ne l'empêcha pas de mener une politique de francisation et surtout de catholicisation de notre province. C'est à lui que l'on doit le retour de la cathédrale au culte catholique, aussitôt après sa propre entrée dans la ville. Cela lui vaut d'être représenté à cheval sur la façade de l'édifice, parmi quelques autres souverains qui ont compté pour l'Alsace.

Tel n'est pas le cas de Napoléon. Pourtant, selon Claude Muller, qui a publié un précieux livre sur *L'Alsace napoléonienne* (ID L'Édition, 2012), l'Alsace n'était pas pour l'empereur des Français une région comme une autre. Il comptait beaucoup sur Jean-Pierre Saurine – l'évêque concordataire qu'il avait fait nommer en Alsace, région particulièrement réfractaire à la Constitution civile du clergé, alors qu'il avait pourtant été «jureur» – pour asseoir son pouvoir sur les Alsaciens: «Saurine me vaut un corps d'armée», aurait déclaré l'empereur. De fait, le zélé prélat ne manquait aucune occasion pour célébrer un *Te Deum* à la gloire de Napoléon et de ses victoires, ou pour exhorter son clergé et ses ouailles à l'obéissance au régime impérial. Claude Muller relève du reste le nombre très élevé de valeureux chefs militaires offerts par l'Alsace à l'Empire, puisque pas moins de soixante-quinze de ses officiers généraux étaient alsaciens. Le même historien estime que, déjà bien engagée sous la Révolution, la francisation de l'Alsace s'est globalement accélérée sous l'Empire.

De difficiles rapports avec l'Allemagne

Le lien avec la France a donc commencé de se nouer solidement au long des XVIIIe et XIXe siècles. Il n'a fait que se renforcer pendant les deux périodes d'annexion. Je ne confonds certes pas le rattachement au nouvel empire allemand par le traité de Francfort en 1871 avec la brutale annexion de fait imposée par Hitler en 1940. Je n'en constate pas moins que la conséquence la plus durable de ces deux annexions aura été l'implantation dans la population alsacienne d'un sentiment patriotique francophile nettement plus fort que celui que l'on rencontre dans les autres parties de la France. À des représentants de l'une ou l'autre d'entre elles, y compris celle dont je suis originaire, j'ai souvent fait remarquer qu'ici en Alsace, on sait ce qu'il en a coûté d'être français, de mettre en œuvre les moyens pour le demeurer, et de le rester en effet.

La période du *Reichsland* fait aujourd'hui l'objet d'une appréciation plus nuancée qu'il y a un siècle. Il faut dire que la perte de l'Alsace et d'une partie de la Lorraine avait été ressentie de manière très vive au moment où elle s'était produite. Michelet n'avait pas hésité à parler de «viscères arrachés avec un couteau» pour être introduits dans un corps étranger, celui de l'Allemagne, alors présentée comme un pays de brutes et de soudards. Il faut tenir compte du fait que la période qui s'étend de 1871 – date du traité de Francfort – à 1918 est longue de près de cinquante ans, et qu'elle ne doit pas être considérée de manière uniforme. Les premiers temps furent ceux du choix cornélien, qui fut imposé à tous, entre rester en Alsace en devenant allemand ou rester français en quittant l'Alsace – la date limite pour poser ce choix étant le 1er octobre 1872. Relativement nombreux furent ceux qui optèrent, comme on dit, en faveur de la France, ce qui fit la fortune de villes comme Nancy. La famille de Charles de Foucauld fit partie de ceux-là. Nous avons d'autant moins le droit de jeter la pierre à quiconque que le départ massif des Alsaciens aurait conduit à la colonisation complète de l'Alsace par des Prussiens.

La première période de l'Annexion fut très durement ressentie, notamment par les catholiques, qui subirent de plein fouet le même *Kulturkampf* que «le reste» de l'Allemagne à partir de 1872 avec, par exemple, la fermeture autoritaire des petits séminaires. Peu à peu cependant, les conditions s'assouplirent, surtout après 1900 : le «paragraphe de la dictature» fut aboli en 1902 ; des congrégations religieuses furent autorisées à revenir. La politique sociale de Bismarck fut introduite, avec une assurance-maladie (1883) et une pension de vieillesse (1900) que la France mit bien des années à mettre en œuvre à son tour. C'est même une fierté de rappeler que la Sécurité sociale alsacienne a un demi-siècle d'avance sur son homologue française, de même que la Caritas alsacienne est née quasiment cinquante ans avant le Secours catholique national... L'Empire allemand eut cette chance que la période correspondît à l'essor du progrès scientifique et à une relative prospérité économique, et il importait bien sûr que les Alsaciens se félicitent de leur appartenance germanique ! L'Alsace fut donc dotée de toutes sortes d'infrastructures, comme les voies ferrées, ou encore, dans les immeubles, le réseau de gaz «à tous les étages». La ville de Strasbourg fut particulièrement bien soignée, en tant que capitale du *Reichsland* (terre d'Empire) ; tout un quartier nouveau surgit, la *Neustadt* (Ville nouvelle) et ses quatre cents hectares. Il est d'autant plus question aujourd'hui de l'inscrire au patrimoine mondial de l'Unesco que, après la destruction de Berlin, il s'agit avec Vienne du seul ensemble de pareille ampleur représentatif de l'architecture wilhelmienne.

Peu d'années avant le déclenchement du premier conflit mondial, le pouvoir prussien crut avoir gagné la bataille de l'intégration, facilitée par la présence massive de notables et d'enseignants venus des régions de la «Vieille Allemagne»: il accorda à la région la Constitution de 1911, la seule qu'elle ait eue en propre dans son histoire. Le centenaire a donné lieu à de très intéressantes études, en même temps qu'à quelques passes d'armes entre les nostalgiques du mouvement autonomiste alsacien et les partisans les plus zélés du jacobinisme français. L'honnêteté conduit en tout cas à reconnaître certaines vertus à ce dispositif législatif décentralisé, qui aboutissait à un partage des pouvoirs entre l'empereur allemand représenté par un président, un gouvernement régional, et un parlement divisé en deux chambres dont l'une était issue du suffrage universel direct. La salle où siégeait cette assemblée a été bombardée par les Américains en 1944 et reconstruite comme salle de théâtre, effaçant malencontreusement la trace de cette brève tentative d'ouverture.

Les deux guerres mondiales

Le début de la Première Guerre mondiale entraîna une situation étrange, dans la mesure où certaines parties de l'Alsace furent rapidement libérées par les troupes françaises et se retrouvèrent donc sous juridiction française quatre ans avant les autres, comme ce fut le cas, notamment, de la vallée de Thann. En dehors de quelques têtes de pont, la ligne des combats se figea sur les crêtes vosgiennes, et la guerre se résuma à un combat de tranchées extrêmement meurtrier dont témoignent les cimetières militaires près des sommets des Vosges. En 2009, dans l'esprit de la réconciliation franco-allemande, il a été décidé de réhabiliter le site du Hartmannswillerkopf, point stratégique verrouillant la plaine d'Alsace, où plus de trente mille morts des deux camps sont à déplorer. Aucune commémoration officielle n'ayant eu lieu durant le temps de ma présence en Alsace, je m'en suis fait un devoir d'autant plus personnel de m'y rendre moi-même en pèlerinage du souvenir.

La chute de l'empire à Berlin donna lieu à un épisode récemment rappelé par le journaliste Jacques Fortier : comme en d'autres villes d'Allemagne, une sorte de « soviet » prit le pouvoir à Strasbourg le 10 novembre 1918 et le conserva jusqu'au 22 novembre suivant, jour de l'entrée des troupes françaises. Pendant cette dizaine de jours, le drapeau rouge flotta donc sur la cathédrale !

Effective immédiatement après, la réintégration à la France connut quelques difficultés, comme le raconte l'historien Christian Baechler dans son livre passionnant *Les Alsaciens et le grand tournant de 1918* (L'Alsatique de poche, 2008). Les autorités françaises, éblouies par l'accueil triomphal fait au drapeau français lors de son retour, oublièrent que plusieurs problèmes se posaient néanmoins de manière aiguë. À savoir : la question linguistique (une très grande partie de la population ne parlait plus français), la question sociale (maintien des avantages acquis de Bismarck), ou encore le statut religieux. La gauche socialiste et radicale souhaitait l'introduction immédiate de la « séparation », adoptée en France en 1905 ; or, la population y était de fait massivement opposée. Cela conduisit le gouvernement à décider le maintien (au moins provisoire) du Concordat. Les expulsions de « Vieux Allemands » ne furent pas toujours menées de façon très élégante. On oublia, par exemple, le rôle majeur joué par l'architecte Johann Knauth dans le sauvetage de la haute tour de la cathédrale ; et c'est seulement aujourd'hui qu'il est question de remercier dignement ce grand homme en lui dédiant au moins une inscription sur la place du Château rénovée.

Changement total d'ambiance avec la Seconde Guerre mondiale. Cette fois-ci, l'annexion à l'Allemagne n'est pas décidée par un traité, mais imposée par la force (on parle en conséquence d'annexion « de fait »). J'estime qu'en tant qu'archevêque émérite de Strasbourg, il est de mon devoir de défendre la mémoire particulière de l'Alsace en ce qui concerne ce conflit. Je dois d'une certaine manière me désolidariser de la mémoire des autres diocèses de France, pour lesquels a pu faire problème le comportement de leur évêque vis-à-vis du maréchal Pétain, puis du général de Gaulle. En Alsace, tout fut différent : il n'y eut pas d'accueil solennel du maréchal « sauveur de la France » au portail de la cathédrale par l'évêque du lieu, pour la bonne et simple raison que l'évêque, replié à Périgueux pendant la « drôle de guerre », ne reçut pas des autorités allemandes la permission de revenir au milieu de ses ouailles, et que la cathédrale fut brutalement soustraite au culte catholique. Certes, Hitler vint la visiter ; mais il le fit en conquérant brutal, désireux de ne jamais rendre l'édifice aux catholiques (pas plus qu'aux protestants d'ailleurs), mais d'en faire une sorte de temple à la gloire de la Nation germanique. Quelle autre cathédrale a connu pareil destin ? Dans quel autre diocèse les écoles catholiques furent-elles fermées et les séminaristes expédiés en Allemagne pour leur formation ?

Je suis par ailleurs fier de rappeler qu'en notre région, si la résistance à l'occupant a certes, comme ailleurs, été le fait de militants gaullistes ou communistes, elle a aussi comporté – et dès septembre 1940 – une poignée de jeunes catholiques. Très « idéalistes », ils étaient presque tous enfants de chœur et s'étaient connus à la messe ! Le jeune Marcel Weinum, à la tête du réseau La Main noire dès sa création alors qu'il n'avait que seize ans, osa lancer une grenade sur la voiture du *Gauleiter* Wagner, celui-là même qui dirigeait l'Alsace d'une main de fer au nom du parti nazi. C'était le 8 mai 1941. Arrêté, traduit en justice (s'il faut employer ce terme !), il fut décapité à Stuttgart le 14 avril 1942. Son testament spirituel, avec le message adressé à ses parents, est d'une hauteur exceptionnelle. Il s'appuie sur son amour pour la France, et plus encore sur sa foi chrétienne. J'ai été heureux d'apporter mon soutien à une récente commémoration de sa figure.

Une autre originalité alsacienne fut, bien sûr, l'immense drame des Malgré-Nous. Le soixante-dixième anniversaire de l'incorporation de force mise en œuvre en 1942 a donné lieu à de multiples manifestations. Comme souvent, plus on s'éloigne d'un événement, moins il devient tabou et plus on éprouve le besoin d'en témoigner. Durant les années qui ont suivi la guerre, bien des Alsaciens revenant chez eux sont restés totalement muets sur ce qu'ils venaient de vivre, partagés qu'ils étaient entre la honte d'avoir porté contre leur gré l'uniforme ennemi, et le désir d'enfouir des souvenirs trop douloureux. C'est ainsi qu'un diacre du diocèse, dont le fils est aujourd'hui évêque au Cambodge, n'a appris que très récemment l'incorporation de son propre père. Et le chanoine François Geissler m'a confié que le sien, déserteur de l'armée de l'adversaire, fut aussi un Malgré-Nous. Je ne savais rien d'eux, ou presque, à mon arrivée en Alsace. Je ne soupçonnais certes pas pour autant les Alsaciens de s'être enrôlés avec enthousiasme dans l'armée allemande, mais je me demandais s'ils n'auraient quand même pas pu, après tout, s'y soustraire... Durant mes dix ans d'épiscopat, il m'a été donné de rencontrer un certain nombre des Malgré-Nous survivants ou de leurs enfants. Et je continue d'entretenir les relations nouées alors avec André Hugel de Riquewihr, dont tout le monde en Alsace connaît l'engagement pour cette cause alsacienne par excellence, avec un groupe motivé et résolu.

Je ne saurais enfin oublier que j'ai reçu de plein fouet, si j'ose dire, le livre-témoignage proprement extraordinaire d'Eugène Kurtz, pour la publication duquel on m'a fait à la fois la confiance et l'honneur de me demander une préface. Je l'ai écrite avec beaucoup d'émotion. On pourra la retrouver en tête du livre, aussi bien dans son édition française (*La guerre malgré moi. De Schirmeck à Moscou*, Coprur, Strasbourg, 2003) que dans sa traduction allemande chez Herder.

À partir de tout cela, je m'estime en mesure d'affirmer très fermement ce qui suit : le nombre d'Alsaciens qui ont été enrôlés de leur plein gré dans l'armée allemande était très largement inférieur à celui des Français de l'intérieur qui se sont égarés dans la Milice ou dans une certaine division Charlemagne. Les Alsaciens fréquentaient en effet de trop près la barbarie nazie pour se laisser abuser. De très jeunes hommes ont été contraints de rejoindre l'armée ennemie à l'âge habituellement réservé à l'insouciance de la jeunesse : dix-sept, seize, voire quinze ans ! Il faut en effet bien réaliser qu'on venait chercher ces jeunes jusque dans leurs salles de classe. Par ailleurs, on instillait un climat de peur vis-à-vis des représailles annoncées contre les familles en cas d'insoumission. Ces jeunes Alsaciens n'étaient du reste pas envoyés en garnison à Nancy ou à Paris, mais le plus souvent sur le front de l'Est, où l'on craignait moins les désertions de leur part. C'est ainsi que beaucoup se sont trouvés pris au piège de l'armée soviétique et ont été envoyés au camp de Tambov. Beaucoup y ont trouvé la mort, d'autres en sont revenus totalement brisés. On parle de dix-huit mille Alsaciens-Lorrains internés dans ce sinistre camp entre 1943 et 1945, dont cinq mille y ont laissé la vie. Il faut rendre hommage au président Sarkozy pour avoir posé un geste très important, qu'aucun de ses prédécesseurs n'avait pu (ou voulu) faire, lorsqu'il a tenu à saluer la mémoire des Malgré-Nous à Colmar lors du soixante-cinquième anniversaire de la Victoire du 8 mai 1945.

Au lendemain de la Libération

Pour ma part, j'avais en tête toute la complexité de la situation de l'incorporation de force lorsque je me suis rendu à Oradour-sur-Glane en 2004, lors du soixantième anniversaire du drame. Ce fut sans doute l'un des moments les plus délicats de tout mon épiscopat : par mes racines familiales, j'étais sensibilisé au drame affreux des habitants de ce village, massacrés par des soldats brutaux ; par ma responsabilité épiscopale, je n'en avais pas moins conscience de porter pour ma part l'honneur des Alsaciens lorsque j'ai accepté de répondre positivement à l'évêque de Limoges m'invitant à venir présider sur place, dans la nouvelle église, la messe de la commémoration. Dans ce contexte, j'ai cru bon d'inviter les diverses composantes de l'assemblée à s'accueillir mutuellement comme « victimes de la même barbarie nazie », même si l'intensité n'a pas forcément été la même de part et d'autre.

Tout cela étant dit, je veux préciser que j'ai évidemment un très grand respect pour les patriotes réfractaires à l'annexion de fait, ces Alsaciens qui décidèrent par exemple de ne pas revenir dans leur région au lendemain de l'armistice de 1940, mais de résister là où ils étaient. Je pense à Suzanne de Dietrich, belle figure de l'exégèse protestante, mais aussi grande résistante au nazisme ; je pense aussi à Mgr Bockel et à tous les aumôniers de la Résistance ou des soldats de la Libération. Je n'ai d'ailleurs guère manqué le grand anniversaire de la messe de la Libération de Strasbourg, célébrée chaque année aux alentours du 23 novembre. Et j'ai accepté avec joie l'instauration, le jour même où nous célébrions le soixantième anniversaire, d'une « messe de fondation » en mémoire du maréchal Leclerc et des soldats de la 2e Division blindée. En son temps, la maréchale Leclerc ne manquait jamais cette messe et, je l'ai dit, j'ai aussi profité du soixantième anniversaire pour inaugurer l'autel rénové de la cathédrale, en présence du premier ministre Jean-Pierre Raffarin. Il m'importe de faire savoir que ce jour-là, j'ai eu la grande émotion de serrer dans mes bras le spahi Lebrun, celui-là même qui avait planté les trois couleurs de la France au sommet de la flèche de la cathédrale le 23 novembre 1944, en exécution du serment de Koufra. Je l'ai longuement embrassé sur la place, devant le grand portail ; et nous avons pleuré tous les deux.

Des propositions récentes visent à développer l'exposition du drapeau tricolore par les particuliers. Dans les villages alsaciens, le patriotisme est exemplaire, bien plus développé que tout ce que j'ai connu dans ma région d'origine et dans les lieux de mes affectations successives. Chaque maison dispose non seulement de plusieurs drapeaux, mais encore de systèmes permanents pour les accrocher sur les façades. Durant tout le temps où j'ai occupé la résidence épiscopale, j'ai veillé à ce que le drapeau français soit hissé lors de chaque fête patriotique, et c'est avec grande émotion que je salue maintenant la mémoire du spahi Lebrun, qui nous a quittés récemment.

Pour autant, je dois bien reconnaître qu'avant ma venue, il m'était plus naturel de communier à la joie de la Libération que de comprendre le sort particulier de l'Alsace durant la Seconde Guerre mondiale. Pour que j'en prenne vraiment connaissance, il a fallu que des Alsaciens me fassent la belle confiance de me partager la souffrance particulière, largement méconnue au-delà des Vosges, de leur région. Ne lit-on pas encore, dans une brochure toujours vendue à Oradour, une allusion aux «*soi-disant* Malgré-Nous» (c'est moi qui souligne, évidemment) ?

Le premier à m'avoir sensibilisé à cette souffrance est Mgr Hégelé, l'auxiliaire qui m'était donné, je l'ai dit, au moment où je suis arrivé. M'ayant parlé longuement de Tambov, il m'a convaincu de participer à une cérémonie en mémoire de tous les prisonniers alsaciens qui ne sont pas revenus de ce terrible camp soviétique, aux côtés de Roland Ries, dans son premier mandat de maire de Strasbourg. Par la suite, des historiens comme Alphonse Troestler et Jean-Laurent Vonau ont achevé de m'informer et de me convaincre sur le sort des Malgré-Nous. J'étais présent, dûment invité, à l'inauguration du Mémorial de Schirmeck par le président de la République Jacques Chirac. Comme beaucoup, j'ai été assez interloqué de devoir constater que le discours officiel qui avait été préparé ne fasse aucune allusion à la souffrance particulière des Alsaciens, mais développe des considérations qui – osons le dire – auraient pu avoir pour cadre les plages de Normandie ou l'hôtel de ville de Paris !

Mais je veux aussi évoquer le chanoine Aloyse Kieffer, mon secrétaire particulier d'alors, qui m'a expliqué de quelle manière il a vécu les déchirements consécutifs à cette guerre : son frère aîné, blessé sur le front russe et rentré chez lui en permission de convalescence, dut se cacher en attendant l'arrivée des Alliés, avant de s'engager quelque temps dans l'armée française. De son côté, lui-même fut incorporé à l'âge de seize ans et envoyé en Europe centrale puis dans les Balkans pour y servir les batteries anti-aériennes sous l'uniforme allemand, avec la terreur d'être capturé par les partisans de Tito ! Il aura eu la chance, contrairement à tant d'autres, de rentrer en Alsace – mais seulement en septembre 1945.

Et je revois, alors que je venais les saluer dans le bus avant leur retour, les lycéens du Bas-Rhin et du Haut-Rhin que j'avais tenu à emmener avec moi à Limoges : ils étaient prostrés sur leur siège dans le silence, comme accablés par ce qu'ils avaient ressenti, durant leur court séjour, d'une certaine animosité (demeurée malgré tout encore vive) envers notre région, même si certes ils avaient été très courtoisement traités par les familles qui les avaient accueillis. Je les ai consolés de mon mieux, leur reprécisant pourquoi j'étais moi-même venu sur les lieux et les y avais entraînés. J'ai terminé en lançant un vibrant : « De toute manière, vive l'Alsace ! » Il fut accueilli par une exubérante manifestation d'enthousiasme qui me fit du bien à moi aussi.

Pendant les deux mois qui ont suivi mon homélie d'Oradour (intégralement retransmise par la télévision régionale), j'ai été l'objet de mille attentions délicates, dont le souvenir m'émeut toujours très fort. Partout, on me fêtait, on me remerciait : « Vous nous avez bien compris ! » ; « Maintenant, vous êtes vraiment un évêque alsacien. » Beaucoup ont également formulé la remarque que, tout compte fait, il avait sans doute en l'occurrence mieux valu que je ne fusse pas d'origine alsacienne... « Les propos d'un évêque Muller ou Schmitt, m'a dit l'un ou l'autre, auraient pu être suspectés de partialité », tandis que les miens pouvaient aider à mieux comprendre, peut-être, qu'il y avait *aussi* à prendre en compte la souffrance des Alsaciens.

Il y a cependant un autre aspect, et qui est lui-même d'une importance historique considérable. Les Alsaciens n'ont pas eu à se réconcilier seulement avec la part de la France qui ne les a pas compris, voire leur a fait procès. Ils ont eu à se réconcilier aussi, et pas seulement en leur propre nom, mais également au nom de la France tout entière dont ils se sont toujours voulus partie prenante, avec l'ennemi héréditaire qu'était, pour eux aussi, l'Allemagne. Il me semble qu'on a trop méconnu ce point en France de l'intérieur. Je pourrais, à partir de là, multiplier les témoignages que j'ai pu recueillir concernant la volonté de construire, d'élargir, d'approfondir, et d'entretenir incessamment la réconciliation franco-allemande à travers les cinquante dernières années.

La récente célébration du cinquantième anniversaire de la signature du traité de l'Élysée a fourni l'heureuse opportunité de plusieurs manifestations. En préparant notre ouvrage sur la cathédrale de Reims dans la collection « La grâce d'une cathédrale », j'avais été frappé de retrouver la splendide photo réunissant sous des voûtes si emblématiques le général de Gaulle et le chancelier Adenauer... Il ne m'a pas été indifférent de constater que, lorsque le président Hollande et la Chancelière Merkel se retrouvèrent sous les mêmes voûtes pour la commémoration de l'acte de réconciliation, l'archevêque du lieu, Mgr Thierry Jordan, leur remit cérémonieusement à chacun un exemplaire de notre livre.

Le devoir de mémoire

Je terminerai ce chapitre consacré à l'histoire de l'Alsace en soulignant que le « devoir de mémoire » souvent évoqué aujourd'hui ne vaut pas seulement pour les époques, même lointaines, du passé. Il s'impose tout spécialement pour les quelque cent dernières années, compte tenu de ce qu'elles ont été.

À cet égard, je soulignerai tout d'abord que les dispositions du traité d'amitié franco-allemand que je viens d'évoquer ont de fait permis la création d'une « multitude d'institutions de coopération » en même temps que l'organisation d'un « nombre considérable de rencontres », comme le dirent si bien les *DNA* du 18 janvier 2013 – et il est clair que la contribution de la Fondation Entente franco-allemande d'André Bord a joué ici un rôle majeur.

En deuxième lieu, je me permettrai un propos à la fois plus personnel et plus général, mes origines nantaises m'autorisant sans doute à exprimer ici les choses d'une manière assez radicale. Je dis ceci : je viens d'une région dans laquelle être français ne coûte rien : que serait-on d'autre ? En Alsace en revanche, être français a été un vrai choix et a eu un grand coût. À tous ceux qui me liront, je tiens à dire que je suis tout particulièrement reconnaissant aux Alsaciens de m'avoir fait savoir que, sur ce qui reste un point décisif de l'histoire de leur région, ils ont bien réalisé que je les ai moi-même non seulement de mon mieux compris, mais de tout cœur soutenus. Je ne cesserai bien entendu jamais de le faire.

Enfin, j'attirerai l'attention sur l'éclairage très important que sont ici susceptibles d'apporter plusieurs lieux de mémoire que l'Alsace a su organiser et ne cesse d'entretenir. Liés avant tout aux deux guerres mondiales, ces lieux tiennent selon moi dans notre région une place considérable dans tous les sens du terme. Je me suis d'ailleurs fait un devoir de les visiter tous – et je puis confier ici que, sur chacun d'eux, je me suis livré à une grande méditation. Je l'ai tout particulièrement fait sur le site du Hartmannswillerkopf (Vieil-Armand) où se construit le premier historial franco-allemand ; spécialement dédié à la mémoire des combattants de 14-18, il sera inauguré pour le premier anniversaire du déclenchement de la Première Guerre mondiale.

La Première Guerre nous a laissé des sites de combat ainsi que des cimetières militaires, à proximité de la route des Crêtes qui constituait la ligne du front. C'est d'abord le Linge, proche d'Orbey, où quelque trente régiments de l'Armée française ont combattu en 1915. La violence de l'affrontement a provoqué un massacre de dix-sept mille soldats des deux camps. Aux dires du général Dominique Muller, président de l'Association du mémorial, il arrive encore, quatre-vingt-dix ans après les événements, que des ossements réapparaissent sur les lieux des anciennes tranchées. En prévision du centenaire de la Grande Guerre, le mémorial du Linge fait actuellement l'objet d'une belle réhabilitation : des mannequins placés dans les tranchées donneront au visiteur d'aujourd'hui l'image de ce qu'a été le véritable « ensevelissement » de milliers d'hommes sur quelques kilomètres carrés ravagés par les obus, les tranchées devenant leur cercueil.

En 2015, un Centre d'interprétation franco-allemand sera inauguré au Hartmannswillerkopf, lieu du champ de bataille le plus emblématique de la Première Guerre mondiale en Alsace. Il s'agit d'éviter de « momifier » le site, en proposant un espace qui mettra en perspective les combats et renseignera à la fois sur le déroulement chronologique des batailles et sur la vie quotidienne des combattants. La dimension franco-allemande de l'historial est bien évidemment à souligner, dans le contexte de la réconciliation entre les deux peuples. Plus largement, c'est désormais le massif des Vosges tout entier, sur son versant alsacien et sur son versant lorrain, qui souhaite promouvoir la mémoire de la Grande Guerre, en aménageant douze lieux emblématiques – dont la Tête des faux, qui a été le théâtre d'un important combat de trois jours, les 2 et 24 décembre 1914, puis le 21 février 1915. Le lieu, qui domine l'accès au col du Bonhomme et à la vallée d'Orbey et de Lapoutroie, est aujourd'hui trop peu connu; il est vrai qu'il y eut là «seulement» un millier de morts...

La Deuxième Guerre nous a pour sa part laissé les sinistres camps de Schirmeck, où les « déviants» – dont bon nombre de religieux et religieuses – étaient envoyés en rééducation par l'occupant allemand, et du Struthof (le *Konzentrationslager* de Natzwiller), qui fut le seul camp de concentration sur le territoire français, et qui offre aux générations présentes son tragique témoignage sur la barbarie nazie. Ces deux lieux sont aujourd'hui pérennisés pour la mémoire : le 3 novembre 2005, le président Jacques Chirac a inauguré – j'étais, bien sûr, présent sur le site même – le Centre européen du résistant déporté, qui s'est donné un nouveau conseil scientifique fin 2012. La même année 2005 a été inauguré à Schirmeck un lieu de mémoire retraçant le destin de l'ancien *Land Elsass-Lothringen* de 1870 à nos jours, avec une insistance plus particulière sur la Deuxième Guerre mondiale. Le parcours historique offre un espace consacré à la réconciliation franco-allemande et à la construction européenne. Je le dis comme je le pense: la visite de ces lieux appartient nécessairement à toute découverte sérieuse de l'Alsace, et tout collégien ou lycéen de la région *doit* y avoir été conduit, et instruit, au moins une fois. À charge aux responsables politiques et culturels d'en assurer la protection et la mise en valeur, et aux historiens et aux éducateurs d'entretenir et de réveiller sans cesse la mémoire de ce qui y a été vécu.

CHAPITRE 4

Le cadre politique

Après la géographie physique puis humaine du pays, et après l'histoire mouvementée des populations qui l'ont habitée jusqu'aujourd'hui, je me tourne vers le cadre politique qui conditionne et règle le vivre-ensemble en Alsace : en même temps qu'il fait apparaître en elle d'autres spécificités, il fournit de nouvelles raisons d'y être attaché. Je présenterai d'abord la région comme telle jusque dans son devenir tout récent ; je m'arrêterai ensuite au régime bien particulier qu'y représente le Concordat ; je terminerai en évoquant la manière assez unique dont y est vécue la dimension européenne.

Une région de France bien typée

Une vraie région

Soulignons d'abord qu'avec l'Alsace, on a de fait affaire à une *vraie* région. On sait que cet échelon administratif a eu beaucoup de mal à s'imposer au lendemain de la Seconde Guerre mondiale. Comme par hasard, il était revenu à un Alsacien, Pierre Pflimlin, de signer le décret du 30 juin 1955 décidant d'un programme d'actions régionales, sur une base essentiellement économique. Les circonscriptions ainsi définies furent dotées d'un préfet en 1964, d'un Conseil régional en 1972, et reçurent alors officiellement le nom de « régions ». Enfin, la loi de décentralisation de 1982 leur conféra un rôle essentiel, en même temps que des compétences bien définies. Une bonne part de la résistance que ce nouveau dispositif ne tarda pas à rencontrer est venue des départements, héritage direct de la

Révolution française, qui y voyaient d'un mauvais œil la résurgence, en quelque sorte, des « provinces » de l'Ancien Régime.

Selon les cas en effet, les régions ont eu bien du mal à imposer leur légitimité. S'il en existe l'une ou l'autre, comme la Savoie, qui correspond à une réalité bien définie puisqu'elle est conforme au territoire concerné par le rattachement à la France en 1860, certaines souffrent soit de diviser d'anciennes provinces (Basse- et Haute-Normandie), soit d'en regrouper deux qui restent bien typées (on songe ici à la difficulté de feu Georges Frêche à faire dénommer « Septimanie » le Languedoc-Roussillon). On a essayé de corriger certaines erreurs, par exemple en détachant la Corse de la Provence, mais cette dernière s'est vu adjoindre une partie plus alpine que provençale. Et que dire de ma région d'origine qui n'en est guère une : sous prétexte que la Vendée était tournée vers Nantes et que cette ville se trouvait trop éloignée de certains départements bretons, on a constitué autour d'elle un conglomérat de départements dénommé « Pays de Loire ». Or, le principal résultat a été de soustraire de la Bretagne l'ancienne capitale de ses ducs. Comme je le dis souvent, mi-plaisant, mi-sérieux : « Ou bien Nantes n'a que peu de chose à voir avec la Bretagne, ou bien alors c'en est la capitale ! » Ces exemples expliquent en tout cas combien le caractère artificiel de certaines régions rend encore aujourd'hui bien difficiles leur gestion et leur promotion.

Or tout autre est la situation de la région Alsace, qui correspond très largement à la province historique réunie au royaume de France entre 1648 et 1681. Certes, on y a adjoint l'une ou l'autre vallée plutôt lorraine : ainsi, la haute vallée de la Bruche a été annexée lors du traité de Francfort pour des raisons stratégiques ; tandis que le Territoire de Belfort s'en est vu détacher lors de ce même traité. Globalement pourtant, la région Alsace correspond à une entité géographique, historique, culturelle, linguistique, économique, qui se trouve bien délimitée entre Vosges et Rhin. Aucune de ses villes n'a à s'interroger sur son appartenance, tant cette dernière est évidente. L'existence d'un régime local et du Concordat – dont je parlerai bientôt –, ainsi que deux annexions et retours successifs, ont encore renforcé ce caractère propre et l'identité forte de cette région de France.

Du même coup, ici, « la région », ça compte ! Je n'irai certes pas faire le test ailleurs en France, où la figure du président de région est quelque peu occultée par celle des présidents des Conseils généraux. En Alsace, tout se passe comme si le sentiment d'appartenance à la région était aussi grand que celui d'intégration à un département, sinon supérieur à lui (même s'il ne faut pas sous-estimer l'antique distinction entre Haute- et Basse-Alsace). On a vu au décès du président Adrien Zeller combien cet homme était considéré, en quelque sorte, comme le « chef » de tous les Alsaciens. Un an après son décès, survenu le 22 août 2009 d'une crise cardiaque à Haguenau, les éloges entendus lors de ses funérailles solennelles dans la cathédrale de Strasbourg n'étaient pas oubliés. Le journaliste Jacques Fortier pouvait écrire: «Les passagers d'un TER Strasbourg-Bâle, ceux d'un TGV Paris-Strasbourg, les fonctionnaires et les usagers de la Maison de la Région, la plupart des lycéens d'Alsace, les familles qui se chauffent au bois et les salariés qui tentent une reconversion, bien des acteurs de la culture ou du dialogue interreligieux: tous doivent quelque chose à feu Adrien Zeller.» Voilà une manière à la fois pertinente et élégante de dresser un bilan de treize ans à la tête de la Région Alsace, sans oublier de signaler l'inspiration qui a sans cesse guidé ce grand responsable politique: «la démocratie chrétienne décentralisatrice et humaniste». Ainsi les mots de «cordialité», d'«attention », d'«humanité» sont-ils ceux qui sont revenus le plus souvent dans les hommages publics ou privés qui lui ont été rendus.

Un projet et un référendum

Le successeur d'Adrien Zeller, Philippe Richert, a résolu de marcher sur ses traces. Lui aussi est chrétien, issu d'un petit village de cette Alsace bossue qui reste si marquée par la Réforme luthérienne. Entre autres initiatives, il a lancé un projet et un plan audacieux visant à mutualiser un certain nombre de réalités administratives: les Conseils généraux du Bas-Rhin et du Haut-Rhin ne seraient pas supprimés, mais les mêmes conseillers élus siégeraient tantôt en Conseil régional unique, tantôt en deux Conseils généraux. L'intention principale était de remédier par là à cette situation bien compliquée dans laquelle les projets qui concernent tous les Alsaciens doivent souvent être soumis à trois assemblées distinctes. Qui dira que le trajet Mulhouse-Strasbourg concerne davantage le Haut-Rhin ou le Bas-Rhin? N'est-il pas par essence «alsacien»? Si Philippe Richert a accepté dans le gouvernement Fillon un poste ministériel de réaménagement du territoire, ne serait-ce pas du reste également parce que la situation alsacienne pouvait être à la fois éclairée par celle des autres régions de France et aussi, après tout, peut-être éclairante pour elles ?

Par chance, l'Église a en quelque sorte précédé le mouvement : il n'y a jamais eu d'autre siège épiscopal légitime en Alsace que celui de Strasbourg, la Haute-Alsace dépendant de l'évêché de Bâle et, pendant la parenthèse révolutionnaire, d'un diocèse constitutionnel de Colmar. Dès lors, le diocèse concordataire de Strasbourg regroupe, depuis sa fondation en 1803, les deux départements du Bas- et du Haut-Rhin. Les diverses velléités de partition en deux, voire trois diocèses n'ont jamais abouti. Il n'y a donc toujours, aujourd'hui, qu'un seul « évêque d'Alsace ».

Je peux ici renvoyer à une indication précise donnée dans le premier chapitre de cet ouvrage. Pour pouvoir faire face à l'ampleur de la tâche épiscopale qui était la mienne en Alsace : 1) j'ai souhaité et obtenu que l'on passe, pour le diocèse, d'un à deux évêques auxiliaires ; 2) j'ai voulu que tout ce qu'il y avait dès lors d'épiscopat en Alsace ne reste pas concentré sur Strasbourg ; 3) j'ai donc demandé à Mgr Kratz d'être plus présent sur Mulhouse, puis à Mgr Grallet sur Colmar. Pour autant, compte tenu de la qualité et de la transparence de nos collaborations, je n'ai jamais eu le sentiment que l'action pastorale de mes deux évêques auxiliaires faisait obstacle à la mienne. Tout au contraire, dans la mesure même où ils remplissaient la leur, ils représentaient ès qualités la mienne. Et, à ce qu'il m'a toujours semblé, c'est bien ainsi qu'ont perçu et vécu la situation les chrétiennes et les chrétiens des paroisses, mouvements et communautés.

Je peux aussi rappeler une autre démarche que j'ai effectuée comme évêque dans le même esprit. Au moment des travaux de restructuration liturgique du chœur de la cathédrale, j'ai demandé et obtenu que le Département du Haut-Rhin accorde aussi une subvention en faveur de ce qui est également « sa » cathédrale. À cause de considérations de répartition et/ou de spécialité budgétaires, la même opération n'a pour l'instant pas été couronnée de succès pour le mont Sainte-Odile, qui appartient pourtant lui aussi à tous les Alsaciens. Une plus grande unité organique entre Région et Départements permettrait précisément de surmonter ce genre de difficulté – et sans doute bien d'autres, plus importantes encore assurément.

En ce domaine en tout cas, l'Alsace est – faut-il dire aujourd'hui : était ? – en pointe. Le besoin était largement ressenti d'alléger un « mille-feuille » en réalité bien indigeste, car la France détient, selon l'expression du célèbre politologue Alain Duhamel, « le record peu glorieux de la complexité territoriale ». Et d'énumérer : « Europe, nation, région, département, arrondissement, parfois pays, toujours canton, généralement intercommunalité et, naturellement, commune. » Bien évidemment, cette superposition correspond à une histoire selon laquelle chaque niveau successif a sa légitimité en soi, mais n'a pas toujours été habilement articulé aux autres. D'où de multiples recoupements ou empiétements de compétences, engendrant des démarches d'une grande complexité et un certain gâchis financier. Dans sa fine analyse, le journaliste parisien pointait cependant déjà la relative incohérence d'un débat dans lequel la plupart s'accordent sur la nécessité d'un allègement... mais refusent naturellement d'être eux-mêmes concernés. Or, par exemple, si les cantons ont pu avoir une grande importance dans une France rurale où les moyens de communication étaient lacunaires, que signifient-ils exactement aujourd'hui, alors qu'un grand nombre de communes se trouvent regroupées en communautés ?

La grande affaire est probablement toutefois la question de la superposition des régions aux départements, qui entraîne l'existence simultanée de conseillers généraux, élus au scrutin uninominal par canton, et de conseillers régionaux, élus à partir de listes élaborées au niveau régional. Au moment de son élection comme président de la Région Alsace, suite à la disparition du regretté Adrien Zeller, Philippe Richert déclarait lors d'un entretien accordé à *L'Ami hebdo* : « Je crois à l'avenir de la Région en tant que collectivité, particulièrement en Alsace. L'idée de "région" est jeune, les premières élections datent de 1986, et je pense qu'elle est amenée à avoir encore plus d'importance, et qu'il y aura donc plus de décentralisation. C'est un bon niveau de décision et de déclinaison sur le terrain, en France. » Mais il ajoutait : « Le partenariat avec les Conseils généraux est plus facile en Alsace, la Région étant ici la mieux identifiée. » Voilà donc une volonté politique, appuyée sur une situation spécifique, qui donnait en quelque sorte à l'Alsace la réelle responsabilité d'être pionnière et exemplaire !

Selon, l'institut de sondages CSA, en mai 2011, 55 % des Alsaciens avaient déjà entendu parler du projet de Conseil unique d'Alsace, qui regrouperait les Conseils généraux du Bas-Rhin et du Haut-Rhin et le Conseil régional d'Alsace. Mieux encore : 60 % s'y déclaraient favorables (23 % ne l'étaient pas), retenant comme avantages : la réduction des dépenses publiques, une meilleure efficacité, un plus grand poids politique et économique de l'Alsace, un renforcement de l'identité alsacienne. (Dans le détail, on observait que les Bas-Rhinois s'affirmaient alors favorables à 63 % et les Haut-Rhinois à « seulement » 55 %.)

Des réticences et différences s'exprimaient certes plus ou moins régulièrement, mais elles n'avaient rien pour étonner dans la mesure où la Haute-Alsace s'est toujours méfiée d'une trop grande hégémonie de Strasbourg. De part et d'autre, il se disait bien d'ailleurs que si un Conseil unique venait au jour, il faudrait à l'évidence veiller à ce que ni dans sa constitution ni dans son fonctionnement il ne soit vécu comme une victoire des uns sur les autres...

Et maintenant...

Mais voilà que le suffrage universel a tranché lors du référendum du 7 avril 2013. Le verdict des urnes a été péremptoire, dépassant les pronostics les plus pessimistes. Cela ne veut nécessairement dire ni que la cause n'était pas bonne, ni qu'à son égard l'hostilité était résolue. Cela ne peut aussi que signifier, après tout, qu'elle a été ou présentée ou perçue de manière insuffisamment claire ou motivante.

Je n'ai bien sûr pas la compétence, et j'ai encore moins l'envie, de me lancer dans une analyse de ce qui s'est passé, d'émettre un jugement sur les résultats obtenus ou de vaticiner sur ce qu'il pourrait convenir de contre-proposer un jour ou l'autre. Pour autant, je ne suis pas enclin à me murer dans le silence, d'autant qu'à vrai dire je me sens plutôt ici doublement partie. Partie, je le suis en effet une première fois comme l'Alsacien de cœur et de conviction que je suis aujourd'hui devenu. Mais je le suis une seconde fois : comme Alsacien désormais repassé de l'autre côté des Vosges, et donc re-sensibilisé aux points de vue, opinions et sentiments des Français « de l'intérieur ».

Sur mon premier versant, je suis tellement convaincu de l'unité fondamentale de l'Alsace, que je ne peux pas ne pas regretter qu'elle n'ait pas estimé pouvoir se mettre en situation de progresser dans les moyens de s'unifier davantage encore si possible. A-t-on eu tort de ne pas y aller ? Aurait-on dû se lancer quand même ? Avait-on la possibilité de procéder autrement ? Je ne le sais pas. Comme tout le monde ou à peu près, je me dis seulement que, puisque l'Alsace fait preuve d'une vraie spécificité dans une réelle unité, puisqu'elle ne se fait pas faute de le revendiquer et qu'elle en est même à juste titre fière, il lui incombe de trouver d'autres moyens que ceux qu'elle a cru bon de refuser récemment, pour continuer d'entretenir cette cause et même, si possible, pour la faire avancer encore. Il faudra bien, en tout cas, progresser d'une part en simplification administrative et en réduction des coûts financiers, et d'autre part en coopération économique et en organisation touristique – au moins cela ! Peut-être d'ailleurs le temps n'est-il pas si loin où l'on s'estimera en mesure de remettre l'ouvrage sur le chantier avec une donne élargie et ré-assurée ? Ici, transposant *Le Cid* de Corneille, j'ai simplement envie de dire : « Laisse faire le temps, ta vaillance et... ton peuple. »

Sur l'autre versant – du point de vue hexagonal cette fois –, je ne peux contenir un vrai regret. C'est un fait que j'ai été très sensible à l'attention et à l'intérêt qu'on a portés dans l'ensemble de la France à l'issue qui serait celle de cette récente consultation alsacienne. Tout s'est passé comme si nombre de nos compatriotes « de l'intérieur », tout particulièrement dans certaines régions et y compris chez des politiques de toutes tendances et tout rang, attendaient le résultat du scrutin alsacien pour clarifier leurs propres idées concernant le système des régions. Or, il est clair que cette attente et la nette déception qu'a causée l'issue négative traduisaient une réelle estime pour l'Alsace et ses spécificités. Le fait d'en avoir eu une meilleure conscience aurait-il aidé les Alsaciens à mieux ajuster leur affaire, tant du côté des politiques proposants que de celui des citoyens votants ?

J'oserai en tout cas, pour ma part, faire ici deux propositions de conclusion au moins provisoire, que m'inspire mon désormais indéfectible attachement à l'Alsace : 1) que les Alsaciens veuillent bien ne pas passer à côté de la preuve manifeste qui leur a été donnée de l'estime générale que traduit à leur égard la grande attention qui a été portée à leur région et à la manière qu'ils auraient de décider à son sujet ; et 2) qu'ils ne craignent pas de puiser dans cette estime-là des raisons supplémentaires de se croire toujours capables de progresser dans une spécificité et une unité dont je veux croire que, sur le fond du moins, aucun d'eux ne doute. Progresser de fait en ce sens devrait pouvoir s'envisager si se développait un tant soit peu cette simple conviction qui, en tout cas, m'a toujours habité et que je n'ai jamais craint de répéter: non seulement les Haut-Rhinois valent bien les Bas-Rhinois, qui valent bien les Haut-Rhinois, mais il leur sera toujours impossible d'aller bien loin les uns sans les autres.

Au lendemain des résultats du référendum, l'excellent éditorialiste hebdomadaire des *DNA* avantageusement cité ci-dessus qu'est Alain Duhamel croyait pouvoir titrer ainsi: «La fin du mythe», et sous-titrer de la sorte: «Vue du reste de la France mais particulièrement de Paris, l'Alsace bénéficie depuis longtemps d'une réputation flatteuse. Il n'est pas sûr que ce mythe alsacien, si positif, résiste au rejet du référendum.» Certes, il faudra bien attendre encore quelque peu pour en décider, cher Monsieur le Professeur; mais il m'est avis qu'il n'y avait et qu'il n'y a toujours là aucun «mythe», et que rien de rien n'est, de fait, ici «fini».

Le régime concordataire

Venons-en à une autre spécificité alsacienne majeure, le Concordat. Il constitue probablement l'un des héritages les plus emblématiques de l'histoire, en même temps qu'il reste l'un des éléments marquants de la situation actuelle.

Un grand intérêt, toujours vérifié au plan local

Signé par le Premier Consul Bonaparte pour s'appliquer à l'ensemble du territoire de la République, le Concordat de 1801 n'est plus désormais en vigueur qu'en Alsace et en Moselle. Lorsqu'il a été unilatéralement dénoncé par les autorités françaises en 1905, ces territoires étaient en effet annexés à l'empire allemand. Lors du retour des trois départements à la France en 1918, nos gouvernants n'ont pas cru devoir supprimer ce que le régime impérial germanique avait maintenu, appliqué et même enrichi... Ils pensaient que les Alsaciens demanderaient d'eux-mêmes, au bout de quelques années, un alignement sur la politique anticléricale menée dans le reste du pays. Ils se sont lourdement trompés: la législation concordataire était toujours en place un siècle après la Séparation de 1905 et, lors du centenaire de cette dernière, j'ai même cru devoir organiser moi-même une «célébration concordataire» de la loi de séparation.

Je me suis bien évidemment souvent posé la question de l'adéquation entre l'Alsace et le Concordat: pourquoi cette région se trouve-t-elle aussi à l'aise dans un régime que ni la Bretagne, ni le Pays basque, ni la Corse (pour ne prendre que d'autres régions françaises à forte identité elles aussi) ne paraissent regretter ?

Il me semble à vrai dire que la logique concordataire a trouvé un terrain de développement parfaitement adapté dans cette terre marquée par la présence à la fois de plusieurs religions et de plusieurs confessions chrétiennes. Là où le catholicisme était la seule religion significative, le système concordataire a pu apparaître comme un moyen d'établir ou de conserver un monopole. En Alsace en revanche, l'État reconnaît de la même manière, en plus du culte catholique, deux cultes protestants et le culte israélite. Ainsi, dans leurs relations avec l'État, les quatre grandes religions pratiquées par une portion notable de la population se trouvent-elles placées sur un pied d'égalité, non pas certes numérique puisque le catholicisme reste largement majoritaire, mais juridique. Curés, pasteurs et rabbins bénéficient tous d'une rétribution par le ministère de l'Intérieur ; ils sont gérés par le même service des cultes, qui réunit périodiquement les autorités catholiques, protestantes et juives pour tel ou tel point de prospective et de gestion. Au-delà de cette question des traitements de leurs « ministres », les quatre « cultes reconnus » bénéficient du même statut sur plusieurs autres points, comme l'enseignement religieux à l'école et les conditions générales des rapports avec les instances civiles et politiques.

Cette logique fonctionne si bien que de nombreuses personnes s'interrogent, qu'elles appartiennent ou non au culte musulman : la deuxième religion de France peut-elle, sur place, se trouver durablement exclue d'un tel système ? À cette question, certains – peu nombreux – répondent négativement pour la seule raison de leur crainte face à l'islam. Que diraient-ils si la question était posée (comme cela s'est déjà vérifié en Belgique) pour les chrétiens orthodoxes ? De manière pragmatique, les autorités de la Région, des Départements et des grandes villes ont de fait pris l'habitude d'inviter aussi des représentants de l'islam chaque fois qu'ils réunissent ceux des grandes religions, et personne ne semble s'en offusquer. Le système concordataire est souple : en même temps qu'il accorde un statut juridique officiel à certaines religions, il en reconnaît effectivement d'autres, se donnant le droit de financer les bâtiments de tous les cultes, même s'il ne salarie pas leurs ministres. J'aurai bien sûr l'occasion de revenir sur ce point lorsque je parlerai directement des religions en Alsace.

Une réinterrogation récente au plan national

Rien n'étant jamais définitivement acquis, la polémique sur le maintien du Concordat a resurgi à l'occasion de la dernière campagne électorale pour l'élection du président de la République. Il est vrai que la quarante-sixième proposition du candidat Hollande, en l'occurrence celle d'inscrire les principes de la loi de 1905 – et spécialement son article 2, qui interdit tout subventionnement des cultes – dans la Constitution, mettait directement en péril nos institutions locales. Car si l'Alsace peut être dispensée d'une loi, comment pourrait-elle l'être de la Constitution? Le débat a par conséquent été relancé, et je l'ai suivi avec autant de passion que si j'avais encore été aux affaires à l'archevêché.

Dans un premier temps, les défenseurs du Concordat ont souligné le rôle bienfaisant qu'il joue dans la mise en place de liens paisibles et constructifs, aussi bien entre les religions et les institutions publiques qu'entre les religions elles-mêmes: ainsi, après une véritable «épidémie» d'actes antireligieux, racistes et xénophobes dont avaient en particulier été victimes des cimetières israélites, les principaux dirigeants religieux d'Alsace se sont plusieurs fois réunis pour exprimer un message de paix et de fraternité, que ce soit à leur initiative ou à celle des préfets ou du président de la Région (le fameux «Mois de l'autre» initié par Adrien Zeller), ou encore à celle du maire de Strasbourg. Il n'est donc pas étonnant que les politiques aient rapidement volé au secours du Concordat. Le sénateur-maire socialiste de Strasbourg a signé une tribune dans *Le Monde* du 11 février 2012 pour évoquer les bienfaits des institutions concordataires. Elle est intitulée «Pourquoi je suis alsacien, laïc et pour le Concordat». Y proclamant son appartenance philosophique à «la France de Jaurès», Roland Ries y clame simultanément son attachement à ce qu'il qualifie d'«élément essentiel de l'identité alsacienne», ne revendiquant ni un «droit à la différence», ni «une différence de droits», mais le maintien d'une «différence de fait».

Quelques jours plus tard, la sénatrice Fabienne Keller organisait au Foyer de l'étudiant catholique un débat au cours duquel deux ministres de la République – Jean Léonetti et le président Richert –, le juriste Jean-Marie Woehrling, président de l'Institut du droit local, et l'universitaire Francis Messner, spécialiste du droit des cultes, ont successivement pris la parole en présence d'un public nombreux et attentif. Au cours de la soirée, la question du coût soi-disant exorbitant du Concordat (cinquante-huit millions d'euros par an) a été soulevée. Elle fut balayée d'un revers de main par J.-M. Woehrling, qui a été ovationné lorsqu'il a rappelé que « l'État verse bien 580 millions d'euros – dix fois plus, donc ! – pour l'Opéra de Paris, alors que 99 % des Français n'y mettront jamais les pieds ! » (En décembre 2011, le journaliste Jacques Fortier avait pour sa part calculé que la somme représente 0,015 % des dépenses de l'État.) Le radical Jean Léonetti a par ailleurs séduit le public par la conception très apaisée de la laïcité dont, dans ce contexte, il apparaissait se réclamer.

La presse n'a pas manqué de souligner l'absence à ce débat des dirigeants principaux des quatre cultes reconnus qui, il est vrai, s'étaient cependant fait représenter. Leur position – j'en sais quelque chose – n'était pas facile : comment prendre au sérieux l'alerte sans dramatiser à l'excès la situation ? Comment surtout se positionner sans se laisser instrumentaliser dans le face-à-face droite-gauche, si déterminant dans notre pays ? Ils avaient choisi de ne pas intervenir directement sur la place publique, mais plutôt d'interpeller directement le candidat Hollande sur ses propositions, à travers une lettre dont ni le contenu propre ni la réponse qu'elle a reçue n'ont été rendus publics. Quel sort envisageait le prétendant socialiste pour la législation spécifique à l'Alsace ? Les responsables religieux paraissent avoir estimé que la position de leur interlocuteur, dont la tonalité générale a finalement été communiquée, contenait un mélange d'éléments rassurants et d'aspects inquiétants. La promesse d'inscrire l'exception alsacienne-mosellane dans la Constitution pouvait en effet paraître rassurante : le candidat proclamait ainsi sa volonté de « ne pas toucher aux choses de l'Alsace » ; il avait d'ailleurs affirmé lui-même cette position à plusieurs reprises lors de meetings électoraux qui ont suivi, notamment à Strasbourg. Une part d'inquiétude n'en demeurait pas moins, selon les diverses analyses juridiques que l'on pourrait faire. Plusieurs ont en tout cas observé que la création constitutionnalisée d'un véritable « sanctuaire alsacien » risquerait d'accentuer encore la différence régionale, et donc de la rendre à terme insupportable au regard du droit commun.

La constitutionnalisation du non-financement des cultes hors de l'espace concordataire pouvait d'autre part et de toute manière gravement nuire aussi à l'Église « de l'intérieur », dans la mesure où elle bénéficie elle-même, malgré tout et depuis longtemps, de plusieurs accommodements avec la loi de 1905 ! Après Émile Poulat qui l'avait souligné de longue date, Alain Duhamel relevait en effet dans les *DNA* du 5 février 2012 quelques-unes des nombreuses exceptions que, dans l'ensemble de la France, la loi a de fait ici mises en place (aumônerie des prisons, des hôpitaux, etc.) ou fini par tolérer (financement de l'assurance-sociale des ministres du culte, travaux dans les églises, émission de reçus fiscaux, etc.). En juillet 2011, le Conseil d'État avait d'ailleurs entériné certaines de ces exceptions, comme la procédure consistant à financer un lieu de culte au titre de son activité culturelle (construction d'un orgue, par exemple). Bref, on risquait de graves conséquences sur les deux fronts: si d'un côté toutes les exceptions disparaissaient pour la France de l'intérieur, comment l'Alsace assurerait-elle pour sa part le maintien d'un «privilège» devenu plus grand encore? D'ailleurs, les parlementaires réunis en congrès accepteraient-ils de l'instituer? Le professeur de droit Robert Hertzog a très bien pointé les multiples dérives possibles d'un débat constitutionnel, dans une tribune publiée par *L'Ami hebdo* le 15 avril 2012: «Le scénario le plus réaliste est que parmi tous les maux l'on choisira le moindre, qui sera: de ne pas faire référence à l'Alsace-Moselle, d'offrir des garanties verbales... et d'adopter rapidement une législation de transition pour l'extinction progressive du régime local.» La vigilance était donc toujours de mise.

Je note que, de manière très générale, la représentation politique alsacienne n'a pas cessé de converger dans la défense de la législation concordataire: les prises de position successives de Roland Ries, maire socialiste de Strasbourg, et de Fabienne Keller, qui l'a précédé dans cette fonction, me semblent à cet égard emblématiques. En revanche, le débat a permis à des opposants locaux – peu nombreux, mais très actifs – de se faire entendre. Neuf universitaires d'Alsace et de Moselle ont ainsi fait paraître dans les *DNA* du 13 avril 2012 un point de vue dans lequel ils exprimaient leur opposition aussi bien à l'article publié par Philippe Richert (*DNA* du 6 avril) qu'à celui de Roland Ries (*Le Monde* du 11 février). Ils y évoquaient en particulier de manière fort outrancière un soi-disant «fichage» des élèves dispensés d'enseignement religieux. Il est clair qu'en cette affaire, les adversaires du Concordat cherchaient à s'engouffrer dans ses parties plus attaquées.

Faut-il tellement s'étonner que, ne pouvant nier l'excellent climat de confiance établi grâce à lui entre la sphère religieuse et la sphère publique en Alsace, les détracteurs insistent plutôt à l'envi sur l'une ou l'autre de ses dispositions estimée moins soutenue et la montent en épingle en la disproportionnant – tel est bien le cas de la question précise de la dispense de l'enseignement religieux, dans laquelle ils voient une intolérable pression sur les consciences ? Il y a cependant là maldonne, dans la mesure où cette dispense est en réalité très largement accordée, et parfois même quasiment accordée « d'office », dans des établissements heureux d'être ainsi exemptés de l'organisation d'un tel enseignement !

D'une remise en cause ciblée à une clarification assez générale

Cette effervescence explique qu'au tournant de 2012-2013, on a bel et bien pu assister à une relance officielle de la contestation au nom d'une défense en règle de la laïcité. On voulait donner à cette remise en cause la forme de deux QPC (questions prioritaires de constitutionnalité). Une première question, visant tous les cultes, n'a pas été retenue par le Conseil d'État. La seconde, effectivement présentée au Conseil constitutionnel, ciblait uniquement les protestants, et plus particulièrement le traitement des pasteurs, régi par les Articles organiques de 1802.

La manœuvre était claire : estimant qu'il était difficile d'attaquer aussi bien le culte catholique (le Concordat étant une convention internationale) que le culte israélite (car il fallait éviter toute accusation d'antisémitisme), on a tout simplement choisi de s'en prendre, dans un premier temps en tout cas, au seul culte protestant...

Bien entendu, les responsables de tous les cultes se sont associés, pour une défense que même la presse nationale a pu caractériser comme à la fois « ferme et tranquille ». La décision du Conseil constitutionnel a en fait été de considérer qu'« en proclamant que la France est une “République [...] laïque”, la Constitution n'a pas entendu remettre en cause les dispositions législatives ou réglementaires applicables dans plusieurs parties du territoire de la République lors de l'entrée en vigueur de la Constitution et relatives à certains cultes, et notamment à la rémunération de ministres du culte. »

Dans une belle unité encore renforcée par le combat qu'il avait fallu mener, les responsables israélites, catholiques et protestants se sont dits non seulement « rassurés », mais « stimulés ». La déclaration faite par Mgr Grallet une fois la clarification intervenue le dit bien : « Cette décision nous rassure et nous oblige [pour un meilleur engagement en faveur des] valeurs républicaines [que sont] le respect de l'autre, le sens du bien commun, la fraternité, la solidarité. » Et le courrier que j'ai eu le plaisir d'échanger à ce moment-là avec le président luthérien Jean-François Collange allait bien dans le même sens : les cultes reconnus en Alsace-Moselle le sont « au sein de la République – et non pas comme une exception "douteuse", mais bien comme une réalité républicaine ».

Dans la défense de l'exception alsacienne, il convient encore, tout le reste étant dit, de ne pas oublier qu'ici la véritable exception n'est pas alsacienne, mais *française*, car « le système français de la contribution volontaire au financement des cultes est de fait peu répandu » en Europe, comme le note un article de *La Croix* du 31 mars 2012 qui passe en revue toute une série de « systèmes » : l'impôt ecclésiastique allemand, la formule de l'« impôt de mandat » connu en Italie, en Espagne et en Hongrie (où l'État met ses moyens à disposition pour récolter les offrandes des fidèles), le financement public pratiqué en Europe du Nord et, pour finir, les solutions mixtes de la Suisse et de l'Autriche. Il faudrait que Paris se rappelle que les Alsaciens-Mosellans connaissent les formules pratiquées chez leurs voisins allemands, suisses ou luxembourgeois tout autant que le régime de « séparation » pratiqué en Meurthe-et-Moselle, dans les Vosges ou à Belfort !

N'oublions pas non plus que les règles concordataires s'insèrent dans un ensemble plus vaste, aujourd'hui connu sous le nom de « droit local ». C'est là sans doute une assez grande originalité, vu de provinces qui en sont totalement dépourvues : le droit local est le fruit d'une histoire qui non seulement a préservé en Alsace des lois françaises abrogées pendant la période où elle était allemande (comme la loi de 1905), mais encore a introduit chez elle un grand nombre de dispositions législatives (en pratique, des lois allemandes) maintenues au moment du retour à la France.

J'ai eu l'occasion plus haut, alors qu'il était question d'histoire, d'évoquer la politique sociale développée par l'Empire allemand à la fin du XIXe siècle et au début du XXe. Aujourd'hui encore, les salariés du secteur privé travaillant dans les trois départements du Bas-Rhin, du Haut-Rhin et de la Moselle bénéficient de ce régime de Sécurité sociale devenu « local » par suite de la mise en place, sur le reste du territoire, du régime français actuellement en vigueur. Sans entrer dans des considérations très techniques, disons que le régime « alsacien » est particulièrement favorable en ce sens qu'il garantit des remboursements plus élevés (et donc un moindre recours aux mutuelles) tout en se préservant des déficits abyssaux dont d'autres régimes sont devenus coutumiers. En mars 2012 a été examiné par la Commission des affaires sociales du Sénat un rapport, présenté par la sénatrice socialiste du Haut-Rhin Patricia Schillinger, concernant le point particulier de l'assurance maladie complémentaire obligatoire moyennant une cotisation de 1,5 % sur les salaires. Ce régime complémentaire se voit crédité de quatre avantages : il bénéficie d'une situation budgétaire favorable ; il génère de faibles coûts de fonctionnement du fait de la mutualisation des opérations avec les caisses de base ; il participe d'un financement solidaire entre générations et revenus ; il dispose enfin d'une large autonomie de gestion.

Quoi qu'il en soit de ce point très précis, l'intérêt du droit local apparaît tel que certains de ces éléments ont d'ores et déjà été adoptés au niveau national, par exemple dans le domaine des faillites, pour lesquelles il existait déjà chez nous (et il existe maintenant dans toute la France !) des dispositions fort intéressantes. L'adoption au niveau national est d'ailleurs une cause non négligeable d'extinction du droit local. Autre cause, moins heureuse, d'extinction : chaque fois qu'une loi nouvelle est votée, elle s'applique à l'Alsace-Moselle comme à l'ensemble de la République... à moins que les parlementaires alsaciens pensent à demander l'inscription d'une exception, et que leurs collègues parisiens ou bretons veuillent bien la voter. Il est clair que sans cette précaution, le droit local serait appelé à s'éteindre à relativement court terme, or les Alsaciens y tiennent beaucoup, étant entendu qu'il ne se limite pas au repos dominical plus strict ou aux jours fériés supplémentaires de la Saint-Étienne (26 décembre) et du Vendredi saint ! (En août 2011, le Conseil constitutionnel a d'ailleurs estimé que l'interdiction du travail dominical en Alsace-Moselle ne contrevenait en rien aux principes d'égalité et au droit d'entreprendre.)

Les Alsaciens apprécient encore les avantages du Livre foncier, qui indique de manière plus claire qu'en Vieille France la destination des propriétés immobilières, sans faire appel aux conservateurs des hypothèques ; ils se félicitent des dispositions particulières qui régissent la transmission plus juste des études notariales ou des concessions de chasse. Enfin, si nul – à commencer par les dirigeants des cultes – ne réclame plus l'application de l'article 166 du Code pénal local sur le blasphème, beaucoup s'accordent à trouver légitime l'article 167, qui punit d'une juste peine ceux qui troubleraient sciemment un lieu de culte « par tapage ou par désordre ».

Ajoutons un dernier considérant. On vient de vérifier que l'intérêt du régime alsacien-mosellan tient au fait que l'aspect directement cultuel est en réalité solidaire d'un « droit local » dont le champ d'application déborde beaucoup le domaine religieux (à savoir celui des quatre cultes dits « reconnus » : catholique, luthérien, réformé, israélite). Mais, à l'intérieur de ce champ lui-même, la portée ne se limite pas à la seule rétribution par l'État des ministres du culte – qui, pour le culte catholique, se justifie d'abord (ne l'oublions pas) par la non-revendication des biens confisqués à la Révolution ! Il faut aussi mentionner la participation des communes à l'entretien des bâtiments du culte, églises et presbytères. Au nom de ce principe, la Ville de Strasbourg par exemple a financé le remplacement, en 2010, des soixante-seize fenêtres, portes et soupiraux du presbytère Saint-Aloyse, à hauteur de soixante-dix mille euros, afin d'entrer « dans le monde des économies d'énergie ». Mais on semble moins savoir que le régime concordataire n'empêche nullement de subventionner d'autres cultes, puisque l'interdit de l'article 2 de la loi de 1905 ne s'y applique pas. Ainsi la grande mosquée de Strasbourg inaugurée fin septembre 2012 aura-t-elle bel et bien reçu une aide substantielle non seulement de la Ville, mais aussi du Conseil général et du Conseil régional (1,6 million d'euros sur un coût total de 6 millions). Ces institutions publiques viennent du reste aussi en aide aux orthodoxes ou aux évangéliques, dans un souci d'égalité des croyants. Une église orthodoxe russe va prochainement être édifiée dans le quartier des XV à Strasbourg ; si ce projet de dix millions d'euros sera entièrement financé par les orthodoxes eux-mêmes, la Ville accorde généreusement sa participation à travers la mise à disposition d'un terrain de cinquante ares, dans le cadre d'un bail emphytéotique de 99 ans.

Signe des temps, la ville de Strasbourg disposera dès lors, aux côtés de la cathédrale, affectée bien sûr aux catholiques, et de Saint-Thomas, église majeure du luthéranisme, d'une grande synagogue, d'une grande mosquée et d'une « cathédrale » russe, tous ces édifices recevant régulièrement des subventions publiques, à la satisfaction de chacune des parties en cause. On vient même d'ouvrir à Strasbourg le premier cimetière musulman de France.

Le 27 septembre 2012, alors qu'il inaugurait la grande mosquée de Strasbourg, le ministre de l'Intérieur Manuel Valls a pu voir, tandis que l'archevêque et le président protestant se tenaient silencieux aux côtés du grand rabbin qui parlait en leur nom, combien la réalité concordataire favorise et soutient le dialogue interreligieux et la concorde civile. Telle a pu être sa déclaration: « Lorsqu'un système fonctionne et qu'il est compatible avec notre République et notre démocratie, il n'y a pas de raison de le supprimer en prétextant l'exception qu'il représente. » Nous n'en disconviendrons assurément pas, quant à nous !

La dimension européenne

Une troisième spécificité de l'Alsace au plan politique est le fort attachement de ses habitants à l'idée européenne et aux institutions de l'Europe. La chose est évidente, pourrait-on estimer : l'Europe ne serait-elle pas le moyen trouvé par les Alsaciens pour ne pas avoir à choisir entre leurs racines germaniques et leur appartenance à la France ? C'est peut-être vrai en partie, mais cela est loin de suffire à expliquer un tel attachement : que je sache, ni les Catalans de Perpignan, ni les Niçois, ni les Flamands – qui pourraient avoir un même type de motivation en raison de leur histoire – ne manifestent un enthousiasme débordant pour les élections européennes ! « Ici, sur les rives du Rhin, nous avons vécu un miracle » : telle était la conviction forte de Pierre Pflimlin, et n'est-ce pas elle qui, ici, a décidé de tout ? Elle a fait l'objet de ma prédication à Kehl en présence de l'archevêque de Freiburg lors d'un culte œcuménique célébrant les soixante ans de la fin de la guerre le 8 mai 2005, et les journalistes de la *Badische Zeitung*, le journal de l'autre côté du Rhin, ont largement repris l'expression : *ein Wunder*, un miracle (de réconciliation, bien entendu).

Une autre personnalité incontestée, à savoir l'ancien premier ministre Michel Rocard, a redit l'importance du soubassement historique de la construction européenne à l'occasion d'une conférence très applaudie qu'il a donnée à Strasbourg en avril 2009, dans le cadre des Conférences Gutenberg. Selon lui, si les Européens se sont tant déchirés, c'est parce que Français et Allemands se sont disputé les lambeaux du seul empire qui fut à la fois vraiment européen et multi-ethnique, celui de Charlemagne. Cela a engendré une bonne vingtaine de guerres, jusqu'aux derniers conflits mondiaux. Voilà pourquoi « l'Europe ne pouvait se construire que dans la réconciliation franco-allemande ». Une autre personnalité de grand crédit, Jacques Delors, invite inlassablement à retrouver les raisons pour lesquelles « nous avons fait l'Europe », à commencer par la réconciliation et la promesse initiées par Robert Schuman, ce qui fut bel et bien dès lors – il ne craint pas de le dire – un événement d'ordre « spirituel ».

Aujourd'hui, en ce moment où la crise économique risque de transformer l'Union européenne en une vaste foire d'empoigne dans laquelle chacun tente de préserver ses intérêts, des voix autorisées s'élèvent pour en appeler à une véritable refondation. Ainsi en va-t-il de Jean-Claude Mallet, du Conseil d'État : comme bien d'autres avant et depuis, dans un entretien publié par le journal *La Croix* du 13 avril 2012, il souhaite qu'un projet politique fort soutienne les décisions économiques. Or, comme il le remarque fort justement, « les citoyens ne savent plus quel est le projet [de l'Union européenne] ».

C'est dans un tel contexte qu'il convient, me semble-t-il, de situer la problématique du maintien du siège du Parlement européen à Strasbourg – Dieu merci, nul n'y conteste l'implantation du Conseil de l'Europe. La venue régulière des parlementaires dans une ville désignée par l'histoire est un signe fort que l'Europe se construit sur des racines solides, et qu'elle n'est pas une simple association d'intérêts commerciaux. Cela étant, il est toujours allé de soi pour moi que, de mon lieu et avec les moyens qui étaient les miens, je soutienne de toutes mes forces Strasbourg dans ce qu'il est convenu d'appeler la « bataille du siège ».

À la mi-décembre 2012, au terme d'empoignades qui ne sont sans doute pas les dernières, le calendrier voté par les députés européens pour que le Parlement siège moins souvent sur les bords du Rhin a été invalidé par la Cour de justice : le Parlement européen a dû rétablir dans leur intégralité les douze sessions plénières à Strasbourg. Ce fut certes un vrai soulagement, mais la vigilance ne s'en impose que davantage. Heureusement, l'arrêt de la Cour a au moins eu pour effet de dynamiser les énergies sur place. Un « front commun » des diverses tendances politiques s'est constitué ; un grand lobby s'est formé, porté par l'idée que « les traités sont insuffisants ». Il faudra encore : continuer d'améliorer les dessertes, tendre à une plus grande parité entre Bruxelles et Strasbourg, réclamer le transfert d'au moins une partie de l'administration des sessions à Strasbourg et, bien entendu, reposer la question du financement des institutions. Certes, cela fait beaucoup ; mais tout se passe en fait comme si l'« arrêt » avait valu relance !

Venus de divers horizons, plusieurs signes sont par ailleurs encourageants. La Ville donne l'exemple : elle a décidé de constituer un « lieu d'Europe » qui serait un de ses propres services, faisant place au Centre d'information sur les institutions européennes. Né en 1962, le Cercle européen, qui vient de fêter son cinquantenaire, s'est relancé pour soutenir mieux encore l'« environnement amical des institutions européennes » en se préoccupant, hors de toute allégeance politique, des conditions de vie des fonctionnaires et des diplomates. La Fondation européenne de la science, que certains donnaient sur le départ, « travaille à de nouveaux projets pour conserver son assise à Strasbourg ». Fondé il y a vingt ans, l'Eurocorps est, aux dires du général qui le commande, « une grande idée politique [qui s'est] incarnée [, devenant ainsi] action ». En prélude aux cinquante ans du traité de l'Élysée, l'Allemagne a décidé de maintenir son Consulat général à Strasbourg. Enfin, Congrès d'Alsace et Conseil municipal de Strasbourg ont déclaré fin novembre 2012 des « positions convergentes » ; et, vers le même moment, le président Hollande a non seulement affirmé que « le statut de Strasbourg capitale européenne n'est pas négociable », mais que la ville devrait obtenir un « statut d'eurométropole dans la prochaine loi de décentralisation ». Cela lui vaudrait de se voir attribuer certaines compétences du Conseil général et de la Région, sinon de l'État lui-même – et, en tout cas, cela intégrerait « les spécificités liées à la présence d'institutions européennes et internationales ». Fasse le ciel qu'il en aille bien ainsi !

Une chose est certaine : la présence à Strasbourg des bâtiments, des institutions et des bureaux de l'Europe donne à l'attachement des Alsaciens pour l'idée européenne une motivation supplémentaire, en même temps qu'elle en renforce la légitimité. Se souvient-on qu'à Strasbourg, en 1957, s'est tenu un Congrès du peuple européen au cours duquel les participants, debout, adoptèrent « le nouveau Serment de Strasbourg » ?

Soucieux de préserver et de développer la dimension européenne, j'ai, de mon côté, fortement encouragé et soutenu l'initiative du

Carrefour des Européens, domicilié à la paroisse Saint-Maurice de Strasbourg et destiné à piloter la pastorale des personnels de l'Europe présents dans certains quartiers de la ville. Notamment en me rendant à Budapest en 2004 pour l'ouverture d'une antenne locale de l'Office catholique d'information et d'initiative pour l'Europe (Ocipe) et surtout en m'engageant dans la célébration solennelle de son cinquantième anniversaire à Strasbourg même en 2006, je me suis employé à ce que cette institution, co-fondée en son temps par mon prédécesseur Mgr Weber et par la Compagnie des jésuites, ne se tourne pas exclusivement vers Bruxelles. Enfin, j'ai moi-même co-fondé, en partenariat cette fois avec les dominicains de la Province de Paris-Lyon, l'organisme Démocratie, construction européenne et religions (Décere), destiné à étudier et à développer la place des religions dans la construction européenne. Au moment de célébrer le deuxième anniversaire de cette association en 2008, le président Bruno Haller pouvait se féliciter de l'organisation de plusieurs colloques et groupes de recherche. Parmi les conférences qui avaient été organisées, on notait «La contribution des religions au bien commun en Europe», «La construction européenne et l'engagement chrétien» ou encore «Les religions et l'écologie», cette dernière avec le professeur Jean-Marie Pelt. Sous la présidence maintenant de Annick de Montgolfier et sous la direction des dominicains Benoît Vandeputte, Xavier Loppinet et Bernard Senelle, et toujours en lien avec la paroisse Saint-Maurice de Strasbourg, continuent d'être heureusement proposés conférences, rencontres et débats.

J'ajoute que la préoccupation de la grande Europe n'exclut pas l'intérêt pour des ensembles moins vastes. Je suis pour mon compte très attentif à ce qui se joue à l'échelle du Rhin supérieur, car il est rassurant que ce fleuve, trop longtemps perçu comme une frontière, soit aujourd'hui ressenti comme un trait d'union entre tous les pays qu'il borde ou traverse. De fait, la coopération exemplaire entre la Suisse, l'Allemagne et l'Alsace dans le cadre du Rhin supérieur est susceptible de faire tache d'huile. Avec ses 21 600 kilomètres carrés, ses six millions d'habitants et un PIB de 164 milliards d'euros, cette «région européenne» pèse autant en Europe qu'un pays comme le Danemark, ce qui n'est évidemment pas rien. Les moyens mis en œuvre sont: le soutien à l'apprentissage de la langue du voisin, la mise sur pied d'un plan de développement économique commun, et le projet d'une meilleure articulation des liaisons routières et ferroviaires. Du point de vue touristique, près de dix-huit millions de nuitées sont enregistrées annuellement dans cet espace, dont six millions en Alsace, huit millions et demi en Forêt-Noire – sans oublier le nord-ouest de la Suisse (deux millions et demi) et le sud de la Rhénanie-Palatinat (un million).

Un autre signe encore peut être donné du fait que l'Église n'est pas en reste. Si – je l'ai déjà mentionné – les évêques du Rhin supérieur (Bâle, Strasbourg et Freiburg) se retrouvent deux fois par an pour une réunion au titre du *Dreieckland*, c'est surtout qu'ils souhaitent disposer d'une plate-forme d'échanges de nouvelles et d'idées ; mais il arrive aussi qu'une déclaration commune soit élaborée par eux. Ce fut le cas en 2009, avec la production d'un texte important sur « le respect de la dignité de la vie humaine, de la conception à la mort ». Mais ce texte-là, qui l'a lu ?

Au terme de ce chapitre, il apparaît clairement que le « patriotisme alsacien » se déploie en dimensions successives et, à mes yeux du moins, c'est toute la raison de son intérêt spécifique. L'Alsacien est et se veut lié à son village, à son département, à sa région, à son pays et à l'Europe... mais il n'a pas oublié d'être ouvert sur le monde, comme le prouve bien, par exemple, sa générosité humaine et financière dans toutes les entreprises missionnaires et/ou humanitaires (que je ne manquerai pas d'évoquer bientôt).

Farouchement attaché à sa région, il réagit dès qu'on pose une question à propos de son département ; parfaitement intégré à la France, il rejette une fusion de son Alsace avec la Lorraine voisine ; très intéressé par l'Europe, il refuse obstinément tout affaiblissement de son pays dans une entité qui pourrait lui apparaître ou trop englobante ou trop lointaine – ou les deux à la fois.

Se présenter comme Alsacien, c'est vraiment certes déclarer une identité propre – territoriale, historique, politique –, mais c'est aussi se reconnaître appelé, selon les mêmes dimensions, à une large communication. Il faudra bien y revenir.

CHAPITRE 5

À même la terre d’Alsace

Lorsqu’on a dûment pris en compte ces « coordonnées générales » que sont le pays lui-même, l’histoire et le cadre politique de l’Alsace, on est à pied d’œuvre pour aborder la vie de notre région sous tous ses aspects. Or, ici comme ailleurs, tout commence par la terre...

Un des grands étonnements suscités par Jean-Paul II aura été sa manière si caractéristique de saluer chacun des pays qu’il visitait en baisant dès sa descente d’avion ou d’hélicoptère la terre sur laquelle il arrivait. Quand il fut devenu vieux, on prit l’habitude de lui tendre un bassin rempli de cette même terre pour la porter à ses lèvres : le geste symbolique était ainsi maintenu. C’est au fond dans le même esprit que, au moment d’instituer un rituel de reconnaissance des communautés de paroisses, j’ai demandé qu’au cours de la cérémonie soit prévue la possibilité de présenter un mélange des terres des diverses paroisses désormais réunies. La force symbolique de tels gestes tient au fait que, pour l’homme, le lien à la terre est essentiel. En Alsace comme ailleurs, tout se passe bel et bien, à vrai dire « à même la terre », comme l’énonce le titre de ce chapitre.

Une bonne manière de parler maintenant de la terre d’Alsace sera, cependant, de commencer par ses profondeurs. Deux raisons à cela : elles recèlent dans notre région une grande richesse ; et, si j’ai annoncé d’entrée de jeu mon intention d’honorer *quatre* dimensions, je n’ai toujours fait état que de trois, à savoir la hauteur, la largeur et la longueur – manque donc encore la profondeur !

Le sous-sol alsacien : de l'eau à la potasse

Il faut d'abord parler ici de la nappe phréatique, cet énorme réservoir souterrain d'eau emprisonnée dans les graviers, qui affleure en certains lieux de la plaine et s'avère accessible à deux ou trois mètres en d'autres endroits, si bien que le moindre creusement peut déclencher un geyser. Ils ont été bien surpris, les architectes parisiens qui avaient imaginé de construire un vaste sous-sol dans le cadre de la Maison diocésaine projetée dans le parc de Saint-Thomas, cette belle propriété diocésaine située dans le quartier de la Robertsau à Strasbourg : on leur a expliqué la nécessité de prévoir alors un coffrage en béton, s'ils voulaient éviter que ledit sous-sol se transforme rapidement en piscine !

Il y a sans doute là une bonne occasion de réaliser à quel point l'Alsace est un pays du Rhin. Elle l'est même tellement qu'il n'est pas si loin, le temps où les marais et les marécages envahissaient largement ses abords. Et il fallut de grands travaux pour, à la fois, discipliner le cours du grand fleuve et assainir ses terres riveraines.

Les ressources aquatiques de notre région ne se limitent toutefois pas à celles qui se répandent déjà, ou peuvent éventuellement affleurer en surface. Les très grandes profondeurs peuvent aussi recéler de grandes réserves, thermiques en particulier. Le fossé rhénan « se prête à la géothermie profonde », nous dit-on. Plusieurs sites pilotes sont d'ores et déjà en service à Soultz-sous-Forêts ainsi qu'en Rhénanie-Palatinat. Et l'on vient, sur le ban de Rittershoffen, d'inaugurer un premier forage devant « dès 2015 et de façon industrielle » alimenter tout un complexe de production. De ce « projet innovant, le premier au monde dans ce genre d'exploitation [et] qui n'en est qu'à ses débuts », Philippe Richert ne craignait pas de dire que d'ores et déjà il « permet d'envisager partiellement la mutation énergétique de la région ».

Mais dans le sous-sol alsacien, on trouve aussi... du pétrole. Les Français ont été tellement habitués, lors de la crise pétrolière de 1973, au slogan selon lequel il n'y aurait pas de pétrole dans leur pays, mais seulement des idées, qu'ils négligent l'existence des gisements alsaciens. Pourtant le site de Pechelbronn, dans le nord de l'Alsace, a été l'un des premiers au monde à être exploité dès sa mise en valeur, en 1745, par Louis Pierre Ancillon de la Sablonnière, et jusqu'à sa fermeture définitive à la fin de l'année 1964. Dans le contexte actuel de raréfaction des énergies fossiles, serait-il redevenu rentable de prospecter ?

Le pétrole m'amène à parler de son raffinage. Pendant près d'un demi-siècle, la grande raffinerie de Reichstett, au nord de Strasbourg, a joué un rôle clé dans l'industrie pétrolière française. Tout a commencé le 4 avril 1963, avec la première production de carburant ; et tout s'est achevé le 12 avril 2011 à 14h33, lorsque la dernière pompe s'est arrêtée, entraînant la perte de leur emploi pour 253 salariés. Que faut-il penser du groupe suisse qui a racheté cette raffinerie trois ans auparavant à la société Shell ? Avait-il dès le départ le projet de cette interruption ? Les *DNA* du 18 septembre 2012 annonçaient en tout cas que l'heure était maintenant venue des onéreuses opérations de dépollution.

L'épopée des mines d'argent dans la vallée de Sainte-Marie-aux-Mines a duré bien plus longtemps, puisqu'elle s'est étalée sur de longs siècles. Jusqu'il y a peu, on datait du Haut Moyen-Âge l'exploitation minière ; de récentes études au carbone 14, menées sur un morceau de planche déniché sur les hauteurs, l'ont située dans une période comprise entre 120 et 250 après Jésus-Christ, donc en pleine période romaine ! Un autre fragment, testé auparavant, renvoyait au temps des Alamans, qui disposaient eux-mêmes de bijoux en argent. Nous savons par ailleurs qu'à partir du IXe siècle, on extrayait sur place un minerai d'argent mêlé d'antimoine, que l'on utilisait pour la fabrication des monnaies. L'âge d'or de l'exploitation minière se situe entre 1530 et 1570, deux à trois mille mineurs, venus surtout d'Europe centrale, s'activant alors dans les mines. Et l'on en remontait non seulement de l'argent, mais encore du cuivre, du zinc, du nickel, de l'arsenic, du cobalt et toutes sortes d'autres métaux plus rares, tels l'uranium ou le manganèse !

Si l'exploitation a cessé depuis longtemps, il subsiste une mémoire très vivante de cette épopée, ne serait-ce qu'à travers le nom de Val d'argent donné à la vallée. Plusieurs sites font l'objet de commentaires et de visites guidées. En 1962 a été lancée une Journée des mines, devenue quatre ans plus tard une Exposition-Bourse internationale, et aujourd'hui connue comme la Bourse internationale des minéraux, gemmes et fossiles. C'est désormais la troisième bourse au monde de ce type, après celles de Tucson et de Munich. L'édition de 2011 a attiré 34 000 visiteurs, au point qu'on s'est interrogé sur la possibilité de maintenir cette manifestation sur place, et que l'on a envisagé son transfert à Colmar. Dieu merci, la décision a été prise de la conserver dans la capitale historique des minéraux en Alsace. À l'exposition-bourse organisée régulièrement par l'Association strasbourgeoise des amis de la minéralogie, les Alsaciens passionnés en ce domaine peuvent eux-mêmes acquérir des échantillons accessibles à tous, mais aussi des bijoux en ambre ou en argent massif. Pour ne pas être en reste, Mulhouse organise sa propre Mineralexpo, avec un nombre d'exposants multiplié par deux en 2011.

Durant les années 1950, des tentatives ont été menées en vue d'exploiter l'uranium en Alsace, dans le contexte du développement de l'énergie nucléaire. Près du village de Saint-Hippolyte, quatre mille tonnes de minerai ont été extraites à une centaine de mètres de profondeur pendant près de dix ans. L'exploitation a dû être interrompue dans les années 1960, pour cause de trop faible rendement.

Bien plus étonnante encore cependant s'avère l'aventure des mines de potasse. Au départ, il s'agissait pour les frère et sœur Albert et Amélie Zurcher de fertiliser la terre ingrate dont ils avaient hérité dans les environs de Cernay. Il s'avéra cependant bientôt que la véritable richesse du lieu était à rechercher dans le sous-sol... car il regorgeait de potasse, comme Amélie en reçut l'étrange intuition en 1894. Ses efforts aboutirent dix ans plus tard avec la découverte du précieux minerai, ouvrant la voie à près d'un siècle d'exploitation. Les mines donnèrent du travail à des milliers de mineurs, notamment à de nombreux émigrés polonais et italiens. En 1919, l'effectif était d'environ 4 500 salariés, avant de passer à 11 000 en 1930.

L'arrêt de l'exploitation a été pour bien des familles un véritable drame, même s'il a été dûment programmé et accompagné. Il a fallu gérer non seulement la reconversion professionnelle des mineurs, mais encore le sort des cités et de tous leurs équipements. La Société des mines de potasse ayant été dissoute le 31 décembre 2008, elle est entrée dès le lendemain dans une période de mise en liquidation amiable pour trois ans. La durée n'était pas disproportionnée, au regard de l'importance des tâches confiées : procéder à plusieurs centaines de reclassements grâce à un plan social d'envergure, envisager d'éventuelles réindustrialisations de sites, gérer les transmissions d'un riche patrimoine.

Quant aux sites eux-mêmes, la plupart ont été démantelés. En 2009, constatant que seuls trois lieux rappelaient encore le passé minier, l'idée a été émise de créer une Route de la potasse qui mettrait en valeur : le carreau Rodolphe d'Ungersheim, où sont conservées en état de marche les machines d'extraction ; le site Joseph-Else à Wittelsheim et son extraordinaire « salle des pendus » qui regroupe une belle collection de minerais à côté de la « lampisterie » et de la « cage » ; et le chevalement Théodore, qui continue de se dresser sur la plaine.

L'exploitation de la potasse avait profondément changé le paysage et la composition de la population, mais aussi la configuration des villages, qui se sont vu adjoindre de vastes cités attribuées au logement des mineurs. Les nombreux Polonais qui ont participé à l'extraction étaient venus avec leur langue et leurs traditions. Toute une culture s'était donc aussi développée autour de l'exploitation industrielle, d'autant que les enfants prenaient très souvent le relais de leur père. La mine était nourricière puisqu'elle procurait du travail à toute la population ; et une politique désignée parfois comme paternaliste avait de surcroît abouti à la mise en place de véritables « cités », avec foyers, équipes sportives, chorales, harmonies municipales, écoles, salles de sport, magasins de vente, centres médicaux... et avec aussi plusieurs églises, édifiées aux frais de la Société des mines de potasse et lui appartenant. Il n'était pas rare, même, que le chauffage de l'église ou du presbytère soit financé par cette même Société. Et ce n'est pas pour rien qu'une des églises dispose d'un superbe chemin de croix de Georges Desvallières, si exceptionnel qu'il a été repéré par le cérémoniaire du pape pour l'illustration de la cérémonie du Vendredi saint au Colisée de l'année 2006.

Aussi la fermeture de la dernière mine signifiait-elle non seulement l'arrêt d'une production industrielle au terme d'une aventure centenaire, mais bien la fin d'un monde. C'est la raison pour laquelle elle a été marquée par de grandes festivités au caractère un peu nostalgique, auxquelles je me suis fait un devoir de participer, sur le carreau de l'ancienne mine Rodolphe à Pulversheim. Un spectacle impressionnant retraçait le siècle d'activité qui prenait fin. Une messe télévisée, que j'ai tenu à présider, a rendu grâces pour tout ce qui a été vécu de grand et de beau dans cette aventure, sans omettre de faire mémoire des huit cents mineurs victimes d'accidents.

Sans doute peut-on dire que l'aventure des mines de potasse constitue une sorte de parabole du rapport de l'homme à la terre et ainsi du travail humain en général, de ses conditions et de ses fruits. Des peuples différents ont été réunis pour une œuvre commune ; à côté des gigantesques aménagements industriels, des églises, des écoles et des installations sportives ont été édifiées; une mentalité, un esprit et toute une culture se sont forgés; un dialogue social s'est mis en place, avec nécessairement ses hauts et ses bas; à travers tout cela a été accomplie une grande œuvre humaine apportant une certaine prospérité et suscitant une vraie fierté. Pour finir, on a rendu le site à la nature, avec le souci de limiter au maximum les conséquences fâcheuses, non seulement pour l'ensemble de l'environnement de surface, mais aussi pour les profondeurs de la terre... Et tant d'hommes entre-temps y ont laissé leur vie!

C'est bel et bien tout cela qui a fini par attirer mon attention sur un point qui ne l'avait aucunement retenue jusqu'à ma venue en terre d'Alsace: «le pays», c'est aussi le sous-sol, son sous-sol; «la terre», c'est aussi ses profondeurs! Et si ces dernières – en Alsace manifestement plus qu'ailleurs – ont certes leurs richesses, elles ont aussi leurs fragilités et même leurs dangers, face auxquels il faut donc également savoir se responsabiliser. Au bout du compte, on doit même sans doute considérer qu'on ne peut guère aimer une terre sans s'attacher aussi à son sous-sol, qui en est le fondement, si l'on peut s'exprimer ainsi. Il suffit de penser à la vigne: elle pousse sur un sol qui n'est pas sans sous-sol! On sait bien, quand même, que planter du gewurz en Californie ne donnera pas nécessairement un vin de qualité. L'Évangile nous l'enseigne: il y a du sel dans la terre et il ne faut le laisser ni s'affadir ni se contaminer. Or, le *Salz* ne se retrouve-t-il pas tout au long de l'Alsace, de Seltz à Soultz: Soultz-les-Bains, Soultzbach-les-Bains, Soultzeren, Soultzmatt, Soultz-sous-Forêts?

Un premier travail de la terre: de la poterie à la cristallerie

La couche superficielle du sol ne peut bien sûr pas non plus être négligée! Certes, cette terre enrichie des alluvions du Rhin est propice à une agriculture sur laquelle nous allons bientôt revenir en détail, mais elle se prête aussi à un autre type de traitement: un travail qui ne la prend pas comme «champ» – au sens large – qu'on laboure, mais bel et bien comme matériau que l'on façonne et dont les traces et les vestiges nous renvoient aux ancêtres qui nous ont précédés sur notre territoire...

Il s'agit bien entendu de la poterie (appelée, comme l'on sait, à se développer en céramique), qui a été pratiquée entre Vosges et Rhin dès l'époque gallo-romaine. Une belle exposition tenue en

2009 au musée Unterlinden de Colmar a mis en valeur la céramique régionale issue de sites anciens de production mis à jour ces dernières décennies à Bourgheim, Benfeld-Ehl, Horbourg-Wihr, Strasbourg, Kembs, Biesheim ou Dambach-la-Ville, autrement dit à proximité des lieux de consommation des objets de la vie courante qui sortaient alors des fours.

Aujourd'hui, le nord de l'Alsace connaît deux sites à la fois rivaux et complémentaires, à savoir les villages de Betschdorf et de Soufflenheim. On dit que c'est l'empereur Barberousse en personne qui accorda aux potiers de Soufflenheim le droit perpétuel d'extraire l'argile du sous-sol de la forêt de Haguenau au XIIe siècle. Quant au village de Betschdorf, naguère divisé entre Oberbetschdorf et Niederbetschdorf, le travail du grès y remonte au XVIe siècle et il bénéficie d'une technique importée par des potiers venus de Rhénanie du nord au XVIIIe siècle, celle du grès verni au sel. Le sel jeté dans le feu en fin de cuisson donne un vernis transparent aux pièces cuites à 1250 degrés. Le village de Betschdorf comptait soixante poteries vers 1865 et celui de Soufflenheim à peu près autant.

Les amateurs savent parfaitement distinguer le gris-bleu caractéristique de Betschdorf – où les décors étaient traditionnellement traités au bleu-de-cobalt – des couleurs plus variées de Soufflenheim. On ne trouve aucune maison alsacienne qui n'accueille un vase ou une cruche venant du premier, et une terrine à baeckeoffe ou un moule à kougelhopf ornés de grosses fleurs stylisées et venant du second. Lors de la venue du pape Jean-Paul II en Alsace en 1988, il n'était pas question de choisir entre les deux sites, et les potiers des deux villages ont été mobilisés pour confectionner les centaines de coupes à hosties qui ont servi lors des messes célébrées dans les stades de Strasbourg et de Mulhouse. M'objectera-t-on que les règles liturgiques prescrivent une « matière noble » pour les vases sacrés ? Je répondrai alors que la terre travaillée dans ces conditions est plus noble qu'un métal quelconque doré industriellement. Mon anté-prédécesseur, Mgr Elchinger, qui était originaire d'une lignée de potiers de Soufflenheim, a écrit des choses très belles sur le métier généreux de potier, qui ennoblit tant la matière qu'il emploie et façonne. Je pense que c'est à bon droit que son neveu et filleul, Marc Elchinger, s'intitule « couturier de la terre ».

À côté des potiers, il faut mentionner la présence en Alsace d'un certain nombre de céramistes, comme l'étonnante Rose-Marie

Wack. Fille d'un militaire allemand et d'une mère marocaine, elle insère le noir, le blanc et l'or dans chacune de ses créations et n'a pas hésité à adopter la technique japonaise du « raku », aussi bien pour fabriquer de simples bols que pour réaliser de véritables sculptures. À Obernai, la Biennale de la mosaïque, tenue en septembre 2011, a spécialement mis à l'honneur l'artiste local Gérard Brand, et les quelque cinq mille pièces qu'il a réalisées en un demi-siècle, dans ce qu'on a cru bon d'appeler sa « vie en mosaïque ». À Saverne, l'office de tourisme local a exposé en 2010 les belles céramiques de Chantal Gillmann, de Herbitzheim. Parfois le travail de l'argile conduit aussi à des techniques très industrielles : c'est le cas à Soufflenheim pour deux sociétés rachetées en 1955 et reconverties pour la production de briques en carbure de silicium, aux performances et au prix particulièrement élevés. Malheureusement, l'argile locale n'est plus suffisante et il faut importer à grands frais de la bauxite de Chine, et d'autres matériaux comme l'andalousite.

Puisqu'on parle de la transformation de la terre en ustensiles nobles, n'oublions pas que le sable, à condition d'être chauffé à de hautes températures obtenues grâce à de grands feux, est susceptible de se transformer en verre. Pour cela, de grandes quantités de bois et d'eau sont nécessaires. Or, les régions situées dans le massif vosgien, y compris en Alsace, ont disposé de la simultanéité des trois matériaux – l'eau, le bois et le sable. Elles ont donc accueilli d'abord des verreries, et plus tard (lorsque le procédé d'ajout de plomb aura été découvert) des cristalleries.

C'est ainsi que la commune de Wingen-sur-Moder, toute proche de la Moselle, mais alsacienne, a été le siège de la verrerie du Hochberg entre 1715 et 1868, date à laquelle elle s'est malheureusement éteinte, faute de bois. L'industrie verrière a cependant connu une merveilleuse renaissance en 1921 grâce à l'installation d'un bijoutier champenois, René Lalique. Depuis 1912, ce dernier, qui maîtrisait parfaitement la technique du verre, avait décidé de s'y consacrer entièrement, s'installant en 1913 à Combs-la-Ville, en Seine-et-Marne. À la recherche d'un lieu plus approprié, il va bientôt jeter son dévolu sur l'Alsace-Moselle au lendemain de leur retour à la France. Le président de la République d'alors, Alexandre Millerand, cherche en effet les moyens de réinvestir industriellement et artistiquement les provinces réintégrées à la France. Commencée avec une cinquantaine d'employés, la Verrerie d'Alsace, plus tard baptisée « René Lalique » en hommage à son fondateur, fait travailler aujourd'hui plus de deux mille employés, hommes et femmes. En 2011, le nombre de boutiques Lalique était de soixante-cinq à travers le monde.

Un signe éminent de dynamisme est l'ouverture en juillet 2011 d'un splendide musée présentant sur neuf cents mètres carrés près d'un siècle de créations, dans une scénographie très contemporaine. On y admire des bijoux, d'innombrables flacons de parfum, de nombreuses œuvres inspirées de la nature, ainsi qu'un monumental lustre de 1,7 tonne qui orne, en même temps qu'il l'éclaire, le grand hall d'entrée.

La maison Lalique ne saurait cependant résumer à elle seule la place du verre et du cristal en Alsace et en Lorraine, région géographique qui apparaît non seulement comme la terre historique de ces matières en France, mais encore comme leur actuel lieu de prédilection. Que l'on en juge : Meisenthal, Saint-Louis, la maison Baccarat... La cristallerie anciennement royale de Saint-Louis cultive l'excellence, réservant désormais plus de 70 % de sa production à l'exportation. On y fabrique toujours des presse-papiers et des verres en cristal taillé, mais aussi des flacons et de magnifiques lustres à pampilles. Le pôle verrier de Meisenthal s'est quant à lui fait essentiellement connaître par les superbes boules de verre devenues sa spécialité, identifiables grâce à leur pastille spécifique scellée à chaud, ainsi qu'à leur attache, elle aussi en verre. Trois entités cohabitent à Meisenthal : le Centre international d'art verrier, né en 1992 pour valoriser les filières du verre ; le Musée du verre, qui consacre une section à l'Art nouveau, notamment à Émile Gallé, le fondateur de l'École de Nancy, qui travailla à Meisenthal ; la Halle verrière, vaste espace accueillant de nombreuses manifestations.

La ville de Strasbourg, forte de ces proximités, s'affirme comme une capitale du verre. Depuis 2009, elle organise la Biennale internationale du verre, qui fait large place à l'art contemporain. Je suis personnellement fier de la participation récente de l'Église catholique à ce grand mouvement, à travers la suspension de deux cents « balançoires de verre » dans la nef de l'église Saint-Maurice de Strasbourg ; elles font frissonner la lumière au rythme de leur propre mouvement !

Un mot enfin sur le grès, pierre caractéristique des Vosges à laquelle la cathédrale de Strasbourg doit une partie de son charme. D'ailleurs, le grès n'y est pas seulement rose ! Il scintille de toutes sortes de nuances, du jaune au gris, en passant par le rose. En dehors de la cathédrale, le grès est entré dans une multitude de constructions. Il sert aujourd'hui encore à l'aménagement urbain, aux voiries, aux escaliers des particuliers, aux salles de bains, aux monuments funéraires... si bien que le métier de tailleur de pierre est encore très actuel, et pas seulement dans le cadre de l'Oeuvre Notre-Dame. Un festival des tailleurs s'est tenu à Saverne, dans le parc du château des Rohan, en mai 2010 ; et toute une semaine a été organisée à Wissembourg par l'artiste sculpteur Colette Wendel'Ehr au mois de septembre suivant, réunissant notamment des jeunes de l'Alsace et du Palatinat voisin appelés à s'exercer au burin.

Si j'ai tenu à ce développement, c'est parce que, me semble-t-il, il existe un rapport direct entre la générosité d'un sol – et déjà d'un sous-sol –, et le peuple qui ne saurait l'habiter autrement qu'en gardant lui-même bien fermement les deux pieds sur lui. N'oublions pas que, selon la Bible, non seulement il y a un lien indissoluble entre l'homme et la terre, mais que le nom même de l'homme, « Adam », vient de « *adamah* / la terre », et donc que l'homme est d'abord *le terrien.* Quant à la liturgie eucharistique chrétienne, elle nous invite à bien réaliser qu'en conséquence, les œuvres humaines seront bel et bien toujours à la fois « fruit de la terre et du travail des hommes ».

Tout n'est cependant pas dit du rapport de l'homme à la terre – de la vie de l'homme « à même de la terre » – avec ce qui précède. Avant même de s'intéresser à la façon dont, en Alsace, il la cultive et la laboure (ce qui fera l'objet du prochain chapitre), il faut encore faire état du double fait suivant : 1) l'homme circule à la surface de la terre, ce qui pose le problème spécifique des transports ; et 2) il la fréquente aussi sur le mode de la promenade et de la « villégiature », ce que je présenterai sous le titre général « l'Alsacien dans la nature ».

La circulation et les transports

L'histoire nous l'a montré : l'Alsace est une terre de passage. La géographie l'a découpée comme une étroite langue de terre, délimitée à l'ouest par une montagne, et à l'est par un grand fleuve resté difficilement franchissable tant qu'il n'a pas été discipliné. Du même coup, les grands axes qui traversent la région sont essentiellement orientés nord-sud. D'est en ouest, on va donc successivement croiser : le canal qui longe le Rhin, destiné à la navigation fluviale internationale ; une route dite « EDF », car elle relie entre elles les centrales hydroélectriques installées le long du Rhin ; la nationale, construite sur l'antique voie romaine, à certains endroits remplacée par l'autoroute et à d'autres doublée par elle. Viennent ensuite la voie ferrée... et la merveilleuse Route des vins, qui serpente au piémont des Vosges, traversant de multiples villages typiques.

Ces grands axes, très fréquentés, par moments saturés, viennent en appoint d'un réseau dense de routes départementales, de voies fluviales, et de voies ferrées. Déjà perceptible à partir de ce vaste réseau, le problème de la circulation en Alsace est devenu d'autant plus aigu que l'extension des zones péri-urbaines a limité l'espace proprement rural à la portion congrue : petite région de 8 200 kilomètres carrés, l'Alsace est en effet densément peuplée (220 habitants au kilomètre carré). Entre 1975 et 1999, la proportion d'actifs devant quitter leur commune de résidence pour se rendre au travail est passée de 46 % à 66 %, tandis que la distance moyenne parcourue par ceux-ci s'accroissait de dix à treize kilomètres. Aujourd'hui, on est porté à remettre en cause la généralisation du modèle qui a conduit tant de personnes à construire une maison individuelle sur un terrain à bon marché lorsque le faible coût du carburant permettait d'envisager sereinement les plus ou moins longs trajets quotidiens en voiture. Qu'en sera-t-il si le prix des carburants augmente de façon très sensible dans les temps qui viennent, ce que d'aucuns annoncent comme inéluctable ?

Les routes

L'Alsace est traversée de part en part par un axe nord-sud depuis le temps des légions romaines. À la faveur des nombreuses relances récentes du pèlerinage de Compostelle, on a bien pris conscience que les « chemins » empruntés jadis par les pèlerins s'étaient aujourd'hui transformés en routes nationales ou en autoroutes ! Il n'était pas question d'exposer les marcheurs contemporains aux dangers des bas-côtés des grands axes de circulation ; on a donc imaginé à leur intention un très bel itinéraire qui longe le piémont des Vosges tout en abordant quelques-uns de ses sommets, comme le mont Sainte-Odile, et s'aventure dans certaines vallées reculées comme celle de

Baumgarten. Tout au sud de l'Alsace, le couvent de Bellemagny est devenu une halte très fréquentée. Le pèlerin médiéval, pressé d'arriver à destination, aurait sans doute été surpris par un tel détour, qui ravit au contraire les contemporains... Signe entre bien d'autres que le réseau des routes secondaires est bien fourni dans la majeure partie du territoire de la région, à l'exception des hauteurs vosgiennes.

Ce réseau n'en apparaît pas moins proportionnellement réduit par rapport à la moyenne nationale, puisque nous disposons de 32 kilomètres pour cent mille habitants, alors que la moyenne en France de l'intérieur est de 66. Il en résulte que certaines portions se trouvent particulièrement chargées, comme la route qui traverse la vallée de Saint-Amarin en venant du col de Bussang, ou l'A35 à la hauteur de Strasbourg. D'où également l'idée de créer de nouveaux contournements.

On a eu une belle illustration de ce problème avec le projet controversé de grand contournement ouest (GCO) de Strasbourg. Les uns soutenaient que ce nouvel axe allait décharger la portion de l'A35, l'autoroute qui traverse Strasbourg et qui est l'une des voies les plus fréquentées de France, puisqu'y circule quotidiennement, à moins de 1 500 mètres de la cathédrale, un flot impressionnant de camions ; or, le GCO projeté non seulement délesterait la voirie actuelle, mais desservirait utilement les communes de la plaine de la Bruche, et l'on en ressentirait les bienfaits jusqu'à Molsheim...

Les opposants, notamment les agriculteurs des villages traversés, protestaient vivement contre la nouvelle diminution des zones arables qui en résulterait, ajoutant que le problème des bouchons, en grande partie liés aux entrées du matin dans Strasbourg et aux sorties du soir, ne serait pas résolu pour autant...

Le paradoxe survient quand les uns et les autres brandissent le problème de la pollution : les promoteurs du projet évoquent en effet celle, importante, qui est générée par les véhicules en bordure de l'A35 pour réclamer le contournement, cependant qu'en face on voit la conseillère régionale et écologiste bien connue Andrée Buchmann minimiser les nuisances générées par cette autoroute, et mettre en avant les 70 % de particules polluantes venant de l'extérieur (Allemagne, Pologne, République tchèque). Qui croire ?

Le Conseil d'État a validé la déclaration d'utilité publique en mars 2010, mais le nouveau gouvernement a pris, peu de temps après, la décision d'abandonner le projet, provoquant la stupeur et même l'indignation de nombre de responsables politiques alsaciens. Je n'ai évidemment pas qualité pour intervenir dans le débat technique et économique. Au nom cependant toujours de mon attachement à l'Alsace, je ne m'en sens pas moins porté à proposer la double remarque suivante. Un premier aspect concerne le GCO lui-même : de toute manière, comme l'a dit Philippe Richert, « il faudra bien écarter les camions de Strasbourg et régler le grave problème de santé publique que pose la pollution aux particules fines ». Le second aspect est de portée plus générale : en Alsace aussi – et l'on pourrait dire : en Alsace tout particulièrement ! –, on vérifie bien à quel point l'homme est inséparable de la terre. Et que si l'une de ses toutes premières responsabilités se définit par rapport à elle, cela se traduit d'abord au niveau de l'utilisation ou de l'exploitation qu'il peut faire de sa surface même. Certes pour y circuler au mieux (on vient de le voir) – mais sans que cela remette en cause ni sa possibilité de l'habiter (dont a traité notre tout premier chapitre), ni la nécessité où il est de la cultiver pour en tirer une part au moins de sa nourriture (ce qu'exposera le prochain chapitre), ni même son juste souhait d'en apprécier les charmes (qu'abordera la fin du présent chapitre).

Les voies ferrées

Passons, restant sur terre, des voies routières aux voies ferrées. D'après l'ouvrage de l'historien de l'économie Nicolas Stoskopf paru à l'été 2012, « peu de régions ont autant été marquées par le chemin de fer » que l'Alsace (*Le train, une passion alsacienne*, 1839-2012, Vent d'Est, 2010). Cet auteur décrit un « siècle d'or du rail » allant de 1839, date où la première locomotive mulhousienne est sortie des ateliers d'André Koechlin, à 1937, année du percement du tunnel de Sainte-Marie-aux-Mines. Dès 1842, l'Alsace compte quatre constructeurs de matériel ferroviaire. Le rapprochement des ateliers de Mulhouse et de Graffenstaden va donner lieu, en 1872, à la naissance de la Société alsacienne de constructions mécaniques, qui fera les beaux jours de l'industrie alsacienne, et dont Alstom est l'héritier direct.

Parler du transport ferroviaire revient bien sûr à évoquer les lignes. À commencer par la première d'entre elles, qui reliait et relie toujours Mulhouse à Thann, et en poursuivant par la plus récente, celle qui traverse la région de Saverne par un tunnel pour achever la ligne TGV Paris-Strasbourg.

Il est par ailleurs frappant de constater combien la période allemande aura eu l'obsession du franchissement du Rhin par le chemin de fer, avec la construction d'un magnifique pont néo-gothique entre Strasbourg et Kehl, tandis que le retour à la France après 1918 verra l'avènement de projets de franchissement des Vosges par des tunnels comme celui de Sainte-Marie-aux-Mines, aujourd'hui récupéré par l'automobile. Rappelons que la première gare de Strasbourg était en cul-de-sac, sur le modèle des gares parisiennes, à l'emplacement actuel des Halles, et que ce sont les Allemands qui ont construit une nouvelle gare en retrait du centre-ville, afin de rejoindre Kehl par une nouvelle ligne traversant le quartier du Neudorf.

De son riche passé ferroviaire, Mulhouse a conservé une trace splendide à travers un musée dit Cité du train, qui permet aux visiteurs d'explorer toute l'histoire du chemin de fer ; j'y ai moi-même passé une inoubliable et fort enrichissante journée. Un très grand nombre de locomotives et de wagons remarquables y sont notamment présentés, faisant de cet établissement la plus importante collection patrimoniale d'Europe en ce domaine. Dommage qu'à peine 90 000 visiteurs aient profité de cette étonnante Cité en 2008, alors qu'on en attendait 30 000 de plus ! En revanche, le Technicentre de Bischheim, qui assure la maintenance et la rénovation des TGV et propose un bel aperçu de l'aventure technologique de la très grande vitesse, a accueilli plus de 22 000 visiteurs en un seul week-end lorsqu'il a ouvert ses portes en septembre 2009.

Les *DNA* ont publié au courant de l'été 2012 une belle série d'articles consacrés aux aspects anecdotiques du train en Alsace. J'ai particulièrement apprécié d'abord la présentation du petit train touristique qui, depuis 1997, traverse la frontière à Wissembourg, puis l'évocation de l'ancienne ligne Walbourg-Woerth-Lembach, fermée aux voyageurs en 1990, mais dont le tracé fait aujourd'hui la joie des cyclistes. J'ai bien aimé encore qu'il soit question du « maillon manquant [depuis la destruction du pont ferroviaire de Neuf-Brisach] sur la ligne Colmar-Fribourg ».

Le présent et le futur du réseau ferroviaire passent évidemment aujourd'hui par le TGV. Après avoir servi de région-test en raison de sa longue ligne droite allant de Strasbourg à Mulhouse qui permettait les accélérations, l'Alsace a longtemps été privée de sa desserte. J'ai connu le temps où il fallait quatre heures et plus pour faire le trajet Nantes-Paris ou Paris-Nantes, et il y a belle lurette que l'entrée en scène du TGV jusqu'au Mans a réduit cette durée de quasiment la moitié. J'estimais alors évidemment qu'on avait eu bien raison de désenclaver ainsi l'ouest de la France. Je n'avais même pas l'idée qu'après tout on aurait peut-être été bien inspiré d'accorder la priorité plutôt à l'est, compte tenu aussi des prolongations envisageables bien au-delà du Rhin... Or, tout le temps de ma mission en Alsace, il aura fallu plus de quatre heures pour couvrir en train le trajet Paris-Strasbourg ou Strasbourg-Paris...

Dieu merci, le TGV Est est à présent entré en fonction, et avec un succès considérable: Strasbourg n'est plus qu'à deux heures vingt de Paris, soit près de moitié moins que la durée précédente. Le percement d'un tunnel (le second tunnel de Saverne) et la construction des derniers kilomètres de lignes (incluant plusieurs ponts) réduiront encore ce temps d'une demi-heure. On peut espérer que le projet LGV Paris-Strasbourg-Budapest, porté par l'association transnationale Magistrale pour l'Europe, créée à Karlsruhe au début des années quatre-vingt-dix, puisse contribuer efficacement à l'entrée dans ce que Roland Ries appelle «l'ère du réseau ferré unique»!

Depuis peu, l'Alsace est une des rares régions à voir se croiser deux lignes de TGV, grâce à la mise en service de la ligne TGV Sud-Est, qui rapproche considérablement Strasbourg de Lyon. C'est en décembre 2012 qu'a été ouverte cette nouvelle ligne qui, grâce à la construction d'un tronçon entre Villers-les-Pots (Côte d'Or) et Petit-Croix (Territoire de Belfort), fait gagner une bonne heure sur le naguère interminable trajet Strasbourg-Lyon. Se prolongeant vers Marseille ou Montpellier, l'offre TGV Rhin-Rhône est aussi un enjeu stratégique important pour Mulhouse, qui n'est désormais plus qu'à deux heures quarante de Paris. Tout n'est pas gagné cependant: en juin 2013, Réseau ferré de France bloquait toujours la poursuite de deux chantiers pourtant très officiellement déclarés «prioritaires», l'un autour de Dijon, l'autre entre Belfort et Mulhouse. On s'étonne d'autant plus ici de certains blocages qu'il ne s'agit aucunement d'un nouveau projet, mais de l'ultime phase de réalisation d'un plan défini de longue date.

Faut-il souligner que l'Alsace se trouve de fait sur deux axes européens majeurs, à savoir celui qui relie Paris à Vienne (et au-delà), et celui qui va de Hambourg à Gibraltar? Dans ce dernier cas, il s'agit, excusez du peu, de relier la mer du Nord à la Méditerranée. Comment ne pas pester lorsque l'on voit combien les choix français en matière de transport sont bien souvent pris en fonction de la seule géographie nationale, au détriment de ces axes européens? Je l'ai déjà laissé entendre en évoquant comme je l'ai fait le trajet Nantes-Paris ; ceux qui remettent à présent en cause la poursuite de la ligne Rhin-Rhône retiendront-ils la leçon ?

Cet essor ne se fait cependant pas au détriment des trains express régionaux (TER), qui connaissent un vif succès : en 2011, on a enregistré une moyenne de 75 000 voyageurs pour 740 trains quotidiens. On peut ainsi se rendre de Mulhouse à Strasbourg en quarante-cinq minutes (TGV) ou en cinquante-cinq (TER), là où l'automobiliste le plus pressé aura sans doute longtemps du mal à passer sous la barre d'une heure quinze. Le tram-train permet aux habitants de la ville de Thann de gagner directement le quartier de Mulhouse où ils travaillent, sans passer par l'arrêt de la gare et sans changement de moyen de transport. Lancé à plus de cent kilomètres-heure entre Lutterbach et Wittelsheim, il constitue une réussite technologique, présentant une vraie alternative à la voiture pour toute la vallée de la Thur.

Puisqu'il est question de tram-train, n'oublions pas de signaler le beau succès du tramway à Strasbourg, où de nouvelles lignes sont en construction, et celui, plus récent, du tramway de Mulhouse. Nantes aussi, qui avait ses « trams » au temps de ma jeunesse, les a récemment recouvrés. Il me souvient que, compte tenu de l'intérêt qu'il a toujours porté à la question, Roland Ries a entretenu des rapports réguliers sur ce point avec la municipalité de la métropole de ma région d'origine. Alors que le tramway, qui avait disparu de Strasbourg en 1960, semblait renvoyer à un passé démodé, sa réapparition a permis des liaisons très régulières et très aisées entre les quartiers et le centre, mais aussi d'un quartier à l'autre.

Depuis que je réside à nouveau à Paris, je suis devenu un usager très satisfait du TGV (mis en service après mon départ), mais aussi du tram, grâce à la ligne qui relie la gare à la place Broglie. En trois heures chrono, me voici désormais en capacité de quitter mon domicile d'Issy-les-Moulineaux en métro, de prendre le TGV en gare de l'Est, et de rejoindre le centre de Strasbourg en tram !

Les voies fluviales

Transport « de surface » toujours, les voies fluviales. Le Rhin constitue un axe de communication majeur depuis l'Antiquité, permettant aussi bien le transport des personnes que l'échange des biens. En 1815, le congrès de Vienne a donné naissance à la Commission centrale pour la navigation du Rhin, première instance européenne des temps modernes, dont le siège est toujours à Strasbourg. N'oublions pas que le Rhin permet le transport de trois cents millions de tonnes de marchandises par an, grâce à un trafic quotidien oscillant entre soixante et cent dix bateaux. Le Port autonome de Strasbourg a vu son activité se développer fortement en 2010, avec un trafic total de plus de neuf millions de tonnes. En 2012, l'importance accrue des produits agricoles, du gravier et des conteneurs lui a permis de renouer avec la croissance ; il est aujourd'hui la seconde plate-forme fluviale française.

Un certain nombre de canaux ont été creusés au cours des siècles pour relier d'autres fleuves ou rivières au Rhin. Il existe ainsi un canal de la Marne-au-Rhin qui fait surtout le bonheur des plaisanciers, d'autant qu'il relie la région de Sarrebourg à Saverne en empruntant, à Saint-Louis/Arzviller, un célèbre plan incliné que je n'ai pas manqué de visiter à la faveur d'un trajet de vacances.

Le village d'Offendorf, au nord de Strasbourg, a longtemps été marqué par la présence de nombreux bateliers. C'était même le plus grand village de bateliers du Grand Est : dans les années cinquante, plus d'un tiers de la population vivait de cette activité. Il reste aujourd'hui cinq familles et une péniche à quai depuis dix ans, qui joue le rôle de mémoire de cette activité.

En août 2010, l'ancien ministre Daniel Hoeffel s'interrogeait à juste titre : « La France croit-elle encore à sa façade rhénane ? » rappelant que le canal Rhin-Rhône avait été défini comme une priorité au lendemain de la Seconde Guerre mondiale pour relier les bassins rhodanien et rhénan et, à travers lui, se connecter au bassin danubien. Une loi du 4 février 1995 prévoyait même l'achèvement du canal dans un délai de quinze ans, soit... en 2010 ! Mais le gouvernement français a annulé cette décision en 1997. Est-ce seulement parce qu'il sous-estimait l'importance de la connexion des voies françaises (fluviales ou autres) aux voies européennes ? Ne convient-il pas de faire, ici aussi, la part des tensions et désaccords internes à l'Alsace elle-même ?

Les aéroports

Si les voies aériennes font par définition prendre de la hauteur, leurs aéroports ne cessent pas de les lier au sol ! L'Alsace en possède deux grands, localisés l'un à Entzheim au sud de Strasbourg, et l'autre tout près de Bâle et de la frontière suisse, au sud de Mulhouse. Leurs situations sont assez différentes.

Il est certain qu'Entzheim souffre désormais de la concurrence du TGV Est. Durant tout le temps de mon épiscopat, je prenais le vol très fréquenté de Paris, avec de multiples dessertes quotidiennes. J'avoue préférer maintenant le train, qui évite les longues attentes dans les aéroports. Dans le même temps, les compagnies *low cost* ont investi les aéroports de Bâle-Mulhouse, situé en territoire français, et de Baden-Baden, un ancien terrain militaire reconverti.

Ces facteurs et d'autres ont entraîné pour Entzheim en quelques années une baisse considérable du nombre de passagers. Toutes les rentrées d'argent se sont évidemment ressenties de cette baisse, aussi bien les redevances aéronautiques que celles des parkings... La Chambre de commerce et d'industrie de Strasbourg que dirige Jean-Louis Hoerlé cherche à faire « décoller » Entzheim, notamment par la sortie du quasi-monopole d'Air France, qui a pour ainsi dire chassé Ryanair en 2003... laquelle n'a bien sûr pas manqué de trouver refuge à Baden. En janvier 2012, on annonçait précisément l'arrivée d'une autre compagnie *low cost*, la société espagnole Vueling, avec une desserte de Barcelone trois fois par semaine : Entzheim allait-il effectivement repartir ? Voilà cependant qu'un coup de grâce lui a été porté au courant de l'été 2012 lorsque Air France a annoncé la fermeture de sa ligne Strasbourg-Roissy ; les liaisons internationales au départ de Strasbourg continueraient d'être assurées – mais avec le trajet Strasbourg-Paris... en TGV ! Or cette ligne représente 18 % du trafic de l'aéroport. Les élus alsaciens se mobilisent, font appel au ministre aux Affaires européennes : n'est-ce pas une nouvelle fragilisation de la fonction européenne de Strasbourg, alors même que les députés européens figurent parmi les clients les plus réguliers ? Comment expliquer à un député venu du Portugal ou de Pologne qu'il doit atterrir à Paris et prendre ensuite le train, alors qu'il lui est si facile de rejoindre directement Bruxelles en avion ? La nouvelle tombait d'autant plus mal que la même compagnie Air France venait d'annoncer la diversification de ses offres en direction de Vienne et de Rome. Heureusement, l'annonce, intervenue peu après, du retour à partir d'avril 2013 de la compagnie irlandaise Ryanair, « première à bas coût d'Europe », a fait de nouveau souffler « un vent d'optimisme » sur le tarmac d'Entzheim. La politique tarifaire incitative de baisse des redevances, en même temps que l'aide des collectivités sont venues opportunément renforcer la tendance.

Une fois encore, le sud de l'Alsace n'a aucun complexe à développer vis-à-vis de Strasbourg, puisque son aéroport de Bâle-Mulhouse fait preuve d'un beau dynamisme. L'année 2011 a même été pour lui exceptionnelle, avec une croissance de 22 % par rapport à l'année précédente. Plus de cinq millions de passagers l'ont emprunté en 2012, contre un peu plus d'un million du côté d'Entzheim. La compagnie low cost EasyJet se taille la part du lion avec une part de marché de 46 %. Paris n'est plus la principale destination, car elle se trouve doublée par Berlin. Viennent ensuite Barcelone, Amsterdam et Hambourg. Rappelons néanmoins que Bâle-Mulhouse, bien que ses installations soient situées en grande partie sur le territoire français, fonctionne comme l'aéroport de la métropole suisse de Bâle, toute proche. Cet aspect international, unique en France, représente évidemment un atout majeur. Deux difficultés récemment surgies devront cependant être levées : l'intention du gouvernement français de percevoir une taxe au départ du secteur suisse ; la remise en cause du projet de liaison ferroviaire avec l'aéroport. Les politiques alsaciens n'ont pas manqué de monter au créneau.

L'Alsacien dans la nature

Hormis toujours l'agriculture, il est encore une autre forme de rapport de l'homme à la terre qui (à mes yeux aussi) compte beaucoup en Alsace. Tout gratuit, il consiste à admirer les beautés de « la nature », à y chercher la détente et à y savourer pleinement la joie de vivre.

Chasse, pêche et marche

On peut commencer par la chasse et la pêche, deux activités très largement pratiquées chez nous. Je les ai incidemment évoquées plus haut. L'année 2009 a été qualifiée de « grand cru » par les chasseurs du Bas-Rhin, en dépit de leur opposition à l'augmentation des tirs de cerfs demandée par l'Office national des forêts au nom du fragile équilibre entre le gibier et l'exploitation forestière. 17 000 sangliers ont été tirés, et la viande de gibier a été largement valorisée. Certains restaurants, comme Au Cerf d'or à Strasbourg ou Au Tilleul à Mittelhausbergen, ont participé au Mois de la chasse, sous l'égide de la Fédération des chefs de cuisine restaurateurs d'Alsace, et ils ont effectivement mis en valeur le gibier dans tous ses états.

Du côté de la pêche, je me bornerai à signaler qu'ils sont des milliers, les pêcheurs d'Alsace, et qu'ils sont fréquents, les concours qu'ils organisent au bord des rivières et des étangs, comme le fait par exemple depuis la Libération l'Association alsacienne pour la pêche et la protection des milieux aquatiques de Schiltigheim à l'étang Georges Ritter: truites, carpes et sandres sont au rendez-vous. Quant au saumon, dont j'ai aussi parlé plus haut, une passe lui sera spécialement dédiée sur le Rhin, afin que l'usine hydroélectrique de Strasbourg cesse d'être un obstacle à sa remontée du fleuve. Il pourra ainsi aisément rejoindre ses lieux de reproduction.

Il faut encore, dans ce contexte, signaler la pratique de la marche dans la campagne, en montagne ou en forêt. L'exemple le plus symptomatique à cet égard est évidemment donné par le Club vosgien, groupe de passionnés de marche et de nature à qui l'on doit l'entretien et le balisage très précis des nombreux sentiers établis au cœur du massif forestier. Rappelons que cette fédération de grand renom regroupe cinq entités départementales, dont deux seulement sont alsaciennes (Bas-Rhin et Haut-Rhin, distingués des départements lorrains des Vosges, de la Moselle et de la Meurthe-et-Moselle). Pour autant, une bonne part des 118 associations qu'elle regroupe et de ses 34 000 membres sont des Alsaciens.

À côté du Club vosgien, on peut encore signaler la fédération des Aînés ruraux du Bas-Rhin, qui développe la marche nordique, une activité qui se pratique avec deux bâtons en fibre de verre et de carbone et qui est réputée réduire les risques de maladies cardio-vasculaires. Elle comptait, en mai 2009, cinquante-cinq clubs locaux, soit près de 2 500 membres. De fréquentes marches populaires sont organisées, et qui dit marche dans la nature sous-entend refuge ou abri dans la montagne: voilà encore des lieux à créer, à entretenir, à faire découvrir. Les Amis de la nature possèdent par exemple sept chalets, principalement dans les Vosges, totalisant trois cents lits. Ils y accueillent un public nombreux de familles et de randonneurs.

Lieux de visite et de promenade

Déjà béni, comme on vient de le voir, quant à ses possibilités de rapport personnel avec la nature, l'Alsacien a aussi la chance de ne pas être abandonné à lui-même pour pouvoir en jouir pleinement: « musées » de plein air, parcs et autres jardins abondent et lui sont offerts sur tout le territoire de la région. Évoquons-les pour terminer ce chapitre.

Je veux d'abord rendre hommage à l'Écomusée d'Alsace. Sur une friche industrielle des Mines de potasse de la commune d'Ungersheim a été aménagé un véritable village alsacien composé d'authentiques maisons à colombages démontées de leur lieu d'origine, où elles étaient souvent laissées à l'abandon, et remontées sur place. On trouve ainsi rassemblées une mairie, une école, une ferme – en tout soixante-dix maisons entourées de jardins et de champs. Régulièrement, des acteurs en costume d'époque y présentent les activités traditionnelles de la région, que ce soit les travaux agricoles ou les principaux métiers de l'artisanat. La question s'était rapidement posée d'une église au milieu du village: ne pas en implanter ne revenait-il pas à cautionner un «monde sans Dieu», ce qui ne correspondrait en aucune manière au village alsacien traditionnel? Mais si l'on en installait de fait une, faudrait-il alors que des acteurs en soutane y miment chaque dimanche matin la grand'messe d'avant le Concile? On s'est finalement rangé à la solution très sage de la «chapelle des champs», qui constitue davantage un lieu de dévotion que de célébration. On évitait ainsi de surcroît les ambiguïtés ou surenchères traditionalistes: les visiteurs peuvent s'y recueillir et faire brûler des cierges à leurs intentions propres. Je pense personnellement qu'une telle démarche peut avoir sa place, et même prendre tout son sens, dans un tel cadre.

Il faut bien évoquer aussi, dans ce contexte, la triste histoire du Bioscope, implanté à proximité de l'Écomusée, également sur le ban d'Ungersheim. C'est en 1995 que l'idée en a été lancée, et en 1997 qu'a été créé le Symbio, syndicat mixte chargé de sa réalisation. Ce devait être un «parc de santé», véritable présentation du corps humain, le visiteur circulant dans des navettes en forme de bulle comme s'il voyageait dans le corps humain. À l'ouverture, en juin 2006, le Bioscope représentait l'espoir de voir naître une nouvelle grande destination touristique en Alsace, un peu comme le Futuroscope dans la région de Poitiers.

Au final, en cinq ans d'exploitation, le Bioscope aura cumulé vingt-quatre millions d'euros de pertes et enregistré seulement 95 000 entrées: le principal financeur, la Caisse des Dépôts, ne pouvait continuer d'assumer.

Au bout du compte, tel qu'elle a fonctionné, cette autre fondation paraît n'avoir jamais répondu vraiment au projet tel qu'il avait été imaginé. Rouvrira-t-elle un jour ses portes? Le site sera-t-il reconverti en supermarché, en centre d'entraînement pour sportifs, en village pour personnes handicapées ? Grâce à Dieu, responsables et bonnes volontés n'ont pas renoncé à faire face à l'avenir problématique. Les diverses formules envisagées font le lien et avec l'Écomusée, et avec l'ancien carreau minier Rodolphe.

Plus assuré s'avère en Alsace le sort des nombreux jardins. J'en évoquerai au moins quelques-uns, car ils abondent ! Depuis le col de Saverne, Louis XIV n'avait-il pas d'ailleurs cru voir en l'Alsace « un grand et beau jardin » ? Il est vrai qu'ils sont rois dans notre région, comme le montre bien par exemple l'ouvrage de Liliane Borens paru en 2011 à La Nuée Bleue, *Jardins de charme en Alsace*. Je relève la création, par une dizaine de communes touristiques, d'un circuit des jardins médiévaux, où se cultivent les légumes anciens pour le potage, les herbes aromatiques ou encore les plantes textiles, comme le lin aux jolies fleurs bleues : Scherwiller, Rorschwihr et Bergheim sont, entre autres, parties prenantes de l'opération. Et comment ne pas évoquer, à l'ombre de la splendide abbatiale romane Sainte-Sophie et Saint-Trophime, le merveilleux « jardin monastique » d'Eschau, à la fois si bien achalandé et toujours si bien entretenu ?

Il faut aussi signaler le label accordé depuis 2004 aux « jardins remarquables » par le ministère de la Culture. L'Alsace en comptait quinze en 2012 : neuf dans le Bas-Rhin et six dans le Haut-Rhin. Trois d'entre eux se sont ajoutés cette année-là, avec la condition, appliquée à tous, d'une ouverture au public au moins cinquante jours par an. Le Jardin du temps, à Illzach, un des trois promus de 2012, a une histoire singulière, puisque ce n'était qu'une friche de deux hectares il y a douze ans, lorsqu'un couple de passionnés l'a acquis : on y trouve aujourd'hui de nombreuses plantes vivaces, des dizaines d'arbustes, des graminées, ainsi qu'une cinquantaine d'espèces de rosiers.

Plus classiques et plus anciens sont le jardin du château de Kolbsheim et le Parc Wesserling. Ce dernier garde la mémoire de la riche industrie textile de la vallée de Saint-Amarin, à quelques pas du Grand Ballon ; il s'étend sur quarante-cinq hectares répartis sur cinq jardins.

Mérite encore d'être signalé le parc de Schoppenwihr, à proximité de Colmar ; il se déploie sur cinquante hectares, et les visiteurs se pressent nombreux pour la traditionnelle Fête des plantes, dont la trentième édition a été vécue en 2010. Le propriétaire du lieu, François de Watteville estime que « les pépiniéristes [...] adorent les Alsaciens parce qu'ils sont jardiniers dans l'âme ».

Le Parc naturel régional des Vosges du Nord ne connaît pas la fréquentation qu'il mériterait. À cheval sur les départements du Bas-Rhin et de la Moselle, il regroupe 113 communes. Il présente au fil des saisons « un large éventail d'activités qui concilient nature et culture » permettant de découvrir la diversité et la richesse de son patrimoine, aussi bien rocheux et végétal que monumental, et s'efforçant de préserver « son caractère sauvage et naturel ». Musée des springerle de la Petite-Pierre, château de Fleckenstein à Lembach et château de Lichtenberg, avec en prime la station thermale de Niederbronn-les-Bains, proche du vieux village d'Oberbronn : l'affection que j'ai déclarée pour le Sundgau ne fait pas concurrence à celle que les années m'ont conduit à éprouver aussi pour les Vosges du Nord !

Parallèlement, le Parc rhénan Pamina, qui a fêté ses dix ans en 2013 et réunit onze communes de part et d'autre du Rhin, propose aux « amoureux de la culture et de l'environnement » des sorties naturalistes guidées, ateliers de travail, conférences, reportages, pièces de théâtre et expositions...

Il m'est arrivé, l'une ou l'autre fois, à Strasbourg, d'arpenter les allées du parc de Pourtalès, qui connut ses heures de gloire sous le Second Empire et qui est aujourd'hui un paradis pour les réceptions de mariage et pour les joggeurs. Il a malheureusement été endeuillé par une tragique tempête qui a fait tomber un énorme platane sur les spectateurs d'un concert de début d'été, faisant 13 morts et 102 blessés. C'était la veille même du jour où nous célébrions la Messe pour la France à la cathédrale ; le Saint-Père avait tenu à nous adresser un message de condoléances qui certes fut le bienvenu. De son côté, le parc de l'Orangerie est d'autant plus remarquable qu'il offre son étang, ses pelouses et ses milliers d'arbres en plein cœur de la ville de Strasbourg, juste en face des institutions européennes.

Il faut enfin naturellement évoquer, pour Strasbourg toujours, le Jardin des Deux Rives, dont l'originalité, comme son nom l'indique, est de s'étendre des deux côtés du Rhin, avec la remarquable passerelle due à l'architecte Mimram, que j'ai vu construire et inaugurer et qu'on a bien fait d'affecter à l'usage exclusif des piétons et des cyclistes. L'objectif, largement atteint, est de faire oublier la frontière. Les offices œcuméniques régulièrement célébrés et le Jardin biblique ouvert dans la proximité de la passerelle contribuent pour leur part à la rencontre et à la communication. D'ailleurs, à deux pas de là, on ne trouve plus aucune trace des anciens bâtiments de la douane et de la police, que ce soit sur la rive allemande ou sur la rive française. Les autorités publiques ont même économisé une partie des coûts de destruction des bâtiments en laissant les manifestants altermondialistes s'acharner contre eux en marge du Sommet de l'Otan d'avril 2009 ! Dans le jardin, une sympathique guinguette a été installée à l'été 2012, ressuscitant l'ambiance des bals de naguère, au rythme de la valse, du cha-cha-cha et du tango.

Enfin, nombreux sont les citadins qui transforment leur lopin de jardin familial en petit paradis, en vue d'y accueillir toute la famille pour la promenade du dimanche. Ils sont plus de 4 600 à Strasbourg, répartis sur 160 hectares.

Ancien chasseur alpin, j'aurais dû trouver moi-même dans les Vosges un terrain idéal de balade ou de ski de fond. La densité de mes activités m'a hélas ! conduit à y renoncer. Malgré tous ses efforts, Mgr Joseph Musser, mon vicaire général, n'a jamais réussi à m'entraîner avec une paire de skis sur les sommets enneigés. C'est tout juste si j'ai pu pratiquer quelques heures de marche dans la forêt, lors de certains de mes brefs séjours à Gueberschwihr, dans la petite maison si volontiers mise à ma disposition par les Sœurs de Saint-Joseph de Saint-Marc.

Des prêtres amis connus dès avant ma venue en Alsace, comme Jacques Schlosser ou Charles Singer, s'étaient par ailleurs proposés pour me faire découvrir la randonnée vosgienne avec, pour m'attirer, la promesse de me faire goûter à la cuisine marcaire pratiquée dans les fermes-auberges. Tout cela est resté malheureusement à l'état de projet. Je confirme ici que je ne peux pas ne pas le regretter quelque peu aujourd'hui. J'ai en effet la vive conscience de l'importance qu'il y a pour l'homme à cultiver, comme on y est incessamment invité en Alsace, un vrai et juste rapport : à la nature en général, et notamment – suivant les cas – à la forêt, à la campagne ou à la montagne. Bref : à la terre ! J'invite tous les Alsaciens à profiter à plein des nombreuses chances qui sont, ici aussi, les leurs.

CHAPITRE 6

Agriculture et écologie

L'agriculture représente un type de rapport à la terre et au sol qui s'avère d'un tout autre ordre que ceux qu'on vient d'examiner. Nul ne contestera que celui-ci soit en Alsace d'une énorme importance, avec lui aussi son compte de richesses spécifiques et son lot de problèmes particuliers.

Diversité de l'agriculture : des céréales aux asperges

On m'a expliqué qu'il fut un temps, relativement proche, où la diversité agricole était de mise dans notre région, alors que la culture du maïs, réputée plus rentable, a aujourd'hui largement colonisé des terres naguère dévolues à des plantes que d'aucuns disent plus « subtiles », et qui sont en tout cas moins gourmandes en eau.

La région du Kochersberg, à quelques lieues de Strasbourg, est de temps ancien un véritable grenier à blé. Pour cette raison précise, de nombreux villages relevaient des institutions religieuses – évêché ou chapitre cathédral –, auxquelles ils versaient une précieuse dîme sur laquelle elles asseyaient leur prospérité.

Le dynamisme de la tradition céréalière se manifeste encore par exemple à travers le concours de labour organisé régulièrement par les Jeunes Agriculteurs du canton de Truchtersheim, dans le cadre de l'opération Un dimanche à la ferme. Les mêmes ont d'ailleurs aussi participé en 2010 à l'opération Nature-Capitale, qui a vu la plantation de productions végétales de la France entière en lieu et place des pavés des Champs-Élysées à Paris, pendant deux jours du mois de mai 2010 ; ils avaient apporté du houblon, de la vigne et des choux (dont nous allons bien entendu reparler). Décidément très entreprenants, ils ont encore organisé en 2011 l'opération Terres à l'envers à Oberhausbergen, tout près de Strasbourg, dans le même but de rapprocher la ville de la campagne : plus de 180 000 visiteurs se sont alors pressés sur un terrain de 120 hectares ordinairement consacré aux betteraves, pour découvrir la centaine d'animations qui y étaient proposées, mettant en lumière chaque filière dans son intégralité d'amont et d'aval. Deux Alsaciens y ont été couronnés vice-champions de France de labour. Contrairement à ce que le grand public pourrait penser, le labour n'est en effet pas devenu le simple fait d'un tracteur qui ne serait, si l'on peut dire, qu'une machine sans intelligence ! Les jurys sont particulièrement attentifs à la régularité, à la propreté et à la netteté des raies de labour, fruits du travail intelligent et compétent de l'agriculteur lui-même.

Même si sa culture ne peut se prévaloir d'une même tradition que celle du blé qui vient d'être évoquée d'entrée de jeu, il n'est pas possible de ne pas ici faire place au maïs, dont l'introduction a profondément modifié les paysages alsaciens depuis cinquante ans, se substituant, bien au-delà du blé, au seigle, à l'orge ou au colza. Aujourd'hui, l'Alsace produit annuellement 1 450 000 tonnes de grains de maïs (1 700 000 tonnes en 2012, année record), largement consacrés à l'exportation (11 % de la production française). Contrairement à ce qui se passe dans le reste de la France, où 80 % du maïs est utilisé pour l'alimentation animale et 20 % pour l'alimentation humaine, un quart seulement de la production alsacienne est destiné à la première. Les humains consomment en effet des quantités énormes d'amidon ou de semoule de maïs, mais la plupart du temps inconsciemment ; pour s'en apercevoir, il faut (mais cela suffit !) jeter un coup d'œil sur la composition des plats préparés. Une dernière part du maïs alsacien n'est pas transformée en alimentation animale ou humaine, mais recyclée par l'industrie chimique, en remplacement de certains dérivés du pétrole. On voit de plus en plus souvent des sacs plastiques fabriqués à base de maïs... et on en avale aussi chaque matin jusque dans son dentifrice, quand le fabricant en a introduit pour lutter contre le dessèchement de la pâte.

Les questions posées par cette quasi-monoculture (90 % des surfaces irriguées d'Alsace) sont nombreuses. Le profane s'inquiète de l'arrosage intensif pratiqué l'été à partir des réserves de la nappe phréatique ; il semble cependant que cette dernière n'en soit pas durablement affectée. Différent est le problème des engrais et pesticides qui viennent la polluer ! Une autre pollution encore est purement visuelle : l'introduction du maïs a profondément modifié certains paysages, non seulement par l'uniformité qu'elle a introduite, mais en raison de la taille de cette plantation. Au fur et à mesure de la pousse des tiges, qui atteignent souvent la taille humaine, certaines promenades jadis féeriques deviennent absolument inintéressantes, parce que les chemins en question se trouvent bordés de part et d'autre de hauts maïs et ne permettent donc plus aucune vue dégagée sur le paysage, proche ou lointain.

Les céréaliers d'Alsace veulent néanmoins lutter contre certaines opinions qui leur paraissent discutables, notamment contre l'idée qu'il n'y aurait plus que du maïs dans notre région : pour l'année 2011, ils mettent les quelque cinquante mille hectares de blé et les six mille hectares de betteraves en regard des 127 000 hectares de maïs, eux-mêmes en diminution (de manière encore peu spectaculaire, il est vrai !). Que depuis quelques années un insecte coléoptère qui se nourrit des racines du maïs, la fameuse chrysomèle, se soit installé aussi chez nous, oblige de toute manière à mettre en œuvre une politique de rotation – élément nouveau qui pourrait avoir son poids dans l'avenir...

Au nord de Strasbourg, on voyait, et l'on voit toujours, les étranges systèmes de fils métalliques aériens destinés à la culture du houblon, plante grimpante dont le goût qu'elle apporte est indispensable pour donner à la bière sa délicate amertume. Alors que l'Alsace fournit environ 95 % de la production française, il semble hélas ! que l'intérêt des consommateurs, notamment américains, évolue vers des bières plus douces, ce qui met en danger l'équilibre économique de nos houblonnières. Mais nous reparlerons plus longuement du houblon lorsqu'il sera question de la bière.

Dans l'Alsace moyenne, on cultivait beaucoup le tabac, et on l'y cultive encore significativement. Il donnait lieu à une récolte très particulière, puisque parents et enfants s'attelaient sur place à trier les feuilles et à les lier entre elles. Il requérait aussi une architecture assez envahissante, car le séchage demandait d'énormes hangars, dont les volets en bois pouvaient s'ouvrir et se fermer avec un ingénieux système de jalousies. Certaines petites villes comme Erstein disposent ainsi toujours en leur cœur d'un capital foncier impressionnant avec ces vastes hangars aujourd'hui inutilisés. Les anciens se souviennent des temps héroïques où l'on arrachait les feuilles dans les champs entre huit heures et midi, avant de passer l'après-midi à les enfiler à l'aide d'une aiguille, pour former des guirlandes de près de deux mètres de long. Au bout des six premières semaines, on fabriquait des « manoques » de vingt-quatre feuilles cousues par une vingt-cinquième : de longues heures étaient pour cela nécessaires, ainsi que l'aide des voisins.

De nos jours, si la surface consacrée au tabac a notablement diminué, il est devenu difficile de trouver la main-d'œuvre indispensable à son assez fastidieuse cueillette. De plus en plus d'exploitants sont donc passés à la mécanisation. Tout besoin en main-d'œuvre n'a pas disparu pour autant, car le tri des feuilles trop sèches ou brûlées en cours de séchage ne peut se faire que par la main de l'homme.

Le centre de l'Alsace est aussi le royaume du chou, en particulier la commune de Krautergersheim, qui s'en proclame la capitale – non sans raison, comme je suis allé le vérifier sur place à l'invitation du professeur Raymond Kuntzmann, originaire du lieu. J'ai pu constater qu'il ne s'agit pas de choux étriqués, destinés à quelque salade pour l'entrée d'un repas ou à quelque soupe un peu maigre, mais d'énormes têtes pesant largement plus du kilo. Elles finiront dans la machine à broyer, puis dans les cuves de fermentation d'où sortira bientôt la délicieuse choucroute nouvelle. J'estime que cette dernière – nous le redirons mieux lorsqu'il sera question plus loin de gastronomie – souffre d'une méconnaissance majeure chez un bon nombre de Français de l'intérieur, qui n'en connaissent que la version en boîte de conserve.

Dans le village majoritairement protestant de Hoerdt, un pasteur eut au XIXe siècle l'idée d'exploiter la terre très sablonneuse du lieu en y plantant des asperges. Louis Gustave Heyler avait découvert à Philippeville en Algérie la culture de ce légume alors peu connu, et il avait eu l'intuition que la terre de Hoerdt lui conviendrait parfaitement. Il avait réussi à convaincre sur place les paysans de se lancer dans l'aventure. Aujourd'hui, Hoerdt est la capitale de l'asperge et porte une superbe botte de ce légume dans ses armoiries. Tout le village vit au rythme de cette culture si particulière, qui connaît une saison de récolte relativement courte au printemps. Les bonnes tables servent les asperges « à l'alsacienne », c'est-à-dire cuites à la vapeur ou à l'eau chaude – mais bien égouttées ! –, accompagnées d'un assortiment de jambon cuit et de jambon fumé, et immanquablement servies avec les trois sauces traditionnelles : une vinaigrette, une mayonnaise et une sauce mousseline.

La culture de l'asperge s'est par ailleurs diffusée en d'autres lieux propices du Bas-Rhin (autour de Batzendorf) et du Haut-Rhin : dans ce second département, la localité de Village-Neuf, tout près de la frontière suisse, s'est déjà taillé en la matière une belle réputation, couronnée par la création d'une confrérie. Une association pour la promotion de la production de l'asperge et des fruits et légumes d'Alsace a aussi vu le jour en 1991. La production d'asperges s'est stabilisée dans notre région à quelque deux mille tonnes sur 380 hectares, les deux tiers dans le Bas-Rhin. La récolte fait largement appel à des saisonniers, essentiellement polonais. C'est chaque année fête dans le cœur de tous les Alsaciens lorsque revient « le temps des asperges ». Lors de ma première année en Alsace, le curé de Hoerdt m'avait téléphoné : « Tâchez donc de trouver un déjeuner, Monseigneur. Je vous invite "aux asperges" ! »

Maraîchage et jardinage, apiculture et arboriculture

Activité traditionnelle des faubourgs de Strasbourg ou de Colmar, le maraîchage est aujourd'hui menacé. On célèbre avec toujours autant de ferveur la Saint-Fiacre dans la paroisse de la Robertsau, ancien royaume des maraîchers strasbourgeois, mais il n'y en a plus aujourd'hui, hélas ! qu'un seul en activité. Dans ce quartier, qui s'affirme comme l'un des plus agréables et des plus paisibles de la ville, il est évidemment tentant de transformer les jardins un peu importants en espaces constructibles.

Un même problème surgit à Colmar, où le domaine traditionnel des maraîchers est menacé, à l'ouest par le vignoble, au nord par la zone industrielle, à l'est par les limites communales. Au moment de la construction de l'autoroute contournant Colmar, deux choix se présentaient : la variante ouest empiétait sur les vignes et la variante est sur les jardins potagers. C'est évidemment la seconde qui a été retenue, si bien que les maraîchers colmariens se désolent aujourd'hui devant l'absence de terrains disponibles. Et l'on ne peut pas empêcher les propriétaires de vendre à des promoteurs des terrains aujourd'hui classés constructibles. À terme, ne faudra-t-il pas bien, pourtant, faire un choix politique ? Est-il tellement raisonnable de faire venir à grands frais des camions de légumes de pays lointains pour nourrir les habitants de nos villes, alors que les producteurs locaux évitaient justement de tels transports ?

Nous ne nous écarterons pas beaucoup de ce que nous venons de dire en parlant des fleurs. L'Alsace est traditionnellement connue comme une région qui leur est particulièrement vouée. Aujourd'hui certes, il semble que le goût des balcons et des villages fleuris se soit assez largement répandu ailleurs, mais il fut un temps où les visiteurs d'autres régions de France, y compris voisines, ressentaient un véritable choc en arrivant en Alsace, à la vue des profusions de géraniums installés à toutes les fenêtres et à tous les balcons, dans tant de villages. Le géranium est d'ailleurs resté la fleur de décoration extérieure la plus prisée des Alsaciens. On en compte un grand nombre de variétés, celle dite « impériale » étant de loin la plus répandue. Les horticulteurs alsaciens proposent sans cesse de nouvelles variantes : j'ai lu dans la presse en avril 2009 que l'entreprise Bury, de Baldenheim, vend chaque année plus de trois cent mille pieds de géraniums, représentant la moitié de sa capacité de production, mais que la diversification grignote chaque année du terrain, avec la sauge, les pétunias retombants, la verveine... et bien d'autres plantes aux formes et aux couleurs variées.

Les fleurs me conduisent à évoquer brièvement l'apiculture et les abeilles, quelque peu éprouvées par une inquiétante surmortalité dont la cause pourrait être la trop grande utilisation de pesticides et la paradoxale disparition des fleurs à la campagne, au profit des grandes monocultures. Rappelons que l'apiculture est dans notre région une tradition ancienne et toujours importante, avec ses quelque 20 000 ruches, ses 2 500 amateurs et ses cinquante professionnels.

Avec le soutien de la Région, les apiculteurs alsaciens réagissent en favorisant le développement des prairies fleuries. L'association Réseau biodiversité pour les abeilles s'est résolument investie dans cette cause. En 2009, on recensait plus de cent cinquante hectares de jachères agricoles en Alsace, notamment dans le Haut-Rhin. À Storckensohn, la commune s'est engagée dans le déboisement d'une partie de montagne jusque là plantée d'épicéas. Les concentrations souvent trop denses d'arbres de cette espèce, telles qu'on les envisageait il y a quelques décennies, ont pour conséquence de créer des sous-bois quasiment stériles, jamais éclairés par le soleil. En lieu et place, voici de magnifiques prairies, semées (au sens littéral !)

de bleuet, de bourrache ou encore de trèfle blanc, toutes variétés dont raffolent nos précieuses butineuses. Dans le Sundgau, le village de Raedersdorf, qui compte cinq cents habitants, donne l'exemple. Il détient la palme départementale en 2010, avec quatre hectares ensemencés de bourrache, de phacélie et de trèfle. Quel régal aussi pour les yeux de contempler pour une fois ces champs de fleurs, en lieu et place du maïs et du blé ; et quelle aubaine pour les abeilles !

Nous reparlerons bien évidemment de la vigne, présente essentiellement sur les coteaux vosgiens, mais aussi sur certaines parcelles de plaine, notamment à Colmar, où le vignoble s'étend pratiquement jusqu'aux immeubles de la périphérie. Lorsqu'il s'est agi de définir le tracé de l'autoroute contournant Colmar, que l'on ait préféré le tracé de l'est qui sacrifiait des terrains potagers, à celui de l'ouest qui aurait mordu sur les vignes, démontre bien, en tout cas, l'attachement des Alsaciens à leur précieux vignoble.

Les environs de nombreux villages sont souvent peuplés de vergers, qui abritent de fameux pommiers, mais aussi les subtils quetschiers et mirabelliers qui permettront à la ménagère alsacienne de confectionner des tartes délicieuses, et à son mari de produire l'eau-de-vie chez nous dénommée *schnaps*. Les Alsaciens ont été les plus déterminés à défendre le droit des bouilleurs de cru. On prétend qu'un député d'Alsace du Nord y a consacré pratiquement toute son énergie de parlementaire.

Fin 2012, une alerte a été lancée au pays de Hanau : s'il existe quatre cents variétés de pommiers en Alsace, dont trois cents dans la région de Bouxwiller qui ne compte pas moins de 5 000 vergers, la moitié des 20 000 arbres fruitiers y seraient à l'abandon (*DNA* du 19 octobre 2012). Dans le but d'aider les particuliers à tirer le meilleur parti de leur verger, l'association des arboriculteurs et producteurs de fruits d'Olwisheim propose des cours de taille gratuits et ouverts à tous. Grâce à Dieu, les associations d'arboriculteurs sont très dynamiques en Alsace !

Certaines communes ont par ailleurs profité des vergers un peu abandonnés des presbytères pour implanter des « vergers-écoles » que l'on fait régulièrement visiter aux enfants. En de nombreux endroits sont organisées de belles expositions, avec des dizaines de variétés de pommes, de poires, de mirabelles, de quetsches. L'Église n'est pas en reste : bien des paroisses organisent à l'automne une fête des récoltes. Et un curé d'Alsace, professeur de philosophie retraité, a implanté un extraordinaire verger de poiriers dans le jardin du presbytère de Gunstett. Ce fut pour moi un grand plaisir de le visiter sous la conduite de celui qui l'avait conçu, puis amoureusement entretenu. Après son départ à plus de quatre-vingts ans, la commune, bien inspirée, a en son honneur donné à ce verger le nom de son fondateur, le Curé Paul Winninger.

Il y a aussi l'élevage

Les pentes vosgiennes sont le royaume de l'élevage. Les vaches y produisent le lait qui, par sa subtile transformation, permettra la fabrication du célèbre munster. Si l'élevage traditionnel des cochons est devenu rare dans les fermes, il existe encore l'un ou l'autre lieu où les « cochonnailles » donnent l'occasion à de grandes festivités. L'Alsace est indemne des élevages gigantesques qui ont été développés dans d'autres régions de France, posant toutes sortes de problèmes, notamment écologiques. Les élevages plus modestes de lapins et de pigeons sont, eux, propres et soignés ; des concours régulièrement et savamment organisés, et auxquels les journaux locaux font volontiers écho, nous valent régulièrement la présentation de « spécimens » splendides.

Une sympathique fête de la montagne réunit chaque année depuis 2006 les vaches de la race vosgienne, qui a bien failli disparaître. Qu'on en juge : on est passé de 125 000 têtes au début du XXe siècle à 3 000 en 1977, avec radiation du catalogue officiel des races françaises ! Grâce à la persévérance de courageux éleveurs, la baisse est enrayée et l'on compte désormais plus de dix mille têtes. La vache vosgienne a une robe caractéristique : noir et blanc mouchetée, avec une belle raie blanche sur le dos. Elle fournit un excellent lait pour le fromage. Ici ou là, comme dans la vallée de Munster, on renoue avec la transhumance en créant une fête autour du parcours des belles vosgiennes, qui défilent devant de nombreux spectateurs : plus de deux cents bovins regroupés descendent alors des hauts chaumes pour rejoindre la vallée de Munster, au son des cloches et des meuglements.

L'agriculture de montagne a ceci de caractéristique qu'elle fonctionne en grande partie sur la transformation faite sur place et la vente directe. Ainsi le consommateur sait-il très exactement ce qu'il achète, sans avoir besoin du moindre certificat de traçabilité.

Les Alsaciens sont particulièrement attachés au système des fermes-auberges, qui proposent dans les montagnes des plats confectionnés essentiellement à base de produits locaux. Telles sont les fermes dites « marcaires », qui servent des repas du même nom (je ne connaissais pas même le mot avant ma venue en Alsace !). Les marcheurs font halte dans ces lieux de rencontre et de convivialité où ils ont l'assurance d'un repas copieux, mais sain et savoureux, grâce à la charcuterie maison et aux tartes confectionnées avec les myrtilles de la montagne.

La forêt et la sylviculture

Si développés que soient dans la région, comme on vient de le constater, l'agriculture et même l'élevage, la sylviculture n'y est pas pour autant – et à bien loin près – négligée.

Dieu merci, il reste de nombreuses forêts sur notre territoire, que ce soit, bien évidemment, sur les sommets vosgiens ou dans la plaine. Avec plus de trois cent mille hectares, l'Alsace est d'ailleurs la cinquième région forestière de France. La forêt alsacienne est même l'une des plus riches et des plus productives : elle fournit plus de 250 mètres cubes de bois par hectare et par an là où la forêt française n'en donne, en moyenne, qu'un peu plus de 150. Contrairement aux idées reçues, cette forêt n'est pas exclusivement dédiée aux sapins et autres épicéas. Elle est particulièrement diversifiée, avec une bonne quarantaine d'espèces. Il est clair que les feuillus (hêtre et chêne) dominent dans la plaine, tandis que les résineux règnent sur la montagne. La filière sylvicole donne du travail à plus de 2 000 personnes, réparties entre 70 scieries, sans oublier les 215 entreprises de charpente et de construction en bois, qui regroupent 1 200 salariés.

Cette filière remplit trois grandes fonctions : elle produit un matériau précieux, le bois ; elle assure la diversité de l'environnement ; elle offre un formidable lieu de promenade. La proximité de la forêt est une grande chance pour une population qui peut tout à la fois profiter de ses richesses, la voir évoluer au cours des saisons, et se rafraîchir dans son atmosphère de sérénité et de paix. Les enfants et les jeunes y trouvent un terrain de jeux extraordinaire, dont le lancement de l'« accrobranche » a encore contribué à renforcer l'intérêt. Me permettra-t-on, cela étant, de lancer un appel pour que les pouvoirs publics prennent davantage au sérieux la menace représentée par la maladie de Lyme, qui touche des milliers de personnes en Alsace, et qui risque peut-être de rendre à terme problématique l'activité pourtant si bienfaisante des promenades en forêt ?

Mais la forêt connaît d'autres fragilités : la grande tempête de 1999 a mis à terre six millions et demi de mètres cubes de bois (alors que la production annuelle ordinaire est d'un million et demi de mètres cubes). Régulièrement, des parasites s'attaquent à certaines espèces, comme ce champignon venu des contrées polonaises qui a desséché les rameaux de feuilles des frênes de la forêt d'Erstein durant l'été 2012. Il y a aussi des « effets de filière ». La fermeture en février 2013 de Stracel, entreprise spécialisée dans la pâte à papier, a fait craindre que soit bouleversé l'ensemble du secteur. De nombreux partenaires concernés se posent dès lors la question de nouveaux débouchés pour les plaquettes et les bois d'éclaircie ; les entreprises de travaux forestiers voient le travail diminuer ; et, en fin de circuit, les scieries manquent de bois d'œuvre.

Un élément incontournable de la gestion des forêts est, de toute manière, la question de sa propriété. Le domaine privé représente moins d'un quart de l'ensemble ; mais, par suite des héritages, il est morcelé entre des milliers de propriétaires (plus de 90 000), dont les neuf dixièmes possèdent moins d'un hectare, 152 d'entre eux seulement ayant plus de vingt-cinq hectares. Cette situation est à la fois intéressante, car elle associe un grand nombre d'Alsaciens à la gestion du patrimoine forestier, et problématique, car les petites parcelles ne sont viables à exploiter qu'à la condition d'être réunies à d'autres – ce qui se pratique d'ailleurs de plus en plus. La loi agricole de 2010 a introduit un « droit de préférence aux voisins » qui pourrait permettre à l'avenir des regroupements plus aisés.

Quant à la forêt publique, que se partagent l'État et les communes, elle représente 79 % de l'ensemble. On me permettra d'évoquer ici plus spécialement une forêt publique dotée d'un statut un peu particulier puisqu'elle appartient à l'Œuvre Notre-Dame, l'organisme municipal strasbourgeois chargé de la construction puis de l'entretien de la cathédrale. Il s'agit de 366 hectares de forêts attribués à l'Œuvre voilà plus de huit cents ans ! L'objectif était alors de fournir les pièces de chêne nécessaires aux travaux de charpente de l'édifice. Au moment de la Révolution, ces biens n'ont pas été confisqués, car ils étaient considérés comme municipaux, donc publics. Cela a permis à ce domaine médiéval de nous parvenir intact, et avec une finalité conservée : la production annuelle de bois de chêne finance effectivement une partie importante des travaux de restauration de notre cathédrale.

Si l'État dispose de 24 % des forêts d'Alsace, les communes forestières s'inquiètent quant à elles du plan pluriannuel régional de développement forestier, confié à la Chambre d'agriculture ; elles s'interrogent sur leur place dans le dispositif. En 2010, le maire de Plaine, président de l'Association des maires des communes forestières du Haut-Rhin, du Bas-Rhin et de la Moselle, qui regroupe plus de quatre cents communes pour une surface de près de 160 000 hectares, s'insurgeait contre l'idée que l'Office national des forêts coûterait trop cher à la collectivité : « Il ne nous paraît pas injuste que 140 millions d'euros du budget public soient affectés à la gestion de la forêt communale ! » De fait, des menaces planent quant à un éventuel démantèlement du régime forestier national, avec l'idée de transmettre la gestion des forêts communales à des prestataires privés. L'association affirme sa nette préférence pour un opérateur national unique assurant une mission de service public au bénéfice des communes.

Il est certain que la forêt ne nous a pas encore livré toutes ses richesses. Au moment de la visite du président Sarkozy à Urmatt en 2009, les projecteurs ont été dirigés vers la transformation du bois en plaquettes pour le chauffage, d'autant qu'il existe déjà actuellement en Alsace plus de 270 chaufferies collectives susceptibles de les utiliser. Afin de renforcer l'organisation de la filière du bois comme énergie, une charte de qualité a alors été mise en place. L'idée était d'aller significativement au-delà des cinquante mille tonnes de plaquettes d'ores et déjà utilisées chaque année.

La gestion des terres

En fin de compte, l'agriculture paraît mieux résister en Alsace qu'ailleurs : telle est la conclusion à laquelle est parvenue la Direction régionale de l'alimentation, de l'agriculture et de la forêt en septembre 2010, au terme d'un très intéressant recensement agricole qui a montré que la baisse du nombre des exploitations durant les dix dernières années avait été limitée à un cinquième, là où elle était de plus d'un quart pour l'ensemble de la France.

Cette année-là, 27 600 personnes travaillaient dans les exploitations agricoles alsaciennes, dont la moitié comme chefs d'exploitation. De plus, l'Alsace, qui représente 1,2 % de la surface agricole utilisée en France, dégageait 2 % de la production agricole nationale. Si l'on rapporte le volume produit à la surface exploitée et au nombre de têtes de bétail, notre région était la première en France pour le maïs et le tabac, et la troisième pour le lait. Enfin, si le nombre de fermes laitières avait chuté de près de 40 %, la baisse du nombre de vaches avait, elle, été limitée à 13 % – ce qui indique un net renforcement des exploitations.

Un phénomène récurrent préoccupe néanmoins les agriculteurs alsaciens, à savoir la disparition inquiétante des terres agricoles. Au mois de septembre 2011, la Chambre d'agriculture du Bas-Rhin a révélé que plus de cinq cents hectares de ces terres disparaissent chaque année dans ce département, soit l'équivalent de quasiment dix exploitations ; et début 2013, le président des Jeunes Agriculteurs du Bas-Rhin parlait de sept mètres carrés par minute ! Dans l'ensemble de la région, l'érosion du manteau forestier s'élèverait à plus de quatre-vingt-cinq hectares par an. Il y a à cela une double cause : d'une part, l'accroissement des quartiers périphériques des villes, des zones industrielles et commerciales, des lotissements autour des villages ; d'autre part, les infrastructures routières et ferroviaires. Dans ces domaines, de mauvaises habitudes ont été prises. Elles appellent des solutions rapides, d'ores et déjà adoptées par nos voisins allemands : ajouter des étages aux constructions commerciales des périphéries plutôt que de multiplier les gigantesques hangars en rez-de-chaussée ; favoriser les parkings souterrains plutôt que les immenses espaces goudronnés de nos supermarchés désespérément vides la nuit et le dimanche ; densifier les habitations dans les centres des petites villes et des villages plutôt que de ceinturer ces derniers de multiples lotissements grands consommateurs de surface ; s'interroger sur l'utilité de certaines infrastructures nouvelles, sachant que la plaine d'Alsace est un long couloir d'ores et déjà traversé par des canaux, une route nationale, une voie de chemin de fer, une autoroute... et qu'elle risque un jour de devenir un simple axe de communication, avec quelques lambeaux de terres agricoles préservées çà et là. Le temps des décisions est venu : le président Richert vient d'annoncer l'objectif de passer d'ici dix ans sous le seuil des cinq cents hectares « artificialisés » par an pour les deux départements alsaciens.

De plus en plus, les agriculteurs se familiarisent aussi avec l'idée que leurs cultures ne sont pas nécessairement destinées à l'alimentation. Nous avons évoqué plus haut la filière de transformation chimique du maïs : les amidonneries régionales diversifient considérablement leurs débouchés en direction de la pharmacie, du plastique biodégradable, des colles, des cosmétiques, des textiles ou du ciment. La betterave n'est plus simplement transformée en sucre, mais convertie en éthanol à destination... des réservoirs de tracteurs. Enfin, soixante hectares de chanvre ont été mis en culture en Alsace en 2010, prélude sans doute à une plus grande diversité.

Quelle sera l'agriculture de demain, écartelée entre ces deux objectifs contradictoires : être compétitive à outrance, et protéger l'environnement ? Beaucoup s'accordent désormais à penser qu'il n'y a pas de réelle alternative à l'agro-écologie, ce qui pose de graves questions à l'agriculture alsacienne : n'a-t-elle pas massivement opté, durant la deuxième moitié du XXe siècle, en faveur de la monoculture et de l'exploitation intensive ? Et cela ne pose-t-il pas des problèmes majeurs au regard de la biodiversité et de la pollution de la nappe phréatique ?

Le paysan alsacien doit être solide pour prendre les bonnes décisions, dans un contexte par ailleurs fragilisé par la remise en cause de la fameuse Politique agricole commune mise en place par l'Europe en 1962 dans le but d'assurer l'auto-suffisance alimentaire du continent. Jadis parée de toutes les vertus, cette politique fait depuis quelque temps l'objet de bien des critiques. On lui reproche notamment d'avoir favorisé les excédents laitiers ou céréaliers, et d'avoir réparti certaines aides de manière bien discutable.

En regard de ces questions redoutables, soulignons cependant les réussites de l'agriculture en Alsace, en particulier la symbiose mieux réussie qu'ailleurs entre le monde agricole et la société alsacienne dans sa globalité, selon un rapport présenté au Conseil économique et social d'Alsace en mai 2009. Cette institution milite en faveur d'une régionalisation de certains paramètres actuellement pensés à l'échelle de l'État, comme le développement rural ou la diversité des exploitations. Des organisations comme la Confédération paysanne d'Alsace et la Coordination rurale du Bas-Rhin sont actives pour se faire entendre à la fois des responsables nationaux, des instances européennes et des partenaires au plan régional et départemental ;

mais aussi pour sensibiliser les agriculteurs eux-mêmes aux « attentes de nos concitoyens en matière d'environnement et d'alimentation », tout en développant la vente directe. Il semble néanmoins que le salut ne viendra plus d'une fuite en avant dans l'augmentation quantitative de la production, mais de son amélioration qualitative. Ici, le concept d'« agriculture biologique » est sur toutes les lèvres, et il renvoie à la dimension écologique. Tout porte à croire qu'elle est bien présente à l'esprit des Alsaciens.

Écologie et biodiversité

En matière d'écologie justement, l'Alsacien est un précurseur. Faut-il y voir un point commun avec ses voisins allemands, qui n'hésitent pas à élire des assemblées où la couleur verte (les *Grünen*) domine, y compris dans le fortuné Land de Baden-Württemberg ? Toujours est-il que la sensibilité écologique est marquée et très visible chez nous, que ce soit à travers la généralisation du tri des ordures, qui peine à s'imposer dans d'autres lieux, ou par la multiplication des pistes cyclables. On a pu dire que le cycliste était roi à Strasbourg et dans nombre de villes d'Alsace. Des pistes longues de dizaines de kilomètres permettent de se déplacer, y compris de part et d'autre du Rhin, sans croiser la moindre voiture. Le système de location de vélos fonctionne à la satisfaction générale.

La pratique écologique vient de loin en Alsace : elle trouve son fondement dans un attachement à la terre qui réunit ruraux et citadins (eux-mêmes souvent anciens ruraux d'ailleurs). Dans les villages, chacun met son point d'honneur à cultiver un jardin où les fleurs, les fruits et les légumes s'enchevêtrent dans un désordre savamment organisé. Dans les villes, le système très développé des jardins familiaux permet à un grand nombre de conserver le rapport à la terre, malgré l'habitat urbain.

Récemment, le souci écologique a conduit certaines municipalités, dont celle de Strasbourg, à prohiber l'usage de tout produit chimique, notamment des désherbants, si pratiques, mais si destructeurs. Ici, la viticulture alsacienne s'est responsabilisée ; elle a très tôt su prendre des mesures de prévention, et de réduction des doses. De grandes villes allemandes, notamment Freiburg, ont par ailleurs donné l'exemple ; désormais, les « mauvaises herbes » sont traitées à l'eau chaude, procédé n'engendrant aucune pollution, contrairement à ces produits chimiques qui s'infiltrent insidieusement dans la nappe phréatique et la polluent irrémédiablement. Certains trottoirs sont sans doute, du coup, un peu plus négligés ; mais l'équilibre naturel est mieux respecté, pour le bien de tous.

Les techniques de construction commencent à se développer dans le sens des énergies renouvelables et du développement durable. C'est ainsi que le projet architectural de la Maison diocésaine, que l'on a dû abandonner pour des raisons économiques, intégrait un toit plat végétalisé et diverses techniques de récupération des eaux. Plusieurs églises accueillent sur leur toit des panneaux photovoltaïques pour la production d'électricité (ce qui ne peut cependant être envisagé, bien évidemment, dans les villages les plus typiques et donc les plus touristiques !). Ailleurs, on étudie des techniques de chauffage « nordiques », reposant sur la recherche d'air chaud, ou d'eau chaude dans le sol. Divers forages ont déjà été effectués, et plusieurs sites-pilotes sont en service (comme à Soultz-sous-Forêts). On peut encore parler des parois végétales, qui font leur apparition ici ou là. Mais tout commence déjà par la manière disciplinée dont les Alsaciens trient leurs ordures et veillent soigneusement à récupérer les piles et les batteries, génératrices potentielles de catastrophes écologiques.

Il convient d'abord de revenir un instant sur la question épineuse du gaspillage des terres agricoles. Que pèsent les vingt hectares rendus à l'agriculture chaque année et les cinquante hectares qui retournent à la nature dans la même période, au regard des six à sept cents qui sont dans le même temps mangés par l'habitat, l'entreprise, les équipements collectifs ? Il appartiendra à la Plate-forme régionale du foncier en Alsace et de la consommation des espaces de se préoccuper de ce que le Préfet Bisch a qualifié de « consommation vertueuse de l'espace » ; mais il reviendra à tous de s'interroger sur l'impact des grands projets d'infrastructure sur l'espace naturel.

Après la terre gaspillée, voici encore l'eau polluée, autre grande préoccupation écologique. Commençons par rappeler que nous ne sommes pas dans une situation de pénurie : l'eau est actuellement surabondante en Alsace. D'abord sous forme d'eau de surface, puisque l'Alsace appartient au bassin rhénan et qu'elle est assez longuement traversée par l'Ill, qui s'enrichit de nombreux affluents vosgiens dont les principaux sont la Doller, la Thur et la Bruche. Il faut y ajouter les canaux, les lacs, les étangs, les gravières... Mais l'Alsace dispose surtout d'un sous-sol très riche en eau à travers la nappe phréatique, qui constitue l'une des plus grandes réserves d'Europe en eau souterraine. Les estimations lui accordent trente-cinq milliards de mètres cubes, et point n'est besoin de forer sur des centaines de mètres puisque cette eau affleure à quelques mètres sous nos pieds. Tous s'accordent à reconnaître là un patrimoine naturel inestimable.

L'abondance d'une ressource ne dispose cependant spontanément ni à son économie ni à son entretien. C'est donc peut-être le grand tort de la nappe phréatique que de pousser l'Alsacien au gaspillage ou à la négligence. Mais voici que la sonnette d'alarme est désormais tirée quant à la présence dans notre eau de nitrates et autres produits phytosanitaires. Certains secteurs semblent particulièrement affectés par les herbicides abondamment répandus, d'où les mesures réitérées pour inciter à leur limitation. L'association Alsace Nature part quant à elle en guerre contre les épandages par hélicoptère, courants dans la viticulture, qui sont pratiqués à proximité des villages et arrosent latéralement leurs populations. La limitation des produits phytosanitaires se heurte néanmoins à de fortes résistances, tant ils semblent pratiques. Le Plan éco-phyto 2018, voté à la suite du Grenelle de l'environnement, prévoyait de réduire de moitié en dix ans le recours aux pesticides. Or, certaines municipalités et certains agriculteurs disent ne guère pouvoir s'en passer... La question ne s'en pose pas moins : pourra-t-on durablement reproduire l'actuel modèle ?

Les rieds eux-mêmes sont « sur la corde raide », selon une expression des *DNA* du 13 juin 2010. Rappelons qu'il s'agit de prairies inondables – et fréquemment inondées – établies le long de l'Ill. Le Grand Ried, qui s'étend de Colmar à Erstein, ne compte plus que 2 000 hectares de surface prairiale, alors qu'il devrait en réunir un minimum de 3 500 dans l'objectif d'Alsace Nature, et qu'il en comportait 7 000 il y a cinquante ans. On vient cependant d'apprendre que, dans le cadre de sa politique « trame verte », le Conseil régional a décidé de classer en « réserve naturelle régionale » l'Ill-Wald dans le ried de Sélestat, en même temps d'ailleurs que le Bollenberg sur les collines de Rouffach, et l'Imberg à Tagolsheim.

En cause, les pratiques de l'homme, avec un fauchage de plus en plus précoce, qui met en péril toute une richesse en faune et en flore. C'est ainsi que certaines espèces, comme le courlis cendré ou le vanneau huppé, ont quasiment disparu des zones humides d'Alsace, qui étaient leur paradis. Dans un message co-signé par Mgr Martin Bogner, vicaire général du diocèse de Strasbourg, et le président des Églises protestantes d'Alsace et de Lorraine Jean-François Collange à l'occasion du « temps liturgique pour la Création » (du 1er septembre au deuxième dimanche d'octobre) de 2009, il était dit qu'il n'était certes pas question de revenir à « la brousse des temps préhistoriques », mais qu'il fallait bel et bien s'abstenir cependant d'exploiter la terre sans retenue. Une question fait son chemin : le Rhin retrouvera-t-il sa population de saumons, lui qui était le plus grand fleuve salmonicole d'Europe jusqu'au XIXe siècle ?

Venons-en à la question des déchets. Ici encore, l'Alsace figure au tableau d'honneur. L'Alsacien trie un peu plus de cinquante-cinq kilos d'emballages ménagers par an, là où la moyenne nationale est de quarante-sept kilos. Encore convient-il ici de féliciter plus chaleureusement le rural alsacien, qui trie cinquante-sept kilos, tandis que l'urbain se contente de vingt-sept. Dans nombre de domiciles, la double ou la triple poubelle est, bien sûr, une évidence. Et l'Alsace est première dans l'ordre de ce qu'on appelle la « tarification incitative », qui permet à chaque foyer de payer « en fonction de sa production de déchets ».

Mais au-delà de l'habitat, la problématique des déchets s'applique aussi aux sites industriels. Celui de Retzwiller dans le Sundgau accueille annuellement des milliers de tonnes de produits a priori « non dangereux » provenant de l'industrie. Il est prévu que l'on passe de 120 000 tonnes en 2012 à 70 000 tonnes en 2040. Dans le bassin potassique, l'attention est concentrée sur Stocamine à Wittelsheim, ce site d'enfouissement de produits dangereux et même de déchets ultimes. Depuis l'incendie qui a fait partir en fumée 18 000 tonnes de déchets en 2002 alors que le site passait jusque-là pour complètement sécurisé, on s'inquiète grandement de ces 44 000 tonnes de déchets – mercure, antimoine, etc. – qui y demeurent enfouis. Une première étape de déstockage concerne 4 710 tonnes de mercure en cause. Un déstockage total sera-t-il possible ? On dit, en tout cas, que le plus gros chantier de dépollution industriel en Europe a démarré à Huningue à l'été 2012.

L'incendie qui s'est déclaré en 2012 dans la centrale nucléaire de Fessenheim va-t-il lui aussi changer la donne ? Pour l'heure, la population locale, qui vit largement des retombées de cette installation nucléaire, et les municipalités concernées continuent de s'opposer à la fermeture, tandis que le président Hollande se dit déterminé à mettre en œuvre la reconversion promise dans son programme. Tout porte à penser que, ici, de grands débats sont encore devant nous... La discussion devrait d'autant plus être poursuivie que si les positions qui s'affrontent restent nettement tranchées, c'est aussi parce que l'immense complexité industrielle du chantier de la transition pourrait être restée quelque peu sous-estimée de part et d'autre.

Jusqu'à quel point l'énergie nucléaire pourrait-elle être suppléée par les éoliennes? Nos voisins allemands se sont orientés en ce sens, et les Alsaciens contemplent depuis chez eux de grandes hélices sur les sommets de la Forêt-Noire. Dans un sondage mené par les *DNA* en mai 2010, 62 % des plus de 35 000 lecteurs qui se sont exprimés estimaient que les éoliennes apporteraient plus de nuisances (notamment sonores et visuelles) que de bénéfices: on les juge chères et peu rentables. Au début de l'année 2012, la région alsacienne était encore assez curieusement exempte de toute installation éolienne. Dieu merci, elle dispose d'une énergie hydraulique abondante grâce aux barrages judicieusement établis sur le Rhin ! On a néanmoins annoncé pour le printemps 2013 la mise en place de quelques éoliennes sur les hauteurs séparant les communes de Dehlingen et d'Oermingen. Ce serait certes la fin d'une autre exception alsacienne; ce serait aussi le début d'une réactivation du souci de la préservation de nos paysages.

Mais revenons à l'importante question de la biodiversité. Le Conservatoire des sites alsaciens est l'une des institutions en pointe dans le combat qui s'est ouvert à ce sujet. Il s'est vu confier par le ministère de l'Écologie quatre réserves naturelles rhénanes, dont la forêt d'Offendorf et celle d'Erstein, l'île de Rhinau et le delta de la Sauer. 2010 a été déclarée «année de la diversité». On a alors fait des comptes; on a constaté que 40 % des espèces présentes en Alsace étaient menacées. Désormais, «toute destruction est devenue irrémédiable», se désole le président de la Société botanique d'Alsace, évoquant le sort de plantes comme l'ail odorant ou l'iris de Sibérie. Les remèdes sont connus: on revient immanquablement à la préservation des zones humides, véritables paradis de la biodiversité, à la reconstitution de haies vives, au recul des pesticides.

Pour ne pas donner dans le pessimisme, soulignons de belles réussites: la poule d'Alsace est de nouveau présente dans les élevages et le sera bientôt dans les assiettes; la cigogne, un temps menacée dans son fief alsacien, y a fait son grand retour grâce aux nombreux efforts des défenseurs des oiseaux. Qu'on en juge : on comptait 450 couples nicheurs en 2009 contre... neuf en 1973, ce qui fait dire au directeur de l'Association pour la protection et la réintroduction des cigognes en Alsace-Lorraine qu'il nous faut réapprendre à vivre avec la cigogne après une absence de trente ans. En attendant, les touristes néerlandais ou allemands qui font halte à la station d'autoroute aménagée au pied du Haut-Koenigsbourg n'en reviennent pas : au moment où ils déballent leur pique-nique, une demi-douzaine de nos bons échassiers s'approchent d'eux, pas du tout farouches, pour quémander leur part. Par ailleurs, un label « Village cigogne d'Alsace » est décerné aux communes qui œuvrent en faveur de la nidification de ces oiseaux si prisés chez nous.

Si la cigogne fait – pour l'instant – l'unanimité, il en va tout autrement du sanglier, qui lui aussi pullule, causant d'importants dégâts à l'agriculture. Les producteurs se disent ulcérés par une « explosion des dégâts ». Il semble que l'on s'oriente vers des battues plus systématiques pour faire baisser significativement cette population... Mais voici que les mêmes chasseurs manifestent à présent contre l'obligation qui leur est faite de tirer plus de cerfs, accusés d'être à l'origine d'importants dégâts sur les peuplements forestiers.

Parmi les animaux en péril, citons encore le hérisson, fréquemment écrasé par les voitures, alors qu'on a su ménager sous nos routes des passages protégés qui ont sauvé en masse grenouilles et crapauds. Le grand hamster a la chance d'être protégé par l'Europe, qui a infligé une amende de dix-sept millions d'euros à la France pour avoir négligé de s'en préoccuper. Dorénavant, certains agriculteurs acceptent de planter de petites bandes de céréales à paille jusqu'à la mi-novembre, ce qui lui maintient un habitat. Mais cela ne protège pas les petits des renards !

L'amour des Alsaciens envers les animaux se traduit encore dans la création d'un centre de sauvegarde par la Ligue de protection des oiseaux sur les hauteurs de Rosenwiller, dans le piémont des Vosges. Et voici que le choix de certaines municipalités en faveur de la biodiversité porte des fruits étonnants. On me dit qu'une véritable « faune urbaine » fait sa réapparition à Strasbourg : des fouines, des écureuils, des blaireaux, des chauves-souris (par centaines dans un seul platane abattu !).

Le rétablissement des haies répond à un autre objectif que celui de la biodiversité. Un certain nombre de villages ayant fait le choix de remembrements drastiques il y a une vingtaine d'années ou plus souffrent à présent de coulées de boue dévastatrices. Ce fut le cas à Offendorf, où tous les habitants de la rue principale ont dû s'équiper en permanence de sacs de sable et aménager des barrages en bois devant leur porte d'habitation. Même problème non loin de là, à Hohatzenheim, près d'un pèlerinage marial où je me suis rendu plus d'une fois : on a dû y construire deux grands bassins de rétention en amont du village. Au début, on parlait de « phénomènes exceptionnels » ; mais force est de constater que l'exceptionnel se reproduit tous les deux ou trois ans, en tout cas chaque fois qu'éclate un très gros orage. Et que dire des bonnes terres qui se trouvent ainsi lessivées et donc appauvries !

Les constructions de bassins et les divers travaux d'urbanisme estimés nécessaires finissent par coûter fort cher. Aussi la commune de Rouffach a-t-elle cherché à rentabiliser ses installations en transformant un bassin d'orage en station de dégradation des résidus de pesticides. C'est une première en France. Elle montre bien qu'en ce domaine comme dans tant d'autres, l'Alsace n'est pas à court de ressources.

Il ne faut pas se bercer d'illusions : nous n'avons et n'aurons jamais qu'une terre. Or non seulement ses ressources, aujourd'hui sur-exploitées, ne seront pas indéfiniment extensibles, mais certaines dégradations apparaissent d'ores et déjà irréversibles et, à terme, de très grandes menaces pèsent même sur les conditions de la vie et de la survie à l'échelle de l'ensemble de notre planète.

Les tout premiers à s'en rendre compte doivent être – et sont bel et bien, à ce que j'ai pu constater en Alsace – ceux dont le rapport à cette terre est proprement et quotidiennement de l'ordre de la « culture ». *Culture* : ce terme a certes fini par désigner l'ensemble des activités et productions – lettres et arts, sciences et techniques – par lesquelles les hommes font, au sein de la *nature*, la preuve de la spécificité et de la fécondité créatrice de leur humanité comme telle ; ce terme inclut certes aussi l'idée d'un hommage à rendre et d'une vénération à témoigner – on parle alors de « culte » – à l'Instance/aux instances auxquelles on reconnaît devoir « la vie et l'existence, le mouvement et l'être»... mais le même terme renvoie également et d'abord aux diverses activités, disons, de «labourage et pâturage» que résume, en les précisant, le mot «*agri*-culture» et que nous n'avons pas manqué de prendre en considération dans ce chapitre.

Il est maintenant grand temps d'accélérer encore les prises de conscience et les décisions opératoires qui nous incombent concernant l'ensemble de notre rapport à «la terre», depuis les profondeurs du sous-sol jusqu'aux proches couches de l'atmosphère, aussi bien que des vallées aux sommets et des campagnes aux villes, en passant par les «eaux et forêts», les champs et les prés, les rivières et autres plans d'eau...

La poursuite de «l'exploitation de la nature», comme on dit, ne peut plus aller sans une corrélative «protection» de la même nature. Protection non pas contre elle-même, faut-il le préciser, mais bien contre *nous*, qui risquons toujours, et de plus en plus, d'en négliger le respect parce que nous en sous-estimons le prix.

Le lien au pays, à la terre, à la nature reste suffisamment effectif et conscient pour tous les habitants d'entre Vosges et Rhin, les liens qui les unissent eux-mêmes aux plans géographique, historique et même politique sont suffisamment nets et forts, pour qu'à la fois toutes les différences qui existent entre eux et tous les défis qu'ils ont devant eux puissent, à terme, être surmontés en matière de rapport à la nature. Et si les leaders sont ici et ne peuvent être que ceux que – non sans raison – l'on a appelés les «paysans», il n'en devrait pas moins être de plus en plus évident que nous sommes d'ores et déjà tous concernés en notre identité et notre responsabilité de «terriens».

Toutes les activités humaines dont il nous reste à traiter, de l'artisanat et de l'industrie au commerce et à la «communication» sous toutes ses formes, doivent et devront de plus en plus en tenir compte.

CHAPITRE 7

L'artisanat, l'industrie et le commerce

L'Alsace ne serait plus l'Alsace sans ses vignobles, ses houblonnières, ses vergers. Dieu merci cependant, et contrairement à ce que certains touristes imaginent, notre région ne s'y limite pas. En en venant maintenant à l'artisanat et à l'industrie, on dissipera vite quelques clichés malencontreux confinant notre région dans le secteur primaire, et oubliant sa participation résolue et efficace à la révolution industrielle. Comme le souligne Alain Howiller, ancien directeur-rédacteur en chef des *DNA*, jadis très majoritairement rurale et agricole, « l'Alsace est aujourd'hui une région plus industrielle (27 %) que la moyenne nationale (23 %) ». Et l'on pourra constater que très logiquement, le commerce n'est pas en reste.

L'artisanat

Lors d'une rencontre organisée à Eschau à la fin du mois d'août 2009, Bernard Stalter, président de la Chambre de métiers d'Alsace, pouvait déclarer que « l'artisanat d'Alsace est en forme ». Intentionnellement, cette rencontre se tenait dans les locaux du Centre de formation d'apprentis. Selon les artisans d'Alsace en effet, la priorité doit être donnée à la formation, c'est-à-dire au développement de l'apprentissage. Ils étaient du reste 5 540 apprentis dans la région début 2013. Alors qu'en bien des lieux s'est ancrée l'idée qu'un métier manuel serait en somme un « sous-métier », l'Alsacien continue fort heureusement d'accorder une vraie estime aux activités manuelles et, par voie de corollaire, à l'apprentissage, défini comme une possible « voie d'excellence ».

À cette rencontre d'Eschau, des statistiques encourageantes ont été communiquées : l'Alsace comptait alors globalement presque 25 000 établissements actifs inscrits au registre des métiers, se répartissant entre le bâtiment (39 %), les services (31 %), la production (20 %) et l'alimentation (10 %). L'artisanat alsacien se déclinait en 250 métiers différents. Avec ses 130 000 personnes occupées, dont plus de 110 000 employés, il était le premier employeur de la région, représentant 16 % des actifs ; 5 % des artisans employaient plus de vingt salariés, 10 % plus de dix. On ne peut que se réjouir, tout cela étant dit, que la Chambre de métiers d'Alsace ait, après de vraies consultations, défini « un nouveau plan d'actions prioritaires 2013-2016 ». Sont visés aussi bien le conseil juridique aux entreprises que l'adaptation des formations, et le soutien à la fois à la création et à la transmission d'entreprise.

Je vois une preuve de l'estime accordée chez nous à l'artisanat dans le nombre très important de jeunes que notre région envoie chaque année aux Olympiades des métiers : ils étaient quarante en finale, en 2012, sur un total de 832 candidats nationaux qui concouraient dans cinquante métiers différents. Précisément, les Alsaciens y ont fait des étincelles, obtenant notamment quatre médailles d'or dans des domaines aussi différents que le service en salle, la coiffure, la technologie automobile et le contrôle industriel. Dans cette dernière discipline, un jeune originaire de Mitzach dans le Haut-Rhin a littéralement surclassé ses adversaires en vingt heures de travail, au cours desquelles il a développé son concept d'évolution des machines-outils pour qu'elles gagnent en performances et en économies d'énergie. Co-organisée par la Région Alsace, la Ville et la Communauté urbaine de Strasbourg, la prochaine finale se tiendra en 2015 à Strasbourg. On la prépare déjà activement à la Chambre de métiers ; entre 80 000 et 100 000 visiteurs sont attendus.

Signe important de l'estime qu'en Alsace on porte à l'artisanat et du soutien qu'on veut lui apporter : début 2013, le Crédit Mutuel, la Chambre de métiers d'Alsace et la Confédération de l'artisanat-UPA ont signé une « convention de partenariat ». Les quelque 24 000 entreprises artisanales d'Alsace – dont une sur deux serait d'ailleurs cliente du Crédit Mutuel – auront désormais un « interlocuteur dédié » au sein de cette banque « partout présente sur le terrain ». L'aide portera, entre autres, sur l'instruction des dossiers, le cautionnement des projets, et le traitement des découverts.

Rappelons que le qualificatif « artisanal » suppose l'exercice d'une activité « indépendante » de production, de transformation, de réparation ou de prestation de service, n'employant pas plus de dix salariés. Parfois, l'artisan travaille seul, aidé sur le plan administratif par son conjoint. Si n'importe qui, avec une expérience professionnelle de trois ans, peut se dire plâtrier ou menuisier, les labels d'« artisan » et de « maître artisan » sont soumis par la Chambre de métiers à des conditions de diplôme (CAP) et de durée de pratique professionnelle. Il semble que de plus en plus de jeunes comprennent tout l'intérêt de s'orienter dans cette direction : les *DNA* du 30 janvier 2010 présentaient ainsi un installateur sanitaire titulaire d'un DEUG en théologie protestante et un menuisier diplômé de sociologie ! Loin de moi l'idée de relativiser les études, mais je suis impressionné par ces jeunes qui, orientés, par conformisme ou par habitude, vers une formation universitaire après le bac, ont su révéler leur talent de bon manuel, d'organisateur et de gestionnaire.

Une partie croissante de l'opinion alsacienne reconnaît du reste combien un certain nombre de métiers de l'artisanat sont porteurs d'un grand avenir. Tel est le cas des entreprises labellisées « Entreprise du patrimoine vivant », qui s'attellent à la restauration de voitures Bugatti ou de marqueteries Spindler, construisent des orgues ou des poêles en faïence, reprennent les activités traditionnelles de chaudronnier, de forgeron, de sabotier, fabriquent des éventails ou tissent le lin... Depuis la création de ce label en 2005, quelque 650 entreprises françaises l'avaient obtenu en 2012, dont une bonne trentaine en Alsace.

D'une manière générale, les métiers d'art ont de l'avenir. On identifie environ neuf cents entreprises de ce type en Alsace et une Fédération régionale des métiers d'art d'Alsace (Fremaa) regroupe depuis bientôt vingt ans une centaine d'ateliers aussi divers que des bottiers, des relieurs, des doreurs, des serruriers ou des potiers. Selon les *DNA* du 10 novembre 2012, on n'avait encore jamais vu « une telle concentration de talents », au point qu'on en a pris « plein la vue » et que « l'âme même y a été nourrie » : l'exposition dont il est fait état a mis en valeur certains métiers oubliés, comme celui de la gravure à la main, pratiquée par une jeune artisane qui déclarait à cette occasion : « Mon pire ennemi, c'est la machine. » Les mains de cette jeune femme, qui travaille aussi bien le grès, le marbre ou l'ardoise, valent de l'or. Et ne lui dites surtout pas que la gravure sur pierre est réservée aux inscriptions funéraires !

Tout cela rend d'autant plus incompréhensible la difficulté de trouver des apprentis : en septembre 2012, la Chambre de métiers d'Alsace a recensé une centaine de places vacantes en mécanique-métallerie, en électricité-électronique, mais aussi dans le bâtiment. N'est-il pas, quand même, assez surprenant de manquer ainsi de main-d'œuvre qualifiée alors qu'on recense par ailleurs plus de 120 000 demandes d'emploi ?

Le sénateur André Reichardt, premier vice-président du Conseil régional, se félicitait à juste titre, en avril 2011, du dynamisme du secteur que la Fremaa manifeste en matière d'emploi. Même les activités paraissant les plus désuètes trouvent un second souffle : dans la petite commune de Gerstheim, une habitante sexagénaire poursuit avec passion son activité de broderie alsacienne, et elle a ouvert chez elle un petit musée où elle expose son incroyable collection de pièces uniques. Je découvre encore que le village de Kutzenhausen, près de Soultz-sous-Forêts, accueille régulièrement un festival de broderie au point de croix qui attire un nombreux public.

C'est l'occasion pour moi d'exalter la richesse de la coiffe alsacienne, bien plus colorée et diversifiée que le gros nœud noir orné d'une cocarde tricolore popularisé par Hansi (qui en est, m'a-t-on dit, l'inventeur, et qu'il n'est bien sûr pas question de déprécier !) : les bonnets festifs étaient confectionnés en fils d'or et rebrodés de paillettes et de perles. Certains, par la générosité des donatrices, ont été transformés en chasubles elles-mêmes festives, qui font l'orgueil de l'une ou l'autre sacristie alsacienne. Une exposition d'hiver, tenue au musée Unterlinden de Colmar en 2009, a mis en valeur ces coiffes alsaciennes en présentant 150 spécimens portés entre 1780 et 1860 dans notre région, depuis les coiffes colorées et rutilantes jusqu'aux simples bonnets en coton.

Les coiffes nous amènent au tissu : la commune de Sainte-Marie-aux-Mines, fière de son passé industriel textile, organise chaque année un salon Mode & Tissus. Lors de la 21e édition, celle d'octobre 2012, une cinquantaine d'artisans et de commerçants ont répondu « présent », parmi lesquels douze fabricants de tissus haut de gamme : les visiteurs pouvaient ainsi acquérir des tissus sur lesquels travaillent de leur côté les plus grands créateurs de mode. Le patchwork, cette technique qui associe entre eux des tissus d'origines différentes, est toujours à l'honneur, car il bénéficie de la faveur d'une clientèle qui admire à juste titre ses chefs-d'œuvre, comme ce couvre-lit composé de 8 160 cercles de coton cousus ensemble.

Il faut encore faire leur place aux métiers de la bouche, qui trouvent un lieu de prédilection dans une région qui allie la production d'excellence, l'art aiguisé de la transformation, et la gourmandise de ses habitants. Je pense aux boulangers, aux pâtissiers, aux chocolatiers et confiseurs d'une part, aux bouchers, charcutiers, traiteurs et poissonniers de l'autre. Ils représentent en Alsace quelque 2 000 entreprises, qui font travailler un peu plus de 16 000 personnes et forment environ 1 250 apprentis par an. Je suis persuadé que les antiques corporations, si vivantes au Moyen-âge, ont laissé là quelques traces. On n'a pu que se réjouir d'apprendre début 2013 que la Région Alsace et les représentants des métiers de bouche signaient un « contrat d'objectifs territorial » qui stipule un programme d'actions concernant à la fois l'information, la formation, l'accompagnement et la mobilité.

La filière du bois me semble particulièrement représentative de l'artisanat alsacien, car elle se développe de manière harmonieuse et équilibrée à tous les niveaux et dans tous les états de la matière qu'elle travaille. Voici les bûcherons qui abattent les arbres au cœur de la forêt des Vosges, notamment dans la belle vallée de la Bruche ; voici les charpentiers qui en extraient des poutres, et les menuisiers qui débitent les troncs en planches qu'ils utilisent ensuite pour toutes sortes d'aménagements ; voici les ébénistes qui réalisent des meubles délicats ; et voici les marqueteurs qui découpent d'infimes parcelles de bois pour élaborer leurs fins décors...

Au commencement de cette belle chaîne, les scieurs se sont organisés dans un très vivant Syndicat des scieurs et exploitants forestiers d'Alsace, qui milite entre autres en faveur de la réactivation de la notion « bois énergie », rappelant que la forêt assure 44 % des énergies renouvelables, et qu'il serait possible de fournir près de dix millions de mètres cubes de « bois énergie » supplémentaires. L'école de bûcherons de Saverne fête ses soixante ans en 2013 ; devenue un « centre de référence » au niveau national, elle forme près de cinq cents stagiaires par an. Par ailleurs, de fréquents concours de bûcherons sont organisés, par exemple à l'occasion de la fête annuelle du bois à Sainte-Marie-aux-Mines – ou bien à Grendelbruch et à Schirrhein, où je les ai vus à l'œuvre. Les candidats rivalisent dans diverses épreuves qui manifestent leur force et leur dextérité : fendage du bois, abattage d'une perche à la tronçonneuse, découpe d'un tronc à la hache, billonnage de précision, etc.

À l'autre bout de la chaîne, l'industrie du meuble représente tout de même presque quarante mille emplois en Alsace, le tiers étant localisé dans la vallée de Sainte-Marie-aux-Mines et dans la région de Sélestat. J'ai été grandement peiné de la disparition en 2009 de Ehalt Prestige, fleuron du meuble alsacien et français. Fort heureusement, la Société alsacienne de meubles continue de bien se porter : c'est elle qui commercialise les fameuses cuisines Schmidt et Cuisinella, connues dans toute la France et au-delà grâce à leurs audacieuses campagnes publicitaires. En mai 2010 a été créé un Pôle aménagement de la maison en Alsace, dans lequel la Société alsacienne de meubles à l'instant nommée joue un rôle moteur. On estime à trois milliards d'euros le chiffre d'affaires global de ce pôle, qui représente quinze mille emplois dans la région.

Sans quitter le bois et ses métiers, on peut passer au domaine de la construction. Le leader français de la construction en bois lamellé-collé est domicilié en Alsace, à Muttersholtz exactement. Familiale, l'entreprise Mathis a été fondée en 1875 et affiche « depuis dix ans une croissance moyenne annuelle de 10 % », ayant triplé son personnel pour atteindre maintenant 230 employés. On lui doit, par exemple, le palais des sports du Mans et le stade de Bastia.

J'ai eu pour ma part une autre manière encore de m'intéresser au bois. Comme archevêque, je me suis fait un devoir de me renseigner plus avant sur ces quatre métiers du bois que j'ai énumérés plus haut – à savoir, selon une progression où l'on devient de plus en plus « minutieux », les charpentiers, les menuisiers, les ébénistes et les marqueteurs. La progression et l'articulation qui apparaissent là n'ont pas seulement intéressé ma curiosité ; elles ont inspiré ma réflexion et même, une fois, ma prédication. C'était à Gueberschwihr, chez les Sœurs de Saint-Joseph de Saint-Marc, lors d'un Premier mai, fête de saint Joseph artisan. Comme chaque année, on célébrait sur place la fête des artisans du bois. La diversité et la complémentarité de leurs métiers m'a servi de référence pour expliquer la richesse et l'articulation des différents types de services dans la société en général, puis dans l'Église elle-même. Depuis ceux qui assurent le gros œuvre jusqu'à ceux qui fignolent le détail, tous ont leur nécessité ! La solidité de la structure s'impose certes de toute manière (les charpentiers), mais elle ne dispense ni du souci de la communication et de l'aménagement (les menuisiers), ni de l'équipement en mobilier (les ébénistes), ni du soin à apporter à la présentation (les marqueteurs).

Vraiment, l'artisanat « colle à la peau » de l'Alsace, comme cela me fut une fois dit, au point qu'il en vient à s'identifier au concept de « marque protégée » – le label Alsace – sur lequel je reviendrai à la fin du parcours de ce livre. En effet, il met comme elle en exergue « l'économie, l'innovation, la créativité, le développement durable et la formation de la jeunesse ».

À propos de l'artisanat se pose une question grave sur laquelle j'ai au moins deux bonnes raisons de ne pas pouvoir faire l'impasse : 1) elle concerne les corporations, or je suis convaincu de l'importance en Alsace de ce que, dans un développement à venir, j'appellerai l'« esprit associatif/d'association » ; et 2) elle a été soulevée sous la forme d'une QPC (question prioritaire de constitutionnalité) adressée au Conseil constitutionnel, or elle suscite un écho direct chez l'évêque concordataire émérite que je suis (on pourra se reporter à ce que je dis plus haut concernant le Concordat). Comme le dit Jacques Fortier, que je me plais à citer une nouvelle fois : « Le problème posé était simple : les corporations obligatoires, créées en 1900 par une loi d'Empire, maintenues en Alsace-Moselle après le retour à la France en 1918 par une loi de 1924, n'étaient-elles pas contraires à la Constitution ? » Les sages ont répondu qu'impliquant, entre autres, affiliation, cotisation et éventuellement même sanctions, le caractère obligatoire des corporations d'Alsace-Moselle « porte atteinte à [la] liberté d'entreprendre » ! Présidée par le sénateur André Reichardt, la Commission d'harmonisation du droit privé avait pourtant dûment fait valoir que les corporations ne faisaient nullement obstacle à « la constitution d'associations ou de syndicats professionnels ».

La fin prononcée de l'obligation centenaire d'affiliation aux corporations (qui ne les supprime cependant pas) a soulevé une compréhensible levée de boucliers où, bien entendu, et Philippe Richert et Bernard Stalter se retrouvèrent aux côtés d'André Reichardt. En ce qui me concerne, je fais toute confiance aux parlementaires et professionnels de l'Alsace pour qu'ils s'emploient à redonner à terme une base juridique à nos si précieuses corporations de droit local, en en argumentant la compatibilité avec la Constitution de la France. Je vois un grand et beau signe d'espoir en ce sens dans la décision prise par Bernard Stalter, « avec panache » a dit la presse, de quitter la présidence du Conseil économique, social et environnemental régional pour « se consacrer davantage à la Chambre de métiers et à la cause de l'artisanat », au nom de la simple mais forte motivation qu'il a lui-même énoncée : « Ma famille d'origine a besoin de moi. » À l'été 2013, il estimait pouvoir rappeler que « si les métiers représentent 21 à 22 % de l'économie en Alsace et seulement 14 % dans le reste de la France, c'est bien la preuve du rôle positif de ces organisations ».

L'industrie

Nous avons déjà effectué le passage de l'artisanat à l'industrie à propos de la filière bois (qui nous faisait également transiter de l'agriculture à l'industrie). Concentrons-nous maintenant sur l'industrie.

L'automobile a été illustrée par Bugatti à Molsheim, qui a fêté fièrement son centenaire en 2009, avec notamment une grande parade de quatre-vingt-cinq « pur-sang » dans la ville où Ettore Bugatti est venu s'installer en 1909 et où Volkswagen a décidé en 2001 d'implanter l'atelier de production de la prestigieuse Veyron. Lui succéderait bientôt une nouvelle berline de luxe du nom de Galibier. La volonté déclarée du directeur nommé au début de 2013 est d'« insérer encore davantage Bugatti à Molsheim-Dorlisheim, ainsi qu'en Alsace ».

En passant de Bugatti (soixante-dix salariés et environ quarante véhicules par an) à Peugeot, on ne change pas seulement de lieu – puisqu'on passe à Mulhouse –, on change aussi, et totalement, d'échelle. On connaît les actuelles difficultés du groupe Peugeot ; mais, en même temps que pour son site historique de Sochaux, il semble affirmer une préférence pour le site voisin de Mulhouse par rapport à Aulnay-sous-Bois. Il est bon de se rappeler que l'aventure Peugeot a commencé voici deux siècles (1810) par la métallurgie et le textile (eh oui !). La firme Peugeot ayant bâti sa réputation sur la fabrication d'outils, elle s'est lancée en 1880 dans la confection de bicyclettes et, en 1890, est devenue le premier constructeur au monde à produire en série des automobiles, avant Panhard et Daimler. Quant à l'usine de Mulhouse, qui a sorti sa première voiture en 1972, elle est issue d'une volonté de désengorger le site historique de Sochaux.

Le choix de l'entreprise s'est alors porté sur la ville industrielle du Haut-Rhin, et l'Alsace ne peut que s'en féliciter, même si les aléas du marché de l'automobile ont rendu l'emploi extrêmement précaire et volatile sur le bassin mulhousien, où beaucoup connaissent des alternances d'embauche et de chômage. Cette entreprise, en effet, privilégie une flexibilité du travail qui lui fait embaucher de nombreux intérimaires dans les temps favorables et... les débaucher dès que ralentissent les commandes, ce qui est malheureusement le cas aujourd'hui. Rappelons que PSA est la plus grande usine de la région et que la prospérité de l'agglomération mulhousienne en dépend largement.

Lors d'une mémorable visite pastorale de Mulhouse, je n'ai pas seulement découvert le site dans toute son ampleur et rencontré à la fois membres de la direction et représentants des travailleurs. J'ai aussi circulé dans les ateliers. Je me souviens de ma surprise en découvrant qu'à la fin des fins du long chemin de la production des véhicules, un membre de la chaîne passait sa main gantée de laine sur la peinture tout juste séchée de la carrosserie. Voyant mon étonnement, on m'a expliqué qu'à ce stade, seule la main de l'homme peut détecter les éventuelles aspérités ou anomalies de la surface peinte ; bien des années après, je n'en suis toujours pas vraiment revenu. Je me souviens aussi que, devant vers ce moment acquérir une nouvelle voiture, pas un instant bien sûr je n'ai songé à m'adresser à un autre constructeur automobile que celui qui fournit leur travail à tant d'Alsaciens.

La mécanique de haute précision a trouvé ses implantations à Illkirch et ailleurs, et elle a pris possession du parc de Wesserling, dans la vallée de Saint-Amarin, ancien haut lieu du textile. Hélas, le textile des vallées vosgiennes est aujourd'hui en bien triste état, pratiquement réduit à néant par la concurrence des pays asiatiques : l'affaire Schlumpf, qui a fait grand bruit, est emblématique de cette période. Comme le montre un très intéressant ouvrage de Bernard Reumaux, on a fait porter à ces deux patrons suisses, très attachés à leur personnel, le drame de l'effondrement d'une activité économique qui eut beaucoup d'importance dans notre région. Seuls quelques ateliers de très haute qualité sont parvenus à se maintenir face à la déferlante de produits bon marché. La commune de Hirsingue, dans le Sundgau, a d'autant plus de mérite de chercher à sauver l'entreprise Virtuose, établie sur son territoire, et qui emploie une centaine de salariés. Le Conseil municipal du lieu a en effet accepté de souscrire un emprunt de plus de 600 000 euros pour acheter l'ensemble des machines, dans le cadre d'un partenariat avec l'entreprise destiné à lui permettre de sortir de la « difficulté de trésorerie conjoncturelle » à laquelle elle est confrontée. Cette décision vise, nous explique-t-on, à compenser « la carence du système bancaire », car, comme le confesse le maire, « si nous ne le faisons pas, personne ne le fera ». Il est entendu que l'entreprise s'est engagée à rembourser la commune, de sorte que l'opération soit blanche pour les finances municipales.

Dans le seul dernier trimestre de 2012, j'ai été heureux d'épingler des signes réconfortants de vitalité industrielle et entrepreneuriale. À Strasbourg-Koenigshoffen, l'entreprise d'insertion Envie est devenue, nous dit-on, un acteur-clé à l'échelle nationale de la filière du recyclage ; quatre catégories d'appareils sont traitées : le froid, le lavage, la cuisson, les écrans ; de la structure strasbourgeoise lancée en 1984 sont nées quarante-deux entreprises à travers la France, qui représentent 1 100 postes. À Wissembourg, l'usine locale du groupe euro-américain Bruker BioSpin (six mille personnes, surtout en Europe, dont 350 chez nous) amorce un « tournant stratégique » pour se recentrer sur son cœur de métier : l'instrumentation scientifique et médicale (IRM et autres). À Strasbourg, le groupe Eberhardt Frères, leader dans la distribution d'électroménager en France, fête ses cent ans d'existence en étant en mesure de revendiquer « 6 à 7 % du marché grand public, soit la première place dans le haut de gamme ».

Comme partout ailleurs cependant, la crise est désormais présente entre Vosges et Rhin. Invité en 2010 par la Chambre de Commerce et d'Industrie (CCI) de Colmar, l'ancien ministre François Loos ne pouvait que pointer la baisse de 14 % du chiffre d'affaires de l'industrie alsacienne en 2009. Sans contester l'explosion prometteuse du tertiaire, notamment dans le domaine des services à la personne, il rappelait un besoin sérieux de relance de l'industrie. Trois axes de travail étaient définis : le soutien aux « secteurs-locomotives » comme la voiture électrique, la construction de bâtiments basse consommation, et le renforcement des capitaux propres des entreprises.

L'industrie alsacienne a d'autant plus conscience de l'urgence d'une revitalisation que notre région perd de son attractivité, tandis que la concurrence se durcit avec l'Allemagne. En 2012, la Journée de l'économie alsacienne a repris l'état des lieux et formulé des conclusions semblables: l'hémorragie diffuse dans les petites entreprises existantes est inquiétante et la création de nouvelles manque de dynamisme, avec une baisse de 18,1 % au deuxième trimestre de l'année (si l'on met de côté les auto-entrepreneurs). Bien des statistiques font état de chiffres préoccupants; ainsi dans l'intérim et la construction de logements. Le déficit commercial ne cesse d'augmenter depuis le quatrième trimestre 2011. Au troisième trimestre 2012, il se fixait à presque neuf cents millions d'euros, soit cinquante millions de plus qu'au deuxième trimestre. Les exportations étaient en baisse... mais aussi les importations, l'Alsace représentant 6,7 % des exportations françaises et 6,1 % des importations.

Le président de la CCI, Jean-Louis Hoerlé, évoque de son côté la nécessité de «redonner du souffle à l'économie alsacienne». Il fait diffuser une brochure de vingt pages exprimant des choix stratégiques: cinquante actions ventilées en quatorze schémas sectoriels y sont détaillées, comme l'idée du catalogue unique des formations ou celle, plus subtile encore, du «maillage du territoire en réseaux intelligents». Dans le même temps, Françoise Lécuyer, une Franc-Comtoise établie chez nous, poursuit sa mission d'accueillir les cadres qui viennent s'établir dans la région, à travers la Société de contacts et d'organisation de transferts, dont elle est la fondatrice et la gérante. Le fait que plusieurs sociétés (Mars, par exemple) aient apparemment des difficultés à attirer certains de leurs cadres en Alsace l'a motivée à créer cette structure d'accueil. Vingt ans plus tard, elle reste convaincue de la force d'attraction de Strasbourg et de l'Alsace, même si elle constate la diminution du volume des affaires.

Dans le détail, certaines entreprises tirent bien leur épingle du jeu. En matière de «secteur-locomotive», qu'il me soit permis de me féliciter du succès de l'entreprise de matériel électrique Socomec, installée à Benfeld, et qui appartient toujours à une famille d'Alsace, alors qu'elle constitue désormais «une vraie communauté mondiale»: ses employés et partenaires relèvent en effet d'une soixantaine de nationalités différentes. Je me suis beaucoup réjoui de l'engagement de Bernard Steyert, son PDG (et frère d'un prêtre estimé de notre diocèse), que j'avais sollicité au moment du lancement de l'opération de mécénat sur les vitraux sud de la cathédrale – qu'il en soit remercié, en même temps que Régis Bello, son complice de

De Dietrich ! En septembre 2012, au moment de passer le flambeau à son fils Yvan, Bernard Steyert a reçu le prix spécial de Fond'Action Alsace, une structure qui encourage le talent et l'innovation. Revenant dans son discours de circonstance sur l'histoire d'une entreprise modeste fondée par son grand-père, il a expliqué que son succès est venu « grâce à l'innovation et aux compétences pour être les meilleurs. On peut s'offrir les compétences, mais il faut savoir les faire œuvrer ensemble grâce à un management qui comprend que le développement de l'homme est nécessaire au développement de l'entreprise. » J'applaudis évidemment.

De son côté, la brasserie Kronenbourg se réorganise pour faire face aux défis du temps, redéployant une partie de ses effectifs de son site historique strasbourgeois – maintenu pour les activités de recherche ? – vers Obernai. Du côté de De Dietrich, autre fleuron de l'économie alsacienne, la crise se traduit par un plan de réduction de 10 % des effectifs à Zinswiller (soit presque quarante emplois). On peut cependant relever le caractère équilibré de ce plan, qui épargne les ateliers, même s'il touche l'encadrement administratif. En effet, la direction annonce en parallèle un investissement de cinq millions d'euros sur trois ans pour moderniser les machines, ce qui indique bien que le groupe, dont deux tiers des 1 300 salariés se trouvent hors de France, n'est pas décidé à une délocalisation complète de ses activités, les émaux produits en Alsace étant reconnus comme « les meilleurs du marché mondial ». Ancrage historique et excellence continuent donc de se rencontrer à Zinswiller.

Du côté de Liebherr, qui fabrique à Colmar d'énormes pelles minières pesant entre cent et huit cents tonnes (et que l'on voit sur tous les grands chantiers de construction), la priorité est de lutter contre la pénibilité du travail, notamment contre le bruit assourdissant qui détériore l'ouïe d'un personnel dont la moyenne d'âge est de trente-quatre ans. Pendant ce temps, l'usine Métalifer de Strasbourg continue d'être le numéro deux du recyclage. Tout en disposant d'une presse-cisaille capable de prendre en charge deux mille tonnes de ferraille par jour, elle cherche à investir dans le recyclage du papier et du carton sur d'anciennes friches du Port du Rhin. Autre bonne nouvelle pour l'économie alsacienne – et particulièrement mulhousienne – en cette fin 2012 : le redressement de Manurhin.

Au nord de l'Alsace cette fois, l'usine Roquette Frères de Beinheim investit dans la géothermie, à travers un forage spectaculaire de 2 500 mètres de profondeur, à quinze kilomètres de son site, permettant d'accéder à une eau suffisamment chaude (165°C) pour alimenter en chaleur l'ensemble de l'usine. Cette énergie puisée dans la profondeur permettra de substantielles économies en gaz et, ce qui n'est pas négligeable, une diminution des émissions de gaz à effets de serre. Le directeur général d'Électricité de Strasbourg est formel : « Ce n'est que le début de la géothermie profonde en Alsace. »

Tout cela nous entraîne sur le délicat terrain de la transition énergétique, dont l'ancien ministre François Loos, président de l'Agence de l'environnement et de la maîtrise de l'énergie, est un partisan convaincu. C'est avec beaucoup d'intérêt que j'ai pris connaissance d'un entretien dans lequel il explique que l'énergie renouvelable va devenir, à terme, de plus en plus économique par rapport aux fameuses énergies fossiles dont les jours sont, quoi qu'on veuille ou fasse, nécessairement comptés. Selon lui, les véhicules roulant à l'électricité ou au biocarburant vont connaître une deuxième génération qui gagnera en importance à partir de 2030, c'est-à-dire après-demain.

Décidément, l'industrie alsacienne se bat sur tous les plans : ici, la Région lance un programme « Accédez aux marchés publics internationaux et européens », ce qui aboutit à plus de 1 200 projets faisant l'objet d'un « positionnement » d'une entreprise alsacienne, avec, *in fine*, plus de deux cents contrats décrochés. Autour du vice-président du Conseil régional André Reichardt, la CCI de la région Alsace, la Chambre de métiers, l'Ordre des experts-comptables, le Barreau de Strasbourg et la banque publique Oséo se rassemblent en un réseau de synergies, mettant leurs compétences au service des entreprises. L'enjeu est de taille, puisqu'on estime les marchés publics, qui représentent 68 milliards d'euros en France, à 1 324 milliards à l'échelle européenne : même si les entreprises alsaciennes n'obtiennent qu'une miette du gâteau, elle pourra être de belle taille.

En octobre 2012, cinq entreprises de la région des Trois-Frontières ont initié un projet unique de formation inter-entreprises, car elles étaient toutes confrontées au même problème de recrutement de techniciens de maintenance. Désormais, elles s'appuieront sur leur propre personnel, dûment formé. L'image ancienne d'une maintenance limitée à l'automatisme et à la mécanique a fait place, en effet, à une conception plus large, englobant le service clients, l'hygiène, la sécurité, la maîtrise des outils informatiques, tous domaines nécessitant une formation : bel exemple de mutualisation !

Et n'oublions pas le rôle d'acteurs du changement joué par les coopératives, les associations, les mutuelles, si vivantes en Alsace. Lors de la cinquième édition du Mois de l'économie sociale et solidaire, en novembre 2012, Frédéric Deck, président de la Chambre régionale de l'économie sociale d'Alsace, a rappelé l'existence de 12 000 établissements de ce type dans la région, dont 5 700 ont du personnel. Figurent dans cette liste plus de 4 200 associations, 1 140 coopératives, 130 structures d'insertion et près de 150 mutuelles. Toutes ces structures emploient 69 000 salariés, ce qui représente 10 % de l'ensemble des salariés de la région. De plus, entre 2007 et 2010, le nombre d'employés de cette économie sociale et solidaire a progressé de 3,5 %

Je voudrais encore souligner le beau rôle joué par la Foire européenne de Strasbourg, qui réunit chaque année en septembre plus d'un millier d'exposants et attire près de deux cent mille visiteurs – et à l'ouverture de laquelle je ne manquais jamais de participer. Chaque année un pays se trouve invité, ce qui crée d'intéressants partenariats commerciaux : en 2012, c'était le tour du Japon. La meilleure preuve de la « rentabilité » de la Foire n'est-elle pas que 80 % des exposants d'une année reviennent l'année suivante ?

Mais puisqu'avec ces derniers considérants nous passons de la production à la promotion, nous sommes de fait entrés dans la sphère du commerce. Venons-y donc.

Le commerce

Si déjà non seulement ma compétence, mais tout simplement mon information touchaient vite leurs limites en matière d'artisanat et plus encore d'industrie, à plus forte raison en ira-t-il de même en ce qui concerne le commerce, qu'il s'agisse des petits établissements de proximité, des grandes surfaces ou, et plus encore, des échanges d'ordre international... Personne ne m'attend d'ailleurs, assurément, sur la question : pourquoi dès lors m'y attarderais-je ?

S'attarder serait une chose, mais faire l'impasse en serait une autre ! Il reste, en effet, que le commerce représente un domaine qui « compte » considérablement dans notre région comme dans toutes les autres, et pour la bonne et simple raison que si certes tout ne finit pas avec lui, tout (ou à peu près) passe et aboutit bel et bien *par* lui, puisque c'est lui qui achemine objets et biens de leur production vers leur destination. Il m'a paru que c'était une raison suffisante pour, au moins, ne pas totalement faire silence à son sujet.

Il faut bien reconnaître que la tendance est nettement défavorable aux petites unités de commerce de détail, qu'il s'agisse d'alimentation ou de biens d'occasion. Conformément à ce qui s'est vérifié à l'échelle nationale, le développement des grandes surfaces et des chaînes succursalistes a été le phénomène marquant, depuis au moins deux décennies. Seuls ont résisté certains commerces de proximité, y compris souvent en zone rurale, mais on en voit revenir ces derniers temps aussi dans certains centres-ville.

On constate par exemple que les commerces liés aux loisirs et au sport, à la téléphonie mobile et à l'équipement informatique ont gagné du terrain, et que la vulnérabilité des commerces alimentaires (qui étaient encore presque 4000 pour environ 12000 petits commerces en général en 2003) tient bien sûr au fait que super- et hypermarchés offrent un choix plus vaste, des prix plus attractifs, et la possibilité de combiner plusieurs types d'achats. Le phénomène se vérifie également dans l'habillement et l'électroménager, comme dans le bricolage et le jardinage. Sont, en revanche, en croissance les activités commerciales liées à la culture et aux loisirs. Au bout du compte, selon l'Insee, « grâce à sa forte densité de population et au maillage serré de bourgs et petites villes, la région a conservé un bon équipement commercial ».

L'activité commerciale qui concerne et intéresse l'Alsace ne se limite toutefois pas à l'Alsace. Proportionnellement au poids économique, selon l'Insee toujours, notre région apparaît particulièrement présente et active au plan international. En 2010, ses exportations vers l'étranger se sont élevées à plus de vingt-six milliards et demi d'euros, montant qui représente près de 7 % des exportations françaises (principalement grâce à l'industrie), et qui la classe au cinquième rang pour la France, après seulement l'Île-de-France, Rhône-Alpes, Midi-Pyrénées et Nord-Pas-de-Calais.

À la fois industrielle et frontalière, notre région « affiche un taux d'ouverture – moyenne des échanges par rapport au produit intérieur brut – plus de deux fois supérieur au taux national (46 % contre 19 %) ». Ce bon niveau s'explique notamment « par la présence [sur notre territoire] de nombreuses filiales de groupes étrangers » et par un éventail assez diversifié d'activités industrielles : automobile, mécanique, chimie, électronique, agro-alimentaire. Ainsi se trouve confirmée l'importance de deux traits spécifiques de la région : la place de l'industrie dans l'ensemble des activités, et l'intérêt de son positionnement frontalier (... qui comporte aussi, cependant, ses exigences).

Je me souviens qu'entre 2000 et 2007, les transactions s'étaient rapidement développées avec un solde nettement favorable à l'exportation, grâce aux bonnes performances économiques d'ensemble des entreprises locales. Aujourd'hui en revanche, on ressent nettement les effets du ralentissement global de l'activité économique mondiale ; les exportations ont connu une baisse importante en 2009, même si 2010 a affiché « un dynamisme retrouvé en matière d'échanges extérieurs » (Insee toujours). En fait, la région se positionne favorablement dans les matériels pour l'extraction et pour l'industrie agro-alimentaire, ainsi que dans les machines agricoles et forestières, les matériels de transport et les machines-outils (Liebherr à Colmar, Millipore à Molsheim, Schaeffler à Haguenau). À côté de la production automobile – PSA Peugeot-Citroën (dont la position géographique est un atout pour la logistique), Mercedes-Benz, Bugatti, General Motors Strasbourg –, la fabrication de produits chimiques compte beaucoup à l'exportation, les produits pharmaceutiques constituant même « une des spécificités de l'activité alsacienne à l'international ». On peut en dire quasiment autant pour les produits informatiques et électroniques, les machines de bureau et les équipements électro-médicaux.

Les deux tiers des opérations commerciales sont réalisées (dans les deux sens) avec l'Union européenne. L'Allemagne est le partenaire privilégié aussi bien comme client que comme fournisseur ; la dépendance est donc forte à l'égard de l'économie d'outre-Rhin. L'offre alsacienne reste toutefois modeste du côté des débouchés prometteurs qui se sont ouverts chez les fameux BRICS.

Je ne suis bien évidemment pas un spécialiste de l'économie, je ne fais aucune difficulté à le reconnaître. Pas davantage que dans le domaine de l'agriculture précédemment traité, je ne prétends dans ceux de l'artisanat, de l'industrie et du commerce, abordés dans le présent chapitre, faire la leçon à quiconque. Je tiens à le redire.

Simplement, en homme de bonne volonté de toute manière intéressé pour mille raisons à la vie et au «travail des hommes», comme dit la liturgie eucharistique que je célèbre tous les jours, j'ai ici pris le risque d'exposer (dans tous les sens de ce terme) ce que j'ai pu percevoir sur ces questions dont nul – et à mon sens surtout pas un évêque – ne peut se désintéresser. En cela, je n'ai pas eu d'autre intention que de manifester, dirais-je en démarquant Térence qui parlait, lui, de l'«humain» en général, que rien d'«alsacien» ne peut me laisser indifférent. Dans les vastes et difficiles domaines concernés, je n'ai, et à très loin près, pas tout mentionné de ce qui aurait pourtant mérité de l'être. De cela même que j'ai pu évoquer, beaucoup de points paraîtront bien approximatifs aux spécialistes à chaque fois concernés. Enfin, il ne m'échappe pas que la situation étant en constante évolution, c'est une raison supplémentaire de ne pas prétendre la saisir adéquatement... Et c'est bien entendu pour ces raisons que le présent sous-chapitre sera le moins développé de tout cet ouvrage.

Je serais néanmoins heureux si j'avais réussi à faire partager la conviction fondamentale qui, au nom de mon propre lien à l'Alsace, m'habite sur ces questions de toute manière décisives pour la vie de tous. À ce que j'ai pu découvrir et à ce que je continue de percevoir, notre région garde *tous ses atouts* dans la situation globale de difficultés et de récession dont elle n'est bien entendu pas exemptée aujourd'hui.

Ce n'est de ma part ni vœu pieux ni propos naïf. Pour émettre cette ferme opinion sur laquelle je m'engage, je m'appuierai à la fois sur un constat et sur un signe. Le constat d'abord: si dans tout ce que j'ai pu lire concernant la situation économique de notre région depuis 2009-2010 surtout, les analystes ne nient certes pas l'apparition d'une réelle récession, ils précisent dans la majorité des cas que: 1) les causes paraissent relever moins de spécificités alsaciennes que de facteurs et de processus ou nationaux ou internationaux; et 2) compte tenu de plusieurs atouts (sur lesquels nous ne manquerons bien sûr pas de revenir), notre région «s'en tire plutôt mieux que d'autres». Pourquoi se priver d'enregistrer la chose – quitte à en déduire quelques leçons? Il pourrait être urgent de le faire, car les raisons de s'alarmer ne manquent pas.

Quant au signe, il est suffisamment puissant à mes yeux pour m'incliner à une vision fondamentalement confiante de l'avenir, aussi bien agricole, artisanal et industriel, que commercial et économique, de l'Alsace. Ce signe, je le prends très intentionnellement dans un secteur qui concerne à la fois les jeunes et le travail manuel. Le voici : notre région a été et reste préservée d'un certain discours qui tend toujours à discréditer et disqualifier le travail manuel. De nombreux jeunes, j'ai eu l'occasion de le dire, préfèrent en effet les filières de l'apprentissage, qui leur ouvrent des carrières qualifiantes, gratifiantes et souvent lucratives, plutôt que de recommencer trois fois un parcours universitaire sans réels débouchés. Ils sont, dans la région, à la fois encouragés et soutenus sur cette voie. Je m'en félicite grandement. D'autant que tout ceci est *très régulièrement* récompensé par des prix d'excellence dans des concours prestigieux : nombreux sont par exemple les jeunes Alsaciens qui se voient couronnés du titre convoité de Meilleur Ouvrier de France. Bravo et grandes félicitations à chacun d'eux, pour à la fois l'exemple et l'espoir qu'ils nous donnent à *tous* !

CHAPITRE 8

La communication, ses formes et ses moyens

L'identité et les richesses propres de tout ensemble humain, quel qu'il soit, dépendent largement de la qualité de la communication qu'il parvient à établir et à entretenir entre ses divers éléments. L'Alsace est, dans cet ordre, riche de nombreux moyens. Le premier est d'ordre linguistique.

La langue et les langues

Entre Vosges et Rhin, la culture parle plusieurs langues. On se souvient ici des dialectes germaniques du Moyen-Âge, illustrés par un Geiler de Kaysersberg, mais aussi du *Hochdeutsch* de Goethe. La région a pris massivement la couleur du français aux XIXe et XXe siècles, mais sans renier totalement la germanité. En ce début du troisième millénaire, la Passion est toujours jouée en allemand à Masevaux. Dans certaines vallées vosgiennes – à Orbey et Lapoutroie – et aussi dans le Sundgau, on parle encore un peu le welche, langue romane dont on trouve trace dès le Xe siècle, qui est la survivance d'un parler gallo-romain, et qui est parvenue à se maintenir par delà toutes les « invasions ».

Quant à l'alsacien, il convient, au sein du dialecte germanique qu'il est, de distinguer l'alémanique et le francique. La distinction remonte aux IVe-Ve siècles, lorsque deux peuples germaniques se sont implantés face aux Celtes en Alsace : les Francs dans le nord, et les Alamans dans le reste de la région.

Sous différentes formes, l'alsacien est employé par d'innombrables troupes locales dans des pièces, généralement comiques, d'une sorte de théâtre de boulevard régional. C'est en toute connaissance de cause que j'ai pris la décision de faire jouer *'s Passionsspiel* en alsacien à la cathédrale avant mon départ, sachant pertinemment que j'aurais à affronter ceux qui estiment le dialecte indigne d'être placé dans la bouche du Christ et de sa mère. Je prétends, et comme théologien, qu'avant d'utiliser le français et l'allemand, Jésus aurait parlé alsacien s'il avait vécu son incarnation entre Vosges et Rhin, de même qu'il a appris l'araméen sur les genoux de sa mère avant de pratiquer l'hébreu de la synagogue et de se frotter au grec en usage à Capharnaüm (ainsi que, sans doute, au latin des occupants romains).

Le dialecte alsacien

Commençons donc par évoquer la langue alsacienne. Très souvent, j'ai rapporté en quelles circonstances j'ai été conduit à apprendre l'allemand, dans mon collège Saint-Joseph d'Ancenis, par la volonté d'un prêtre enseignant qui avait tant souffert de la guerre qu'il souhaitait que chacun des peuples belligérants apprenne la langue de l'autre. On m'a clairement fait savoir que cette connaissance a été *in tempore* un élément déterminant lorsqu'on m'a choisi comme évêque de Strasbourg. J'ai dès lors été très sensible à la manière dont il est possible, en Alsace, de parler l'allemand sans être allemand, distinguant ainsi la germanité linguistique de sa cousine politique. En arrivant à Strasbourg, je n'en ai pas moins eu la ferme intention d'apprendre l'alsacien, et j'ai fait part de ce souhait au chanoine Aloyse Kieffer, mon secrétaire particulier de l'époque. Bravement, avec la même détermination qui m'avait soutenu dans l'ensemble de mes études, j'ai donc acheté des cours d'alsacien, des ouvrages en dialecte, et j'ai cherché à dégager le temps nécessaire pour un commerce quotidien dans la langue locale.

Malheureusement, cet apprentissage a tourné court lorsque j'ai réalisé l'absence de lois universelles de transcription phonétique. J'avais à peine appris un mot et commençais tout juste à l'utiliser que je constatais qu'il différait d'un département à l'autre et même d'un village à l'autre... Chaque Alsacien parlant le dialecte de son village, lequel devais-je apprendre sans risquer de m'assimiler à une partie limitée de l'Alsace, alors que mon intention était au contraire d'exprimer mon attachement à l'ensemble ? Là encore, les moyens manquaient, alors que j'ai découvert tout récemment l'existence sur Internet d'un outil – sur le site de l'Olca – qui permet, en cliquant sur l'une des vingt et une villes représentées sur un plan, d'entendre un locuteur ou une locutrice prononcer la même phrase dans la variante dialectale locale. Tiraillé pour ma part entre le haut-rhinois et le bas-rhinois, entre le parler francique et l'alémanique, entre la prononciation avec des « e » et celle avec des « a », j'ai contre mon gré été conduit à renoncer à un apprentissage qui avait pourtant démarré sur un rythme accéléré. Cela ne m'a pas empêché d'acquérir avec le temps suffisamment de notions pour être capable, par exemple, de suivre une pièce de théâtre alsacien à Seltz en comprenant ce qui se disait... quitte à passer avec mon voisin la convention suivante : « Chaque fois que je vous donnerai un coup de coude, vous me direz la traduction française du *mot* qui viendra juste d'être prononcé : mon signe voudra dire que c'est ce mot-là qui m'aura bloqué ! » Je peux dire qu'avec un compagnon suffisamment alerte, la technique fut assez efficace.

On n'a pas manqué de m'expliquer combien la pratique du dialecte avait pu souffrir de certaines attitudes dictées par un nationalisme déplacé (par exemple au lendemain des deux guerres mondiales) ou d'un snobisme qui ne l'est pas moins. Beaucoup de jeunes Alsaciens, qui n'avaient jamais entendu un mot de français avant leur entrée à l'école, ont été traumatisés de découvrir un monde dans lequel le fait de parler alsacien à la récréation pouvait entraîner des sanctions. Même si je suis certes résolument patriote, je me désolidarise entièrement de ceux qui combattent les langues régionales comme si elles mettaient la République en danger ! De nombreux Alsaciens en veulent à juste titre à un ancien président de la République qui s'est fait le champion de la défense des langues rares parlées dans certains îlots d'Océanie, mais s'est toujours opposé avec fermeté à la reconnaissance des langues régionales de France, pourtant défendues par la Communauté européenne : n'y a-t-il pas là une étrange contradiction ? En juin 2011, le sénateur-maire de Strasbourg a présenté au Sénat une proposition de loi visant à donner une traduction concrète à la reconnaissance des langues régionales enfin inscrite dans la Constitution en 2008. Comme le constatait Roland Ries avec pragmatisme, cette loi n'avait hélas ! aucune chance d'être adoptée, car « il existe de fait des jacobins de droite et des jacobins de gauche ».

Certains pensent que le déclin du dialecte alsacien est inéluctable. Sans doute payons-nous ici la conséquence de la politique que je viens d'évoquer, et qui a de fait abouti à d'irrémédiables fractures dans la transmission. Dans certains villages de l'Outre-Forêt ou du Sundgau (les deux extrémités de l'Alsace), un certain nombre de parents continuent pourtant de parler prioritairement le dialecte à la maison. Évêque auxiliaire de Strasbourg, Mgr Dollmann a dit de fort belles choses à ce sujet dans l'allocution finale de son ordination épiscopale[1]. Dans nombre de campagnes alsaciennes, on peut estimer que les petits-enfants comprennent encore leurs grands-parents, même s'ils ne s'expriment pas eux-mêmes en alsacien ; dans les villes, le combat semble moins bien engagé. Globalement, le recul est néanmoins manifeste.

De belles initiatives se prennent, comme l'opération *E Friehjohr fer unseri Sproch* / Un printemps pour notre langue, dont le titre joue sur l'ambiguïté entre la saison chronologique où la vitalité de la végétation se relance et l'idée de renouveau culturel. Grâces soient rendues à Raymond Bitsch, actuel président, mais aussi à Bernard Deck, fondateur et président d'honneur, pour leur engagement résolu en faveur de la cause ! La onzième édition a vu, en 2012, l'organisation de plus de cinq cents manifestations, allant des pièces de théâtre traditionnel s'adressant aux moins jeunes jusqu'au slam en alsacien.

Il s'agit à vrai dire de valoriser non seulement la langue alsacienne, mais encore la culture et le patrimoine qui y sont attachés, et de montrer que cette culture n'est pas seulement liée au passé, mais reste productive dans le présent. Un site Internet a été ouvert, qui a reçu plus de deux mille visites en quelques semaines ; chacun peut y annoncer les manifestations en dialecte qu'il organise.

Parallèlement, l'Office pour la langue et la culture d'Alsace (Olca) poursuit son objectif de « décomplexer les Alsaciens par rapport à leur langue ». Et les résultats sont si encourageants que le secrétaire général de cette structure pouvait déclarer en 2010 : « Quand j'ai repris l'Olca il y a dix ans, toutes les portes se fermaient.

1. « Mini Müetersproch hann'i net verlora, und wird sie o net verliera. Es'esch d'Sproch mit dara ech mit m'Herrgott red. Mir Elsässer bata mit viela Sprocha : met dr'franzäschi, mit dr'ditschi, oder noch met dr'latinischi, aber mir därfa o met m'Herrgott elsässisch räda. Er hert's vellecht no besser, weil's d'Müetersproch esch, d'Sproch dia vum Harza kummt. » Ce qui signifie globalement qu'il est très attaché à sa langue maternelle, qui est pour lui la langue du cœur.

Maintenant, elles s'ouvrent ! » Comme exemples d'action, signalons la numérisation d'un recueil de chants en alsacien, avec la mise en ligne sur Internet des paroles et des partitions, mais aussi les vingt mille pochettes envoyées à des parents venant d'avoir un enfant, pour les sensibiliser au dialecte.

Autre manifestation inattendue du renouveau dialectal : Delphine Wespiser, Miss France 2012 originaire du Sundgau, a eu la bonne inspiration de parler en alsacien à la télévision aussitôt après son élection. Elle a ainsi largement contribué pour sa part à la promotion de notre précieux dialecte. Qu'elle en soit félicitée !

Église et dialecte

Il serait vraiment dommage que l'Église ne prenne aucune part dans le mouvement de promotion et de renouveau de la langue alsacienne. Grâce à Dieu, ce n'est pas le cas, même si le sujet est sensible et peut faire difficulté à certains prêtres... Les uns soulignent que l'alsacien n'a jamais été employé dans les églises, à l'inverse de l'allemand, qui servait au catéchisme et dans les cantiques populaires ; vouloir l'introduire aujourd'hui serait donc artificiel. Pour d'autres, et selon l'expression employée par Mgr Dollmann au jour de son ordination, l'alsacien est la « langue du cœur » ; il serait donc particulièrement essentiel de l'utiliser dans la prière.

Sans vouloir trancher le débat, j'observe que les efforts déployés par certains poètes pour composer des prières en alsacien portent de beaux fruits. J'ai préfacé moi-même un livre de prières en dialecte et, comme je l'ai rapporté plus haut, j'ai fait en sorte que *'s Passionsspiel* puisse être joué à la cathédrale. D'autres ont été émus aux larmes d'entendre l'Évangile du salut dans leur langue maternelle. La part de ma famille qui, se trouvant sur place à l'époque, a participé au spectacle sur mon invitation, s'est elle-même déclarée très touchée.

Je voudrais rendre hommage dans ce contexte à André Weckmann, qui est décédé en 2012 et qui aura été un chantre passionné de la culture rhénane en général, et de la culture alsacienne en particulier. Ce professeur d'allemand a co-signé de nombreux manuels destinés à enseigner l'allemand aux jeunes Alsaciens dialectophones, pour qui les ouvrages classiques en la matière se trouvent inappropriés. Il a diffusé sur les ondes des pièces radiophoniques et composé de multiples poèmes et chants dans notre langue régionale. On a souligné à juste titre le mérite d'un homme qui, ayant été incorporé de force dans l'armée allemande et envoyé sur le front russe, s'est ensuite engagé résolument dans le processus de réconciliation entre la France et l'Allemagne.

Je parle ici d'André Weckmann aussi parce qu'il a joué un rôle déterminant dans l'introduction de l'alsacien dans la liturgie. Sa rencontre avec le prêtre François Arnold a abouti à la rédaction du livret *Elsässischi Liturgie*, avant la mise en musique des chants par Michel Wackenheim. La première messe en alsacien a été célébrée, avec la permission de mon prédécesseur, dans la chapelle du collège Saint-Étienne le 7 mars 1992, bien après que de semblables célébrations aient été organisées en basque ou en breton. Mgr Brand avait permis les chants et la prédication en alsacien, mais demandé l'usage de l'allemand pour les textes bibliques et la prière eucharistique, puisque la reconnaissance romaine n'avait pas été donnée à la traduction alsacienne. Depuis, de nombreuses messes semblables ont été célébrées à Achenheim (dont Michel Wackenheim était curé), à Bischheim (chez le curé Édouard Vogelweith), en plusieurs autres lieux (en particulier par Mgr Kratz), et même à la cathédrale depuis que Michel Wackenheim en est devenu l'archiprêtre. Les fidèles qui participent à ces célébrations expriment leur émotion, même si les parties essentielles que sont la prière eucharistique et les lectures bibliques sont proclamées en allemand, puisque les textes alsaciens n'ont pas encore reçu la *recognitio* de Rome. On peut saluer la toute récente performance du pasteur Daniel Steiner et du linguiste Raymond Matzen, qui viennent de publier une traduction complète du Nouveau Testament en alsacien.

En 2010 a été diffusée une « charte linguistique pour l'Alsace » que la population a été invitée à signer, « car le temps est venu de prendre des décisions intelligentes et courageuses et de trouver une solution juste et exhaustive à un problème alsacien [...] » qui reste toujours en suspens.

Richesse du bilinguisme

Connaissant l'allemand à mon arrivée en Alsace, j'ai bien compris qu'il ne m'était pas demandé de l'employer trop souvent. Cette connaissance m'a cependant été fort utile, entre autres lors de certaines prédications œcuméniques et transfrontalières. Et j'aurais dû commencer par dire que j'ai toujours été profondément saisi par le chant du *Grosser Gott* à la fin des offices, ou encore par le *O Haupt voll Blut und Wunden* – tout comme je le suis immanquablement à l'écoute du moindre choral de Bach. Je dirais bien que l'Alsace m'a fait passer, en ce domaine, de la théorie à la pratique.

L'année qui a suivi mon retour à Paris, j'ai célébré la messe de minuit de Noël dans une petite communauté du VIe arrondissement dont je connaissais bien le prêtre animateur. Quatre jeunes avaient joué la mélodie du *Stille Nacht*. Lorsque, de retour à la sacristie, j'ai confié que cette mélodie m'avait beaucoup touché et pourquoi, ils se sont mis spontanément à la rejouer; et, ému jusqu'aux larmes, le sacristain en a chanté le texte allemand – je l'ai bien entendu accompagné.

Si l'usage et la relance de l'alsacien me semblent éminemment souhaitables, malgré le recul peut-être assez inéluctable qui va l'affecter en certains lieux au moins dans les années qui viennent, je suis tout autant persuadé que l'enseignement du *Hochdeutsch* doit se poursuivre. S'il est du reste une région de France où l'on doit le connaître et le pratiquer, c'est bien l'Alsace. La culture philosophique et théologique, littéraire et musicale, véhiculée par cette langue est telle que ceux qui la pratiquent en seront de toute manière fortement enrichis. Je n'ai bien sûr rien contre l'anglais, mais je salue les efforts des recteurs successifs de Strasbourg que j'ai connus en faveur de l'enseignement bilingue français-allemand.

En janvier 2012, l'Association des élus d'Alsace pour la promotion de la langue et de la culture alsaciennes est montée au créneau pour protester contre la diminution des heures d'allemand dans l'enseignement bilingue, qualifiée par elle de «bilinguisme au rabais»: le passage de douze heures à huit, en lieu et place de la formule totalement paritaire (douze heures en français et autant en allemand).

Les arguments développés méritent d'être entendus, notamment celui de l'emploi. Certes, «seulement» cent millions de personnes parlent allemand dans le monde, ce qui est assez peu au regard des anglophones ou des hispanophones. Cela n'empêche pas que tout récemment, une proposition d'emploi présentée à Saint-Louis par des Allemands n'a réuni que 270 candidats pour 300 postes, car l'usage de l'allemand était requis. En d'autres lieux frontaliers, on signale la difficulté grandissante de recrutement des Alsaciens dans les usines allemandes ou dans les bureaux: des Turcs maîtrisent mieux qu'eux la langue allemande – n'est-ce pas un comble? Ne nous étonnons pas trop, alors, de la baisse continue du nombre de travailleurs frontaliers alsaciens : entre 2001 et 2009, celle-ci aurait été de 6 000 vers l'Allemagne et de 2 000 vers la Suisse.

Un plan intitulé Allemand Pro vient d'être mis au point par le Conseil régional d'Alsace afin de favoriser la mobilité professionnelle vers l'Allemagne grâce à la maîtrise de la langue allemande : sans vrai bilinguisme, il y a véritablement danger pour les frontaliers, qui représentent aujourd'hui 8 % de la population active en Alsace. Le choix est simple : perdre cinquante mille emplois dans les quinze ans qui viennent, ou en espérer cent mille de plus. Il est urgent d'agir sur le plan de l'enseignement de la langue, aussi bien sur les horaires que sur les motivations et sur les méthodes.

Un élément supplémentaire doit nous faire réfléchir : jusqu'à une date récente, la connaissance, à travers le dialecte, d'un allemand au moins approximatif, était toujours supposée chez nous par nos voisins d'outre-Rhin. Depuis quelques années, les Allemands du pays de Bade se sont mis à indiquer en français le nom de nos villes (Strasbourg au lieu de Straßburg) et ont développé l'apprentissage du français, en tant que « langue du voisin ». Il est d'ailleurs vrai que, certains jours d'été en Forêt-Noire, on entend parler français à toutes les terrasses des restaurants et des cafés, mais aussi dans les galeries commerciales et dans les musées. Tout récemment pourtant, suite au changement de majorité affectant le gouvernement du Baden-Württemberg, des voix nouvelles, plaidant pour l'anglais, ont mis en cause l'apprentissage prioritaire du français. Il est décidément bien difficile de résister à la dictature anglophone : ne dit-on pas que lorsque de jeunes Alsaciens rencontrent de jeunes Allemands, de ce côté du Rhin ou de l'autre, ils se parlent... en anglais ?

Chez nos voisins suisses de Bâle, un mouvement plus favorable paraît déclenché. Depuis la rentrée scolaire d'août 2011, tous les élèves de la troisième classe primaire vont apprendre le français comme première langue vivante. Il aura fallu cinq ans pour que les six cantons suisses situés près de la frontière linguistique signent cet accord intitulé à raison Passe-partout. Là aussi, certains milieux économiques se sont montrés réticents, mais ils se sont laissé convaincre par l'argument faisant valoir que, de toute manière, l'apprentissage de l'anglais démarrera deux ans plus tard. Il est vrai qu'en Suisse, l'allemand n'est pas seul à être « langue officielle » : le français l'est aussi – en même temps d'ailleurs, pour tel canton du moins, que l'italien.

Pour ma part, j'invite à ce que nous acceptions de nous laisser convaincre par le slogan : « Deux langues valent mieux qu'une ! » Et à ce que nous apprenions, à travers l'alsacien et l'allemand, à réconcilier aussi « langue du cœur » et « langue du voisin ». L'Alsace continue à disposer en ce sens de précieux atouts.

L'université et les écoles

Approfondir sa culture est certes un moyen de s'universaliser. Mais on a souvent vu aussi que la spécialisation, en même temps qu'elle peut couper de tous ceux qui n'ont pas accès au niveau académique, risque d'aboutir également à une juxtaposition et à un cloisonnement de spécialistes. Forte de sa grande tradition, l'Alsace s'est heureusement donné plusieurs moyens pour se rapprocher de l'idéal de communication qu'exprime à lui seul le mot même d'« université ».

Il faut remarquer d'emblée que le monde universitaire alsacien ne se limite pas aux universités. En 2011, peu avant la prise de fonction d'Armande Le Pellec-Muller, la nouvelle recteure de l'académie de Strasbourg (en même temps chancelier des universités d'Alsace), il existait chez nous deux universités autonomes : celle de Strasbourg, comprenant plus de 42 000 étudiants et 2 672 enseignants-chercheurs, et l'Université de Haute-Alsace, avec ses presque 8 000 étudiants et ses 580 enseignants. S'y ajoutaient : l'Institut national des sciences appliquées, grande école publique d'ingénieurs (plus de 1 600 étudiants et 116 enseignants) ; la Bibliothèque nationale et universitaire de Strasbourg ; trois établissements dépendant d'autres ministères que l'Éducation nationale, dont la prestigieuse École nationale d'administration ; un réseau de dix grandes écoles, dont les six écoles d'ingénieurs des universités d'Alsace. Ensemble particulièrement riche et diversifié donc, comme on le voit.

L'université désormais unique de Strasbourg

En réalité, jusqu'à une date récente – et depuis les lendemains de mai 68 –, il y avait non pas une, mais trois universités à Strasbourg, la première dédiée aux sciences dites parfois « dures », la deuxième aux sciences humaines, la troisième aux sciences juridiques.

Cette séparation, voulue pour ménager des structures plus légères, avait bien entendu ses avantages, mais elle n'honorait plus la grande intuition de l'*universitas* médiévale, dont le propre était de réunir, en vue de les faire communiquer, l'ensemble des connaissances. De plus, leur taille modeste, qui correspondait à celle des universités françaises en général, ne leur permettait guère de figurer dans les palmarès internationaux.

Pour ces deux raisons, l'unification des trois universités locales en une seule Université de Strasbourg est apparue comme une chance. On a désormais affaire à un établissement susceptible de figurer au rang des grandes institutions académiques européennes. Certes, catholique ou protestante, la théologie y tient une part modeste, mais elle est de fait présente au milieu de tous les autres savoirs, et un prêtre théologien alsacien, Michel Deneken, qui fut doyen de la faculté de théologie catholique locale, joue – en tant que premier vice-président – un rôle majeur dans l'administration de ce nouvel ensemble académique.

L'unification évoque de soi les origines mêmes de l'université de Strasbourg, voilà cinq siècles. C'est en effet en 1566 que le Gymnase Jean-Sturm (fondé en 1538) est devenu académie, puis en 1621 université, formant de grandes figures européennes. Par suite de vicissitudes historiques, plus de dix universités successives ou simultanées sont recensées. C'est ainsi que l'université impériale allemande a été fondée en 1872 et l'université française recréée en 1919. Tous ces «avatars» culturels ou linguistiques n'en renvoient pas moins au concept unique d'Université de Strasbourg.

Plus modeste apparaissait l'Université de Haute-Alsace, établie essentiellement à Mulhouse, à l'issue d'un processus qui s'est étalé entre 1968 et 1977. Des mouvements de rapprochement ont ouvert la perspective d'un rattachement à l'université unifiée de Strasbourg, dans le cadre d'une grande Université d'Alsace. Le processus est en bonne voie d'aboutissement. On me laissera néanmoins rappeler que – et pas seulement pour manifester d'une autre manière encore mon attachement à Mulhouse – j'avais tenu à participer sur place à la séance de remise solennelle des premiers doctorats *honoris causa* de l'Université de Haute-Alsace.

En réalité, ce processus d'unification s'inscrit dans une recherche d'excellence au cœur de ce que l'on pourrait appeler un «triangle d'or» de la recherche, qui englobe les sites de la région métropolitaine du Rhin supérieur (Bâle, Freiburg, Karlsruhe). Le concept d'«excellence» étant aujourd'hui une réalité majeure dans le fonctionnement des universités, on se réjouit que l'Université de Strasbourg vienne justement de signer avec son ministère de tutelle une convention Initiative d'excellence (Idex), qui lui offre des moyens accrus. Parmi les projets particulièrement innovants ainsi soutenus figure l'Institut hospitalo-universitaire de chirurgie mini-invasive guidée par l'image, où commence déjà la chirurgie de demain. Strasbourg dispose également d'un Centre de chimie des systèmes complexes dirigé par le prix Nobel Jean-Marie Lehn, sous la co-tutelle de l'Université et du CNRS, et d'un Centre de recherche du médicament, Medalis, qui innove en matière de lutte contre le cancer. On pourrait encore évoquer le dynamisme des Hôpitaux universitaires, qui envisagent une fusion avec le Centre Paul-Strauss de lutte contre le cancer, pour la mise en place d'un Institut régional du cancer. La recherche est en ces domaines particulièrement en pointe à Strasbourg, comme le prouve la mise en place de l'Institut d'études avancées de la nouvelle université, qui regroupe des chercheurs prestigieux d'une dizaine de disciplines.

Ainsi se manifeste tout l'intérêt de l'université réunifiée. Même si notre faculté de théologie apparaît bien modeste dans cet ensemble colossal, elle n'y a pas moins sa place, plutôt que d'être rejetée en dehors des savoirs contemporains, comme cela se passe bien sûr – et pour cause – dans les autres universités françaises. J'ai toujours trouvé fort contestable, voire contradictoire, de conférer l'appellation d'université à une institution ne pratiquant qu'une certaine catégorie de savoirs. La science est universelle ou elle n'est pas. Si le pape Benoît XVI a appris la création de l'université unique de Strasbourg, ce dont je ne doute pas, il a dû profondément s'en réjouir. Mais je ne suis pas sûr que tous les ministères de Paris et tous les dicastères de Rome en aient saisi tout l'enjeu...

Les autres institutions d'enseignement supérieur

L'enseignement supérieur rayonne encore à travers bien d'autres institutions, qui ne sont pas nécessairement liées organiquement à l'université, mais qui apportent leur pierre au rayonnement de la culture académique. Je cite pêle-mêle : le Centre universitaire d'enseignement du journalisme de Strasbourg ; l'École nationale supérieure d'architecture de Strasbourg, qui va prochainement doubler la surface de ses locaux à travers un chantier dans lequel intervient Marc Mimram, le concepteur et l'artisan inspiré de la passerelle qui relie les deux rives du Rhin ; l'Institut d'études politiques, le fameux « Sciences Po » ; enfin, *last but not least*, cette École nationale d'administration que tant d'esprits chagrins et jacobins ne pouvaient imaginer fonctionnant en dehors de la ville de Paris, et qui a magnifiquement intégré, dans les années quatre-vingt-dix, un ancien couvent de femmes (transformé entre-temps en prison), en bordure de la Petite-France et de ses fameux Ponts couverts. N'est-ce pas un signe parlant que de futurs hauts fonctionnaires – qui exerceront du reste pour un bon nombre d'entre eux dans les préfectures de province – soient formés dans une ville qui allie les qualificatifs de capitale régionale et de capitale européenne ?

Mon dernier mot sera ici pour regretter la fermeture, en 2002, du Centre d'études germaniques créé dans la Rhénanie occupée par la France en 1921 et transféré à Strasbourg en 1930. Si ce « pont sur le Rhin » a disparu, il reste cependant la publication, quatre fois par an, de la précieuse *Revue d'Allemagne*. « C'est toujours ça », m'a dit quelqu'un qui n'a peut-être pas complètement renoncé à voir l'actuelle situation changer un jour... Qui sait ?

Je ne saurais toutefois quitter l'enseignement universitaire strasbourgeois sans faire place à l'Université populaire européenne, qui a fait le 1er septembre 2012 sa quatre-vingt-douzième rentrée, et que préside depuis le début des années quatre-vingt le professeur Lucien Braun. Des milliers d'adhérents s'y bousculent chaque année, sans condition ni d'âge, ni de diplôme, ni de statut social. Et si le succès ne se dément pas, « l'esprit [...] s'est, selon Lucien Braun, profondément modifié. Aujourd'hui, ce qui relève de la connaissance est largement offert par les médias et les encyclopédies. Tout le monde y a accès. Les personnes qui fréquentent notre université semblent chercher autre chose : elles viennent de plus en plus dans le but de se former, de se construire. »

Les bibliothèques

La Bibliothèque nationale et universitaire de Strasbourg (BNUS) est encore une institution alsacienne unique au plan français, puisqu'à la fois locale (liée à l'Université de Strasbourg) et nationale. Une fois de plus, elle nous renvoie à l'histoire complexe de notre province. Le 24 août 1870, les bombes prussiennes anéantissent l'ancienne église des dominicains (ou Temple-Neuf), qui servait alors de bibliothèque municipale depuis le XVIIIe siècle et contenait les trésors des monastères du Bas-Rhin, confisqués à la Révolution. Tout d'abord, le précieux manuscrit du *Hortus deliciarum;* mais aussi le seul manuscrit connu de la *Lettre à Diognète* (fin du IIe siècle) découvert dans une poissonnerie de Constantinople au XVe siècle ; et par ailleurs des centaines d'autres manuscrits et incunables. On dit que c'est en réparation de ce crime contre la culture que les autorités allemandes ont voulu édifier une grande bibliothèque à Strasbourg et la doter splendidement, aussi bien quant au bâtiment lui-même que dans ses collections. Ainsi ont-elles édifié un majestueux édifice dans le style de la Renaissance italienne sur le *Kaisersplatz*, symbole du pouvoir impérial au cœur du *Reichsland.* Cette bibliothèque a été, en son temps, la quatrième de l'empire en nombre de volumes, après Berlin, Munich et Goettingen : 700 000 volumes en 1900. Il y en a plus de trois millions aujourd'hui. Le bâtiment fait actuellement l'objet d'une totale restructuration.

Cette bibliothèque me tient à cœur, car il lui a été confié, dans le cadre des politiques d'achat globales des bibliothèques *nationales*, le souci particulier des religions, en lien avec l'existence des deux facultés de théologie voisines et en cohérence avec la législation concordataire. Ici, une confidence : lorsque je suis arrivé en Alsace, la Province de France de la Compagnie de Jésus était en train de se dessaisir de son prestigieux domaine des Fontaines à Chantilly, qui avait accueilli, à la fermeture du scolasticat de Fourvière, son extraordinaire bibliothèque théologique et philosophique. Quand j'appris la fermeture de Chantilly, mon sang ne fit qu'un tour : ne pourrions-nous, à Strasbourg, nous porter candidats ? Hélas, la négociation était déjà très avancée avec la municipalité de Lyon (« Fourvière » était, en son temps, une institution très « lyonnaise »). Et d'ailleurs, lorsque je me tournai vers la BNUS pour examiner si l'on pouvait envisager quelque chose de son côté, il me fut répondu qu'on était sur place à la veille de grands travaux – et donc que la question d'un éventuel accueil d'apports extérieurs ne pourrait être posée avant longtemps...

La BNUS n'est pas la seule grande bibliothèque en Alsace, loin s'en faut. La Bibliothèque municipale de Colmar a la chance de bénéficier des bâtiments de l'ancien couvent des dominicains de cette ville. Comme son homologue de Strasbourg, elle a accueilli à la Révolution des ouvrages provenant des abbayes, cette fois-ci haut-rhinoises ; mais elle n'a pas brûlé en 1870. Cela a permis, en 2009, une découverte exceptionnelle : en examinant de près un missel du

XIIIe siècle ayant appartenu au prince-abbé de Murbach, on s'est aperçu que sa reliure avait été restaurée, en 1510, avec des fragments... de la Bible de Gutenberg ! Cette dernière a été imprimée en 1453 en trente exemplaires : seuls quatre nous sont parvenus complets, ainsi qu'un certain nombre de fragments. Les deux éléments ainsi découverts vont être décollés de leur support en bois et exposés à Colmar avec tout l'honneur qui leur est dû. Pour Fabienne Chagrot, assistante de conservation à la Bibliothèque municipale de Colmar, c'est « la découverte d'une vie ». Ajoutons que Colmar sait allier la modernité à la tradition : la ville a inauguré en septembre 2012 une médiathèque installée dans un ancien hôpital du centre-ville du XVIIIe siècle. Cette institution récente « veut donner au public toute sa place » ; de grands espaces sont dédiés à la lecture, à internet et aux « documents adultes » ; un étage entier est réservé aux enfants ; un auditorium de cent cinquante places a été ouvert.

Revenant à Strasbourg, il convient de faire état de la déjà très fréquentée médiathèque André-Malraux, dont on nous précise qu'elle « s'inscrit dans la filiation des bibliothèques municipales à vocation régionale » et qui est implantée sur une ancienne friche du Port du Rhin. Le bâtiment, ancien silo réhabilité, témoigne de l'architecture industrielle du XXe siècle et s'inscrit dans un projet d'urbanisme visant à « réaliser la suture entre le centre historique de la ville et les faubourgs de l'est et du sud », au sein d'un grand espace culturel et de loisir. Documents, livres jeunesse, périodiques en accès libre se greffent sur trois pôles d'excellence : un riche fonds patrimonial (on se souvient de Gutenberg) ; l'illustration, en écho à la filière Gustave Doré – Tomi Ungerer ; les littératures européennes (nous sommes dans l'une des capitales de l'Europe).

La ville de Sélestat s'enorgueillit bien sûr à juste titre d'accueillir la bibliothèque du grand Beatus Rhenanus (1485-1547), qui la lui a léguée. En son temps, posséder quelques centaines de livres était tout à fait exceptionnel. Sa collection est donc l'une des plus importantes conservées en France d'un humaniste du début du XVIe siècle. Elle a pour cette raison été inscrite au Registre de la Mémoire du monde de l'Unesco en mai 2011.

Je précise qu'il existe une autre collection superbe d'ouvrages de cette époque au grand séminaire de Strasbourg, dans un cabinet jouxtant la grande bibliothèque qui accueille par ailleurs de nombreux livres du XVIIIe siècle – tout cela sous la garde vigilante d'un bénévole à la fois compétent, dévoué et infatigablement disponible, Louis Schlaefli. Cette bibliothèque ancienne du grand séminaire est d'autant plus intéressante que, au lendemain de la Révolution, la Bibliothèque municipale de Strasbourg lui avait rétrocédé un grand nombre de doubles ou d'ouvrages religieux, les préservant ainsi sans le savoir du terrible incendie du 24 août 1870.

D'autres écoles encore...

Puisqu'il a été question de grandes écoles au début de ce chapitre, je voudrais brièvement dire aussi un mot d'écoles secondaires catholiques assez uniques.

Je pense d'abord aux quatre « collèges épiscopaux » du diocèse, uniques en leur genre en France depuis la fermeture du collège Saint-Augustin de Bitche, dans le diocèse de Metz. Ils fonctionnent selon un régime juridique datant d'une ordonnance napoléonienne de 1813 sur la gestion des petits séminaires, qui les a placés sous l'autorité du bureau qui gère aussi le grand séminaire, avec un trésorier agréé par le ministère de l'Intérieur. Tout en appartenant à l'enseignement catholique, ils sont donc des « établissements publics du culte » relevant de l'« enseignement ecclésiastique ». L'archevêque est leur tutelle propre : c'est lui qui nomme leur directeur.

Il faut cependant distinguer les situations. Le collège Saint-Étienne de Strasbourg et le collège de Zillisheim ont été les petits séminaires respectifs du Bas-Rhin et du Haut-Rhin et ils ont subi de plein fouet le *Kulturkampf* de Bismarck, qui les a fermés en 1874. Ils n'ont pu rouvrir ultérieurement, en 1887, que sous l'appellation de *bischöfliches Gymnasium* (collège épiscopal). Le collège Saint-André de Colmar a été fondé comme simple collège libre en 1852 par mon prédécesseur Mgr André Raess, qui lui a donné le nom de son propre saint patron ; lui aussi a subi le *Kulturkampf*. Quant au séminaire des jeunes de Walbourg, il a été ouvert en 1946 par mon confrère sulpicien Mgr Weber, qui préférait le système français des petits séminaires intégraux à la solution mixte qui fonctionnait au collège Saint-Étienne, où les séminaristes étaient en partie mélangés, notamment pour les cours, à d'autres collégiens.

Lorsque je suis arrivé en Alsace, on m'a expliqué que ces quatre établissements dépendaient de ma tutelle. Je ne me suis pas fait faute de les visiter régulièrement, célébrant la fête patronale de l'un ou effectuant la visite pastorale de l'autre. Un manque m'est cependant vite apparu : alors que les établissements sous tutelle congréganiste bénéficiaient des réseaux des congrégations dont ils relevaient, leur permettant des rencontres régionales (comme pour les Sœurs de Ribeauvillé, qui gèrent dix établissements en Alsace), ou même internationales (les Sœurs de Sion ont des collèges jusqu'en Turquie), les chefs d'établissement et les aumôniers de ces quatre collèges ne se rencontraient, au contraire, jamais. Il m'est alors venu l'idée de fonder un Prix de l'archevêque réservé aux élèves de ces établissements, et doté financièrement sur mes droits d'auteur. J'estimais en effet devoir m'acquitter ainsi d'une dette à l'égard de l'enseignement catholique – spécialement le cher collège d'Ancenis – qui, en m'apprenant l'allemand, langue de l'adversaire, au lendemain de la Seconde Guerre mondiale, m'a – sans que je le sache bien sûr – prédisposé à devenir archevêque en Alsace ! Ce prix a merveilleusement fonctionné dans la seconde moitié de mon épiscopat : certains lauréats ont ainsi vécu un séjour (« inoubliable ») à Rome, d'autres un week-end (non moins inoubliable) à l'archevêché, associés à mes visites pastorales du moment, entraînés le soir qui à un spectacle, qui à la tribune officielle du Racing Club de Strasbourg. Comme le jury de ce prix était constitué des directeurs et aumôniers des collèges épiscopaux et que je les traitais généreusement à ma table, il s'est créé des liens entre eux. Du coup, non seulement ils ne se plaignaient plus d'être sous-accompagnés par rapport aux tutelles congréganistes, mais j'ai entendu un certain nombre d'autres établissements regretter de ne pas être éligibles au Prix de l'archevêque...

Je tiens aussi à parler du collège de Matzenheim. On a célébré en 2012 le cent cinquantième anniversaire de cet établissement fondé par une congrégation locale de religieux, les Frères de la doctrine chrétienne de Strasbourg, dits Frères de Matzenheim. Leur objectif premier était de préparer non pas des prêtres – il y avait pour cela les petits séminaires –, mais « des instituteurs chrétiens, des organistes et des sacristains ». Je vois là une manière d'exprimer, au milieu du XIXe siècle, la nécessité de former chrétiennement des laïcs engagés dans des tâches de transmission (les enseignants) et de célébration (les musiciens et sacristains) de la foi. Œuvre belle et généreuse, elle a formé des générations de laïcs chrétiens, mais aussi des religieux et même des prêtres, comme le médiatique et estimé aumônier d'hôpital Denis Ledogar et, pendant un temps au moins, l'un de mes propres vicaires généraux, Mgr Joseph Gaschy. Il est heureux que le récent anniversaire des cent cinquante ans ait donné lieu à de grandes manifestations, d'autant que ladite congrégation serait proche de s'éteindre en Alsace, alors même qu'elle a donné naissance à un rameau magnifique à Madagascar.

Parler ainsi de Matzenheim m'oblige au moins à évoquer le Foyer de l'étudiant catholique (« le Fec »), et celui qui fut à la fois son fondateur en 1925, son directeur toujours inventif jusqu'à sa mort, survenue le matin de Pâques 1988... et qui reste son inspirateur : le frère Médard, que tout le monde connaissait à Strasbourg. Au nom d'un mot d'ordre généreux, « s'engager pour unir les hommes », ce fils de paysans alsaciens fit de cet établissement un carrefour bouillonnant de rencontres de personnalités et d'idées, notamment à travers un cycle prestigieux de conférences et l'institution des ICS (Intellectuels chrétiens sociaux), dans la ligne et l'esprit du pape Léon XIII, dont le portrait trône du reste toujours dans la grande salle de conférences qui lui est dédiée.

Ici, le lecteur pourra s'interroger : et les protestants ? L'enseignement confessionnel n'étant guère dans la tradition du protestantisme, c'est une bonne raison de rappeler l'existence d'une institution dont il a déjà été question plus haut, à savoir le Gymnase Jean-Sturm, qui a récemment fusionné avec le collège Lucie-Berger. Cela me donne l'occasion de souligner un trait qui, à Strasbourg et en Alsace, joue à la fois comme un appel à la communication et comme un atout en sa faveur : l'excellence de l'enseignement secondaire s'y trouve ainsi partagée entre l'enseignement public, l'enseignement catholique et l'enseignement protestant – sans oublier, bien sûr, l'enseignement juif.

Associations et confréries

Que les Alsaciens cherchent la communication et qu'ils s'en donnent les moyens se marque aussi au fait qu'ils cultivent par nature et par goût l'esprit associatif. Du Moyen-Âge, ils ont conservé le goût des « confréries ». Non soumis à la fameuse loi de 1901 qui régit les associations en Vieille France, ils multiplient ici les créations sous l'égide d'une loi locale datant de 1908 qui, aux dires de Jean-Marie Woehrling, président de l'Institut du droit local, soumet certes lesdites associations à des règles plus rigoureuses, mais leur confère aussi « un régime juridique plus précis et des possibilités d'action plus vastes que les associations de droit général ».

D'une Académie à plusieurs confréries

J'évoquerai d'abord l'Académie d'Alsace (exactement: l'Académie des sciences, lettres et arts d'Alsace), à laquelle je m'honore d'appartenir à titre, justement, de «membre d'honneur». De fait, elle accueille en son sein des artistes, des scientifiques, des poètes et des écrivains. Elle a été fondée en 1952, mais elle se veut l'héritière d'une tradition remontant au XVIIIe siècle, à l'instar des trente et une autres académies des diverses régions de France. Ses activités consistent principalement à tenir des séances publiques en différents lieux d'Alsace et au-delà, sur des thèmes ayant trait à l'histoire, au patrimoine, à l'économie ou aux sciences. J'y ai moi-même donné une conférence lors d'une séance académique tenue le 31 janvier 2009, à l'invitation de Christiane Roederer qui la préside, sur ce thème significatif pour moi: «La cathédrale de Strasbourg d'hier à aujourd'hui». L'Académie d'Alsace apporte une précieuse contribution au rayonnement de la région.

J'en viens aux confréries, dont notre région, qui en reste une terre de prédilection, recense une bonne vingtaine. Il est absolument réducteur de n'y voir que du folklore.

Prenons l'exemple de la confrérie Saint-Étienne de Kientzheim (Haut-Rhin), à laquelle j'ai aussi l'honneur d'appartenir (tout comme je suis membre de la confrérie Saint-Urbain du village homonyme bas-rhinois de Kintzheim, et de celle de la Corne d'Ottrott – j'y reviendrai). Elle est née à Ammerschwihr au XIVe siècle sous le nom de *Herrenstubgesellschaft*, ce qui en fait la plus ancienne confrérie vinique de France, alors qu'elle n'a pris son nom actuel qu'en 1781. Après plusieurs périodes d'endormissement, elle a repris vigueur en 1947; à cette occasion, il a été décidé de l'étendre à tous les amateurs de vin, au lieu de la réserver aux seuls vignerons. Installée depuis le début des années 1970 dans le château de Kientzheim, elle veille sur un patrimoine exceptionnel, régulièrement approvisionné par ses membres, de dizaines de milliers de bouteilles de vin d'Alsace.

Toutes les confréries alsaciennes ne sont pas liées au monde vinicole. Citons – entre autres! – la confrérie de l'asperge de Village-Neuf, celle du taste-fromage à Munster, celle des Rois mages de Ribeauvillé, celles des hospitaliers d'Andlau, des *Zewwelatreppler*/piétineurs d'oignons de Sélestat, des vins des quatre bans de Cleebourg, des anysetiers d'Ostwald, ou encore la confrérie Saint-Thiébaut de Thann. Loin de moi la nostalgie de l'Ancien Régime, mais qu'on me permette de me réjouir de la survie de ces «corps intermédiaires» qui ont joué un grand rôle social pendant des siècles dans les villages alsaciens et qui, adaptés au goût du jour, sont toujours susceptibles de créer des liens, tout en promouvant les produits d'un terroir et le mérite de toute une profession.

En octobre 2009 a été organisée à Strasbourg une grande parade regroupant, à côté des confréries viniques, celles des jardiniers, des boulangers, des fromagers, revêtus de leurs tenues d'apparat respectives. La manifestation incluait – ce dont je les félicite ! – la participation à la messe dominicale à la cathédrale. Il m'est arrivé de présider moi-même à Brunstatt, repas festif compris dans la grande salle municipale, la grande fête des talmeliers (l'ancien nom des boulangers). L'odeur merveilleuse de pain chaud emplissait l'église lorsque vous y entriez pour célébrer la messe, car les artisans boulangers et pâtissiers avaient déposé et disposé tout autour de l'autel, pour les faire bénir, un extraordinaire échantillon de leur production aux formes variées, aux couleurs contrastées – et, bien sûr, aux senteurs conquérantes. J'ai également pu participer au moins une fois à la grande fête des ménétriers à Ribeauvillé. Là, le spectacle est surtout dans les rues, décorées à plaisir, où circulent et défilent plusieurs dizaines de chars tous plus ornés les uns que les autres, et où se presse la foule abondante des grandes festivités et attractions de l'été.

En juillet 2011, la cathédrale – toujours elle – accueillait dix confréries viniques alsaciennes, en provenance de Cleebourg, de Marlenheim, d'Ottrott, de Dambach-la-Ville, de Scherwiller, du Haut-Koenigsbourg, de Kintzheim, de Kientzheim, d'Andlau et d'Ammerschwihr, venues rendre hommage à saint Urbain, leur patron. Les Strasbourgeois et les touristes qui participaient à la messe de onze heures ont été ébahis par la magnificence et la diversité des tenues et des oriflammes. Dans son mot d'accueil, le grand chancelier de l'Ordre œnophile de Marlenheim a rappelé quelques éléments importants de convergence entre le travail des vignerons et celui du Créateur, à commencer par la patience.

À Kientzheim, j'ai été accueilli comme membre d'honneur de la confrérie Saint-Étienne en même temps que le Préfet de région de l'époque. Deux verres sont disposés de manière très cérémonieuse sur un tonneau bien visible de toute l'assemblée. L'impétrant est invité à goûter les deux – et à dire lequel il préfère et pourquoi... Après la dégustation, un repas à la fois fin et plantureux était servi à l'étage. Je n'avais jamais vu autant de verres mis à la disposition d'un seul convive : il y en avait huit, rangés cérémonieusement du plus grand au plus petit, du verre à eau au verre à schnaps, ce qui laissait entre les deux la place à six verres pour le seul vin – je veux dire pour les vins : un pour chaque mets ! Il m'a été donné d'expérimenter en Alsace que, poussée à un certain degré, la culture du vin devient la source d'une extraordinaire convivialité, d'une profonde communication.

À Kientzheim, il me faut cependant ajouter Kintzheim : après le Haut-Rhin, le Bas-Rhin, et après saint Étienne le premier des diacres, le pape saint Urbain. Le grand maître Alphonse Jenny, avec qui je corresponds toujours, m'intronisa dans sa noble confrérie ; le maire Francis Weyh fit ensuite de moi un citoyen d'honneur de sa commune lorsque, quelques années après mon départ d'Alsace, je fus invité à revenir sur place pour y bénir solennellement l'orgue rénové.

Après Kientzheim et Kintzheim, voici encore Ottrott, et sa confrérie à la gloire du vin rouge local. L'entrée en son sein est conditionnée par une épreuve qui consiste à boire le contenu d'une corne d'auroch, soit environ trois litres ! Il y a certes belle lurette que la corne n'est plus remplie, mais cela n'a fait que déplacer la difficulté : le vin étant concentré au fond de la corne, le candidat s'étonne que, pendant un long moment, rien ne parvienne à son gosier ; il relève donc de plus en plus haut le contenant, ce qui a pour effet inéluctable que le contenu se déverse d'un coup sur son visage, et arrose copieusement sa cravate... à l'hilarité générale de l'assistance, bien entendu. Ce malheur et la honte qu'il entraîne m'ont fort heureusement été épargnés, et je serai éternellement reconnaissant envers le « confrère » qui, me traitant avec une élégance appropriée à mon état ecclésiastique, m'a au bon moment murmuré à l'oreille : « Faites bien attention Monseigneur, ça vient tout d'un coup ! »

J'ai failli entrer dans l'Académie de la bière : Rina Muller, la dynamique PDG de la brasserie Schutzenberger, me l'avait proposé lors d'un dîner organisé chez elle en compagnie de sa fille Marie-Lorraine. Sur sa suggestion, j'avais été heureux de l'inviter à participer avec sa famille, au premier rang de l'assemblée, à une messe de minuit de Noël à la cathédrale. Je ne l'ai malheureusement plus revue vivante. C'est avec une grande tristesse que j'ai suivi le destin posthume de sa belle entreprise, une des rares survivantes de la grande industrie brassicole alsacienne – avec Météor de Hochfelden, bien entendu.

D'une profusion de Sociétés à un grand Club et un grand Cercle

L'évocation des confréries, qui mettent en valeur la culture et le patrimoine, me fait penser aux multiples Sociétés d'histoire qui sont actives en Alsace, regroupées en une fédération non moins dynamique. Il n'est pas un «pays» d'Alsace qui ne possède la sienne, regroupant des érudits locaux passionnés par l'histoire de leurs villes et villages.

Deux exemples ont pour moi témoigné récemment de ce dynamisme: lorsque la Société d'histoire de Mutzig organisait en 2009 ses assises annuelles à l'hôtel de ville, elle faisait salle comble. Elle peut se targuer des cinq cents adhérents qu'elle regroupe, de ses publications, des conférences qu'elle organise, des travaux de généalogie qu'elle suscite ou facilite. Cette même année, la Société d'histoire du Sundgau publiait dans son traditionnel annuaire trente études inédites sur cette partie si spécifique de notre région. Autant le déclarer sans ambages: j'ai une estime définitive pour ce travail érudit de proximité.

Je salue particulièrement à cet égard la Société des amis du Vieux Strasbourg, dirigée par l'historien Bernard Vogler, qui fait un travail remarquable non seulement de promotion, mais de sauvegarde des monuments anciens de la ville, et la Société des amis de la cathédrale, jusqu'à ces derniers temps présidée par Jean-Paul Lingelser, dont j'étais membre de droit en tant qu'archevêque et que j'ai accueillie officiellement à la cathédrale pour une célébration organisée à l'occasion de son centième anniversaire. Je salue aussi au passage la Société d'histoire de l'Église d'Alsace, qui a malheureusement interrompu la publication de son annuaire en 1997 – sans qu'il n'y ait aucun lien avec mon arrivée à Strasbourg! –, et qui travaille actuellement à la création d'un site qui hébergera ses riches archives, en même temps que de nouvelles études.

Passer maintenant au Club vosgien sera certes changer totalement de domaine. Ce ne sera pourtant pas quitter le champ associatif, même si cette impressionnante institution, fondée en 1872 par Richard Stieve, alors juge d'instance au tribunal de Saverne, et déclarée d'utilité publique en 1879, est pour moi bien davantage qu'une association ou qu'un simple club sportif. J'y vois, à vrai dire, un véritable art de vivre. J'en ai déjà fait l'éloge lorsqu'il était question de l'Alsacien dans la nature. Je tiens à souligner encore la part qu'il prend dans la protection des chemins et dans leur balisage. Lors de son assemblée générale de 2010, cette assez étonnante fédération revendiquait 113 associations locales et plus de 33000 membres. La paire de bonnes chaussures de marche qui m'a été offerte au Münsterhof au moment de mon départ, à l'issue de la célébration à la cathédrale, ne cesse de me faire regretter encore davantage d'avoir si peu profité des sentiers vosgiens !

Un mot sur un « club » d'un tout autre genre : le Cercle de l'Ill, qui est un peu le correspondant régional du Siècle au plan national (où m'avait par ailleurs introduit le sénateur Hubert Haenel, aujourd'hui membre du Conseil constitutionnel) : un lieu de « sociabilité des élites », si l'on peut dire.

L'entrée dans ce cercle m'a été officiellement proposée par le pasteur Michel Hoeffel, qui en était à l'époque le vice-président, et c'est au président Jean Weber que je dois l'honneur d'y avoir été effectivement accueilli. J'ai participé à un certain nombre de ses dîners. Le protocole en est immuable : « Apéritif à 19h30, dîner à 20h10, départ à 22h00. Il n'y a pas de prise de parole, pas de présence obligatoire. Les échanges entre membres se font dans la langue maternelle de chacun, soit le français, l'allemand, l'anglais. » Chaque participant reçoit la liste des convives qui siégeront avec lui à la table à laquelle il a été désigné, en même temps qu'un annuaire de tous les membres présents au dîner du jour. Le plan de table change à chaque fois. Je peux témoigner de l'intérêt considérable d'une formule qui brasse une telle diversité d'acteurs, de décideurs et de responsables, unis par un même souci de servir au mieux l'ensemble de la région, chacun au titre de sa compétence particulière et de ses talents spécifiques.

L'esprit d'association

Parvenu à ce point, il me faut bien avouer à mon lecteur la perplexité qui est la mienne quant à la façon de poursuivre et de clore le présent chapitre. Non pas certes que la matière manquerait pour, si j'ose dire, « en rajouter » ; mais parce que, à vrai dire et quasiment tout au contraire, elle surabonde. Elle surabonde même au point que j'en suis venu à considérer que mille aspects de « la vie en Alsace » pourraient bel et bien être ici encore à évoquer. J'ai parlé « académie », « cercle(s) », « club(s) », et puis « confréries », « sociétés », et quoi encore ? Il y a, en Alsace, partout des associations !

Or, qu'ici on ne puisse aucunement prétendre à l'exhaustivité, la raison m'en est vite apparue la suivante : on se trouve de fait face à un trait qu'on peut reconnaître à la fois comme tout à fait fondamental et vraiment caractéristique – que faut-il dire ? – du tempérament, du caractère, de la mentalité, de l'esprit, de l'histoire, de la culture, voire de l'« âme » même de l'Alsace. À savoir : ce que, faute de mieux sans doute, je me suis résolu à désigner comme l'« esprit associatif » ou l'« esprit d'association ».

Pour en suggérer l'ampleur, et même l'extension dans la diversité, je m'en rapporterai à quatre domaines, particuliers certes, mais qui pourront suffire à documenter et soutenir ma « thèse » sur l'extrême importance de – autre désignation possible – la « mentalité associative » en Alsace.

Je peux commencer par le champ ecclésial. Il est évident que la dimension communautaire est de l'essence même du mystère de l'Église. Mais voici ce qui, sur cette base, m'a frappé en Alsace : la multiplication, rare ailleurs à ce point, des groupes de prière (plusieurs centaines) ; la diversité des groupes charismatiques ou mouvements spirituels (ils sont pratiquement tous représentés) ; la vitalité des mouvements d'éducation comme le scoutisme, ou apostoliques comme le MEJ (Mouvement eucharistique des jeunes), les EDC (Entrepreneurs et dirigeants chrétiens) ou le MCC (Mouvement des cadres chrétiens) ; la relance des servants et servantes d'autel ; le nombre et la variété des chorales liturgiques (j'y reviendrai bien sûr) ; à quoi il faut toujours ajouter assurément le très grand nombre de communautés religieuses d'hommes et de femmes.

Je veux poursuivre avec le domaine municipal. Toutes mes visites pastorales comportaient une rencontre avec les responsables des communes (les maires et une part de leur conseil). Or, j'ai à chaque fois été frappé par l'importance que prenait la réalité associative au sens large dans les rapports alors présentés, les évaluations formulées et les projets avancés. On pouvait partout faire état d'une ou plusieurs dizaines d'associations, même pour une commune de dimension, disons, plutôt moyenne. Elles se diversifiaient selon les âges concernés, les besoins ciblés, les objectifs visés, les moyens adoptés, que sais-je ? À chaque fois, les maires y voyaient un rouage majeur d'animation et de vitalité de leur commune, et un réservoir de chances pour toute leur collectivité. Il m'a été dit qu'à Strasbourg on estime à environ 5 000 le nombre des associations ; dans sa base de données, la Maison des associations en recenserait environ 8 500. À Wissembourg, ce sont 130 associations qui trouvent salles, matériels et lieux de rassemblement dans leur toute nouvelle maison, aménagée dans les locaux de l'ancien tribunal d'instance.

Un autre domaine est celui de la mutualité, particulièrement dans le champ de la banque, mais pas seulement. Dans le domaine agricole, tout un système d'entraide réciproque est quasiment partout mis en place pour parer aux à-coups et dégâts, plus ou moins prévisibles, de tous ordres. Il est certes un fait, cependant, que le mutualisme bancaire est, en Alsace, florissant ; il y est d'ailleurs, sauf erreur, né – sauf à préciser d'une part qu'une certaine impulsion paraît être ici venue d'outre-Rhin, et d'autre part que mon Ouest natal suivit de près le mouvement, d'ailleurs là aussi non sans une certaine inspiration chrétienne. Le slogan publicitaire « Une banque qui appartient à ses clients, ça change tout » peut, jusqu'à un certain point du moins, être tenu pour la traduction, précisément dans le domaine bancaire, de ce que j'ai justement cru pouvoir appeler ici « l'esprit d'association ».

Un dernier domaine, a priori moins frappant, mais tout compte fait extrêmement révélateur, est celui que je qualifierais comme l'« aide – ou même : l'assistance – de proximité ». Certes, il y a les « grands » que sont le Secours catholique, les Restos du cœur et la Croix rouge, tous les trois florissants en Alsace, on le sait. Et il y a aussi, par exemple, la grande affaire annuelle du Téléthon, qui fait déferler des flots de générosité (compétitive). Mais je vise ici bien autre chose. Je pense aux petits groupes constitués d'amis, de voisins, de camarades, s'organisant – éventuellement pour un temps seulement –, en vue de répondre au besoin d'une famille ou d'une communauté, par un coup de main passager ou un dépannage dans la durée. Un exemple parlant m'en est fourni par ce que j'ai pu constater autour du couvent des Sœurs de Saint-Joseph de Saint-Marc de Gueberschwihr, lors des brefs séjours que j'y effectuais régulièrement. Tous les mercredis, un groupe d'artisans de tous métiers se mettait à la disposition des sœurs pour l'aménagement ou l'entretien des bâtiments ou de leurs abords. Leur seul paiement était le déjeuner qui les attendait au couvent. Or, à ce régime, ils ont fait des merveilles dans tous les bâtiments et tous les extérieurs. Les mêmes, ou d'autres, ont totalement rénové et rajeuni le site, tout proche, du Schauenberg.

Tout porte à croire que cette autre caractéristique fondamentale et générale de l'Alsace qu'est donc l'« esprit associatif» ou l'« esprit d'association », non seulement a de beaux jours devant elle, mais fait partie des éléments susceptibles, en retour, de continuer d'assurer de vrais beaux jours à l'Alsace elle-même. On ne s'étonne bien sûr pas trop que, leurs ressources s'amenuisant, les deux départements alsaciens aient annoncé la décision de « resserrer leurs subventions aux associations » ; elles devaient toutes diminuer de 4 % en 2013. Une telle mesure, rendue nécessaire par l'évolution des dotations d'État, ne paraît heureusement traduire aucun recul de l'estime portée en Alsace aux associations. Sinon, il faudrait être sérieusement en alerte...

Le sport

À l'esprit associatif, le sport offre à l'évidence un large champ de déploiement.

Le football

À en juger notamment par le volume des pages sportives qu'il remplit dans la presse, le football est le premier sport qui compte en Alsace. Et il a un nom : le Racing Club de Strasbourg (RCS). S'il faut croire Alain Howiller s'exprimant dans une tribune de *L'Ami hebdo* en 2011, le RCS peut être considéré comme « le miroir des démons alsaciens », et ce miroir n'est guère déformant. Il serait même « avec la cigogne, l'un des rares symboles fédérateurs illustrant les hauts et les bas d'une région qui, trop souvent, a mal à son avenir ! » Et l'ancien directeur et rédacteur en chef des *DNA* de rapporter cette confidence de Marcel Rudloff, ancien maire de Strasbourg, qui disait perdre un point dans les intentions de vote de ses administrés chaque fois que le RCS perdait un match...

Les Strasbourgeois ne sont pas seuls à soutenir « le Racing » : il appartient à tous les Alsaciens. Le même Alain Howiller rappelle les trains spéciaux qui, il n'y a pas si longtemps, venaient de Saint-Louis,

Mulhouse et Colmar, drainant vers la Meinau – lieu d'implantation du stade – des milliers de supporteurs. Il milite même en faveur de l'expression « Racing Club d'Alsace » et rappelle la fidélité de tous ceux (7 000 abonnés et 10 000 spectateurs en moyenne jusqu'à ces derniers temps) qui continuent malgré tout de soutenir un club aux résultats devenus hélas ! souvent très incertains.

Je me souviens comme si c'était hier de ma première venue au RCS : le président d'alors, Patrick Proisy, m'a accueilli avec chaleur, et non seulement il m'a fait asseoir à côté de lui dans la tribune d'honneur, mais après le match, il m'a entraîné saluer les joueurs au vestiaire, puis dîner avec eux tous ! Je suis rentré avec un ballon, signé de tous, que j'ai précieusement emporté avec moi à mon départ d'Alsace.

Lorsque j'ai institué le Prix de l'archevêque, j'ai veillé à ce que le « week-end » offert comme prime à certains des lauréats comporte assez systématiquement un match au Racing. Les jeunes élèves n'en revenaient pas d'être, en ma compagnie, accueillis comme de vraies personnalités dans les salons d'honneur. Des dirigeants aux serveurs, tous jouaient le jeu pour que ces jeunes un peu interloqués gardent le meilleur souvenir de cette visite un peu cérémonieuse tout de même...

Grâce à Manuel Cardoso, époux de ma chère secrétaire et fin connaisseur en matière de football, j'étais informé avec précision du calendrier des matches à la Meinau, et plusieurs fois c'est Robert Herrmann, alors adjoint aux sports de la Ville de Strasbourg, qui m'y conduisit dans sa voiture personnelle ; je ne l'ai pas oublié.

La première fois que j'ai assisté à un match Strasbourg-Nantes, je fus presque étonné de n'avoir aucunement à choisir mon camp : tout spontanément, je me sentis supporteur de Strasbourg ! J'y vis le signe que décidément, dans ce domaine aussi, j'avais – à mon propre étonnement – été d'emblée bel et bien gagné par le « virus » alsacien. Il ne fut par la suite guère facile d'expliquer la chose à mon neveu et filleul nantais Philippe, qu'en un autre temps il m'était arrivé d'accompagner à La Beaujoire pour y soutenir les Canaris nantais !

J'eus par ailleurs à plusieurs reprises l'occasion de rencontrer Gilbert Schneider, président de la Ligue d'Alsace de football, qui me fit lui-même rencontrer le président de la Fédération française de football lors de l'une de ses venues à Strasbourg. Mon lien avec le football en Alsace doit beaucoup aussi à l'ex-international Léonard Specht. Je le voyais régulièrement aux matches auxquels j'assistais à la Meinau et, régulièrement aussi, nous nous entretenions au sujet de la merveilleuse « école de foot » que, depuis plus d'une vingtaine d'années maintenant, il continue d'organiser chaque été au séminaire de Walbourg pour plusieurs centaines de jeunes. Il y eut même un moment où cet infatigable zélateur de la cause du foot me proposa de rencontrer Aimé Jacquet, qui, venant de quitter sa responsabilité d'entraîneur de la – alors triomphale – équipe de France, envisageait de monter une grande opération de formation de jeunes joueurs qui aurait pu aussi concerner très directement l'Alsace...

Tout cela étant dit concernant mon lien avec le football à Strasbourg (et en Alsace), on comprendra bien que je puisse confesser que c'est avec une vraie désolation que j'ai assisté depuis quelques années à ce qu'il faut bien appeler une déconfiture. Au moment le plus critique, c'est presque en tremblant que j'ouvrais chaque lundi matin les *DNA*, me demandant avec anxiété quel nouveau malheur j'y découvrirais... ou bien si j'y apprendrais enfin un heureux sursaut.

Comme des milliers d'Alsaciens, je suis très triste. De 2009 à 2011, j'ai suivi dans le détail, week-end après week-end, la lente descente : Ligue 2, National, CFA (Championnat de France amateur). Vint même se poser la question : et maintenant, que faire du stade de la Meinau, qui, « sans club résident de haut niveau et sans programme de manifestations alternatives », risquait bien de devenir, selon l'expression de Joël Hofstetter de *L'Ami hebdo*, un « grand vaisseau fantôme » ?

Du coup, on s'est organisé... Fin août 2011, une quarantaine de supporteurs décident de faire eux-mêmes le ménage dans les tribunes, histoire d'économiser sur les frais de fonctionnement : « Puisque le club a besoin de moi, j'y vais », déclare Patrick, 38 ans, venu avec ses trois enfants. Les Alsaciens ne baissent pas facilement les bras ! Pendant ce temps, un autre Alsacien, Frédéric Sitterlé, originaire de Blodelsheim, s'investit dans l'association Racing Club de Strasbourg. Puisqu'un club amateur ne peut être porté que par une association et que la société à objet sportif a été liquidée, il crée une SAS (société par actions simplifiée), qui pourrait être transformée le jour où le club retrouverait la Ligue 2. L'espoir renaît. Je participe moi-même, à la Maison de l'Alsace à Paris, à une réunion autour du même Frédéric Sitterlé, de Léonard Specht, de Marc Keller et quelques autres. Mais les choses traînent, et d'autres difficultés surgissent. Maire de Strasbourg et président du Conseil régional font des avances et s'engagent...

Ici, comme on dit familièrement, «j'arrête les frais», car, franchement, «je perds un peu les pédales»! J'en viens même à me demander si j'ai eu vraiment raison de me préoccuper autant du Racing. Je me réponds à moi-même que je n'ai fait là, en somme et une nouvelle fois, qu'honorer mon lien, toujours ici réaffirmé, à l'Alsace! J'ai bien compris la place que le Racing tenait/tient dans l'ensemble de notre région, et qu'exprimait bien l'avis d'Alain Howiller. Je me suis associé de près, pour ma part, à cet attachement. Et tout compte fait, sur ce point limité mais révélateur, j'ai par là aussi administré la preuve que mon départ de Strasbourg n'a aucunement signifié mon éloignement ni mon désintéressement par rapport à l'Alsace et à tout ce qui la concerne.

Pour le reste – je veux dire pour le Racing lui-même –, que pourrais-je dire de plus? Ni je ne suis un expert, ni je ne lis dans le marc de café. Je n'en crois pas moins pouvoir terminer ici sur deux éléments majeurs qui, pour moi, continuent de maintenir l'avenir ouvert et peuvent donc nourrir un espoir fondé. D'une part, il y a en Alsace, pour soutenir le Racing, une telle richesse et une telle profondeur historiques, un si large, si résolu et si constant soutien de l'opinion, de si nombreuses, si importantes et si déterminées personnalités engagées... que je ne peux pas me résigner à voir plonger ou stagner indéfiniment un symbole – et une réalité! – si emblématiques de notre région. Je me dis que, d'une manière ou de l'autre et à un moment ou à l'autre, une vraie relance se produira, qui pourra même nous étonner tous. De grâce, donc, ne baissons pas définitivement les bras!

D'autre part, ici comme dans d'autres domaines – l'artisanat par exemple –, je tourne mon regard vers les jeunes, et cette fois je reviens à Walbourg. Notre séminaire des jeunes dispose là de beaux terrains sportifs, utilisés chaque année durant les vacances pour des stages d'entraînement qu'organise, je l'ai dit, Léonard Specht. Ils sont soutenus par Guy-Dominique Kennel, président du Conseil général du Bas-Rhin, qui a de bonnes raisons de bien connaître le lieu. Je constate ainsi avec joie que l'enseignement catholique milite résolument, à sa place, pour le développement d'«un esprit sain dans un corps sain», aussi bien dans le Bas-Rhin – et pas seulement à Walbourg puisqu'il y a aussi l'établissement des Missions africaines de Haguenau – que dans le Haut-Rhin puisque la Ligue d'Alsace de football organise des stages d'été à visée sportive et pédagogique à l'Institut Sonnenberg de Carspach, qui relève de la fondation des Sœurs de Ribeauvillé. Je me fonde sur cette observation, qui concerne donc les jeunes, pour ici comme ailleurs terminer sur une note d'espoir.

Il n'y a cependant pas que « le foot » !

En matière de sport dans notre région, je ne me suis pas intéressé qu'au football ! J'ai suivi passionnément les résultats de la SIG, le fameux club de basket de Strasbourg/Illkirch-Graffenstaden. J'ai vibré aux exploits des nageurs de Mulhouse, de Béatrice Hess que le handicap n'empêche pas d'être une formidable sportive, de Sébastien Loeb, le champion automobile qui n'en finit pas d'additionner les victoires et à qui j'ai une fois écrit pour l'en féliciter. Je me suis même un jour laissé inviter au Wacken alors qu'un millier de jeunes judokas étaient venus rencontrer le grand champion David Douillet, que je suis allé féliciter lui aussi de sa disponibilité pour ce genre de rencontres.

Tout cela m'a renforcé dans la conviction du *mens sana in corpore sano* / un esprit sain dans un corps sain, cette maxime que mes maîtres m'ont autrefois inculquée. J'ai d'ailleurs tenu à en faire le thème d'une conférence donnée lors d'un anniversaire de l'Avant-Garde du Rhin lors de l'une de ses assemblées générales, qui se tenait à Châtenois, où était alors curé son aumônier l'abbé Alain Riegert. Cette grande association alsacienne a été fondée en 1898, et elle regroupe plus de deux cents associations particulières totalisant près de quinze mille licenciés. Elle s'efforce de maintenir réellement l'esprit chrétien de ses origines, manifesté par les valeurs qu'elle porte elle-même et que veut également signifier et soutenir pour sa part la nomination d'un aumônier diocésain. Ses locaux sont d'ailleurs implantés dans le même bâtiment que les Mouvements apostoliques. Rappelons que ses activités vont du judo au ping-pong en passant par la gymnastique et le tennis...

À ces quelques notations faites dans le seul but d'élargir un peu le regard au-delà du seul foot, je me contente d'ajouter une « ouverture » sur quatre domaines sportifs particulièrement florissants en Alsace : l'automobile, la natation, le vélo, et les dénommés sports d'hiver.

L'automobile d'abord. L'Alsace-Lorraine compte quatre circuits, dont L'Anneau du Rhin, établi à Biltzheim, qui se veut accessible aux conducteurs privés, lesquels peuvent en toute légalité s'exercer à des vitesses interdites sur le réseau routier. En fait, les automobilistes sont moins nombreux à en profiter que les motards ; et il faut bien dire que deux des autres circuits, ceux de Châtenois et de La Wantzenau, sont plutôt dédiés à la sensibilisation aux risques routiers. N'oublions pas cependant, par ailleurs, que l'Alsace a accueilli trois grands prix automobiles entre 1922 et 1947. Et l'on peut enfin évoquer les courses en stock-cars organisées à Illzach et le « Meeting tuning » de Dannemarie, qui rassemble dans le Sundgau plusieurs centaines de bolides « customisés » le temps d'un week-end d'été.

Aujourd'hui, il n'est cependant plus possible de parler de l'automobile en Alsace sans citer la figure charismatique de Sébastien Loeb, déjà évoquée à l'instant. Il faut dire que ce sportif alsacien, qui a passé toute sa jeunesse à Haguenau et qui a appris à piloter sur les petites routes des environs d'Oberhoffen et de Bischwiller, est soutenu par toute la région, à laquelle il revendique si fièrement d'appartenir et dont il porte les couleurs dans le monde entier. C'est à lui que l'on doit la présence du Rallye de France en Alsace depuis 2010, sachant que notre région offre des itinéraires très adaptés (et qui respectent les sites classés Natura 2000), que ce soit dans les Hautes-Vosges, dans le piémont ou dans la forêt de Haguenau. Bon vent à notre champion, qui a annoncé son intention de s'éloigner désormais des rallyes pour se rapprocher des circuits !

La natation. Ici, de nouveau, règne Mulhouse. Elle a été heureuse d'accueillir et de préparer, il n'y a pas si longtemps, la grande championne d'origine roumaine Roxana Maracineanu ; et elle se flatte aujourd'hui d'entraîner Amaury Leveaux, star de la natation mondiale, entouré de tout un staff regroupant l'entraîneur, le kiné, le préparateur mental... signe d'une véritable professionnalisation, ici, de la natation. Cela n'empêche pas, tout au contraire, beaucoup de bourgades d'Alsace d'accueillir de nombreux pratiquants, jeunes et moins jeunes, dans des piscines généralement bien équipées.

Le vélo. Je n'en dirai qu'un mot, mais je ne peux aucunement passer sous silence l'étonnant Tour Alsace. Organisé avec l'implication active de *L'Ami hebdo* et ayant su fédérer un réseau important de partenaires, il a rencontré dès le départ un franc succès, qui ne cesse de croître à travers toute l'Alsace, au plein cœur de chaque été. 2013 a vu son dixième anniversaire.

Quant aux sports d'hiver, ils ont dans notre région leur place toute trouvée sur les hauteurs des sommets vosgiens, du Champ-du-feu au Markstein, en passant par le Grand Ballon et le Hohneck. On y pratique ski de fond et ski de piste. Les structures d'accueil sont particulièrement soignées et en amélioration constante, et on est particulièrement soucieux de respecter l'environnement et de mettre en valeur les beautés de la nature.

Dernière remarque à propos du sport en Alsace : de très nombreuses communes construisent et entretiennent des installations sportives de qualité. J'en déduis, pour m'en réjouir, que le sport est vraiment bien traité et bien soutenu chez nous. J'y vois, au cœur de notre société, un foyer toujours actif, et ouvert à tous, de rencontres et de communication.

Des fêtes aussi...

La fête étant un moment significatif de la vie d'une communauté urbaine ou villageoise, il m'a paru essentiel de m'y associer, si je voulais entrer vraiment moi-même en « communication » avec les « populations » de l'Alsace et les rencontrer en ce qu'elles ont de spécifique aussi en dehors de l'ordre de la foi, du culte et de l'Église !

Le premier exemple qui me vient à l'esprit se situe dans le Haut-Rhin, plus précisément à Mulhouse. J'avais pris toutes mes précautions, plusieurs mois à l'avance, pour réserver le temps nécessaire à une participation au moins une fois à la grande parade de l'automobile organisée au milieu du mois d'août. Comme cela s'est produit à plusieurs reprises ailleurs, le maire – Jean-Marie Bockel à l'époque – s'est à la fois réjoui et étonné que j'aie répondu favorablement à son invitation : j'avais parfaitement conscience que ni lui ni personne d'autre ne m'aurait jamais reproché de ne pas avoir répondu « présent » ! Ma place était dûment réservée dans la tribune à la droite du premier magistrat de la commune et, avant l'arrivée des véhicules officiels, ma venue a été annoncée au micro et saluée par de chaleureux applaudissements : visiblement, les participants étaient heureux que l'évêque soit « aussi de la fête ».

Un même accueil m'a été réservé lorsque je suis venu participer à la dernière grande fête des Mines de potasse sur le carreau Rodolphe à Wittelsheim, lorsque j'ai fait en calèche le tour de Seltz à l'occasion du millénaire de sainte Adelaïde, ou quand, en calèche également, j'ai traversé tout Schleithal lors de ma venue en réponse à l'invitation du curé d'alors, Patrick Koehler... Dans chacune de ces occasions, une portion du Peuple de Dieu qui est en Alsace m'accueillait en considérant manifestement que la meilleure manière qui pouvait être la sienne de m'« honorer », y compris bien sûr comme évêque, était ni plus ni moins de m'associer de près à la fête, à *sa* fête.

La fête de la bière à Schiltigheim constitue un autre exemple significatif. Là aussi, le maire se demandait si l'archevêque allait « vraiment » venir. À mon arrivée, les accordéons ont cessé un instant de jouer, et tout le monde a manifesté sa joie : « Il est des nôtres », n'a-t-on pas manqué d'entonner. La solidarité dans la fête, je l'ai alors poussée jusqu'à accomplir l'un des rites essentiels de la « célébration » dans laquelle j'étais ainsi accueilli : monter, non pas certes sur la table – comme quelques personnes mal informées l'auraient, paraît-il, colporté –, mais sur le banc. Je me suis alors simplement exécuté comme l'ont fait tous les respectables personnages qui étaient là présents et que j'étais venu rejoindre, du maire Alfred Muller à la présidente Rina Muller. Si un tel comportement n'appartient certes ni à mon quotidien ni à ma sensibilité spontanée, il m'a semblé indiqué de l'adopter dans ce moment de liesse populaire, de fraternité humaine et de partage convivial. Et c'est bien ainsi qu'à l'évidence mon attitude a été sur le moment comprise et appréciée.

Dans la vallée de la Thur, la tradition des feux de la Saint-Jean est restée très vivante. À la nuit tout juste tombée, moment auquel la fête venait de commencer, je suis arrivé dans le camion des pompiers. Tout s'est alors un instant arrêté pour qu'on puisse annoncer mon arrivée. Un peu plus tard, j'ai mangé ma saucisse sur le coin du pouce comme tout le monde, avec le sentiment que ma pleine association aux pratiques locales ne m'écartait aucunement de ma fonction, et ne déconsidérait aucunement l'institution que je représentais... J'avais plutôt, à vrai dire, le sentiment d'avoir été *jugé digne* de participer à une fête qui, ne me devant rien, m'avait d'autant plus réjoui et même honoré qu'on m'y avait ménagé une place d'ami.

J'ai déjà fait état de ma découverte du « monde du houblon ». Il est spécialement à l'honneur dans la ville de Haguenau, qui organise chaque année un festival au temps de sa récolte, à la fin du mois d'août. Fort de quelque 1 300 bénévoles issus de quatre-vingt-dix associations locales, ce festival a accueilli en août 2012, pour sa cinquante-troisième édition, cinq cents danseurs et musiciens issus d'une quinzaine de pays représentant les cinq continents. Une grande parade était organisée entre la Place d'armes et la Halle aux houblons, avant un impressionnant gala de clôture. Cinquante mille personnes y participaient. J'y avais moi-même pris part à l'été 2004, aux côtés du maire de l'époque, Pierre Strasser.

Non loin de là, le groupe d'art populaire de Berstett organise au mois de juillet, depuis 2008, un festival international du folklore. Cette manifestation demande un an de préparatifs et a la bonne idée d'inclure, outre un grand bal populaire, un culte œcuménique. Tout près de là, à Truchtersheim, le Kochersbarjer Massti propose un vaste marché aux puces de quelque 250 stands et un grand cortège autour des civilisations disparues. Je m'y suis laissé entraîner sans déplaisir par des amis et proches, à l'été 2008...

Toujours en été, Sélestat organise, au cœur de la Moyenne-Alsace, « le plus grand corso fleuri de France », ne manquant pas de placer cette mention sur les affiches annonçant la manifestation. Qu'on en juge à travers quelques chiffres : 12 chars, 500 000 dahlias importés des Pays-Bas, 1 000 bénévoles, 12 700 billets vendus en 2008, par exemple.

Dans les proches environs, précisément dans le val de Villé, est présenté chaque année un spectacle mobilisant un grand nombre de bénévoles et drainant des foules, qui porte un titre évocateur : *Rêve d'une nuit d'été*. Le fait qu'il m'a été donné d'y participer un beau soir du mois d'août n'a pas peu contribué à dessiner l'image que je me fais de l'Alsace, de son destin... et des sortilèges et enchantements qui habitent le cœur de tout Alsacien bien né.

J'aurai certes à parler abondamment par ailleurs du vin d'Alsace. Il me faut néanmoins dûment évoquer ici la fête organisée chaque année en son honneur à Colmar, même si j'ai parfois un peu de mal à bien saisir la manière dont s'insèrent dans cette grande manifestation des concerts plutôt destinés à des générations plus jeunes que la mienne. En même temps qu'occasion de fortes réjouissances qui rassemblent bien au-delà des membres des professions de la vigne, le vin d'Alsace est décidément source de bien des sortes d'inspiration...

Des voix s'élèvent pour interroger sur le nombre croissant de festivals qui s'organisent chaque été, dans tous les styles (jazz manouche, classique, rock...) et dans tous les lieux (églises, châteaux, clairières ou places). Un article paru dans les *DNA* du 21 août 2012 n'hésitait pas à poser cette question radicale : un « trop » de festivals ne va-t-il pas finir par « tuer » les festivals ? Jean-Louis Hoffet, ancien pasteur, ancien conseiller régional et initiateur lui-même d'un festival dit des Sacrées Journées à Strasbourg, répond justement que l'essentiel repose dans *l'identité* d'un festival : il faut savoir ce que l'on veut faire, et pourquoi. C'est l'originalité de *telle* manifestation par rapport aux autres qui fait son succès et sa durée. Dans celle qu'il a créée, Hoffet propose de faire résonner les musiques sacrées du monde en les entremêlant, « des derviches tourneurs aux danses hindoues, de Bach aux chantres juifs, des psalmodies bouddhistes au chœur d'un monastère arménien ».

Mais il faut se garder d'oublier les fêtes thématiques. De ce point de vue, le Moyen-Âge a le vent en poupe, surtout à Ribeauvillé, localité surplombée par trois châteaux forts, qui rend hommage à ses ménétriers lors d'un grand *Pfifferdaj* au mois de septembre, et ressort les costumes en décembre pour un marché de Noël à la mode médiévale. À Rouffach, une Fête de la sorcière multiplie les évocations médiévalistes. À Rosheim, c'est tous les deux ans que l'Association des sports et de la culture invite à « faire la fête telle qu'on la faisait au Moyen-Âge ». Au Haut-Landsbourg, forteresse médiévale restaurée du XIIIe siècle, vient de se lancer un Festiv'art ménestrel. La première fête médiévale organisée en juin 2013 au château du Spesbourg à Andlau a remporté un succès étonnant.

Bien des festivités ont, d'autre part, un support alimentaire : la Fête des cerises de Westhoffen et celle du sucre d'Erstein mobilisent un important public au printemps ; la Fête de la mirabelle anime les rues de Dorlisheim et celle de la myrtille de Dambach-Neunhoffen présente ce fruit « sous toutes les formes possibles », tandis que la Fête de la patate de Vendenheim propose un concours d'épluchage où se déchaîne l'émulation. Dans la deuxième moitié du mois de juillet, au cœur des Vosges du Nord, on fête les moissons à Wimmenau, patrie de Philippe Richert, président de Région, avec un ensemble de « tableaux » rappelant les activités rurales d'autrefois, semailles et battage au fléau inclus. À Hindisheim, c'est une Fête des récoltes d'antan qu'on organise.

Les vendanges donnent elles-mêmes lieu à de nombreuses manifestations, y compris à Strasbourg, où il ne se trouve *a priori* rien à vendanger, mais où les Vitrines de Strasbourg, association de commerçants de la ville, organisent chaque année « une fête authentique, comme dans les villages, mais au cœur de la ville » ;

le vin y est à l'honneur, et aussi le jus de raisin. La Fédération des boulangers du Bas-Rhin s'associe à l'événement en proposant des tartes flambées et du bon pain. Plus attendues encore des amateurs sont les fêtes du vin organisées à Wettolsheim, Turckheim ou Eguisheim, toutes trois situées au cœur du vignoble haut-rhinois. Eguisheim peut d'ailleurs sans doute se vanter de réunir le plus grand nombre de localités amies ou jumelées. Les trois communes se sont associées pour responsabiliser les visiteurs sur leur conduite, dans tous les sens du terme, après que la Fête du pinot noir eut mal tourné dans le village de Rodern, avec une rixe mortelle. Mais au début du mois d'octobre, les vins font aussi leur foire dans les grands magasins, qui proposent alors des rayons spécialisés ouverts à une large gamme, allant des vins ordinaires aux grands crus bordelais...

Un certain nombre de fêtes locales prennent enfin le mariage comme sujet des réjouissances auxquelles elles invitent. Il s'agit là de restituer un mariage traditionnel, avec les costumes d'époque et les traditions revivifiées. Appartient à cette catégorie, à côté de la belle fête de l'Ami Fritz à Marlenheim, le fameux *Streisselhochzeit*/Mariage au bouquet de Seebach, organisé depuis 1981.

Ira-t-on finalement jusqu'à dire qu'en Alsace, tout est prétexte à la fête ? En 2011, on aurait recensé huit cents manifestations dans la seule vallée de Munster, ce qui semble faramineux pour un canton de 16000 habitants : fête de la tourte, du sanglier, du munster, de la moule marinière, que sais-je ? Le journaliste Philippe Vigneron inventorie : « On y défile derrière les mariés du Frankenthal, les chars de jonquilles, les [vaches] vosgiennes qui rentrent au bercail. Plus insolite : les meilleurs lanceurs de hache ou descendeurs de caisses à savon viennent s'y défier. »

Cette omniprésence de la fête n'a, en soi, rien pour me choquer – tout au contraire, dirais-je. Il est bien clair que l'Alsacien connaît la valeur du travail et la met en pratique. Dans notre région, loin de résulter d'une oisiveté décadente qui chercherait à occuper un temps libre surdimensionné, la fête s'organise essentiellement le dimanche ou l'été – autrement dit : dans les temps où par conséquent vaquent le travail professionnel des parents et les études des enfants. Ce n'est pas pour rien qu'on est ici attaché au repos dominical ! Là où, dans un corps social, il n'y a plus d'accord libérant tous ses membres

– excepté sans doute certaines professions « obligées » – pour des plages de repos communes, organiser la moindre rencontre de famille, et à plus forte raison une grande manifestation (politique ou ludique !) à laquelle tous puissent effectivement participer, devient carrément un casse-tête. Et ce ne sont pas seulement des individus, mais bien toute la société qui risquent d'en subir les conséquences.

On devrait toujours et partout le savoir et en tenir compte : il n'y a pas que l'appât du gain et le combat politique pour unir les humains entre eux. Ils ne seraient pas seulement bien tristes, mais fondamentalement menacés dans leur cohésion, les ensembles sociaux ou socio-politiques où femmes et hommes, petits et grands, et personnes de toutes conditions, n'auraient plus jamais ensemble l'occasion et le moyen de se divertir et de se réjouir, de chanter et de danser – bref : de *faire* la fête. Ne pourrait-on au bout du compte même se demander ce qu'alors ils pourraient, à la lettre, encore « avoir à faire » ensemble ? Heureuse sera l'Alsace tant que, de bon cœur et de grand cœur, elle saura faire la fête ! Elle y gagnera, entre autres, le moyen de cultiver ce bien tellement précieux, cette valeur tellement humaine qu'est la communication.

CHAPITRE 9

Le patrimoine artistique et la vie culturelle

Je n'apprendrai rien à personne en disant qu'il existe dans la région Alsace un très riche patrimoine artistique. Non seulement je m'y suis de toujours et continûment intéressé, mais il a de fait beaucoup compté dans mon attachement à cette région et il ne cesse de me lier à elle.

Alors que le chanoine Vigneron exerçait déjà pleinement les responsabilités de délégué épiscopal à la culture auxquelles je l'avais appelé, et que certains de mes collaborateurs paraissaient craindre que, en temps ou en argent, le «seuil d'investissement culturel» du diocèse soit dépassé, un jeune dominicain ayant suivi l'École du Louvre est venu me confier un projet qui l'habitait : lancer à Strasbourg où il résidait un ensemble de manifestations mettant en valeur le patrimoine culturel spécifique de la vallée rhénane. Il entendait pour cela organiser des lectures-concerts, des cours d'histoire de l'art, des expositions et des visites guidées. Au lieu de l'expression traditionnelle et devenue un peu banale de «la mystique rhénane», il proposait d'intituler son programme «Le Rhin mystique». J'ai aussitôt reconnu là la même inspiration qui m'avait conduit, pour ma part, à proposer de nommer «salle Amadeus» la grande salle rénovée du Münsterhof, plutôt que d'en faire une énième «salle Mozart» (je rappelle que l'enfant de Salzbourg y a donné un concert). J'ai bien sûr d'emblée résolument soutenu le frère Rémy Valléjo, puisque tel est son nom. Je l'ai invité à ma table pour une passionnante soirée de discussion, puis l'ai mis en contact avec les personnes chargées de la culture dans le diocèse. On sait la suite : l'ampleur qu'il a su donner à son originale initiative et l'écho qu'elle a de fait obtenu d'année en année n'ont cessé de croître. J'ai été heureux d'aller donner une conférence dans son cadre au cours de l'Avent 2012.

L'interface entre la culture et la foi, que j'ai expressément voulu développer en Alsace, a de beaux jours devant elle. Une double conviction motive à mes yeux l'importance qu'il convient de lui reconnaître. La voici : ce qui est fruit de la foi 1) ne sera jamais pleinement compris sans elle, et 2) peut redevenir un chemin vers elle (étant entendu qu'information suffisante n'exige pas nécessairement adhésion plénière). Ces deux « quasi-principes » m'avaient conduit à fonder un Institut des arts sacrés dans le cadre de la faculté de théologie de l'Institut catholique de Paris lorsque j'en étais le doyen. Et c'est bien encore eux qui, avant qu'il s'ensuive toute une collection, me conduisirent à me lancer dans la préparation d'un grand ouvrage sur notre cathédrale.

La cathédrale et les églises

Personne ne contestera qu'en matière de patrimoine artistique, la cathédrale Notre-Dame de Strasbourg vient en Alsace au tout premier rang. J'ai déjà suffisamment fait état de ce qu'elle représente à mes yeux pour y revenir autrement que pour souligner ce seul point : quand ce ne serait que par mes nombreuses séances de dédicaces de l'ouvrage *La grâce d'une cathédrale* à travers tout le diocèse – j'ai bien dû signer un millier d'exemplaires –, j'ai à la lettre touché du doigt l'attachement sans réserve que lui porte, si je puis dire, tout Alsacien normalement constitué.

Le départ de Christiane Schmuckle-Mollard à l'automne 2012 a été l'occasion de faire le point sur les travaux effectués pendant les treize ans où elle exerça la charge d'architecte en chef de la cathédrale, dont plus de la moitié « de mon temps ». La grande affaire fut la rénovation de la flèche, « la seule au monde de cette structure » ; mais il y eut aussi le lancement de la rénovation des cinq belles verrières du bas-côté sud, pour laquelle il me fut donné de signer une (première) convention de mécénat, à l'instigation de l'architecte elle-même. On prépare maintenant la célébration en 2015 du millénaire des premières fondations par l'évêque Werner de Habsbourg. Ce pourrait être l'occasion de l'ouverture au public de la galerie du cloître (aussi appelée galerie du chevet) située à l'arrière du chœur, et dont la restauration pourrait s'accompagner de celle des chapelles Saint-Jean et Saint-André, de part et d'autre du chœur. Quoi qu'il en soit des travaux qui pourront être effectivement accomplis d'ici-là, cet anniversaire promet d'ores et déjà d'être une belle fête, que mon successeur prépare avec soin – ce pour quoi il a, bien sûr, tout mon soutien.

En plus de la cathédrale, l'Alsace est dotée de plusieurs grandes églises gothiques particulièrement impressionnantes. Les spécialistes distinguent la vague «proto-gothique» (vers 1220-1225), à laquelle appartient entre autres la belle église SS. Pierre et Paul de Neuwiller-lès-Saverne, dont le modèle est à chercher dans l'architecture cistercienne bourguignonne, et la vague gothique consécutive à l'arrivée à la cathédrale d'un nouveau maître d'œuvre venu de France. Si notre province accuse dès lors en ce domaine un certain retard de quelques décennies par rapport aux grandes réalisations de l'Île-de-France, ce décalage est compensé par une maîtrise inégalée de l'art ogival. On me permettra de déclarer ici mon affection particulière pour les deux Saint-Pierre-le-Vieux de Strasbourg, à cause certes de leur richesse historique et esthétique, mais aussi parce que 2013 a vu (beau symbole!) la réouverture de la porte qui leur permet de communiquer à nouveau... et enfin parce que, côté catholique, après le père Jean-Paul Zimmermann, en est maintenant curé le père Étienne Uberall, qui fut pour moi de longues années un vicaire épiscopal de Strasbourg apprécié.

Entre le XIIIe et le XVe siècle, d'autres grandes églises furent mises en chantier sur le modèle de la cathédrale, les unes abbatiales ou collégiales, les autres paroissiales. Il s'agissait souvent de remplacer des édifices romans antérieurs, jugés trop exigus. Il en fut ainsi à Wissembourg, à Colmar (église Saint-Martin), à Sélestat (église Saint-Georges), à Niederhaslach, ou encore à Rouffach, qui était à l'époque fief de l'évêché de Strasbourg.

Les ordres mendiants adoptèrent quant à eux un style gothique adapté à leur simplicité, c'est-à-dire sans transept ni clocher. Il nous en reste les belles églises des Dominicains de Wissembourg ou de Guebwiller, ou encore l'église des Franciscains de Colmar, aujourd'hui dédiée au culte protestant.

L'Alsace possède cependant un ensemble encore plus impressionnant d'églises romanes. De belles initiatives ont été prises pour le valoriser. Je pense d'abord à des associations soutenues par le Conseil régional, Voix et Route romane et Via romanica, aujourd'hui fusionnées et à l'égard desquelles (et au sein desquelles) j'ai été très heureux de m'engager. Je pense aussi aux Chemins d'art sacré, lancés par le père Charles Singer et aujourd'hui poursuivis par Bertrand Schlund ; ils consistent à organiser dans quelques-unes des plus belles églises romanes une exposition d'art contemporain au cours de l'été. Deux éléments importants méritent d'être ici précisés. D'abord, le choix de l'artiste contemporain qui expose se fait en fonction du lieu, et occasionne un long temps de préparation pour que s'opère la « rencontre » entre l'édifice ancien et l'œuvre contemporaine qu'il accueille. Ensuite, le nombre des lieux d'exposition a régulièrement augmenté pendant mon épiscopat, passant de six à sept, puis à huit, à neuf et enfin à dix. J'ai néanmoins maintenu jusqu'au bout ma décision de présider au début de chaque été – en présence des élus, des représentants de la communauté chrétienne, des artistes et de la population locale – l'ouverture de chacune des expositions en chacune de ces églises.

J'y ai, entre autres bénéfices, gagné de connaître à présent par cœur ce parcours d'églises romanes dont les noms chantent toujours à mes oreilles : Altenstadt, Surbourg, Saint-Jean-Saverne, Rosheim, Sigolsheim, Murbach, Lautenbach, Feldbach... et inversement, sans la moindre rupture – faut-il le souligner – entre Haut- et Bas-Rhin.

Les châteaux et les palais

Le visiteur de l'Alsace qui la parcourt sur sa longueur, suivant pour cela la ligne des Vosges, est nécessairement intrigué par la série impressionnante de châteaux forts qu'il rencontre, successivement perchés sur les sommets ou, plus rarement, accrochés aux flancs de la montagne. Le Haut-Koenigsbourg jouit de la réputation la plus large, mais il ne doit pas faire oublier ses semblables, qui n'ont pas été, comme lui, rénovés de fond en comble à une époque récente, et sont donc restés à l'état de ruines. Car les ruines sont bien souvent grandioses.

On recense en tout quatre-vingts forteresses en Alsace, en cumulant les châteaux de la montagne et ceux de la plaine. L'Association des Amis du château d'Andlau, domiciliée à Heiligenstein, se donne pour mission de promouvoir la richesse de l'ensemble de ce « patrimoine castral alsacien ». Des revues spécialisées et des ouvrages nombreux en font l'inventaire quasi systématique.

Plusieurs châteaux font l'objet de la sollicitude d'une association dévouée à leur sauvegarde, et dix de ces associations sont même fédérées en un réseau Châteaux Forts vivants (domicilié à Andlau), qui mutualise le matériel de restauration ainsi que les savoir-faire. Le château de Schoeneck, qui s'étire sur 120 mètres de long au cœur des Vosges du Nord, relève de ce réseau, de même que le château de Ramstein, qui surplombe Scherwiller et verrouille l'ouverture de la vallée de Villé, ou encore le château d'Andlau. Je note que la majorité des bénévoles engagés dans ce type d'associations sont des actifs entre trente-cinq et quarante-cinq ans, ce qui mérite d'être tout spécialement salué. Chaque année, une ou deux associations nouvelles voient le jour !

Tous les châteaux forts d'Alsace n'ont pas la chance d'être ainsi « gardés » par de généreux bénévoles (tout un mouvement en ce sens a été lancé en 2010 par le Conseil général du Bas-Rhin). Situé sur le ban de Mollkirch, le château de Guirbaden, « le plus grand château fort d'Alsace (deux hectares), présente des risques », n'étant « plus vraiment entretenu depuis longtemps ». En août 2012, un appel est lancé pour sauver les deux châteaux d'Ottrott, le Lutzelbourg et le Rathsamhausen. La photographie illustrant ce dernier dans l'article que les *DNA* lui consacrent alors est évocatrice. On y voit la végétation reprendre ses droits sur les murs en grès bosselé percés d'élégantes fenêtres, ainsi que sur le donjon. Et l'on nous explique qu'un chantier d'entretien et de consolidation avait été lancé, mais qu'il a été interrompu par l'accident mortel survenu à un bénévole, tombé de l'échafaudage. Depuis, les deux châteaux sont fermés au public pour des raisons de sécurité. On nous expose aussi les difficultés liées à l'atomisation de la propriété entre les nombreux descendants d'une même famille. On se demande par ailleurs comment répartir les responsabilités entre la propriété juridique revenant à des héritiers peu soucieux d'un patrimoine non productif, et des associations de bénévoles très actives qui, dès lors et aux dires mêmes du comte d'Andlau, deviennent en quelque sorte les « propriétaires moraux » du site.

Les travaux entrepris sur les châteaux forts d'Alsace portent des fruits bien au-delà de la réparation des murs et des tours. Des investigations s'étendent en effet à l'ensemble des sites castraux, parfois sur des kilomètres carrés. Ainsi, dans le massif qui accueille le château du Haut-Landsbourg, à l'entrée de la vallée de Munster, de savantes fouilles archéologiques ont permis de découvrir des traces d'occupation humaine bien plus consistantes que ce que l'on pouvait attendre. De grands travaux ont été conduits là, spécialement sous l'impulsion de Henri Goetschy ; de belles manifestations sont programmées sur place surtout durant les mois d'été.

La rénovation du château de Lichtenberg, dans les Vosges du Nord, a posé la question des modalités et de l'ampleur de la réhabilitation : doit-elle chercher absolument à reproduire les formes architecturales du passé ? C'est la piste qui a été suivie durant la période allemande pour le fameux Haut-Koenigsbourg : on a reproduit la forteresse médiévale idéale... du XIXe siècle, à grand renfort de style néo-gothique ; et c'est ainsi que le donjon circulaire qui apparaissait sur les vieilles gravures est devenu un magnifique donjon carré. À Lichtenberg, on a imaginé tout récemment une autre piste en intégrant au château des formes contemporaines clairement identifiées, fruits d'un concours d'architecte. Des expositions et des représentations théâtrales trouvent place dans les parties neuves.

Tous les châteaux d'Alsace ne sont pas des forteresses. Ces dernières ont du reste grandement souffert des ordres de démantèlement donnés après le rattachement de l'Alsace au royaume de France : on estimait ne pas pouvoir tolérer l'existence de bâtiments susceptibles d'accueillir des rébellions ! En tout cas, le XVIIIe siècle lui aussi a apporté à l'Alsace son lot de châteaux prestigieux. Il me plaît de citer l'œuvre de mes célèbres prédécesseurs que furent les cardinaux de Rohan, à qui l'on doit la modernisation complète des résidences épiscopales de Saverne et de Strasbourg. Même si ces palais adoptant le style français n'ont pas été restitués au diocèse après la Révolution, ils portent à jamais le nom des évêques qui les ont construits.

Quant au XIXe siècle, il a vu l'Alsace marquée par les grands chantiers lancés par l'Empire allemand pour créer une vitrine de prestige dans sa nouvelle province d'Alsace-Lorraine. En août 2010, les *DNA* recensaient sept bâtiments emblématiques du *Reichsland*, à savoir la poste de Sélestat (1884) ; la bibliothèque de la place de la République à Strasbourg, actuellement en complet remaniement (1895) ; le palais de justice de Strasbourg, qui va faire lui aussi l'objet d'un profond chantier respectant intégralement sa façade (1898) ; le somptueux hôtel des postes de Strasbourg, qui ressemble à un château médiéval (1899) ; l'école Thérèse de Mulhouse (1905) ; la cour d'appel de Colmar (1906) ; et enfin la gare de Saint-Hippolyte, construite en 1907 pour l'empereur Guillaume II lorsqu'il venait dans son château rénové du Haut-Koenigsbourg. Cette dernière a malheureusement brûlé dans un incendie récent et l'on n'est pas sûr de l'exactitude de la reconstruction. Je précise que plusieurs dizaines d'autres bâtiments de la même époque auraient pu être encore ajoutés à cette énumération, à commencer par le Palais universitaire de Strasbourg, qui abrite les deux facultés de théologie et que j'ai si souvent fréquenté avec bonheur.

Les musées

Il n'est pas question de me livrer à un recensement exhaustif de tous les musées d'Alsace, ce qui serait fort long et donc quelque peu fastidieux. Il y a plus de quatre-vingts musées dans la région et il y en a, parmi eux, « pour tous les goûts » ! Je me borne à quelques « flashes » significatifs.

Tout d'abord, je signale que la ville de Strasbourg a retrouvé en 2007 son *Musée historique*, aménagé dans les anciens locaux médiévaux de la Grande Boucherie, à l'issue d'une campagne de restauration qui commençait à désespérer les Strasbourgeois les plus patients. Les visiteurs y trouvent maintenant des collections enrichies, présentées selon une muséographie entièrement renouvelée. On découvre par exemple : la ville appartenant au Saint-Empire romain germanique, la cité de l'Imprimerie et de la Réforme, la ville française, etc. Le clou du musée reste le plan-relief entièrement restauré de la ville, réalisé en trois dimensions par l'ingénieur La Devèze à la demande du roi Louis XV. Il est passionnant de découvrir, avec de multiples détails, les bâtiments qui composaient Strasbourg en 1727 – dont l'actuel palais épiscopal, construit quelques années auparavant.

Un autre musée à rouvrir ses portes après une éclipse aura été le musée Henner. Précisons toutefois que si plusieurs œuvres de cet artiste sont à Unterlinden, son musée national est désormais... à Paris. Et si son nom a sombré dans un relatif oubli, son œuvre a été très appréciée à la charnière des XIXe et XXe siècles. Il nous a laissé au moins un chef-d'œuvre : le fameux *L'Alsace. Elle attend*, qui représente une jeune Alsacienne vêtue de noir, comme en deuil de la France. De qui n'a-t-elle pas serré le cœur ?

Au-delà de ces musées récemment rouverts, j'attirerai d'abord l'attention à Strasbourg sur le musée de l'Oeuvre Notre-Dame ; je le mentionne en premier compte tenu de sa proximité (en tous sens) par rapport à la cathédrale. Ce fut une grande joie pour moi d'apprendre qu'en 2012 il put intégrer à ses déjà riches présentations deux magnifiques vitraux du XIIIe siècle provenant de l'ancienne église des Dominicains de Strasbourg, et qui avaient pu être acquis grâce à « l'intense mobilisation » d'un « exceptionnel mécénat ». Ouvert quant à lui en 1998, le Musée d'art moderne et contemporain de Strasbourg accueille, à côté d'un certain nombre d'œuvres intéressantes, un tableau de grande dimension de Gustave Doré, *Le Christ quittant le prétoire* (1867-1872) dont on me dit qu'il pourrait être exposé temporairement dans la cathédrale. En surprendrai-je beaucoup si je me laisse aller à avouer que la chose ne serait pas pour me déplaire ? Quant au Musée alsacien de Strasbourg, il s'agrandit régulièrement en annexant des maisons voisines. Comme celles qui le composent déjà sont « vraiment alsaciennes », avec des planchers de différents niveaux, des plafonds bas, des colombages, des escaliers étroits, le cadre contribue lui aussi au charme des objets populaires qui s'y trouvent exposés, et qui évoquent suggestivement la vie quotidienne en Alsace, y compris en ses dimensions religieuses, familiales, aussi bien que paroissiales.

Ayant honoré Colmar avec le musée Henner (j'aurais pu lui ajouter le Musée du jouet, qui a connu en 2012 une fréquentation record), je ne saurais passer sous silence le très prestigieux musée Unterlinden, d'ailleurs en grande partie aménagé dans un ancien couvent de dominicaines et qui fait aujourd'hui l'objet de travaux qui intégreront les Bains municipaux historiques. On sait que sa chapelle abrite un chef-d'œuvre absolu de l'art occidental, le *Retable d'Issenheim*, attribué au mystérieux peintre rhénan Matthias Grünewald. Ce joyau a fêté son demi-millénaire en mars 2012. Ses différents panneaux offrent entre autres des scènes de la vie du Christ, dont la Nativité, la Résurrection, et une Crucifixion qui présente la souffrance de Jésus d'une manière sans doute jamais égalée avant lui et point encore dépassée après lui. Lorsqu'on interroge les visiteurs, ils se déclarent « marqués », voire « fascinés », qu'ils soient de culture chrétienne ou qu'ils nous viennent, par exemple, du lointain Japon. Ce fut pour moi une expérience inoubliable d'entendre Jean Lorentz, avocat général près la Cour d'appel de Colmar et alors vice-président de la Société

Schongauer gestionnaire du musée, me présenter ce chef-d'œuvre à moi-même en même temps qu'à quelques théologiens de Paris venus me rendre visite. Son propre index pointant l'un après l'autre tous les éléments du retable avait quasiment toute la force de signification de celui du Baptiste désignant le Messie se manifestant en Jésus !

De Strasbourg et Colmar, passons à Mulhouse. À certains égards, en matière de musées, la ville industrielle du sud de l'Alsace dépasse ses deux rivales. Elle seule peut en effet s'enorgueillir de posséder des établissements aussi originaux que : le Musée de l'impression sur étoffe, appuyé sur le riche passé textile de la ville ; la Cité du train, dont on a vu qu'elle retraçait, avec l'appui des techniques les plus poussées, l'épopée héroïque du chemin de fer ; et encore la Cité de l'automobile, qui présente la prestigieuse collection rassemblée par les industriels Schlumpf dans une ancienne usine textile ornée de huit cents lampadaires semblables à ceux du pont Alexandre III de Paris. Si l'on ajoute le Musée de l'électricité, le Musée historique et le Musée des beaux-arts, on peut dire sans exagération que Mulhouse est vraiment, pour nous, « la ville des musées » par excellence. Puis-je inviter spécialement les Bas-Rhinois à se laisser dire, s'ils n'en sont pas déjà convaincus, que Mulhouse est vraiment, aussi pour cette raison, « *eine Reise wert* » ?

Je suis très loin d'avoir rendu hommage aux quelque quatre-vingts musées d'Alsace. Je signale au moins encore, outre le Musée de l'image populaire de Pfaffenhoffen et le Musée du bagage de Haguenau : le musée Jean-Frédéric Oberlin niché à Waldersbach dans la vallée de la Bruche, le musée Würth d'Erstein (les personnalités dont ils portent respectivement le nom méritent aussi d'être connues !), et, à Bouxwiller, le musée du Pays de Hanau, ouvert depuis l'été 2013, ainsi que le Musée judéo-alsacien, qui évoque avec pertinence l'histoire et la culture millénaires des juifs d'Alsace dans leurs rapports contrastés avec leurs voisins chrétiens.

La musique

Comment s'étonner que, disposant d'un aussi riche patrimoine artistique, l'Alsace soit le foyer d'une vie culturelle à la fois intense et plurielle ? Venant de faire surtout place à l'architecture et à la peinture, je continuerai la série des beaux-arts en abordant maintenant la musique et son rayonnement entre Vosges et Rhin.

Déclarons-le d'emblée, il semble que dans cette région la musique soit partout : un Musée de l'orgue et de la flûte à Marmoutier (le Centre européen de l'orgue et des flûtes du monde), un orchestre EDF à Strasbourg, des Petits Chanteurs à Colmar, des chorales par dizaines – que dis-je, par centaines : dans les paroisses et dans les quartiers, à la cathédrale comme à l'université... Sans oublier les centaines d'orgues présents dans les églises, catholiques et protestantes, et même à la synagogue. Impossible de passer en Alsace sans devenir amateur de musique, à défaut de savoir jouer d'un instrument. Et les instruments sont ici légion, de ceux des innombrables fanfares et des groupes d'accordéon, à ceux des exceptionnelles Percussions de Strasbourg.

À tout seigneur, tout honneur : l'orgue

C'est à bon droit que l'Alsace est reconnue comme « le pays des orgues », depuis que le grand facteur français du XIXe siècle Cavaillé-Coll a forgé cette expression, qui reste vraie. Songeons que si « il y aurait » environ cinquante mille instruments dans le monde – je parle évidemment des « vrais » orgues à tuyaux –, notre région en abrite à elle seule presque 1 250, soit presque 3 %. C'est évidemment énorme. Autre indicateur qui donne la mesure de l'importance de cet instrument chez nous : un orgue français sur sept est alsacien. Dans la région, ils se répartissent ainsi : toutes catégories confondues, ils sont 770 dans les églises du Bas-Rhin et 460 dans celles du Haut-Rhin ; environ cent d'entre eux sont protégés au titre des monuments historiques. Le résultat est éloquent : vous ne pouvez pas aller dans la plus modeste église d'un village de trois cents habitants sans y rencontrer cet instrument, là où, dans le reste de la France, vous trouveriez au mieux un harmonium. Cela s'explique sans doute principalement par une extraordinaire émulation qui s'est développée entre les paroisses rurales au XIXe siècle, chacune voulant son orgue, et si possible un peu plus grand que celui du village voisin. Par ailleurs, la plupart des églises construites ou reconstruites au lendemain de la Seconde Guerre mondiale ont été équipées assez rapidement d'un orgue. S'ajoute enfin un phénomène spécifique à une terre marquée par l'œcuménisme : beaucoup de villages n'accueillent pas seulement un instrument, mais deux ; un dans l'église catholique, et un autre dans l'église protestante ! À Strasbourg, vous trouvez ainsi des orgues dans les églises catholiques et luthériennes, dans les temples calvinistes et néo-apostoliques, dans les chapelles de clinique, d'école ou de couvent, et jusque dans la Salle des fêtes et au Conservatoire.

Le nombre ne dit pas tout : il s'accompagne ici d'une exceptionnelle qualité, due aux « facteurs » qui ont œuvré dans notre région. Les plus fameux appartiennent à la dynastie des Silbermann, originaire de Saxe, qui a su développer un type de facture réalisant une admirable synthèse entre l'orgue de Jean-Sébastien Bach et l'orgue classique français – ce qui est une illustration supplémentaire du rôle de pont culturel si fréquemment joué par l'Alsace. Parmi les instruments Silbermann qui nous sont parvenus en état préservé, il convient de citer l'orgue de Marmoutier, dont j'ai eu la joie et l'honneur d'inaugurer la restauration le 26 septembre 2010, jour de mon anniversaire. Selon le célèbre Albert Schweitzer, les tuyaux de l'orgue « ont gardé la sonorité que le grand maître facteur d'orgues leur a donnée ». Les spécialistes ajoutent qu'il serait l'orgue ancien d'Europe le mieux conservé, avec ses vingt-huit jeux et son buffet en chêne massif décoré de feuilles d'acanthe. C'est aux grandes abbayes bénédictines, qui disposaient de domaines fonciers considérables, que l'Alsace doit quelques-uns de ses plus beaux instruments : le Silbermann de Marmoutier et celui d'Ebersmunster, ou encore le Dubois de Wissembourg, que j'ai eu la joie de bénir lui aussi, le 20 mai 2012 : « Éveille-toi, orgue, instrument sacré ! »

Cette évocation de l'élément majeur du rituel de bénédiction d'un orgue me porte à une double confidence. D'une part, je tiens à dire que c'est toujours avec une très grande émotion que j'ai présidé – je l'ai fait bien des fois – à la bénédiction d'un orgue : « Ô orgue, instrument sacré, entonne la louange de Dieu, notre Créateur et notre Père ; [...] célèbre Jésus notre Seigneur, mort et ressuscité pour nous ; [...] chante l'Esprit saint qui anime nos vies du Souffle de Dieu ; [...] apporte le réconfort de la foi à ceux qui sont dans la peine ; [...] soutiens la prière des chrétiens ; [...] proclame : Gloire au Père, au Fils et au Saint-Esprit ! » Comment voulez-vous qu'une si admirable prière ne bouleverse pas – à la lettre – le cœur du pasteur à qui il est donné de la prononcer au nom et au sein d'une assemblée de fidèles elle-même tout émue ? D'autre part, je me laisse aller à faire cette confidence : je ne me remettrai sans doute jamais vraiment de ne pas pouvoir faire moi-même sonner un orgue ! Je n'ai pas pu, comme je l'aurais tant souhaité, apprendre le piano quand j'étais au collège d'Ancenis, car la période était aux économies. Et je me suis laissé prendre ensuite par trop de choses qui ne m'ont permis que de cultiver un tant soit peu (mais avec joie) le chant choral. Je reste donc avec mes regrets, qui me reviennent en force en la dernière étape de ma vie... Je demande au Bon Dieu de m'accorder, dans son paradis, la grâce de Le célébrer non pas sur les tambourins et les tambours, ni sur les flûtes et les binious, mais bel et bien sur « les orgues triomphantes », comme le dit un si beau psaume. Dans l'entre-temps, je suis et reste reconnaissant à tous les organistes d'Alsace de m'avoir donné tant de joie à les entendre accompagner ces fêtes que furent toujours les célébrations liturgiques qu'il me fut donné de présider dans le diocèse, et je demande au Seigneur de les en bénir. On me permettra d'exprimer une toute particulière reconnaissance à la série des organistes de la cathédrale : Robert Pfrimmer, Maurice Moerlen, Yvonne Monceau, Pascal Reber, Marc Baumann et Damien Simon. Je leur associe Francis Vonarb, qui anime si excellemment le chant d'assemblée en tant de célébrations festives de l'église-mère du diocèse.

Le XIXe siècle a également laissé à notre région de très beaux instruments. Je pense spécialement ici au Stiehr-Mockers de Kintzheim, resté muet pendant quarante ans, restauré en 2011, et que j'ai eu l'honneur de bénir aussi. Une autre grande dynastie de facteurs alsaciens du XIXe siècle, la famille Callinet, a laissé suffisamment d'instruments pour qu'on puisse organiser chaque année en son honneur un festival d'art et d'histoire qui s'étale de Dannemarie au sud de la région à Bischwiller au nord, en passant par Sainte-Marie-aux-Mines, Eguisheim et Hunawihr, sans oublier la vallée de la Thur.

Il est évident que l'entretien de tous ces instruments nécessite un réseau assez dense de facteurs d'orgues. Notre région abrite ainsi l'unique Centre de formation des apprentis de France qui propose un diplôme de facteur d'orgues. En mai 2012, vingt-cinq élèves, dont deux filles, suivaient cette formation qui allie la tuyauterie, la menuiserie, la mécanique, la forge et la sculpture. Yves Koenig de Sarre-Union, qui a construit environ cent cinquante instruments depuis 1968, vient de livrer en 2009 un instrument de plus de six mètres de haut, spécialement conçu pour jouer Jean-Sébastien Bach, à la chapelle du collège des jésuites de Macao. Daniel Kern, successeur du maître Alfred Kern qui a rénové les grandes orgues de la cathédrale il y a trente ans, a équipé le théâtre Mariinsky de Saint-Pétersbourg d'un grand instrument mécanique de quarante-trois jeux après avoir, au grand étonnement des facteurs saxons quelque peu jaloux, gagné le concours en vue de la reconstruction du grand orgue de la *Frauenkirche* de Dresde, que j'ai eu la grande joie d'entendre sonner après la restauration de l'ensemble de cette merveilleuse église de l'une des villes jumelées avec Strasbourg.

Mais à quoi servirait-il de construire des orgues s'il n'y avait pas d'organistes pour les jouer? Le temps n'est plus où l'instituteur alsacien était, pratiquement d'office, aussi l'organiste de la paroisse. Durant tout le temps de mon épiscopat strasbourgeois, j'ai veillé sur l'école d'orgue diocésaine de Marienthal, fondée par le chanoine Gérard Grasser en 1975 et dirigée alors par Marc Baumann: cette structure forme non seulement des musiciens, mais encore des musiciens d'Église, par le moyen de cours particuliers donnés par des maîtres expérimentés – je tiens ici à saluer tout spécialement Antoine Bender – et de sessions d'approfondissement à Marienthal ou en d'autres hauts lieux. J'étais heureux de présider la remise des diplômes marquant la fin du cursus pour les élèves jeunes... et moins jeunes. Une centaine de diplômés sont recensés depuis la fondation, tous ou presque en service hebdomadaire dans les paroisses.

Il existe encore une association Découverte des orgues d'Alsace, qui organise des actions pédagogiques fécondes auprès des jeunes scolaires: douze mille enfants ont été concernés entre 2005 et 2009. Née en 2000, elle fédère aujourd'hui cinquante-neuf associations spécialisées et organise depuis 2010 un festival des orgues. La première édition s'est ouverte en beauté par un concert sur l'orgue Rinckenbach de la collégiale de Thann, dont j'ai aussi béni la restauration lorsque j'étais archevêque. Tout comme, dans une pleine église également, j'ai béni l'orgue Merklin rénové d'Obernai – sauf erreur, le seul «orgue symphonique» d'Alsace.

Le diocèse n'est pas en reste, qui a rassemblé en mai 2012 quelque deux cents acteurs du monde de l'orgue dans la collégiale Saint-Martin de Colmar. Je me suis beaucoup réjoui que cette initiative, dont j'avais en son temps soufflé l'idée au chanoine Vigneron, ait pu aboutir grâce à mon successeur, que je n'ai pas manqué de féliciter.

Le chant choral

Il s'agit là encore d'une grande tradition alsacienne. À l'assemblée générale de l'Association des sociétés chorales d'Alsace (ASCA) qui s'est tenue en avril 2010 à Munster, a été cité le chiffre impressionnant de 1 384 chorales. Notons que parmi elles, nettement plus de la moitié sont liturgiques (catholiques et protestantes), et aussi qu'il existe, fondée en 1856, une Association des sociétés chorales d'Alsace, dont le souci particulier est la formation des chefs de chœur.

La variété du chant choral est telle que je dois me contenter de quelques aperçus. Je pense d'abord bien sûr à la chorale de la cathédrale – bel ensemble polyphonique mixte né de la volonté d'un prêtre musicien, Mgr Hoch – et que l'intelligence liturgique alsacienne a su intégrer aux offices pontificaux, aux côtés du chant grégorien interprété naguère chaque dimanche par la schola des séminaristes (et que continue d'entretenir un chœur grégorien toujours bien vivant). Comment oublierais-je que cette chorale m'a accompagné durant tout le temps de mon ministère épiscopal en Alsace, chantant aussi bien la messe de mon ordination que celle de mon au revoir (ce jour-là, elle a eu la délicatesse d'interpréter, sous la direction de son chef et maître de chapelle, Dominique Debès, quelques pièces de Mozart auxquelles je suis particulièrement attaché) ? Je pense aussi au Parlement de musique du chef Martin Gester, interprétant les cantates de la Passion de Bach dans la chapelle d'Unterlinden, face au magnifique *Retable d'Issenheim* qui livre une image si bouleversante du Crucifié.

Comment ne pas évoquer d'autre part les innombrables chorales paroissiales nées au XIXe siècle et qui se sont fédérées au sein de l'originale Union Sainte-Cécile, que dirigeait de mon temps le chanoine Grasser, et dont nous avons célébré avec faste le cent vingt-cinquième anniversaire à la cathédrale (dont, alors, toutes les pierres chantaient !) ? Quoi qu'il en soit, on me permettra de saluer ici l'importance de ces chorales en Alsace. Partout où je suis allé, elles étaient présentes et bien chantantes, et elles portaient la prière de l'assemblée. Je les tiens pour un élément essentiel de la célébration, et donc de la vie de notre Église. Je ne doute pas que ne cesse jamais de bénir chacun de leurs membres le Seigneur, que, dimanche après dimanche, elles auront si fidèlement chanté.

Les chorales d'enfants méritent une mention spéciale. Le monde catholique connaît des « maîtrises » comme à la cathédrale, des « manécanteries » comme au séminaire des jeunes de Walbourg, ou encore des « petits chanteurs » comme au collège Saint-André de Colmar. Comme je l'avais tant souhaité, l'école maîtrisienne de la cathédrale a été récemment refondée, en partenariat avec l'institution Notre-Dame ; les élèves y suivent une scolarité aménagée et une formation musicale spécialisée, pour leur permettre de préparer et d'animer différents offices à la cathédrale, dont des vêpres hebdomadaires – sans préjudice pour les étonnants Colibris de Michel Wackenheim, aujourd'hui archiprêtre de la cathédrale. Il y a aussi des groupes laïques, comme les Petits Chanteurs de Strasbourg, qui répètent trois à quatre fois par semaine à l'Opéra national du Rhin, et qui ont eu l'honneur de chanter le 14 juillet 2008 sous l'Arc de Triomphe à Paris. Et je pense encore à l'association Approchants, qui apporte son soutien logistique aux manifestations chantantes organisées dans les écoles ; à la faveur des spectacles, qui réunissent à chaque fois plusieurs centaines d'enfants, ces derniers se retrouvent, à leur plus grande joie, à la fois spectateurs et interprètes.

En juin 2012, près d'un millier de choristes se sont retrouvés à Hautepierre pour battre un record : celui de la plus grande chorale chantant un hymne en canon. On avait judicieusement choisi l'*Hymne à la joie* de Beethoven, qui est aussi comme on le sait l'hymne européen. Je saisis l'occasion de rappeler que ce fut pour moi une joie incomparable de présider à Mulhouse en 2004 les Choralies, ce rassemblement bisannuel des chorales liturgiques de France auquel participaient cette année-là plus de huit mille choristes.

Du côté des instruments

Il est évident qu'en Alsace on joue d'à peu près tous les instruments connus et jouables. S'étonnera-t-on tellement si j'ai envie de signaler ici, d'abord, l'accordéon, qu'on a quelquefois cru pouvoir présenter comme le « piano du pauvre », mais qui en tout cas s'offre à Illkirch un « Printemps des bretelles » qui réussit à attirer des centaines d'instrumentistes venus de toute la région et au-delà ? Ici, de nouveau, un souvenir personnel, qui remonte au début des années quatre-vingt. C'était l'été ; je déambulais dans les rues de Sancerre. Or voilà qu'au détour d'une rue débouche, totalement impromptu, un ensemble d'une bonne trentaine d'accordéons défilant fièrement et jouant ensemble « à plein tube ». Je n'en avais jamais vu et entendu autant à la fois. Je fus littéralement fasciné.

J'eus envie d'en savoir plus : on me répondit qu'il s'agissait d'une « formation alsacienne ». Je pensai sur le champ que les Alsaciens avaient bien de la chance (même si, je dois bien l'avouer, je ne suis pourtant aucunement un « fan » de cet instrument dont jouent aussi bien Michèle Cardoso, mon ancienne secrétaire, et l'abbé François Wernert, théologien et musicologue, aujourd'hui curé de Haguenau).

La tradition des fanfares est restée vive en Alsace. On en trouve dans de nombreux villages, et l'on a plaisir à les entendre lors de ces manifestations qu'on peut aussi bien dire populaires que profanes – mais bel et bien aussi lors de certaines fêtes religieuses, par exemple en accompagnement des processions de la Fête-Dieu. La musique jouée dans leur cadre est plutôt traditionnelle, mais toutes les générations se retrouvent dans son exécution. Souvent, une même famille fournit un grand-père à la trompette, un père à la grosse caisse et le fils – ou de plus en plus souvent la fille – au saxophone.

Pour autant, les instruments plus classiques ne sont pas négligés dans la région – à bien loin près. Je pense spontanément ici au Sonnenquartett, composé de quatre musiciens jouant respectivement du violon (ils sont deux), de l'alto et du violoncelle.

Enfin, Strasbourg s'est rendue célèbre par les Percussions qui portent son nom. Elles fêtaient leurs cinquante ans en 2012. Un demi-siècle marqué par un travail original, et même unique, de création d'un répertoire contemporain – avec vibraphones, marimbas et xylophones d'un côté, peaux et métaux de l'autre. Le rayonnement de cet ensemble peut se mesurer aux milliers de kilomètres qu'il parcourt lors de tournées qui l'emmènent sur les autres continents, notamment en Amérique du Nord et du Sud, mais aussi en Asie. Des commandes musicales sont spécialement passées à son intention par le ministère de la Culture. Ma sœur Madeleine m'a une fois dit que je devrais les inviter à la cathédrale... mais je suis parti, hélas, sans avoir pu examiner sérieusement cette possibilité, pour moi d'emblée tentante pourtant !

La diversité des festivals

J'ai déjà évoqué plusieurs festivals, de natures diverses. Je voudrais ici revenir aux festivals de musique – en dehors du cas de l'orgue, traité plus haut. Je suis spécialement attentif au devenir du festival Voix et Route romane, que j'ai toujours soutenu de très près comme archevêque. Il s'agit d'une initiative qui ne pouvait naître qu'en Alsace, puisqu'elle a été prise par la Région Alsace elle-même avec le concours des deux Églises, catholique et protestante – collaboration clairement signifiée par le fait que les deux vice-présidences en furent confiées l'une à l'archevêque catholique, et l'autre au président protestant ! Par la suite, son président effectif aura été de longues années le chanoine François Geissler, proche collaborateur de l'archevêque. Il est significatif que ce prêtre, chargé des finances et des affaires temporelles du diocèse, se soit ainsi passionné pour la musique médiévale au nom de la promotion de la dimension culturelle de la foi, à laquelle je l'ai moi-même bien souvent rendu attentif. Au fil des ans, Voix et Route romane est devenu « le premier festival médiéval français par son importance ». Il valorise la Route romane d'Alsace, qui traverse quatre-vingts communes, dont trente sont membres de l'association.

Dans un article publié le 7 août 2011 dans *L'Ami hebdo*, l'abbé François Wernert, mentionné il y a un instant, présente la grande variété des festivals de musique dans le monde en général, et en France en particulier, avec les deux grands modèles de Bayreuth et de Salzbourg. L'auteur en vient cependant vite à ajouter que « la frontière de l'Est [a été] logiquement la première touchée » par un mouvement dès lors venu d'Allemagne et d'Autriche : ainsi le Festival de Strasbourg est-il né dès 1932 (juste avant celui de Besançon), ce qui lui confère la dignité de « plus ancien festival de France ». (On estime aujourd'hui à environ deux mille le nombre de festivals de musique organisés dans notre pays.)

Il n'est dès lors que juste de rendre en premier lieu hommage au Festival de musique de Strasbourg, organisé chaque année au début du mois de juin. Je le fais du reste d'autant plus volontiers qu'il conserve un lien ancien avec la cathédrale. Il inclut une messe du Festival, au cours de laquelle la chorale de la cathédrale interprète de grandes œuvres religieuses. Il voit par ailleurs se succéder artistes et formations prestigieuses. En 2010, la tradition du concert d'ouverture à la cathédrale a été heureusement reprise – je l'avais plusieurs fois souhaité.

La très belle abbatiale baroque d'Ebersmunster est le théâtre annuel d'un autre grand rendez-vous des mélomanes alsaciens, les célèbres Heures musicales, qui m'ont valu, une année, la joie de saluer et remercier avec effusion le cher maître Michel Chapuis. Il est vrai que j'avais gardé un lien étroit avec Ebersmunster depuis le temps où tout le secteur pastoral était confié au père Jean Stahl, qui devait devenir peu après l'un de mes appréciés vicaires épiscopaux.

Tout près de là, à Sélestat, changement de style, avec en 2010 le concert inaugural du festival musical local consacré entièrement à la musique contemporaine.

La ville de Colmar a elle aussi institué un Festival international de musique classique. Il est certes plus jeune que son grand frère strasbourgeois, puisqu'il fêtait sa vingt-quatrième édition en 2012. Il est néanmoins prestigieux : vingt-deux concerts en douze jours cette année-là, avec un hommage au chef allemand Karl Münchinger, décédé en 1990, qui a fondé l'événement et en a été le directeur artistique pendant une décennie.

Notre voyage à travers les festivals marquera une étape à Ribeauvillé, dont le Festival de musique ancienne attire chaque automne un public toujours aussi motivé par la qualité. Et je terminerai par Mulhouse, où il convient de signaler l'existence d'un Festival Météo, autrefois Jazz à Mulhouse, dont l'ancienne appellation avait le mérite de désigner plus clairement l'objet : sans doute une manière d'ouvrir les perspectives.

S'il n'organise pas de « festival » au sens strict, je voudrais revenir sur le Parlement de musique dont il a été incidemment question plus haut. Né en 1990 sous l'impulsion de Martin Gester, il effectue un remarquable travail au service de la musique baroque et classique, concentrant ses activités sur l'art vocal et lyrique.

Dernière trace tangible de la culture musicale alsacienne qui me vient à l'esprit : l'existence d'un Orchestre harmonique de l'Électricité de Strasbourg, qui est capable de rassembler deux mille personnes au Palais de la musique et des congrès pour son concert annuel. Cet ensemble de quatre-vingts musiciens est né en 1911 et il est classé depuis 1979 en division d'honneur, le niveau le plus élevé dans la musique « amateur ».

Le théâtre

Passons de la musique au théâtre. Même si je dois bien reconnaître que je l'ai personnellement assez peu fréquenté sur place, il ne m'a pas échappé qu'il tient de manière multiforme une place importante dans la vie en Alsace.

Je ne peux pas me proclamer familier de La Choucrouterie. Je m'y suis rendu une fois peu après mon arrivée à Strasbourg et n'ai de fait pu entretenir de liens avec son directeur, Roger Siffer, qu'à travers le père Rodolphe Vigneron, mon délégué aux affaires culturelles. J'ai plusieurs fois exprimé mon regret d'avoir trop peu fréquenté cette maison emblématique. Il me semble que les Alsaciens aiment bien se regarder dans leur propre miroir pour, mi-plaisants mi-sérieux, tantôt traiter gravement de sujets qu'ils reconnaissent pourtant comme futiles, et tantôt ne pas craindre de faire de l'humour sur des sujets dont, au contraire, le sérieux voire le tragique ne leur échappe aucunement. J'apprécie une telle attitude dans la vie...

Je retrouve bien quelque chose de cette même inspiration et de ce même esprit chez Huguette Dreikaus, dont j'ai été heureux de faire la connaissance, d'apprécier l'une ou l'autre prestation, et dont je continue volontiers de lire les chroniques dans les *DNA* (et dont je sais que le fils est – je présume qu'il l'est toujours – un enseignant estimé à Walbourg). J'apprécie le renouvellement incessant des traits d'esprit de « notre Huguette ». J'admire davantage encore qu'elle ne franchisse pas la barre de la cruauté, mais qu'elle manie pertinemment le registre de l'ironie. J'y vois la représentation de l'Alsacien, à la fois sérieux et fidèle, mais très capable de prendre distance, en ne s'interdisant ni la plaisanterie ni la critique. Ne serait-il donc « jamais content », ainsi qu'une célèbre chanson du répertoire populaire semble l'insinuer ? Je ne suis pas sûr que ce soit toujours la bonne lecture à faire de ses comportements. Il m'est arrivé de penser qu'il savait très bien aussi, à l'occasion, plaider le faux ou l'approximatif pour entendre le juste et le vrai... et se risquer même un peu à l'auto-dérision pour mieux susciter en retour une reconnaissance, voire un éloge, que, de toute manière (et non sans raison !), il sait toujours déjà amplement mérités.

Germain Muller – que, à ses propres dires, Roger Siffer « a passé deux ans à observer tous les soirs sur un coin de scène » – a excellé dans l'art de permettre à ses chers compatriotes de s'évaluer eux-mêmes sans jamais ni s'accabler ni se surfaire, en conciliant de manière convaincante une critique éventuellement un peu féroce et une tendresse jamais honteuse. Je ne l'ai pas connu personnellement, mais il m'est arrivé de rencontrer son épouse Dinah Faust. J'ai tenu à lui dire, au moins d'un mot, que je savais en quelle estime Pierre Pflimlin tenait son époux, qu'il avait même associé à son équipe municipale. J'ai visionné un certain nombre de fois la cassette de la pièce *Enfin... redde m'r nimm devun*; je l'ai trouvée à la fois poignante et puissante. Je n'ai pu que me réjouir d'apprendre qu'on se préoccupe à Strasbourg de mettre en valeur comme il le mérite le fonds d'archives de cette figure emblématique du cabaret alsacien.

La ville de Sélestat a fêté dix ans de Tanzmatten en 2010; un incontournable dans le paysage culturel du Centre Alsace, manifestant tout l'intérêt de l'implantation à Sélestat d'une grande salle permettant d'accueillir fêtes, grands bals et expositions. À Colmar, je retiens la Comédie de l'Est, dont le programme 2012-2013 semble à la fois varié et alléchant. Cette même année, La Filature de Mulhouse – grande salle aménagée sur d'anciens terrains jadis dévolus à l'industrie textile, et ainsi baptisée en souvenir de ce passé glorieux – propose une saison dans laquelle se trouvent annoncés Stéphane Braunschweig, Emanuel Gat, Madeleine Peyroux et Manu Katché: beau programme, malgré la difficulté du changement de direction.

Pour les spectateurs moins sensibles à la création débridée subsiste la valeur sûre du théâtre alsacien, qui constitue un élément majeur de la culture locale et de la défense de la langue régionale. Il y aurait dans notre région 257 théâtres alsaciens; et l'assemblée générale de la Fédération qui les réunit, regroupant les théâtres de Saverne, Strasbourg, Haguenau, Hochfelden, Schiltigheim, Colmar, Mulhouse et Guebwiller, pouvait faire état de soixante mille spectateurs au cours de la saison 2011-2012. Ce théâtre original est soutenu par des personnalités attachantes au rang desquelles je voudrais citer Raymond Bitsch, président du théâtre alsacien de Achenheim, qui a créé la troupe en 1990 à l'appel du curé du village, Michel Wackenheim, aujourd'hui archiprêtre de la cathédrale. Raymond Bitsch est notamment l'auteur du fameux *'s Passionsspiel* dont j'ai parlé plus haut, mais aussi d'un *Elsässisch-Dico*, en collaboration avec le professeur Raymond Matzen. Plus au sud, le théâtre alsacien a été endeuillé en 2009 par la mort de Freddy Willenbucher, qui laisse une œuvre dialectale très riche jouée dans quasiment tous les théâtres alsaciens de la région. On l'avait surnommé à Strasbourg «le Feydeau alsacien» et à Mulhouse «le Pagnol alsacien»...

Le théâtre amateur donne lieu lui aussi à des festivals, comme le festival international de théâtre amateur de Saint-Louis, appelé

Festival THEATRA, qui accueille sur trois jours plus de vingt troupes d'amateurs en quatre salles pour des spectacles courts. Depuis une quinzaine d'années s'organise à Strasbourg également un festival de théâtre amateur, le Festival ThéâtrAlis, qui rassemble vingt-sept troupes. Se produisant, parmi d'autres, dans les salles TAPS Gare-Laiterie et Scala-Neudorf, il défend passionnément, pour sa part aussi, le théâtre amateur.

Les Parisiens s'octroient quelque peu abusivement le label «national». Savent-ils qu'au moins trois institutions culturelles nationales se trouvent basées à Strasbourg ? À côté de la Bibliothèque nationale et universitaire de Strasbourg, riche de plusieurs millions de volumes et dont j'ai parlé plus haut, n'oublions pas le Théâtre national de Strasbourg, qui propose chaque année un programme de qualité sur la scène aménagée dans l'ancien bâtiment du *Landtag*, place de la République. Et il y a encore l'Opéra national du Rhin, regroupant les scènes de Strasbourg, Colmar et Mulhouse, et qui nous fait passer à la dimension lyrique.

L'opéra

L'Opéra national du Rhin a fêté ses quarante ans en 2012, lors d'une soirée mémorable qui se déroulait en plein air et qui était gratuite. Donnée dans le cadre du Jardin des Deux-Rives, elle a rassemblé plusieurs milliers de spectateurs.

L'originalité de ce bien nommé Opéra national du Rhin aura été de regrouper trois scènes autrefois indépendantes, de sorte que tous les spectacles qu'il organise ont lieu successivement dans les trois principales villes d'Alsace. Durant le temps de mon ministère alsacien et malgré les contraintes très lourdes de mon agenda, je n'ai pas négligé d'honorer ses productions prestigieuses dont, en particulier, la mémorable mise en scène et interprétation de l'opéra *Dialogues des Carmélites* de Francis Poulenc en janvier 1999. Il n'y avait chez moi aucun désir mondain d'occuper des soirées par ailleurs surchargées de réunions diverses, mais une volonté délibérée de soutenir la culture en Alsace dans ses expressions les plus variées... d'autant que la scène de Strasbourg est visible depuis les fenêtres de l'archevêché ! (Elle continue d'ailleurs d'être désignée comme Théâtre municipal, surtout lorsqu'elle accueille des spectacles en dialecte alsacien.)

On me permettra, cependant, de ne pas terminer sur ce sujet sans évoquer maître Louis Oster, dont on ne peut qu'admirer à la fois la compétence et le dévouement dans le service qu'il assure, et la promotion qu'il réussit, de la « cause de l'opéra » parmi ses concitoyens.

Le cirque et les arts de la rue

Il n'est pas question pour moi de passer le cirque sous silence dans un chapitre qui a successivement abordé le théâtre et l'opéra. C'est *aussi* un art et un spectacle, avec ses artistes, parfois éminents, partout estimés, et d'autant plus méritants qu'ils vivent une condition assez difficile d'itinérance. Chaque année, le Cirque Arlette Grüss s'installe dans le Jardin des Deux-Rives au courant du mois de mai, ce qui permet l'organisation d'une très originale messe de l'Ascension sous le chapiteau, qu'il m'est arrivé de célébrer moi-même avec bonheur.

À sa demande, j'ai reçu Arlette Grüss. Elle avait tenu à venir à l'archevêché me « demander [ma] bénédiction » pour elle-même et « toute la famille du Cirque Grüss ». Je me rappelle qu'elle m'avait alors confié que, lorsque venait le moment d'un numéro spécialement périlleux et qu'accompagnait une musique entretenant le suspense, elle ne manquait jamais de « faire une prière au Bon Dieu ». Son propre grand-père, André-Charles Grüss, tailleur de pierre à Sainte-Marie-aux-Mines, avait tout quitté pour suivre une belle écuyère : c'est ainsi que le virus du cirque est entré dans la famille. Une chose est sûre : le Cirque Arlette Grüss revient chaque année au printemps en Alsace, car jamais Arlette n'y aurait manqué la saison des asperges. Cette femme de foi est morte d'un cancer en 2006 ; lors de notre rencontre évoquée à l'instant, elle m'avait crânement déclaré que son unique vrai souhait était « que le spectacle continue ».

Sur la lancée de ce que je viens de dire concernant le cirque, j'ajoute deux mots pour saluer deux dynamiques festivals qui ont bien su trouver leur public : celui du Cirque à Obernai, et celui des Arts de la rue à Strasbourg, où pendant cinq jours, vingt-quatre compagnies assurent le spectacle dans les rues de la ville, pour le plaisir de soixante mille spectateurs, ravis de voir la cité pareillement animée.

On a bien compris l'importance que j'attribue et l'intérêt que je porte – aussi comme théologien et comme pasteur – à l'art et, plus largement, à la culture. Pour clore ce chapitre qui leur est plus directement consacré, on me permettra d'apporter une double précision à laquelle je tiens, et qui concerne deux oublis assez fréquents en ces domaines. D'un côté, on néglige souvent le fait que rien ne va ici sans la création, qui est par nature affaire d'individus – de personnes et de personnalités plutôt : de ceux qu'on appelle précisément les « créateurs ». Il se trouve que, grâce à Dieu, il n'en manque pas chez nous : je m'en suis souvent réjoui. Par ailleurs, on a toujours tendance à faire comme si art et culture étaient en quelque sorte réservés à une élite, voire « aux élites », comme on dit. Or ce que l'on constate en Alsace, entre autres en matière de musique, de chant choral et de théâtre, oblige bel et bien à renoncer à pareils simplismes. Je ressens toujours le même plaisir à le faire remarquer, tant est grande la fierté que j'en éprouve.

CHAPITRE 10

La dimension religieuse et ses manifestations

Alors que dans le reste de la France on a plutôt tendu à les confiner à l'espace privé, les religions ont au contraire pignon sur rue en Alsace, dans la mesure où elles bénéficient de la « reconnaissance » conjointe de la population et des autorités publiques. Mieux encore, le système concordataire oblige les dirigeants des principaux « cultes » – ceux auxquels justement il confère un statut juridique officiel – à se parler et à se rencontrer fréquemment pour un certain nombre de dossiers qui leur sont communs. Même au temps où l'œcuménisme et le dialogue interreligieux n'avaient guère droit de cité au sein du catholicisme, les évêques d'Alsace entretenaient des liens réguliers avec les présidents des Églises protestantes, aussi bien qu'avec les grands rabbins. On peut, sans vouloir offenser personne, faire remarquer qu'il n'en allait pas nécessairement de même ailleurs en France.

Présence protestante

Un élément providentiel m'a rendu particulièrement agréable la relation que, dans le cadre alsacien, j'ai eu à tisser avec le culte luthérien. Il se trouve en effet que le premier président avec qui j'ai eu à collaborer était le professeur Marc Lienhard, théologien et ex-doyen de faculté de théologie comme moi-même. Nous avions déjà travaillé ensemble à l'occasion de la parution du volume qu'il a bien voulu consacrer à Luther dans la collection « Jésus et Jésus-Christ » que je dirigeais chez Desclée. Dans la présentation que j'en ai signée selon le principe incontournable de cette collection, j'avais tenu à qualifier Luther de « témoin considérable de Jésus-Christ », ne faisant d'ailleurs ainsi que devancer de quelques années les propos tenus par le pape Benoît XVI lui-même en septembre 2011 à Erfurt : « La pensée de Luther, sa spiritualité tout entière, était complètement centrée sur le Christ. »

Cette collaboration nous ayant déjà bien rapprochés, c'est davantage par plaisir que par devoir que j'ai invité Marc Lienhard à l'archevêché, ou me suis rendu chez lui au quai Saint-Thomas. Y rencontrant bien sûr également son épouse, j'ai occasionnellement découvert que nous sommes nés le même jour du même mois : nous nous fêtions donc réciproquement « notre » anniversaire ! Lorsque mon homologue protestant et moi-même avons par la suite reçu conjointement le prix Michel-Stourm, qui consistait en un voyage en Terre Sainte – je vais y revenir –, nous avons vécu ensemble huit jours inoubliables, si riches d'échanges de tous ordres, que non seulement nous nous sommes reconnu de grandes proximités mais que nous nous sommes davantage encore rapprochés. La rédaction commune de notre journal de voyage, *Deux chrétiens de France à Jérusalem* (Éditions des Pays Rhénans, 2010) nous a de surcroît permis de développer encore nos liens.

Si importants que fussent les rapports personnels, ils n'auraient toutefois pas suffi à garantir un véritable œcuménisme. La *Déclaration commune luthéro-catholique sur la Justification* nous pourvut en revanche, pour cela, de bases solides. Ce document officiel avait été signé (à Augsbourg !) en 1999 par les plus hautes autorités luthériennes et catholiques. Quelques mois plus tard seulement – le 21 janvier 2000 exactement –, nous avons beaucoup tenu, Marc Lienhard et moi, à organiser une célébration, elle aussi commune, de ce document œcuménique majeur. Étaient présents dans notre ville, à notre invitation à tous les deux, le révérend Ismaïl Noko, secrétaire général de la Fédération luthérienne mondiale, ainsi que mon ami Mgr Walter Kasper, alors secrétaire du Conseil pontifical pour la promotion de l'unité des chrétiens. Après un acte académique au Palais universitaire qui abrite nos deux facultés de théologie, il y eut à la cathédrale une célébration solennelle d'action de grâce, que je co-présidais bien sûr avec le président Lienhard. Lui et moi avions d'ailleurs co-signé la préface de l'édition française officielle de ce « texte de référence », dans la collection « Documents d'Église » (Bayard-Centurion/Fleurus-Mame/Cerf/Labor et Fides) en 1999.

Plus largement, devenant l'évêque du diocèse de France qui comprend sur son sol le plus grand nombre de protestants, j'ai dès le début estimé de mon devoir d'honorer comme il convenait cette présence, elle aussi « considérable ». Je reconnais avoir été sans doute en général un peu plus à l'aise avec le luthéranisme qu'avec l'Église réformée, même si une égale courtoisie a toujours caractérisé nos rapports aussi avec les héritiers de Calvin. Le fait est, en tout cas, qu'on m'a fait le grand honneur de me demander d'assurer la prédication lors de la célébration qui marquait le quarantième anniversaire du Centre d'études œcuméniques, institution universitaire et de grand rayonnement international fondée par l'Église luthérienne à Strasbourg. Il se trouve que l'événement intervenait le lendemain même du décès du pape Jean-Paul II, et je devais, le même dimanche (mais cette fois à la cathédrale), célébrer la messe de requiem pour ce grand pape. À ce qu'il m'a été dit, certains avaient donc pu craindre que, inopinée, cette seconde obligation remette en cause mon engagement antérieur à l'égard des amis protestants. Je dis la stricte vérité en déclarant ici que l'idée ne m'est même pas venue de m'en poser la question. Et je commenterai volontiers en ajoutant qu'en somme, je ne faisais ainsi qu'appliquer un principe bien évangélique : « Il faut faire ceci sans omettre cela. »

Puisque j'en suis à évoquer de grandes manifestations qui nous donnèrent l'occasion d'exprimer plus solennellement notre vouloir d'unité, je tiens à dire que les catholiques d'Alsace se sont beaucoup réjouis de la fondation en 2006, à l'initiative commune de Jean-François Collange (président des luthériens) et de Geoffroy Goetz (président des réformés), de l'Union des Églises protestantes d'Alsace et de Lorraine. Dans mon intervention lors de la célébration de l'événement à Saint-Thomas, j'ai salué là « un grand pas vers l'unité (pas seulement chrétienne) plus large encore, dont la réalisation nous incombe plus que jamais à tous ».

Aucune ville épiscopale autre que Strasbourg n'a été, en France, aussi profondément et durablement marquée par la Réforme. Nous avons déjà évoqué, à propos de la cathédrale, son passage au protestantisme dans les premières années qui ont suivi la publication des Thèses de Luther (1517). Or, dès l'automne 1521, quatre ans à peine plus tard, le pléban (curé) de la paroisse de la cathédrale prêche «le pur Évangile». En 1524, la prière eucharistique est traduite en allemand, et en 1529 le magistrat de Strasbourg – c'est-à-dire l'instance collégiale de gouvernement de la ville – vote par 184 voix sur 279 en faveur de l'abolition immédiate de la messe, 94 votants ayant demandé un simple report de la décision, et un seul s'étant opposé à cette abolition. Mais Strasbourg n'est pas seulement marquée par la réforme luthérienne: Jean Calvin a séjourné dans la ville entre 1538 et 1541 ; et ces trois années furent pour lui une période intense de formation et d'activités. J'aurai l'occasion d'en reparler.

Les institutions protestantes sont toujours fortes dans la principale ville d'Alsace. Au premier rang, il convient d'évoquer le chapitre Saint-Thomas et ses multiples ramifications. Il ne s'agit de rien d'autre que de la prolongation, sous forme protestante, d'un des chapitres collégiaux établis dans la ville au Moyen-Âge. Ses biens n'ont pas été confisqués à la Révolution, ce qui permet à des pasteurs et à des laïcs, «chanoines protestants», de les gérer en faveur d'un certain nombre d'activités éducatives ou charitables, dont le fameux Gymnase Jean-Sturm. Fusionnée en 2005 avec l'établissement scolaire Lucie-Berger, cette grande institution, qui fête en 2013 son quatre cent soixante-quinzième anniversaire, accueille 80 % des élèves inscrits dans l'enseignement protestant en France. Si la proportion d'élèves protestants n'y est plus aujourd'hui que de 30 %, l'établissement conserve sa réputation d'excellence, voire d'élitisme.

La vitalité des institutions protestantes est également mesurable à Mulhouse, ville longtemps «affectée» au culte réformé. Ce sont les ouvriers venus travailler dans la «ville aux cent cheminées» au long du XIXe siècle qui y ont rétabli une présence catholique, la bourgeoisie restant largement calviniste. Tout récemment, il y a eu, paraît-il, quelques grincements de dents lorsque la clinique Saint-Sauveur, fondée par les religieuses catholiques du Très-Saint-Sauveur, s'est vue rachetée par la clinique du Diaconat, de fondation et d'inspiration protestantes, preuve manifeste du dynamisme maintenu du protestantisme à Mulhouse. Je n'ai certes plus guère eu à connaître du dossier, mais je veux dire que la décision finalement prise en ce sens ne m'a pas fondamentalement offusqué !

Aucun évêque français autre que celui d'Alsace ne peut en tout cas imaginer la situation où, accomplissant la visite pastorale d'un doyenné, il se retrouve au sein d'une assemblée constituée de deux fois plus de pasteurs protestants que de prêtres catholiques. C'est l'expérience que j'ai vécue en Alsace bossue, une partie du diocèse spécialement marquée par la Réforme en vertu du vieux principe *Cujus regio, ejus religio*. Les seigneurs du lieu ayant, en leur temps, opté pour le culte luthérien, le catholicisme s'y retrouve aujourd'hui sous la forme d'une diaspora certes vivante, mais minoritaire. Précisément, cette rencontre, que j'ai déjà eu l'occasion d'évoquer, s'est déroulée quelques jours après la parution de ce document pontifical *Dominus Jesus* qui avait déclenché une vague de critiques sans précédent. Je peux dire qu'à la fin de la réunion, mes partenaires avaient bien dû admettre qu'ils confessent pleinement eux aussi « le caractère unique et universel du salut en Jésus-Christ » qui fait l'objet central de ce document. Mais de mon côté, j'avais tenu à dire que je n'entendais pas l'expression « communautés ecclésiales », qui était là employée à leur sujet, comme un déni d'ecclésialité effective aux communautés issues de la Réforme – même si, compte tenu de nos différences rémanentes en matière de ministérialité et donc de sacramentaire, nous devons bien reconnaître que nous ne donnons pas tout à fait le même sens au mot « Église ». J'ajoutais que, bien entendu, lorsque je me retrouve face à un pasteur luthérien qui confesse avec moi ce « caractère unique et universel du salut en Jésus-Christ », je ne peux pas ne pas reconnaître que cette foi qui nous unit est infiniment plus forte, et plus décisive, que tout ce qui, par ailleurs et encore, peut bien nous séparer.

Ici, je peux rappeler le principe qui m'a toujours guidé dans ma pratique œcuménique. Je ne suis certes pas porté à majorer les différences entre protestants et catholiques. Mais je ne peux pas, non plus, les rayer d'un trait de plume comme le font ceux qui prétendent qu'il n'y aurait d'ores et déjà aucun problème à l'inter-communion, et donc qu'il faudrait l'instaurer sans retard, toute autre attitude ne pouvant être dictée que par l'intolérance...

Pour ma part, je raisonne ainsi. Il se trouve que sur la justification, qui était le point majeur de nos discordes avec les luthériens, la réflexion des théologiens et le discernement des responsables d'Église ont convergé pour estimer, aujourd'hui en tout cas : 1) que nos positions se rejoignent effectivement sur le fond ; 2) qu'à les considérer à partir de cet accord sur l'essentiel, les différences qui subsistent entre nous peuvent donc désormais être estimées

« non-séparatrices » ; 3) que par conséquent ces différences peuvent continuer d'être respectivement tenues par chaque partie sans dommage pour une réelle unité des deux.

À partir de là, j'estime que nous sommes fondés à espérer que, puisque nous sommes parvenus à surmonter notre désaccord *essentiel*, nous pourrons arriver au même résultat sur les points seconds (je ne dis pas secondaires) toujours en débat... mais que, tant qu'un tel résultat n'est pas atteint, nous ne pouvons pas faire comme s'il l'était déjà.

Lorsque mes deux sœurs sont venues passer avec leurs époux un triduum pascal à Strasbourg, il m'a semblé que leur immersion dans le Vendredi saint alsacien, jour chômé et célébré, ne serait pas complète s'ils n'avaient pas fréquenté, entre l'office du matin et celui de l'après-midi à la cathédrale, le culte protestant en l'église Saint-Thomas, qui est en quelque sorte la « cathédrale luthérienne ». Ils sont revenus enchantés non seulement de l'accueil délicat qui leur avait été réservé, mais encore de la qualité de l'office auquel ils avaient pleinement participé, et que présidait le cher pasteur Jean Arbogast. Ils n'avaient aucunement ressenti la « surdose de religion » que – soyons honnête – j'avais tout de même un peu crainte.

Je terminerai intentionnellement en évoquant le bonheur que fut pour nous la fondation d'un Conseil d'Églises chrétiennes strasbourgeois, sur le modèle d'une instance nationale similaire. L'idée première en était revenue au pasteur Jean Tartier qui, achevant son temps de présidence de la Fédération protestante de France par un ministère pastoral en Alsace, m'en avait fait la suggestion. Mis en place essentiellement grâce à la collaboration des cultes concordataires (catholique, confession d'Augsbourg et réformé), ce Conseil s'est ouvert à diverses composantes de l'orthodoxie à Strasbourg (grecque, roumaine et, pendant un temps, russe) ; mais il a accueilli aussi les Églises évangéliques dites « libres », réunies dans une Entente où elles se retrouvent à une dizaine, ce qui donne une idée de l'amplitude du spectre du christianisme présent en Alsace. Si j'ajoute qu'il m'a été donné d'entretenir des liens fraternels tant avec les mennonites qu'avec l'Armée du salut, le panorama devient presque complet. La vitalité du Conseil d'Églises était perceptible à toutes sortes de déclarations communes ou d'initiatives. Je peux citer ici la grande exposition biblique qui s'est tenue à Strasbourg à l'automne 2009 ; les protestants l'ont reçue comme une sorte de

« cadeau » du Conseil d'Églises à leur manifestation « Protestants en fête », qui s'ouvrait peu après son inauguration, et dans la préparation de laquelle fut si actif le cher pasteur Jean-Jacques Reutenauer, inspecteur ecclésiastique de Strasbourg.

J'ai dit que les deux facultés de théologie de Strasbourg – la catholique et la protestante – constituaient en quelque sorte ma seule vraie connaissance antérieure de l'Alsace, si bien que la fréquentation académique des Lienhard, Birmelé et Vahanian m'avait en fait heureusement préparé à les retrouver d'une autre manière, une fois devenu évêque entre Vosges et Rhin. Je l'ajoute maintenant : la collaboration entre ces deux institutions universitaires, symbolisée de façon éminente par la mise en commun de leurs bibliothèques respectives ou encore par les publications et enseignements en tandem de Michel Deneken et Élisabeth Parmentier (dont j'ai accueilli un beau fruit dans l'un des tout derniers numéros de la collection « Jésus et Jésus-Christ »), constitue pour moi un vrai et constant motif de joie, d'espérance et, déjà, d'action de grâce.

Les autres chrétiens

L'orthodoxie est, en Alsace, d'implantation plus récente que le protestantisme, qui s'y est fixé dès ses toutes premières origines. La présence orthodoxe est liée, elle, à celle de populations immigrées d'Europe de l'Est : Russes, Roumains, Grecs, Serbes... si bien que les communautés restent organisées par nationalité et par langue. L'exemple russe est symptomatique : on trouve actuellement à Strasbourg des Russes issus de l'émigration de 1917 qui célèbrent en slavon, cependant que d'autres le font en russe et d'autres encore en français, sans parler de ceux qui, venus plus récemment dans le cadre des institutions européennes, sont en dépendance immédiate du patriarche de Moscou.

Directement ou à travers des collaborateurs, j'ai entretenu des liens avec l'ensemble de ces communautés. J'ai spécialement soutenu la communauté roumaine en offrant à son prêtre, le père Vasile Iorgulescu, de travailler dans les services de l'archevêché, ce qui lui permettait de bénéficier d'un poste concordataire administratif. J'ai par ailleurs soutenu les négociations qui ont permis à sa communauté d'établir son lieu de célébration dans la très belle chapelle des Sœurs de Marie réparatrice à Strasbourg. Le métropolite Daniel de Iasi, devenu depuis patriarche de Roumanie, a tenu à venir me dire sur place sa reconnaissance avant de m'inviter quelque temps plus tard pour un séjour inoubliable en Moldavie, à la rencontre de la population orthodoxe locale, des séminaires, et des célèbres monastères de la région.

Mutatis mutandis, j'ai noué de semblables contacts avec le patriarche de Moscou, depuis décédé. À l'occasion de la visite officielle que fit au Conseil de l'Europe son successeur, Mgr Grallet a pu l'accueillir dans notre cathédrale. J'avais moi-même établi auparavant de riches liens avec l'ambassadeur et le consul de Russie, de même qu'avec l'higoumène établi à Strasbourg. Je suis heureux d'avoir même pu accueillir ce dernier et sa communauté de fidèles dans la chapelle de notre collège Saint-Étienne pour leur première Grande Pâque russe chez nous ; je m'étais d'ailleurs fait un devoir d'y participer au moins partiellement.

Le sommet de ces relations cordiales avec l'orthodoxie a été atteint lorsque Sa Sainteté le patriarche œcuménique de Constantinople Bartholomée Ier est lui-même venu à Strasbourg. J'avais décidé d'associer à la cérémonie de réception à la cathédrale l'ensemble des Églises chrétiennes participant au Conseil d'Églises strasbourgeois. De manière presque surréelle, c'est à moi qu'il est alors revenu de présenter à Sa Sainteté le patriarche les prêtres roumain, russe, grec et serbe exerçant dans notre ville. Ayant d'abord, dans mon « adresse », souligné le « miracle » de la réconciliation qui a été vécue en notre région au plan de nations autrefois si ennemies, j'ai poursuivi en disant combien grand était notre souhait à tous de voir s'accomplir aussi le miracle de la grande réconciliation attendue depuis si longtemps entre toutes les Églises du Christ. Je suis heureux de rappeler que, répondant en cette circonstance à mon allocution de bienvenue, le patriarche œcuménique a alors désigné notre pape d'alors, Benoît XVI, comme son « frère aîné et bien-aimé dans le Christ ».

Le judaïsme

Au-delà du cercle chrétien, nous avons également des relations étroites avec les juifs, nos « frères aînés » dans la foi. Je n'oublierai jamais comment René Gutman, le grand rabbin de Strasbourg, m'a accueilli dans la salle Hirschler (toute proche de la grande synagogue), où il m'avait invité à faire une conférence devant une impressionnante assistance : il m'a alors salué comme « Joseph rendant visite à ses frères ».

Chaque fois que la communauté juive d'Alsace a été éprouvée dans sa chair ou dans sa dignité, comme lors des intolérables profanations de cimetières, je lui ai adressé les messages de fraternité, de compassion et d'indignation qui m'ont paru s'imposer. Et quel beau signe d'unité a été donné lorsque le grand rabbin et moi sommes arrivés dans la même voiture à la cérémonie organisée par les autorités nationales à la suite à la profanation du cimetière de Herrlisheim... Quand, venus ensemble de Strasbourg, nous sommes sortis, ensemble aussi, devant la foule rassemblée, tout commentaire était à l'évidence superflu.

Mais peut-être le plus évocateur des rapports entre juifs et chrétiens en Alsace tels que je les ai vécus sera-t-il encore tout simplement que je rapporte ici l'échange de messages que nous avons eu en 2004, le même grand rabbin et moi, à l'approche de la célébration, cette année-là presque concomitante, de la Hanoucca juive et du Noël chrétien.

Mon message fut le suivant :

> « Alors que, nous chrétiens, nous nous disposons à fêter Noël dans deux jours, vous célébrez, depuis le 20 décembre et jusqu'au 27, les fêtes de Hanoucca. Permettez-moi de venir vous assurer que toute la communauté catholique se sent très proche de la vôtre dans notre commune foi, au nom de Dieu, en la victoire de la Lumière sur la nuit. Malgré tout ce qui nous sépare, juifs et chrétiens, et qu'il n'est pas question de minimiser, notre espérance fondamentale n'est-elle pas commune ? Lorsque les lumières de Noël, qu'ont déjà précédées celles de l'Avent, viendront se joindre à celles de Hanoucca, puissions-nous comprendre les uns et les autres combien est profond le lien spirituel qui nous unit ! Ensemble, nous proclamons que le Dieu que nous confessons ne nous abandonne pas dans la nuit, qu'il vient au-devant de nous dans nos ténèbres pour les illuminer de sa présence. Ensemble, nous croyons que l'amour peut l'emporter sur la haine, et que la nuit n'aura pas le dernier mot à jamais. Elle est bien dense, pourtant, la nuit qui recouvre notre monde, alors que tant d'hommes se déchirent ou s'ignorent. Elle est bien dense, en particulier ces temps-ci pour vous, nos frères juifs, qui voyez avec inquiétude se réveiller sous de multiples formes un anti-sémitisme que l'on avait

> pu croire définitivement surmonté. Célébrant ces jours-ci les fêtes de Hanoucca, sachez que vous n'êtes pas seuls, que vos frères chrétiens partagent votre espérance, qu'ils vous accompagnent de leur prière et de leur sympathie, tout autant qu'ils comptent sur les vôtres. »

Telle fut la réponse du grand rabbin :

> « C'est à Jérusalem, et en ce jour de Noël, que j'ai pris connaissance du message que vous avez eu la bonté de m'adresser à l'occasion de la fête Hanoucca et de la fête de Noël, qui se sont rencontrées dans la nuit profonde de l'hiver. Vos paroles admirables ont mis en lumière cette même ferveur entre croyants, les uns pour annoncer la Nativité, les autres [pour célébrer] l'émergence de la lumière à partir des ténèbres, mais tous convaincus que seule la Lumière divine, en ce monde où les hommes ont trop souvent enfanté la violence, illuminera, un jour, l'humanité entière. Qui mieux que vous, animé du zèle de la sagesse et du véritable amour de Dieu, pouvait, tel Joseph dans la Bible, "sortir vers vos frères", et être ainsi saisi et inspiré par Dieu pour le dire comme vous l'avez dit ? C'est un grand don, croyez-le, que de partager votre fraternelle amitié, et d'être les témoins de votre espérance au sein de notre cité. De Jérusalem, ville trois fois sainte, devant les vestiges du Temple de l'unique Dieu, j'implore la Providence pour vous-même et pour toute votre communauté, afin qu'il vous soit accordé une année nouvelle qui rayonne de l'éclat de la Lumière divine, vers ces temps "où la lumière de la nuit sera plus claire que celle du jour". »

Et comment pourrais-je oublier ces si précieuses paroles, gravées dans mon cœur, que René Gutman prononça lors de mes adieux ?

> « Avoir exercé en même temps que vous avec une telle confiance et une telle "collégialité", au point que certains de mes fidèles sont persuadés que nous avons étudié ensemble... à la Sorbonne, me laissera, trop tôt, le souvenir du grand privilège de vous avoir connu, et une profonde reconnaissance pour l'extrême sollicitude que vous m'avez toujours témoignée. »

La présence de la communauté juive en Alsace, où elle compte aujourd'hui environ vingt mille membres, est très ancienne et elle a ses figures de proue historiques, comme ce Yossel né à Rosheim, qui fut sous Charles Quint commandeur des juifs de l'empire. De ce passé glorieux subsistent plusieurs dizaines de synagogues rurales et de cimetières, que la communauté actuelle, regroupée dans les trois grandes villes alsaciennes, a tout de même un peu de mal à entretenir. On peut, à titre d'exemple, évoquer la ville de Bischheim, aux portes de Strasbourg. En 1836, elle comptait 828 juifs sur 2 718 habitants, soit plus de 30 % de sa population. Cela résultait du bannissement des juifs de la ville de Strasbourg en 1389, et de la protection assurée par la famille seigneuriale des Boecklin entre 1411 et la Révolution. Comme plusieurs autres, le cimetière juif de cette ville reste très émouvant avec sa multitude de stèles rédigées en hébreu. La Journée européenne de la culture juive essaie de valoriser un tel patrimoine : en 2009, on pouvait accéder à des lieux juifs d'hier et d'aujourd'hui dans trente-cinq localités d'Alsace.

À propos d'anciennes synagogues, comment oublier qu'entre 1898 et 1940, la ville de Strasbourg en possédait une très grande et très belle, de style néo-roman, à l'emplacement actuel du centre commercial des Halles ? Elle avait coûté une fortune : plus de huit cent mille marks, intégralement apportés par la communauté juive. Elle fut hélas ! incendiée peu après l'arrivée des Allemands et à leur instigation, dans la nuit du 30 septembre au 1er octobre 1940 ; et ses restes calcinés – encore grandioses – ont été rasés en 1941. En réparation, la Ville de Strasbourg a offert la partie du parc Contades sur laquelle a été édifiée la grande synagogue de la Paix, inaugurée en 1958. Comme Mgr Elchinger, je m'y suis rendu à plusieurs reprises, officiellement certes, mais discrètement aussi quelquefois : bien des motifs, dont certains personnels, me poussaient à une telle démarche !

Je me suis évidemment beaucoup réjoui qu'après quinze mois de travaux consécutifs à un grave incendie, la grande synagogue rénovée de Mulhouse ait pu être inaugurée à la fin de l'été 2012. À l'instigation du Crif et en présence du ministre de l'Intérieur Manuel Valls, une allée des Justes a été inaugurée en juillet 2012 à l'emplacement de l'ancienne synagogue de Strasbourg, sur lequel je me suis rendu plusieurs fois pour des commémorations anniversaires. Je me réjouis que, parmi les Justes mentionnés, figurent en bonne place des prêtres, des religieuses et des séminaristes. C'est l'occasion pour moi de saluer l'association Charles Péguy, dédiée aux relations judéo-chrétiennes et qui a fêté en 2010 vingt ans d'activités intenses, grâce à l'animation conjuguée de Mgr Joseph Musser et de Jacqueline Cuche.

J'ai rappelé, parlant du protestantisme, comment le pasteur Marc Lienhard et moi-même avons été faits lauréats du prix Michel-Stourm (qui venait d'être fondé) de l'Alliance France-Israël strasbourgeoise. Je peux maintenant préciser que cette distinction voulait « honorer [notre] action commune en faveur des communautés juives et, plus généralement, [nos] rapports avec les personnes et les institutions du judaïsme alsacien, durant le temps où nous avons [, l'un catholique et l'autre protestant,] exercé en Alsace [notre] responsabilité pastorale » à la tête de nos Églises respectives. Or, le séjour en Israël en lequel consistait ce prix nous a donné l'occasion d'un rapport qui, au-delà des contacts et des découvertes de notre voyage, nous a amenés à faire le point sur les « grands pas accomplis » par nos Églises dans l'ordre des relations entre juifs et chrétiens. La publication plus haut évoquée met en perspective les principaux documents produits en ce domaine depuis la Seconde Guerre mondiale, et plus encore depuis Vatican II. Du côté chrétien au moins, nous soulignons ces acquis majeurs : on a définitivement renoncé et à l'accusation de « déicide » et à la théorie de la « substitution » ; on a admis et la judéité de Jésus, de sa mère et de ses premiers disciples les Apôtres, et la permanence de la « dette » du christianisme à l'égard du peuple de la Première Alliance (« jamais dénoncée », a une fois déclaré Jean-Paul II) ; on a reconnu et l'horreur absolue que représente la Shoah et la légitimité de l'existence d'un État d'Israël... Quel beau chemin a ainsi été parcouru ! Je m'obstine à le considérer comme porteur, de part et d'autre, de grands bénéfices pour le présent et de vraies promesses pour l'avenir.

Et je ne cesse de répercuter la pressante invitation adressée en 1993 par Jean-Paul II à tous les croyants, et d'abord aux chrétiens et aux juifs : qu'ils s'efforcent incessamment de construire « en frères » un avenir où ils pourront être « une bénédiction les uns pour les autres ».

Les musulmans

Derniers venus dans notre région, les musulmans ne bénéficient pas d'une « reconnaissance » officielle, même si aucun préfet ne néglige désormais de les consulter en même temps que les autres « cultes ». De sorte que le problème de l'islam en Alsace est au fond analogue à celui de l'orthodoxie – mais on sait que dans l'analogie, la différence est toujours plus grande que la ressemblance, et même est soulignée par elle ! Formé essentiellement de personnes issues de l'immigration, l'islam s'organise de fait en communautés ethniques : Turcs, Marocains, Algériens, etc. Parmi les grandes mosquées de Strasbourg, l'une relève de la communauté turque, qui est la plus nombreuse en raison de la proximité de l'Allemagne, tandis que l'autre est d'obédience marocaine. Les particularités se manifestent jusqu'à travers le type de collation ou de boisson qui vous est servi lorsque vous êtes officiellement reçu, comme cela m'arriva à plusieurs reprises – en particulier lorsque, très officiellement et très cordialement à la fois, je rendis visite à toutes les mosquées de Strasbourg alors en exercice.

Les musulmans d'Alsace m'ont été reconnaissants d'avoir soutenu l'idée qu'ils avaient droit, comme les autres cultes, à des lieux de prière suffisamment spacieux et dignes. Faite dès les premiers temps de mon arrivée à Strasbourg, en mai 1998, la déclaration commune des responsables religieux catholique, protestant et juif qui légitimait l'hypothèse municipale de la construction d'une mosquée centrale à Strasbourg a en effet joué un rôle majeur aussi bien parmi les responsables politiques, qui l'avaient appelée de leurs vœux, que pour les populations concernées... même s'il s'est trouvé une minorité d'opposants irréductibles pour m'en faire personnellement grief à l'occasion.

Avant de m'arrêter quelque peu sur l'« aventure » de la construction de cette mosquée, je veux souligner que ce n'est pas à Strasbourg seulement que les chrétiens d'Alsace et, plus largement, les Alsaciens se sont préoccupés de la place à faire à l'islam. À Colmar et plus encore à Mulhouse, les contacts ont été depuis longtemps nombreux, et ils le demeurent. À Mulhouse surtout, j'ai tenu à m'y associer à plusieurs reprises.

Interrompu en janvier 2008, le chantier de la grande mosquée de Strasbourg a redémarré en mai 2009. L'architecte italien Paolo Portoghesi a conçu une salle de prière de mille mètres carrés, surmontée d'une spectaculaire coupole de vingt-quatre mètres de hauteur et de dix-sept mètres de diamètre. Le financement a été assuré par la communauté locale, mais aussi par des pays musulmans comme le Maroc, le Koweït, l'Arabie saoudite et le Qatar. Prudemment, pour éviter le risque de mainmise, le maire de Strasbourg avait souhaité qu'aucun pays ne participât au-delà de 15 % du total des huit millions et demi d'euros que prévoyait le projet.

En septembre 2009, pour la fête de la fin du Ramadan, le même Roland Ries avait déclaré souhaiter que ce soit la dernière fois que des milliers de croyants se rassemblent dans un hall d'expositions (en l'occurrence, celui du Wacken). En fait, la mosquée n'est entrée en fonction que le 1er août 2011, au premier jour du Ramadan 1432. Fermée ensuite pour l'achèvement des travaux, elle a été inaugurée le 27 septembre 2012, en présence de Manuel Valls, ministre de l'Intérieur. Plusieurs orateurs ont alors rappelé combien la déclaration commune de mai 1998 avait contribué à débloquer le projet. Cela s'est traduit symboliquement par le fait que la parole fut donnée au seul grand rabbin, tandis que l'archevêque et le président protestant manifestaient leur plein accord en se tenant, silencieux, à ses côtés. J'ai beaucoup apprécié que les dirigeants musulmans m'aient fait parvenir une invitation pour la circonstance – de même que, quelques jours avant mon départ, ils étaient venus discrètement me saluer à l'archevêché. Ils m'ont à cette occasion remis une précieuse plaque de verre que je conserve avec respect ; le nom d'Allah y est gravé, avec cette devise appliquée au dialogue entre chrétiens et musulmans : « Dieu nous unit. »

Le régime concordataire permet, nous l'avons vu, des accommodements intéressants avec la fameuse règle d'interdiction du financement des cultes qui prévaut outre-Vosges. Grâce à lui, le Conseil régional, le Conseil général et la Ville de Strasbourg ont pu financer la construction de la grande mosquée à la hauteur de 25 %. Grâce à lui aussi, la Ville a pu mettre des bureaux à la disposition du Conseil régional du culte musulman (CRCM) dans un immeuble de la place Kléber, avec l'idée de contribuer à « la pleine insertion de la religion musulmane dans la société française, à égalité de droits et de devoirs ». Grâce à lui, enfin, un cimetière musulman a pu voir le jour en octobre 2009, « moment historique pour les musulmans d'Alsace », selon les termes de Mohamed Moussaoui, président du Conseil français du culte musulman.

Peu de temps auparavant, le même responsable avait demandé l'extension du Concordat aux musulmans d'Alsace-Moselle. Lorsque l'on voit tout ce que le cadre concordataire a déjà permis en faveur des musulmans, on peut assurément se demander si cette extension est vraiment nécessaire. J'estime en tout cas personnellement qu'envisager, par exemple, une éventuelle rémunération des imams supposerait en tout cas de leur part l'acceptation expresse de conditions strictes concernant leur formation théologique universitaire, leur indépendance politique vis-à-vis de gouvernements étrangers, et bien sûr leur acceptation des règles républicaines fondamentales. Il n'y aurait là à leur endroit ni contrainte ni répression, dans la mesure où un tel régime est précisément celui auquel acceptent depuis toujours de se soumettre les membres des « cultes reconnus ».

Quoi qu'il en soit, un point précis devrait être d'emblée pris en compte. Le Concordat constitue un traité original entre le Saint-Siège et la République française, sur la base de relations multiséculaires. Sur quelque point qu'elle puisse porter, une reconnaissance du culte musulman ne saurait donc à vrai dire consister en l'extension pure et simple du Concordat à son bénéfice, mais en l'application dûment débattue et motivée à cet autre culte de l'une ou l'autre « disposition concordataire », qu'il s'agisse de l'organisation d'enseignements religieux ou de financement divers. N'oublions pas par ailleurs que ledit culte musulman se trouve d'ores et déjà largement reconnu à travers la création du Conseil régional du culte musulman. En son temps, Napoléon avait bien su trouver des solutions intelligentes pour le judaïsme, et elles sont toujours en vigueur en Alsace.

En 1997, j'ai eu à exposer aux évêques de France – que j'allais incessamment rejoindre – les rapports entre la foi islamique et la pastorale chrétienne. Au terme de ma conférence, je pouvais dire : « L'islam et le christianisme ont au moins en commun de mettre "Dieu" au centre de leur foi. [Mais] ce qui les lie ainsi de manière radicale est aussi ce qui fait apparaître d'emblée leur plus manifeste et plus fondamentale divergence [...] » La foi de celui qui confesse le Dieu Père, Fils et Saint-Esprit n'est en effet pas équivalente à celle de celui qui professe que « Allah est grand et Mahomet son prophète » ! Cela ne me portait que davantage à conclure ainsi mes propos : « En vertu même et de cette convergence et de cette différence, la foi chrétienne est en train de découvrir comme jamais qu'elle a de bonnes raisons, de justes raisons, de conduire une théologie et une pastorale "de dialogue" à l'égard des autres religions. L'orientation générale et les prises de position particulières de Vatican II [...] sont à cet égard on ne peut plus explicites. »

Enrichi par ma pratique pastorale de dix ans en Alsace, et en convergence avec ce que pensent, disent et écrivent un nombre croissant de penseurs et théologiens musulmans, j'estime que deux points surtout méritent aujourd'hui de plus en plus d'échanges et de débats entre chrétiens et musulmans. Points certes délicats, difficiles même, mais majeurs, et qui sont d'ailleurs devenus décisifs pour toute religion. Le premier est la question du rapport des musulmans à *leur texte* à la fois fondateur et normatif, le Coran ; le second est le problème de leur relation à la fois de différence et d'intégration au sein de la *société civile et politique* dans laquelle ils se trouvent de fait insérés.

À ceux qui tiennent le Coran pour non seulement l'ultime, mais la seule source de vérité, nous pouvons faire valoir que, pourquoi et comment il nous est bel et bien devenu à nous-mêmes, il y a peu, à la fois nécessaire et possible de faire une vraie place aux procédures scientifiques et critiques dans le traitement du texte de notre Bible... où nous ne continuons pas moins de reconnaître pourtant la Parole révélatrice de Dieu. Et à ceux qui voient dans le même Coran la charte souveraine et ultime de toute l'organisation sociale et politique, il nous revient de témoigner en vérité du chemin qu'il nous a fallu accepter de faire nous-mêmes, et qu'il nous revient de poursuivre sans cesse, pour pratiquer une vraie tolérance et mettre en œuvre une vraie laïcité... sans pour autant cesser de puiser dans notre foi la lumière et l'énergie même de tous nos engagements en ce monde.

Autres religions

Quant au bouddhisme et aux autres religions orientales, ils sont présents à travers les communautés immigrées d'Asie (Vietnamiens, Cambodgiens, etc.), et aussi par certains Européens convertis. Un centre de bouddhisme tibétain s'est installé, en notre région, à Kuttolsheim dans le Kochersberg. J'ai veillé à ce qu'une commission diocésaine particulière suive le dialogue avec eux, à l'instar de ce que j'avais suscité un peu plus tôt en direction du judaïsme et de l'islam. Je sais que cette commission continue de travailler à établir des liens de confiance et de respect, noués dans une clarté mutuelle. Ses responsables sont invités systématiquement à participer aux festivités du Nouvel An chinois ou à diverses autres manifestations ou célébrations.

Lors de la grande Journée des migrants que nous avons organisée le 8 mai 2005 à Huttenheim, des bouddhistes avaient été invités et étaient présents. Un temps particulier leur était offert pendant que les chrétiens se retrouvaient dans une grande célébration eucharistique au cours de laquelle je les ai appelés de manière pressante à «élargir l'espace de [leur] tente», selon la précieuse invitation biblique. Les «retrouvailles» qui ont suivi et ont clôturé la journée furent, je m'en souviens, d'une cordialité que je qualifierais volontiers de lumineuse.

Les lieux de pèlerinage

Tout aussi bien en Alsace qu'ailleurs, ce serait rester bien trop général que de parler seulement de dimension religieuse ou même de religion(s). Une bonne manière de se rapprocher de la situation concrète (et, en ce qui me concerne en tout cas, de donner à percevoir ce qui m'attache à elle en notre région) est de porter aussi le regard dans ces deux directions: les lieux de pèlerinage et les fêtes religieuses. Pour des raisons que l'on pourra comprendre, je me concentre sur la manière dont les premiers et les secondes se présentent et sont vécus dans la religion catholique.

Un important signe de la vitalité religieuse de l'Alsace est en effet donné à travers les pèlerinages. En dehors du mont Sainte-Odile, ils sont pour la plupart consacrés à la Vierge Marie. Il y a: les deux «grands», Marienthal dans le Bas-Rhin et Thierenbach dans le Haut-Rhin; le groupe des «moyens», les Trois-Épis (par certains côtés, il s'agit cependant bel et bien aussi d'un grand!), Dusenbach, Neunkirch, Hohatzenheim, Reinacker, Weiler; et un nombre élevé de «petits», éparpillés sur tout le territoire. Comme évêque, je faisais en sorte de répartir ma présence entre ces différents lieux selon les fêtes mariales: mois de mai, 15 août, 8 septembre, 8 décembre...

Vient d'abord, bien sûr, le mont Sainte-Odile. Ce lieu, qui n'est pas consacré à la Vierge Marie mais à la patronne de l'Alsace, est cher au cœur de tous les Alsaciens. Odile a vécu à une époque historiquement assez obscure, à la charnière entre le VIIe et le VIIIe siècle. Le souvenir de cette femme lumineuse, rejetée à sa naissance par son père en raison d'un handicap visuel et qui retrouva la vue le jour de son baptême, continue d'être entretenu par les foules de pèlerins qui entreprennent régulièrement l'ascension de ce qu'il faut bien appeler la «montagne sainte» de l'Alsace. Qu'il me soit permis de reprendre ici quelques «souvenirs du mont Sainte-Odile» que j'ai rédigés en 2007, peu avant de quitter le diocèse (ce qui n'en sera sans doute que plus révélateur de ma relation personnelle à ce haut lieu, alsacien entre tous):

Je me revois d'abord dans la chapelle du tombeau, au lendemain de mon ordination épiscopale, venant confier ma nouvelle et si impressionnante responsabilité à la patronne de l'Alsace.
Je me remémore ensuite les multiples fêtes de la Sainte-Odile – d'été comme d'hiver – que j'ai présidées devant la foule des fidèles, souvent en compagnie d'un hôte de marque que j'avais spécialement voulu associer à l'événement (les évêques de la Province ecclésiastique de l'Est, le cardinal Martini, le cardinal Ricard, le nonce apostolique...).
Je garde encore un souvenir tout particulier des festivités du cent cinquantième anniversaire du rachat du Mont par la mense épiscopale, en 2003. (Une telle commémoration m'importait tout particulièrement parce que ce rachat est le point de départ d'un lien très étroit entre le lieu saint et l'évêque de Strasbourg qui, depuis, y est au sens propre « chez lui ».)
À de multiples occasions, j'ai pu profiter de l'appartement qui [m'était] dès lors réservé dans la partie historique du monastère, soit pour des temps de repos, soit pour des périodes intenses de travail intellectuel. C'est en ce lieu que j'ai accordé une bonne part des nombreux entretiens qui ont abouti à la publication du livre *La grâce de vivre* (Bayard, 2005), et c'est aussi là que j'ai corrigé les épreuves des quatre volumes *L'Église aux carrefours* (L'Ami hebdo, 2006)... C'est là encore que j'ai pris un temps de recul après l'annonce de ma renonciation pour raisons de santé.
J'ai toujours été heureux, lors de mes séjours sur le Mont, d'y rencontrer les adorateurs, les pèlerins, les touristes, mais aussi les marcheurs qui s'accordent une halte matérielle et spirituelle sous le regard de sainte Odile.
Je suis particulièrement fier d'avoir initié les travaux qui ont rendu aux bâtiments, devenus avec le temps quelque peu disparates, une vraie « lisibilité spirituelle », et situé de manière plus juste les différents espaces appelés à y co-exister. Cette première tranche de grands travaux a été inaugurée lors de la Sainte-Odile d'été 2006 et parachevée à la Sainte-Odile d'hiver qui a suivi. À cette occasion, et en présence du nonce apostolique que j'avais dûment invité, la vénérable église du Mont est à ma demande devenue basilique.

Les travaux dont il vient d'être question avaient été rendus indispensables par les évolutions des règles de sécurité, qui menaçaient à court terme l'activité d'hôtellerie. Plutôt cependant que de commencer par les équipements proprement hôteliers, importants bien entendu, mais périphériques malgré tout, le chantier, magnifiquement dirigé par les architectes Jean-Marie

Duthilleul et Benoît Ferré, s'est d'abord attaché à soigner le cœur, à savoir : la basilique, le cloître abritant la chapelle du tombeau (avec la création d'une chapelle Sainte-Attale dans un local attenant qui servait jusque là de salon de thé), et la zone d'accueil des adorateurs. Ceux-ci, désormais à la fois hommes et femmes, se relaient en effet semaine après semaine, jour après jour, heure après heure, devant le Saint Sacrement exposé à leur adoration – et cela sans interruption depuis bientôt quatre-vingts ans. Or, l'espace qui leur était dévolu ressemblait quelque peu à des chambrées de caserne, avec mobilier métallique et sanitaires en milieu de couloir. Il me plaît de savoir que ces fidèles du lieu, dont certains peuvent être âgés, sont désormais accueillis dans des conditions satisfaisantes de confort, quoique sans luxe inutile.

La suite des travaux a été dûment décidée et conduite par mon cher successeur. L'aile Sainte-Eugénie, la plus problématique du point de vue de la sécurité, a été entièrement vidée de ses cloisons et de ses planchers, ce qui a permis la création d'une salle de réunion de cent cinquante places dotée de tous les outils modernes de communication et, dans les étages, l'installation de chambres confortables.

Voici la manière dont l'abbé Jérôme Hess, alors directeur – il le fut après le chanoine Charles Diss, le père Alain Donius et le chanoine Daniel Perrin –, présentait les choses en juin 2010 : « Durant ces années, le mont Sainte-Odile a profondément changé de visage. Les évolutions matérielles sont visibles et se poursuivent pour le plus grand confort des pèlerins et des touristes [...]. Les pèlerins confirment qu'ils ressentent également des évolutions dans l'approche pastorale, beaucoup relevant la sobriété et la profondeur des liturgies, mais aussi le gain en intériorité qu'ils trouvent en divers endroits du site. » Quant à l'actuel directeur, le chanoine Patrick Koehler, il énumère les chiffres avec vigueur et optimisme : 218 lits répartis en 111 chambres, 450 places de restauration en self ou en salle, plus d'un million de pèlerins-visiteurs annuels, 170 000 repas servis – avec notamment plus de treize tonnes de pommes de terre transformées dans les cuisines... Il n'omet pas de préciser que telle est finalement la seule signification de tout cela : « que tous ceux qui viennent au mont Sainte-Odile y soient reçus comme le Christ ».

Je ne cache pas avoir eu un petit serrement de cœur lorsque les travaux achevés ont été inaugurés en juin 2012. J'ai littéralement dévoré les pages des journaux consacrées à cette inauguration festive. En même temps qu'à la parole chaleureuse de Mgr Grallet, j'ai été en particulier sensible au discours du président Richert, qui alla jusqu'à citer Maurice Barrès parlant des visiteurs : « Ce qu'ils découvrent, c'est l'Alsace telle qu'elle se donne à voir : belle, généreuse, spirituelle [...]. Merci au Mont d'être de tous les temps : d'hier, d'aujourd'hui et de demain. »

Mon dernier mot sur le Mont – j'aurais tant à dire ! – sera pour me féliciter de la rénovation du « chemin de croix Elchinger ». Réalisée par le grand céramiste de Soufflenheim père de mon pré-prédécesseur, cette œuvre unique en son genre est littéralement accrochée au bloc de rochers qui constitue la base du Mont. Comme le disait le fils de l'artiste, devenu évêque de Strasbourg : « Mon père a vraisemblablement signé là l'œuvre majeure de sa vie. Pétrir dans la terre d'Alsace l'histoire de la rencontre du Christ avec l'Humanité et la souffrance des hommes... Extraordinaire ! »

Venons-en à Thierenbach. Parce que le mont Sainte-Odile, quoique appartenant à tous les Alsaciens, est situé dans le Bas-Rhin, je choisis de présenter sans attendre le grand pèlerinage marial du Haut-Rhin qu'est Thierenbach. Le lieu était à l'origine un prieuré fondé en 730 par les bénédictins de Murbach. La première église romane a été édifiée en 1130 ; l'actuelle basilique baroque, construite par l'architecte Peter Thumb, l'a remplacée en 1723. Le pèlerinage est très fréquenté par toute la région mulhousienne – et bien davantage, puisqu'environ trois cent mille pèlerins s'y rendent chaque année. Durant le temps de mon ministère en Alsace, où le recteur en fut le cher chanoine Gérard Sifferlen, j'eus le bonheur de m'y rendre moi-même au moins une fois pour à peu près toutes les fêtes mariales : une année l'une, l'année suivante une autre.

Ce lieu a lui aussi fait l'objet de belles rénovations du temps où l'actuel chanoine Koehler en fut recteur, même si le chantier n'a pas pris l'ampleur de celui du Mont, dans la mesure où ce site ne dispose pas de structures d'accueil et où il est relativement peu visité par les touristes. On vient en effet à Thierenbach pour des raisons proprement spirituelles, ce qui justifie le grand nombre d'offices, notamment le dimanche. Alors la basilique ne désemplit pas, avec souvent trois messes le matin et deux le soir, sans oublier les confessions, la prière mariale et les vêpres.

Les aménagements réalisés facilitent désormais beaucoup l'accès des piétons en toute sécurité, tout en donnant au lieu une nouvelle perspective. Ils ont été inaugurés en juin 2010 par une belle nuit d'été et, pour couronner le tout, l'édifice a été mis en lumière par le président d'EDF en personne, Henri Proglio. Parmi les pèlerins réguliers, citons les groupes issus de la migration (Polonais, Italiens, Ukrainiens, gens du voyage), les religieuses, les mouvements apostoliques.

Je tiens à mentionner tout spécialement les Trois-Épis, cet unique lieu d'apparition mariale d'Alsace (1491), dont l'animation est de longue date confiée aux pères rédemptoristes. Lorsque je m'y rendais, j'appréciais beaucoup l'articulation de la petite chapelle gothique, élevée sur les lieux de l'apparition, et de la grande église en béton construite en 1968. En 1991, lors des festivités des cinq cents ans du pèlerinage, cette dernière se vit adjoindre une originale et élégante flèche formée de trois piliers symbolisant suggestivement les trois épis.

Je ne peux pas oublier la délicate négociation qu'il me fallut mener, à la fois discrètement et fermement, au moment où divers intérêts se conjuguèrent pour obtenir l'installation sur place d'un casino, qui aurait bien évidemment non seulement porté atteinte à la qualité spirituelle du lieu, mais également compromis l'atmosphère d'une station climatique où se réjouissent d'être confortablement accueillies et traitées tant de personnes convalescentes ou fatiguées. Sur cette lancée, je tiens à rappeler un autre point délicat de négociation que tout le monde ou presque semble avoir aussi maintenant bien oublié : en somme, je retrouvais de la sorte aux Trois-Épis un problème analogue à celui auquel j'avais été confronté, au nom du mont Sainte-Odile cette fois, avec les fameuses carrières de Saint-Nabor ! Que de démarches ne fallut-il pas effectuer pour en obtenir la fermeture – assortie d'ailleurs d'une demande de réhabilitation du site ! On me permettra ici – une fois n'est pas de coutume – de me féliciter grandement de ce que, ici et là (Haut-Rhin et Bas-Rhin une nouvelle fois !), un règlement à la fois « amiable » et sage ait finalement pu être apporté, « sans histoire », à deux situations restées durant de longues années péniblement pendantes pour tout le monde.

J'aime aussi beaucoup Marienthal, dont le nom signifie « val de Marie ». Le pèlerinage y doit son origine à un ermitage établi au cœur de la forêt de Haguenau. Plusieurs raisons m'y attachent. D'abord, bien sûr, le culte rendu à la Vierge Marie et dont j'ai toujours été heureux de partager la ferveur, du temps déjà du chanoine Perrin (avant son passage au mont Sainte-Odile). Il y a aussi la Maison des prêtres qui a été installée sur place et qui accueille des confrères âgés auxquels elle permet de vivre, au-delà de la retraite et à l'ombre justement de la basilique, un ministère d'accueil et de confession. Mais il faut ajouter encore: la performante école d'orgue diocésaine; la communauté des bénédictines du Sacré-Cœur, précieuse dans l'animation des offices du pèlerinage et pour l'accueil de groupes venus de toute l'Alsace du Nord et même des villages d'au-delà du Rhin; enfin, la chère communauté du Carmel diocésain d'Alsace... Ne disais-je pas que j'avais bien des raisons d'être attaché aussi à Marienthal?

Les fêtes religieuses

Noël, fête des fêtes en Alsace

On ne peut parler des fêtes en notre région sans évoquer d'abord Noël – avec sa préparation, que représente l'Avent. C'est à bon droit que l'Alsace a pu s'intituler «pays de Noël» tandis que Strasbourg s'est elle-même proclamée «capitale de Noël», après qu'eut été fièrement lancé dès 1991 le slogan «Noël a un pays, l'Alsace»! En cette période de l'année marquée par le froid et l'obscurité, les villes se parent de mille illuminations. Elles rivalisent entre elles à travers leurs «marchés» aux petites maisons typiques: Munster, Kaysersberg, Mulhouse, Colmar, Strasbourg, Haguenau... Je dois bien certes constater que cette coutume s'est propagée et qu'il y a désormais des «chalets de Noël» un peu partout en France – même à Nantes ou près de la tour Montparnasse! Mais, oserai-je l'avouer, la première fois que je les ai découverts en ces lieux (c'était lors de l'un de mes premiers retours dans l'Ouest depuis l'Alsace), je me suis dit: «Mais qu'est-ce qu'ils font là, ceux-là?» Si cela m'indisposait quelque peu, c'est parce qu'alors l'opération me paraissait revenir à transplanter un élément de la fête sans nécessairement faire place à son âme.

Il n'est pas difficile de commercialiser du vin chaud ou des bougies colorées dans une baraque en bois de sapin. Est-ce pour autant que l'on retrouvera l'ambiance du Noël en Alsace, lorsque quasiment toute la population communie par la décoration de ses maisons et de ses fenêtres, lorsque les yeux, le goût et l'odorat se trouvent envahis de mille saveurs, lorsque l'allégresse saisit les cœurs ? Noël en Alsace est une grâce que j'ai tenu à faire partager à ma famille. Et à mes amis, y compris au conseil général de la Compagnie de Saint-Sulpice autour du père Larry Terrien, et à la communauté des Sœurs auxiliatrices de Geneviève Médevielle, connue en mes années parisiennes. Tous ont déclaré avoir vécu là un véritable enchantement.

En décembre 2010, à l'occasion du bilan de presque vingt ans d'une promotion bien suivie, la présidente du Comité régional du tourisme et conseillère régionale Marie-Reine Fischer insistait cependant, et à juste titre, sur la nécessité de « cultiver la différence » pour que cette opération ne sombre pas dans le « purement commercial ». Or, qu'on le veuille ou non, le « fondamental » par excellence renvoie bel et bien ici à la dimension religieuse. Pour un beau numéro de *Saisons d'Alsace*, le frère dominicain Rémy Valléjo a exploré les textes les plus anciens qui font référence au « mystère de Noël en Alsace » ; il a notamment mis en valeur les merveilleuses scènes de *Vierge à l'Enfant* gravées et imprimées au XVIe siècle dans notre région. Entre la frénésie des achats et les excès alimentaires, ne finirait-on pas presque par oublier que Noël est d'abord une fête chrétienne ?

En tout cas, je me réjouis bien évidemment de tout ce qui est entrepris, par une heureuse collaboration entre la Région et tous les cultes chrétiens, pour entretenir voire retrouver la dimension spirituelle de la fête. Les Noëlies – tel est le nom de l'organisation chargée de cette noble mission et dont je m'honore d'avoir été premier vice-président – ont ainsi fait venir vingt-quatre chorales d'Europe pour chanter la Noël de l'An 2000 en quasiment autant de langues, dans une cathédrale pleine ; le président Zeller et moi-même les avons successivement saluées au nom de tous les présents. À travers toute la région, les mêmes Noëlies organisent ou soutiennent bien d'autres manifestations à dimension culturelle et spirituelle.

Les cultes, de leur côté, apportent leur contribution spécifique. La nuit de Noël, la cathédrale est à ce point bondée que, venant de la sacristie, la procession peine à avancer dans la nef latérale avant d'aborder l'allée centrale. Comme archevêque, j'avais une haute conscience de ma responsabilité de prédicateur devant cette foule si nombreuse et si variée. Une année, mon homélie de la messe de minuit avait développé le thème : « Le chemin de la confiance nous a été ouvert. » J'ai été récompensé de mes efforts lorsque, dans le compte-rendu donné par les *DNA* du lendemain, j'ai lu qu'au moment où, à la fin de la célébration, les participants avaient vu les grandes portes de la cathédrale s'ouvrir devant eux, ils avaient pu, « dans la nuit, repartir avec le soleil de la confiance dans le cœur » !

Le Noël religieux renvoie aussi de lui-même à la notion si importante de partage. Pendant quelques années d'ailleurs, la Ville de Strasbourg avait troqué le slogan de « capitale de Noël » contre celui de « Noël de partage ». Le caractère plus commercial du premier a conduit à sa reprise, d'autant qu'il correspond à une appellation déposée ; mais la dimension du partage reste très présente, notamment à travers la place faite à un « village » dédié aux associations humanitaires et caritatives au pied même du grand sapin de la place Kléber. Autre initiative bienvenue, celle dite « Vivre Noël ensemble », qui propose un réveillon sur mesure aux nombreux exclus des festivités : le soir du vingt-quatre, environ 350 personnes se retrouvent, dont cent vingt bénévoles particulièrement motivés. À Strasbourg, Isabelle Collot et Le Nid ont aussi pignon sur rue au marché de Noël.

Un certain nombre d'autres manifestations sont organisées à l'initiative des paroisses, comme ces Promenades de Noël qui invitent à aller d'église en église découvrir des trésors du patrimoine. Notre vénérable cathédrale revêt dans ce temps-là ses plus beaux atours, avec les quatorze tapisseries qui, pendant six semaines d'affilée, décorent la nef, et avec la grande crèche aux trois scènes (Nativité, Visite des mages et Présentation au Temple) qui enchantent grands et petits. Il faut dire ici que les Strasbourgeois ont accepté d'être bousculés non seulement dans leur tranquillité, mais encore dans leurs habitudes : il était de tradition que la crèche soit montée dans les derniers jours de l'Avent et dévoilée seulement la veille de Noël. Sous la pression des visiteurs, la crèche a chaque année été montée de plus en plus tôt. Elle est aujourd'hui visible dès l'ouverture du marché de Noël, à la fin du mois de novembre. Bien entendu, « le petit Jésus » manque jusqu'à la messe de minuit : on attendra l'annonce solennelle du « Il est né le Divin Enfant » pour que les servants d'autel viennent en grande procession le déposer au centre de « la crèche ».

Pas de Noël en Alsace sans sapin, d'autant que les premières traces de son apparition sont identifiées à Sélestat en 1521... À moins que ce soit à Strasbourg, quelques années plus tôt ? Le débat a été ouvert à l'occasion de Noël 2012 – mais les deux parties se sont rapidement accordées pour déclarer que « la guerre des sapins n'[aurait] pas lieu ». Quoi qu'il en soit de l'endroit exact des commencements, à cette époque-là, ledit sapin était décoré de petites pommes rouges et d'hosties, qui ont donné naissance à la tradition des boules. Les premières renvoient à l'arbre du jardin d'Éden et donc à la faute originelle, les secondes évoquent le sacrifice rédempteur du Christ, qui en délivre l'humanité !

Ailleurs qu'à Strasbourg, la fête bat aussi son plein à Noël. La région est partagée en sept zones en fonction de thématiques particulières. Le visiteur qui se contente du marché organisé à Strasbourg passe donc à côté de merveilles, telles : le marché si authentique blotti à côté de l'église de Kaysersberg ; celui qui se développe au centre de Colmar ; celui qui entoure le temple Saint-Étienne de Mulhouse. Ou tels, encore : les manifestations autour du sapin organisées par la Ville de Sélestat ; le dépaysement médiéval proposé par Molsheim ; la décoration des fenêtres durant le temps de l'Avent à Achenheim dans le Bas-Rhin et à Uffholtz et Jettingen dans le Haut-Rhin ; le Noël rural d'antan proposé à Kutzenhausen par la Maison rurale de l'Outre-Forêt ; le calendrier géant de l'Avent de Turckheim ; ou la programmation toute particulière et si riche d'Ungersheim... Et mes narines ont conservé la mémoire du parfum des sapins – aiguilles et troncs – qui ornaient la place principale de Sierentz, un soir de décembre où j'avais rendu visite au père François Grienenberger, curé du lieu.

Il est clairement plus facile aux marchés des villes moyennes et des villages de rester « authentiques », tandis que les « grands » marchés doivent lutter pour ne pas se transformer plus ou moins en « foires », au sens discutable du terme. En 2010, la Ville de Strasbourg a dû intervenir pour que soient exclus les churros, comme elle l'avait fait précédemment pour les merguez : est-ce à dire que les marchés de Noël seraient interdits de diversité culturelle ? Pour une part sans doute, oui. Car ils sont porteurs d'un patrimoine spécifique, celui du Noël alsacien traditionnel, incarné par les personnages de la crèche, les jouets en bois, les boules de Noël – et, du côté alimentaire cette fois, par le pain d'épices, les pommes d'amour ou le vin chaud. Introduire des éléments trop exogènes aboutirait de fait à banaliser ces marchés, à les transformer en de simples fêtes foraines. Voilà pourquoi les municipalités dressent de véritables listes de produits autorisés à la vente. Que l'Alsace aille présenter son marché de Noël à Tokyo ou ailleurs dans le monde, comme cela se fait depuis 2009, est une chose ; mais pourrait-on vraiment imaginer que le marché de Noël de Strasbourg ou celui de Kaysersberg s'ouvre à des stands vendant des sushis, des parures ou des équipements de samouraï ? Encore une fois, c'est une question de préservation d'*authenticité*. Or, sans authenticité, plus de « magie » !

De cette même authenticité relève la tradition de la Saint-Nicolas, le 6 décembre. Ce saint évêque d'Anatolie doit sa popularité à la venue d'une partie de ses reliques en Lorraine au XIe siècle. Il est devenu le saint patron des écoliers, célébré avec ferveur à Nancy, à Épinal et à Metz – mais aussi en Alsace, où il est le patron de nombreuses paroisses et chapelles.

Il est clair que saint Nicolas souffre de la concurrence de son avatar, le fameux père Noël, qui a gardé le nom de Santa Claus en Amérique, mais qui a là-bas troqué sa chape d'évêque contre un ample manteau rouge à capuchon. Il n'empêche que j'approuve pleinement mon successeur, pourtant issu de Meurthe-et-Moselle, d'avoir écrit au maire de Nancy pour s'opposer à tout projet de « privatiser » la fête de Saint-Nicolas au profit de la seule Lorraine, au détriment de l'Alsace. De son côté, l'Agence de développement touristique du Haut-Rhin a lancé un ultimatum contre les maires de Nancy et de Saint-Nicolas-de-Port lorsqu'ils ont déposé, en juillet 2009, à l'Institut national de la propriété intellectuelle, la marque « Saint-Nicolas » et différentes expressions qui l'accompagnent : « marché de Saint-Nicolas », « fêtes de Saint-Nicolas », etc. Non seulement saint Nicolas appartient au patrimoine commun des Alsaciens et des Lorrains, mais les boulangers et les chocolatiers alsaciens produisent des dizaines de milliers de brioches et de moulages « en forme du saint » au début du mois de décembre, pour la plus grande joie des petits et des grands : va-t-on le leur interdire ? Je note avec plaisir que l'Association générale d'Alsace et de Lorraine (AGAL, fondée à Paris en 1871) convie régulièrement ses adhérents et sympathisants pour sa fête annuelle le jour même de la Saint-Nicolas. Je m'efforce toujours d'y participer.

Bien d'autres fêtes encore

Le Nouvel An alsacien – peut-être serait-il plus exact de dire ici : « strasbourgeois » ? – est tristement célèbre. Cela semble dû à une pratique en vogue sur les deux rives du Rhin (comme à Naples du reste, j'ai eu l'occasion de le constater lors de mes études à Rome) de faire éclater des pétards dans la nuit de la Saint-Sylvestre, d'autant qu'il est facile de se fournir en explosifs divers dans les magasins de Kehl, puisque leur vente y est « libre ». Je ne crois guère que ce soit en voulant lutter contre ce phénomène à travers des contrôles massifs sur le pont de l'Europe durant les derniers jours de l'année que la police aurait indirectement favorisé, dans les quartiers dits populaires de Strasbourg, cette forme d'explosion gratuite et combien stupide. D'autant plus stupide d'ailleurs qu'elle n'aboutit pas seulement à la multiplication d'incendies visant un nombre croissant de véhicules en stationnement dans les rues, mais qu'elle peut causer de graves accidents de personnes : n'a-t-on pas déploré plusieurs blessés très sérieux et deux morts début 2013 ?

Le phénomène est né voici une vingtaine d'années. Sa médiatisation disproportionnée dans les journaux locaux et même à la télévision nationale a eu un effet secondaire pervers : les jeunes des quartiers sont entrés dans une quasi-spirale d'émulation, dont l'enjeu serait de savoir desquels d'entre eux on parlerait le plus dans les journaux du lendemain. La publication des statistiques a achevé le tableau. Il faut dire que la vision des voitures en feu dans les journaux télévisés du 1er janvier laissait croire aux spectateurs que la ville entière était en feu. Plusieurs fois, j'ai dû rassurer tel ou tel membre de ma famille ou tel confrère évêque me téléphonant pour savoir si l'archevêché n'était pas parti en fumée ! Depuis quelques années, la « publicité » est plus discrète et il n'est plus question de communiquer les chiffres des voitures brûlées – du moins ville par ville et quartier par quartier. Dès lors, le phénomène paraît en recul. Tant mieux... mais pour combien de temps, si l'on ne reste pas suffisamment sur ses gardes ?

Quelques jours après le Nouvel An arrive l'Épiphanie, que les Alsaciens célèbrent comme il se doit en partageant la galette des Rois (où la frangipane reste reine). Et, comme dans la France entière, la coutume se prolonge une bonne partie du mois de janvier. Sur le chemin de Cologne, les reliques des Rois mages seraient passées par Ribeauvillé et par Strasbourg au XIIe siècle ; il en resterait quelques fragments dans la cité haut-rhinoise, et de belles statues de ces seigneurs venus de loin ont été mises en place sur le portail Saint-Laurent de la cathédrale, au XVe siècle.

Après la Présentation de Jésus au Temple (2 février), qui voit traditionnellement le démontage de la crèche, les Alsaciens deviennent fébriles à l'approche du Carnaval. Dans l'aire rhénane, cette fête populaire a conservé un certain nombre de coutumes fortes. Il ne s'agit pas de se déguiser en infirmière ou en Zorro, ou encore en marquise comme à Venise, ni de faire défiler des Géants comme dans le nord de la France, mais de revêtir des costumes de fous et de sorcières. Remontant au Moyen-Âge, ils renvoient aux grandes peurs de l'homme médiéval, et aux manifestations mises en place pour les conjurer.

Certaines localités alsaciennes organisent leur cavalcade durant la période même du Carnaval, plus précisément le Mardi gras : tel est depuis 1950 le cas de Hoerdt, où les gens du village s'investissent fortement dans les chars et dans les groupes : « La crèche, les écoles, la bibliothèque [...] tout le monde se mobilise », souligne René Wolfhugel, le président de l'association carnavalesque locale *Herrefasenacht*. Cela se vérifie aussi à Mothern, dans le nord de la région, où se tient, selon la grande tradition rhénane, le carnaval sans doute le plus typé d'Alsace, pour la soigneuse préparation duquel « au moins 50 % des habitants du village sont en congé professionnel durant une dizaine de jours », aux dires du président du comité des fêtes local.

C'est l'occasion de rappeler qu'aux *bredele* de Noël, à la *bretzel* du Nouvel An (lancée depuis peu, faite de pâte briochée et plus grande que l'ordinaire), à la *galette* des Rois de l'Épiphanie (qui « dure » bien tout janvier), succède, le jour du Mardi gras, le *beignet* (dont les variétés ont tendance à se multiplier).

On peut dire que toute l'Alsace est concernée par le Carnaval. Dans le nord, nous avons déjà distingué Hoerdt et Mothern, mais Seltz, Lauterbourg et Haguenau méritent aussi mention. Avec la fameuse Cavalcade du Bouc Bleu, Hoenheim, Bischheim et Schiltigheim font particulièrement fort. Et ni Strasbourg, ni Colmar, ni Mulhouse, pour ne parler maintenant que des plus grandes villes, ne sont par ailleurs en reste.

Malheureusement, la mobilisation dans leur région des groupes badois – musicaux et autres – durant le temps spécifique du Carnaval a conduit certaines municipalités alsaciennes à décaler leurs propres fêtes et défilés en plein Carême, pour pouvoir obtenir leur participation. Cela étant, je suis infiniment reconnaissant envers Roland Ries, maire socialiste de Strasbourg, d'avoir, l'année où cette hypothèse était pourtant la préférée des organisateurs, refusé que le défilé ait lieu dans sa ville le dimanche des Rameaux, par respect pour les chrétiens de sa ville qui célèbrent ce jour-là l'entrée de Jésus à Jérusalem, où quelques jours plus tard il subira sa Passion. Combien d'autres maires de France auraient réagi de cette manière ?

Mais voici bientôt le Carême et, justement, le temps de la Passion. La ville de Masevaux, dans la vallée vosgienne la plus méridionale de la région, organise chaque année depuis 1930 un Jeu de la Passion. C'est un prêtre qui en a eu l'idée. Il s'agissait au départ de financer les activités du cercle Saint-Martin. Un texte a alors été composé – en allemand –, et l'on continue de s'y tenir. On se transmet fidèlement la tradition d'une génération à l'autre, entre Masopolitains. Chaque année, peut-on dire, « le miracle se reproduit » à Masevaux : j'en ai moi-même été témoin ! Après mon départ, le nouvel archiprêtre de la cathédrale, Michel Wackenheim, a eu l'heureuse idée d'introduire une tradition un peu semblable de représentation de la Passion dans la cathédrale avec une soixantaine de jeunes, issus du groupe des servants de messe et des élèves du collège épiscopal Saint-Étienne.

Le Vendredi saint donne lieu chez les catholiques à un impressionnant office de la Passion célébré à quinze heures, l'heure même de la mort de Jésus, grâce au jour férié supplémentaire dont bénéficient les Alsaciens. Il faut reconnaître que l'importance toute particulière donnée à ce jour nous vient de la tradition protestante, qui le met spécialement en valeur. (Je m'honore d'avoir, comme doyen de la Faculté de théologie et sciences religieuses de l'Institut catholique de Paris, instauré la coutume de « férier » ce jour-là, précisément dans un souci œcuménique !) Depuis 1885, le chœur de l'église Saint-Guillaume interprète chaque Vendredi saint l'une des deux passions de Bach, et cette tradition est très suivie. Les catholiques bénéficient, quant à eux, de conditions plus favorables que dans le reste de la France pour célébrer la mort du Seigneur : le silence et le calme règnent sur les villes et les villages, dont les magasins sont restés fermés.

La fête de Pâques sera célébrée avec d'autant plus de joie que protestants et catholiques rivalisent, là encore, dans la célébration : les cloches annoncent pour les uns la vigile pascale, pour les autres l'office du dimanche au cimetière, au petit matin – et, pour tous, les cultes du dimanche matin. Certes, les cloches protestantes ne sont pas parties à Rome le vendredi précédent comme leurs sœurs catholiques, mais toutes se retrouvent pour annoncer de conserve la Résurrection du Seigneur – et je rappelle qu'à Strasbourg, le carillon de Saint-Thomas est désormais accordé à celui de la cathédrale ! Je suis fier, pour ma part, d'avoir instauré la tradition du concert du jour de Pâques à la cathédrale. Pour la première fois, nous avions choisi *Le Messie* de Haendel. En le présentant, j'avais rappelé que lors de la création de cet oratorio à la Cour d'Angleterre, quand fut entonné le grand chœur de *l'Alléluia* à la fin de la deuxième partie, le roi s'était levé et toute la Cour avec lui. J'avais en conséquence invité tous les auditeurs à faire de même le moment venu, en hommage à Celui que, « depuis l'aube, [...] nous avions revu debout ». Ce fut impressionnant, cette foule d'au moins 1 500 personnes debout, à la fois silencieuse et exultante.

La vieille tradition germanique du *Osterhaas*, ou lapin de Pâques, est bien respectée chez nous. Ailleurs, les chocolats prennent la forme d'une poule ou d'un œuf; ici, ce sont les lapins ou les lièvres qui apportent les œufs... trace d'une idée païenne de fécondité et de renouveau. Les petits Alsaciens ont donc eux aussi la joie de chercher les « œufs de Pâques » dans le jardin de leur maison. En revanche, le *laemmele*, l'agneau en biscuit réalisé grâce à un moule particulier, constitue un rappel direct du message chrétien : « Le Christ, notre Agneau pascal, a été immolé ! » Le symbole est d'autant plus parlant que, grâce aux boulangers, l'agneau est ici doté d'un étendard célébrant la victoire du Crucifié sur la mort.

Une autre spécificité alsacienne est la couverture des *DNA*, journal pourtant laïque, le Vendredi saint et le jour de Pâques ; elle comporte toujours une annonce très explicite du Mystère célébré ces jours-là par les chrétiens ! Les colonnes du quotidien de Strasbourg s'ouvrent de plus au « message de Pâques » de l'archevêque catholique et du président protestant. Le 8 avril 2010, Jean-Pierre Grallet avait intitulé le sien : « Ils sont finis les jours de la Passion », et Jean-François Collange : « Pâques, le Christ et la vraie vie ». Je ne vois rien de tel dans d'autres journaux régionaux de France, même dans des terres de vieille chrétienté. Pourquoi cacherais-je que l'Alsacien de cœur que je suis n'est pas seulement heureux, mais fier de cette autre « exception alsacienne » ?

Au lendemain du Temps pascal conclu par la Pentecôte vient la Fête-Dieu, qui donnait autrefois lieu à des processions dans presque toutes les paroisses. La plupart ont assurément été abandonnées depuis plusieurs décennies... mais *L'Ami hebdo* du 14 juin 2009 estimait pouvoir titrer: «La Fête-Dieu renouvelle sa tradition» avec, à la une, la grande photo d'une belle procession. Chaque année, cet hebdomadaire rend compte d'un certain nombre de ces manifestations chrétiennes, qu'il illustre avec des textes choisis et des photos évocatrices. Voici quelques exemples: à Drusenheim, le Corps du Christ est mis en avant de manière symbolique («Nous sommes le Corps du Christ»); au pèlerinage de Weiler près de Wissembourg, une messe est célébrée sur la place du pèlerinage. Mais il faut aussi parler des processions jamais interrompues en certains lieux, comme à Geispolsheim, et renouvelées en d'autres. Le village de Burnhaupt-le-Haut, dans le sud de l'Alsace, est bien représentatif d'une telle relance: grâce au dynamisme de Christophe Schultz, fondateur de l'association Renouons avec les traditions, une procession splendide a été réintroduite, mobilisant tout le village pour que le parcours de un kilomètre et demi à travers les rues soit décoré d'un bout à l'autre de roses, d'hortensias et d'œillets, sur un lit de sciure et de marc de café séché. Plusieurs autels sont aménagés en fonction de thématiques qui changent chaque année: l'eau, le souffle, le pain... Et que l'on ne parle pas d'intégrisme ou de traditionalisme! Je l'atteste pour avoir moi-même présidé toute une procession: les textes de l'Écriture sont lus en français et les textes de commentaires ou de méditation sont pour la plupart des compositions modernes, tout comme les chants exécutés.

Plus les années passent, plus le nombre de photos de la Fête-Dieu augmente dans *L'Ami hebdo*. En 2012, on a pu voir les processions de Offenheim, Strasbourg-Koenigshoffen, Rosenwiller, Griesheim, Wingersheim, Kogenheim, Altenheim, Steinbourg... L'on a déjà évoqué la grande tradition de Geispolsheim, tout près de Strasbourg, et l'on pourrait parler encore de tous ces Alsaciens qui mettent un point d'honneur à participer dès le jeudi à une procession en Forêt-Noire, car le jour précis du jeudi de la Fête-Dieu est férié en Pays de Bade (ce *Fronleichnam*, qui donne aussi lieu à des processions très festives), tandis que la célébration est chez nous reportée au dimanche qui le suit.

Je retrouve une comparable « litanie » de photos dans le numéro du même *L'Ami hebdo* qui paraît juste après l'Assomption. Au cœur de l'été, les Alsaciens manifestent en effet leur grande dévotion envers la Vierge Marie en participant aux offices organisés pour la fêter dans les très nombreux lieux de pèlerinage déjà évoqués (Marienthal, Thierenbach, Reinacker, Weiler, Neunkirch, Trois-Épis, Hohatzenheim, Dusenbach...), mais aussi dans les paroisses. Là encore, messes et processions attirent la foule des grands jours. Comme le disait mon successeur à Thierenbach le 15 août 2011, ce jour-là, les chrétiens « s'approchent avec Marie des portes du ciel ».

J'ai toujours tenu moi-même à célébrer le 15 août en Alsace, variant d'année en année les lieux où je me rendais. J'aime beaucoup la mélodie des litanies de la Vierge chantées à Marienthal. Une année, à Thierenbach, j'avais donné rendez-vous à un groupe de prêtres nantais en vacances : ils ne s'attendaient guère à une participation aussi nombreuse à la longue procession de l'après-midi. Une autre année, le père Jean-Philippe Rendler me fit la grande joie de m'inviter pour une célébration du grand mystère marial à la chapelle du Kirchberg, un des tout premiers lieux chrétiens de la contrée, dont le clocher rond merveilleusement restauré veille, en somme, sur toute l'Alsace bossue.

À ce chapitre consacré aux religions et à leurs manifestations en Alsace, il convient sans doute d'ajouter quelques brefs propos conclusifs d'ordre personnel. Je ne peux pas oublier que dans la présentation que je viens de faire, je suis situé d'une manière très précise : non seulement je suis chrétien et catholique, mais j'ai encore choisi d'être prêtre et j'ai même accepté de devenir évêque. Si j'estime donc qu'une dimension spirituelle est essentielle à l'existence humaine, et si je pense à la fois que cette dimension prend tout son sens dans l'ordre proprement religieux et que plusieurs religions sont de fait susceptibles de l'honorer et de permettre de la vivre, il n'en reste pas moins que j'ai fait choix de la vivre moi-même et d'en inviter d'autres à la vivre comme chrétien et catholique.

Or, je veux et peux apporter ici une précision d'importance. Mes raisons de croire et de vivre dans la religion catholique ont certes été passées au crible de cette réflexion scientifique et critique qu'est aussi, pour sa part, la théologie (on pourra se reporter à mes récents *À cause de Jésus*, Plon, 2011 ; et *Peut-on vraiment rester catholique ?*, Bayard, 2012). Mais je manquerais à témoigner d'un point essentiel si j'omettais d'ajouter maintenant que ces raisons, d'ordre principalement intellectuel puisque de nature théologique, se sont vues à la fois mises à l'épreuve et confirmées par mon expérience épiscopale, par ma pratique pastorale. Je tiens à dire en effet qu'être évêque en Alsace m'a d'autant mieux permis d'apprécier ma propre religion que cette dernière m'a bien fait apparaître pourquoi et comment le fait même de la professer me permettait de mieux connaître et mieux apprécier celle(s) des « autres ».

CHAPITRE 11

Deux grands savoir-vivre

Manger et boire renvoie à un champ de l'existence humaine qui est à la fois celui des besoins fondamentaux et universels, et celui des raffinements les plus délicats et les plus savoureux. Ce que l'Alsace m'a fait découvrir et apprécier en ces domaines m'a toujours ravi et compte au nombre des raisons que j'ai de lui être si attaché. D'autant qu'à l'évêque catholique que je suis, il a souvent été donné de « rendre grâce » – c'est le sens du mot eucharistie – pour le grand Mystère du pain et du vin qui sont « fruits de la terre, de la vigne et du travail des hommes ». N'ayant pas vu la nécessité d'aller chercher des désignations plus sophistiquées, j'annonce que je traiterai ici successivement : de « la cuisine et la gastronomie », puis des « vins et boissons ».

Avant même de venir en Alsace, je savais comme tout le monde qu'elle est une terre où l'on sait apprécier et faire apprécier ces activités humaines si universelles et si fondamentales que sont le manger et le boire. Depuis que j'ai vécu entre Vosges et Rhin, ce n'est plus uniquement par ouï-dire, c'est en vertu d'une expérience effective et confirmée que je puis m'exprimer en la matière. Selon une formulation biblique que j'affectionne, je peux désormais parler ici de ce que mes yeux ont vu et mes oreilles entendu, de ce que mes narines ont humé et mes papilles savouré. Or je dois bien admettre que, du même coup, non seulement mon champ de découvertes et de connaissances s'est élargi, mais mon expérience même de la vie s'est enrichie. Quand en effet on a un tant soit peu bénéficié de ces *savoir-faire* qui s'exercent dans notre région aussi bien dans l'ordre de la cuisine que dans celui de la viniculture, on a définitivement compris qu'ils ouvrent la porte à deux grands *savoir-vivre* qui ne peuvent que nous attacher davantage encore à la terre où ils ont vu le jour et où ils continuent d'être si excellemment pratiqués.

La cuisine et la gastronomie

Pour traiter de la gastronomie incomparable de l'Alsace, je présenterai successivement les « ingrédients » en usage, puis les « produits » issus de leur transformation ; enfin, je me lancerai dans une visite des grandes maisons qui honorent ce savoir-vivre majeur dans notre région.

Les « ingrédients »

Avant de mettre en œuvre des recettes, l'Alsacien sélectionne rigoureusement ce que, faute de mieux sans doute, je me résigne à appeler les « ingrédients » qui vont y entrer.

À tout seigneur, tout honneur : commençons par la pomme de terre. Et là, d'emblée, j'ai une déclaration importante à faire : j'ai retrouvé en arrivant à Strasbourg, grâce aux deux sœurs de la Toussaint qui tenaient la cuisine et la maison de l'archevêché, le vrai goût de la pomme de terre de mon enfance, qu'elle soit en robe des champs ou en purée. Mieux que cela, tout en continuant d'apprécier à sa juste mesure le gratin dauphinois, j'ai découvert que le « meilleur état de la pomme de terre » (j'ai souvent employé cette expression) est celui qu'elle peut atteindre dans le fameux *baeckeoffe*, plat mijoté de trois viandes et de pommes de terre, à l'origine lentement cuit dans le four du boulanger.

Je n'aimais guère le chou en arrivant en Alsace, dépité que j'étais par les tristes salades de chou blanc des cantines par lesquelles j'étais passé. Maintenant, après avoir vu les merveilleuses étendues de chou de la plaine et après avoir dégusté la choucroute comme on la fait entre Vosges et Rhin, j'en raffole. Je sais désormais comment (idéalement ?) on la déguste, allant de la charcuterie la moins salée à la plus corsée, sans omettre le traditionnel boudin noir. (Mais rien n'empêche évidemment de déguster la viande fumée alsacienne avec des pommes de terre sautées, comme c'est fréquemment le cas du *kassler*, ce délicieux filet de porc, ou avec du jambonneau !) En tout cas, la choucroute est « le légume » traditionnel de l'Alsace, consommé depuis le Haut Moyen-Âge. On recense aujourd'hui dans la région soixante-dix producteurs de chou et seize choucroutiers en activité, qui produisent environ 25000 à 28000 tonnes de choucroute par an selon les rendements. Une véritable Route de la choucroute a été instaurée dans les années 1990; partant d'Erstein, elle traverse les villages de Blaesheim et de Meistratzheim, sans oublier Krautergersheim, véritable capitale puisqu'elle donne à elle seule un quart de la production nationale de chou à choucroute. Lorsque par exemple je participais à une session ou à une rencontre où l'on servait au déjeuner ce mets apprécié, je n'ai jamais compris les réflexions alors faites sur les torpeurs qui – prévenait-on – allaient en résulter dans l'auditoire, à la reprise de l'après-midi... Il m'est même arrivé de protester contre ce que je tenais à la fois pour une tentative de démobilisation des troupes et pour une agression caractérisée contre un élément majeur de la gastronomie alsacienne. Où a-t-on pris, enfin, que la vraie choucroute «de chez nous» pouvait avoir quoi que ce soit d'indigeste? Comment ne sait-on pas qu'en dispersant les graisses, la lacto-fermentation confère au chou un rôle bienfaisant dans la police de la digestion?

Le printemps est la saison des asperges. Elles arrivent en primeur à la mi-avril et disparaissent des étals des marchés autour du 15 juin. Bien sûr, l'Alsacien aura été tenté, près d'un mois auparavant déjà, de consommer des asperges en provenance d'Espagne ou du Gard. Heureusement, beaucoup d'entre nous auront su attendre, quand bien même il leur aura fallu faire preuve de patriotisme économique, pour accepter la petite différence de prix entre notre asperge et ses concurrentes... En avril 2012, les agriculteurs de chez nous ont lancé un cri d'alarme, rappelant que leurs produits ont un prix car ils obéissent à un cahier des charges très précis. Le président de la Chambre régionale d'agriculture, Jean-Paul Bastian, a même dû se faire menaçant: «Si nous voulons garder sur le long terme des fruits et des légumes en Alsace [et il parlait notamment de l'asperge], il faut que les consommateurs acceptent de payer.» Pour ma part, je ne cesserai plus, comme tous les Alsaciens, d'attendre le retour de l'asperge avec celui du printemps.

Le raifort, cette crucifère odorante à multiples ramifications est, elle aussi, typique de l'Alsace. Il reste aujourd'hui une quinzaine de producteurs, qui livrent la totalité de la récolte à la société Raifalsa, laquelle fabrique à partir de là différents condiments. La culture demande ici beaucoup de main-d'œuvre, pour une récolte qui s'étale entre novembre et février. Toute la famille, aidée de saisonniers, se munit d'un couteau. La racine est d'abord coupée et nettoyée, car les radicelles – qui seront replantées – doivent être séparées de la racine principale. Il faut veiller à ce que la plante garde le moins de terre possible. Une fois à l'usine, à l'issue d'un long traitement, elle se retrouvera transformée en un condiment particulièrement relevé. À table, l'Alsacien taquin examine toujours du coin de l'œil la manière dont le non-initié s'en sert généreusement, pour accompagner la viande du pot-au-feu... avant que son teint prenne successivement toutes les couleurs de l'arc-en-ciel. Une chose est sûre : aucune obstruction nasale ne résistera à l'ingestion de la moindre cuillerée !

J'ai parlé de l'attente indispensable pour savourer l'asperge cultivée en Alsace ; cette attente est encore plus longue pour les fraises. Cela fait des mois que celles du Maroc, puis d'Espagne, voire du Périgord, trônent sur les étals lorsque celles d'Alsace font leur apparition, au début du mois de juin ! On en produit environ deux mille tonnes sur deux cents hectares, dont 75 % dans le Bas-Rhin. Une bonne partie de la récolte s'effectue en libre cueillette, pour le plus grand plaisir des citadins, qui la dégusteront ensuite fièrement à la maison, accompagnée d'un bol de crème fraîche ou de fromage blanc.

Le concours régional des miels d'Alsace tenu à Wintzenheim en 2009 en a placé 356 en compétition, signe de la bonne santé de l'apiculture régionale, quand bien même elle connaît elle aussi les inquiétantes alertes concernant une surmortalité des abeilles qui pourrait être due à tel ou tel produit phytosanitaire dévastateur. L'Alsace permet la production de toutes sortes de variétés : sapin, tilleul, châtaignier, acacia... sans oublier le miel « toutes fleurs ». Il ne manque guère que la lavande au tableau.

Passons du miel au sucre et saluons la cité sucrière d'Erstein, où l'on n'organise plus depuis 2008 une simple fête du sucre comme aux origines, mais bien un véritable festival avec grand défilé de chars (140 000 morceaux de sucre sont nécessaires pour construire le char de l'Association des jardins ouvriers), et quatre jours d'animations portés par 180 bénévoles. Tout Alsacien qui se respecte évite de consommer un sucre importé d'une lointaine région de France ou d'ailleurs, alors qu'il dispose d'un excellent produit raffiné tout près de chez lui à partir de betteraves cultivées sur son sol. Ce n'est pas une affaire de chauvinisme mal placé, mais bien de responsabilité, à l'heure où tout déplacement inutile doit s'analyser en termes d'émission de gaz carbonique...

Le sucre entre dans la composition des pâtisseries. Il s'avère qu'un certain nombre d'entre elles nécessitent l'emploi de levure. Or, la levure chimique a été mise au point par l'Alsacien Émile Moench, du temps où il faisait son apprentissage chez un boulanger de Vienne, en 1896. Jusque là, seule la levure naturelle était en usage, mais, pour pouvoir l'utiliser, il fallait attendre la fin du long processus de fermentation ! La levure chimique a simplifié considérablement la vie des professionnels et des ménagères. Si notre inventeur a par la suite préféré s'établir dans la région de Nancy pour rester français, il n'en est pas moins demeuré fidèle à sa région d'origine en intitulant son produit « levure chimique alsacienne Alsa » et en faisant figurer sur les célèbres paquets roses, inchangés depuis 1897, la silhouette d'une Alsacienne.

Autre produit emblématique de l'Alsace, mais cette fois-ci fabriqué exclusivement dans la région : le Melfor. Là où les Français de l'intérieur consomment tout bonnement « du vinaigre », l'Alsacien reste attaché à ce condiment particulier aromatisé au miel (d'où son nom) et aux plantes, dont l'acidité (3,8°) est largement inférieure à celle du vinaigre de vin (6°). En 2009 ont fusionné les deux sociétés qui le fabriquaient, établies l'une dans le Bas-Rhin (Sprenger, de Hoerdt) et l'autre dans le Haut-Rhin (Fernand Higy, de Mulhouse). Il n'existe donc plus qu'un Melfor d'Alsace, que produisent une trentaine de salariés. Ainsi la cuisine traditionnelle alsacienne ne repose-t-elle pas simplement sur les plats fondamentaux ; elle entre dans les détails les plus subtils comme l'utilisation du Melfor. La moutarde alsacienne *Alélor* se recommande par la même incomparable saveur aigre-douce.

De la charcuterie à la pâtisserie

Après les ingrédients, venons-en aux produits, en commençant par le grand domaine de la charcuterie, où l'imagination des bouchers et des traiteurs est intarissable, se déployant en un festival de spécialités toutes plus subtiles les unes que les autres. Les saucisses se conjuguent à toutes les couleurs et à tous les diamètres. Le fameux cervelas entre dans la confection de la non moins fameuse salade mixte strasbourgeoise, qui l'associe au gruyère – je n'ai jamais rien vu d'approchant. Mais la reine des saucisses est assurément la knack : rose et fine, elle doit craquer (en allemand *knacken*) sous la dent, d'où son nom. Les deux sociétés alsaciennes Pierre Schmidt et Stoeffler sont actuellement leaders sur le marché, avec une production totale de deux mille tonnes. Précision : les knacks se présentent toujours par paire, car c'est ainsi qu'elles étaient mises à fumer. Lors des réceptions organisées dans toute la région, il n'est pas rare que leur stand (où elles ont simplement été mises à tremper dans l'eau chaude) soit pris d'assaut. Une paire de knacks, un petit pain rond, un peu de moutarde alsacienne : la vie est belle !

Je voudrais pouvoir déployer autant de compliments en direction du pâté en croûte ; mais il me faut avouer ma difficulté à apprécier la croûte en question, trop souvent restée blanche en dehors d'une fine pellicule dorée, et que, du coup, je suis toujours porté à estimer trop peu cuite – donc à laisser de côté, malgré tout le regret que je peux en éprouver. Il n'en va pas tout à fait ainsi pour le jambon en croûte servi dans les winstubs, qui est généralement cuit bien plus longtemps, au four très chaud.

J'entends d'ici les persifleurs railler une gastronomie régionale faisant appel aussi généreusement à la viande de porc. Savent-ils que le foie gras est né chez nous, au bord du Rhin ? Je revois le visage un peu crispé de l'évêque de Tulle lorsque, dûment instruit par moi au cours d'un repas où nous déjeunions face-à-face lors d'une assemblée des évêques à Lourdes, il a découvert que ce mets subtil que sa région s'est approprié devait en réalité son origine au cuisinier Jean-Pierre Clause (1757-1827), qui servait le maréchal de Contades en son château de l'île de Jars (le mâle de l'oie, bien sûr !), un des îlots formés par le Rhin ! (On me permettra de préciser qu'il ne s'agit pas de l'actuel évêque de cette bonne ville du Sud-Ouest : Nantais d'origine, ce dernier est, lui, très au courant de ces choses-là !) On a aussi des oies en Alsace ; or, l'on a découvert chez nous, sans aucune agression envers le monde animal, que ces oiseaux migrateurs se gavaient avant le grand voyage, ce qui entraînait un développement de leur foie. Il a suffi d'exploiter ensuite de manière astucieuse ce phénomène des plus naturel, et en traitant du coup strictement selon leur propre naturalité ces volatiles prévoyants et organisés, pour obtenir ce qui est devenu l'un des joyaux de la table alsacienne. Je ne conteste certes pas la qualité du foie gras du Sud-

Ouest. Je relève simplement que l'Alsace produit aussi les grands vins, notamment le subtil gewurztraminer, qui accompagnent ses foies gras... tandis que Tulle doit, elle, pour s'approvisionner, se tourner vers le Bordelais et son sauternes.

J'ai passablement apprécié le jour où, en l'honneur du patriarche du Liban de passage à Strasbourg, le cuisinier de l'hôtel de ville a cru bon d'associer du chocolat au foie gras qu'il nous servait. J'aime certes le chocolat ou le pain d'épices alsacien ou les fameux bredele de Noël, par exemple. Il n'est pas difficile d'en trouver en Alsace, car il y existe d'excellents chocolatiers qui réalisent des merveilles à Noël... et aussi d'ailleurs à Pâques, avec notamment le lapin traditionnel. Mais je suis, quant à moi, partisan d'une franche séparation entre le plat principal et le dessert.

Après la charcuterie et avant la pâtisserie, je tiens à évoquer deux plats qui ont également mes faveurs. D'abord, le coq au riesling: Dieu merci, quelques adresses parisiennes en proposent du fort bon, et cela me permet de le faire goûter à l'un ou l'autre de mes amis, lorsqu'ils me rendent visite. Quand fut connue la nouvelle de ma nomination à Strasbourg, c'est à partager ce plat, et dans un restaurant alsacien choisi de Paris, que j'ai invité l'ami cher qui m'avait accompagné trois mois auparavant en mon escapade incognito de l'été 1997 à Strasbourg.

Mais je veux aussi faire état de la carpe frite, grande spécialité du Sundgau, où ont été mis en place une Route de la carpe frite, une association qui regroupe vingt-huit restaurateurs, et aussi le label Site remarquable du goût. Le poisson pêché dans les étangs se trouve débité en darnes, d'abord marinées et panées, puis saisies dans un bain d'huile chaude. Le citron et la mayonnaise sont proposés en accompagnement, avec des pommes de terre frites. Régal assuré.

Je ne sais pas ce qu'en pensera mon lecteur, mais il m'est arrivé d'entendre dire que les deux mamelles de la cuisine alsacienne pourraient bien être la charcuterie, dont il vient d'être question, et la pâtisserie, à laquelle nous allons maintenant passer.

Le célèbre kougelhopf est à mi-chemin entre la boulangerie – car il s'agit d'une pâte levée qui demande une grande expérience et des conditions particulières de température, en même temps que l'absence totale de courant d'air – et la pâtisserie. Un bon kougelhopf surmonté d'amandes craquantes et saupoudré de sucre glacé vaut bien des desserts, même si l'Alsacien le réserve plutôt à son petit-déjeuner du dimanche ou aux réceptions. Depuis quelques décennies, la traditionnelle version sucrée a vu se développer à ses côtés une formule salée englobant lardons, olives et noix. Madame Sparr m'en a une fois servi en sa maison de Sigolsheim ; il était des plus savoureux, en accompagnement des précieux vins préparés par son époux.

Le bretzel, lui, est traditionnellement salé et il appartient clairement au royaume des boulangers ; il fait sacrément bon ménage avec la bière ! Mais voici qu'un pâtissier a lancé un bretzel de Nouvel An à base de brioche sucrée, qui respecte le principe impératif du nouage et du tressage. On n'arrête pas le progrès en Alsace, aussi bien en gastronomie qu'ailleurs.

À propos de dessert, j'alerte l'opinion publique sur la difficulté de plus en plus grande qu'il y a, me semble-t-il, à trouver dans nos pâtisseries la vraie « forêt-noire ». Ne se laisse-t-on pas un peu trop séduire par des recettes estimées plus à la mode, plutôt que de continuer à proposer cette merveille de gâteau chocolaté généreusement imbibé de kirsch, à la fois truffé et couronné de cerises ? Heureusement, mes nièces en ont appris la recette auprès de sœur Suzanne, à l'évêché !

Par-dessus tout, j'ai été marqué par les *bredele* de Noël. Grâce au chanoine Rodolphe Vigneron, la farine arrivait en abondance, venue tout droit du moulin des moines de l'Oelenberg, et durant tout le temps de l'Avent, sœur Suzanne confectionnait au moins cinquante kilos de petits gâteaux, promptement répartis en sachets distribués à toute la maisonnée de l'archevêché, bureaux compris. Les jours de cuisson, toute la résidence épiscopale embaumait, et je retrouvais les sensations éprouvées dans mon enfance lorsque maman préparait les confitures.

Le temps de Noël est aussi celui du pain d'épices, produit traditionnel indémodable qui a sa capitale alsacienne dans le village de Gertwiller, siège des maisons Fortwenger et Lips. Chaque jour, cinq tonnes y sont produites, qui seront vendues essentiellement au cours des quatre derniers mois de l'année. Il est vrai que le pain d'épices évoque le monde de l'imaginaire et renvoie aux légendes : qui n'a jamais rêvé d'habiter une maison construite avec cet insigne « matériau » ? Depuis 2009, Gertwiller dispose à la fois d'un musée (Lips) et d'un « palais du pain d'épices » (Fortwenger). De quoi amuser grands et petits : il y a là beaucoup à voir, à sentir (l'anis, la cannelle, les clous de girofle...), et à goûter. Mais il convient aussi de signaler, à l'entrée de la Petite-France, la boutique de Mireille Oster. Et tant que j'y suis, j'ajoute un couplet pour Christine Ferber et ses merveilleuses confitures amoureusement mijotées à l'ombre du splendide clocher vrillé de Niedermorschwihr.

Que l'Alsace soit généreuse, j'en ai reçu une nouvelle confirmation lorsque j'ai découvert la différence entre le dessert et la tarte. Alors que je consultais un jour à l'archevêché le menu proposé pour le repas hebdomadaire du Conseil épiscopal, j'avais été surpris de découvrir deux « desserts » ; sœur Suzanne s'empressa de m'expliquer que la tarte servie en accompagnement du café ne pouvait être assimilée au vrai dessert, un vacherin généreusement pourvu de meringue et enrichi de crème chantilly battue par ses soins. Le même principe valait, mutatis mutandis, pour la galette des rois !

Mais le dessert ne saurait faire oublier l'étape du fromage. Depuis mon passage en Alsace, je suis devenu un adepte résolu du munster, qui est désormais pour moi *le* fromage (comme l'était resté tout un temps le camembert de mon Ouest natal). On attribue l'invention de cette merveille aux moines établis en un lieu dénommé Munster (qui signifie « monastère »... mais qui a aussi pu signifier « cathédrale ») dès le Haut Moyen-Âge. Chaque année, plus de 8 500 tonnes sont aujourd'hui produites sur les versants alsacien et lorrain des Vosges, avec une précieuse appellation contrôlée qui évite les dérapages que subit le pauvre camembert.

Tout cela aboutit à cette réussite saupoudrée de quelques grains de cumin qu'accompagnera un bon gewurz. Je peux ici rapporter une anecdote significative : j'étais (excellemment) reçu à la table d'un presbytère ; le moment venu, on apporte un plateau abondamment garni ; un bref coup d'œil m'ayant révélé qu'il ne comportait pas de munster, je demande avec insistance : « Mais où est *le* fromage ? » L'histoire a fait le tour du diocèse, et jamais plus je n'eus à déplorer pareil manque ! Je ne serais toutefois pas tout à fait honnête si je n'ajoutais pas un petit complément. Je souhaiterais pour ma part qu'on cesse, en Alsace, de dévaluer la merveille qu'est ce fromage – je veux dire : de déplorer systématiquement l'odeur qu'il répand. « Il sent », vous dit-on, donnant l'impression soit que l'on regrette qu'il en aille ainsi, soit même qu'on en éprouve un peu de honte... Non et non, enfin ! Je proteste là de toutes mes forces ! Le munster ne « sent » pas :

il diffuse un parfum, un arôme, une fragrance dont tout le « sens » est d'appeler à en savourer le goût inimitable. Je veux déclarer qu'à mes narines en tout cas, si le munster ne « sent » pas, c'est qu'il embaume.

Les restaurants

Avec l'étonnante palette de saveurs que je viens de décrire, on comprend aisément la qualité gustative de la cuisine alsacienne, qu'elle soit servie à la maison ou dans l'un des multiples restaurants de qualité dont la région à la fois abonde et s'honore.

Innombrables sont les restaurants en Alsace. Je pense qu'il y en a au moins autant dans le Vieux Strasbourg que dans le Quartier latin de Paris. L'agglomération ne compterait pas moins de 780 établissements, qu'il s'agisse de restauration traditionnelle (140), ou de restauration rapide ou à emporter. J'en ai fréquenté un certain nombre sur l'ensemble du territoire alsacien, variant les lieux, m'efforçant de rendre à bon escient un juste hommage à la diversité des établissements et de leur style propre.

Des circonstances particulières m'ont amené à être accueilli dans les trois restaurants de la région qui disposaient alors de trois étoiles au Guide Michelin.

Ce fut d'abord le bien connu Buerehiesel d'Antoine Westermann, où j'ai remercié les initiateurs des mélanges qui m'ont été offerts sous le beau titre *La responsabilité des théologiens*. Récemment, le relais a été transmis par le chef à son fils Éric, tandis que le père rejoignait Paris. L'un et l'autre méritent (et obtiennent) toujours la même fréquentation !

Ce fut ensuite l'Auberge de l'Ill d'Illhaeusern, le seul des trois établissements qui, à l'heure où j'écris, conserve ses trois étoiles. J'ai été subjugué par le lieu, l'accueil, et par-dessus tout bien sûr par la qualité des mets et des vins. La famille Haeberlin, qui a fondé et dirige toujours l'établissement, m'a fait les honneurs de la maison, de ses salles comme de ses caves, et j'ai été salué par l'ensemble du personnel, superbement aligné dans le hall d'accueil. Quant à Serge Dubs, « meilleur sommelier du monde », il m'a fait éprouver des sensations œnologiques point encore ressenties. C'est avec d'autant plus de joie que, par la suite, j'ai découvert qu'une petite fille Haeberlin – famille protestante – avait gagné une certaine année le Prix de l'archevêque, puis que j'ai reçu depuis Rome une carte de vœux signée de Jean-Pierre, l'un des deux fondateurs, dont l'accueil a toujours tant de classe.

Je veux rendre ici hommage à cette grande maison, car je puis témoigner tout à fait personnellement de sa belle générosité : lorsque ma renonciation a été annoncée, la famille Haeberlin m'a aussitôt fait savoir qu'elle tenait à m'inviter avant mon départ d'Alsace, en compagnie de personnes qui m'étaient proches. Je n'ai pas eu longtemps à hésiter ; j'ai proposé au père Joseph Moingt, ce grand théologien jésuite qui m'avait été d'un précieux conseil au moment de ma nomination épiscopale (et qui avait promis de me rendre visite avant mon retour à Paris), d'être mon convive. Il le fut en compagnie du père Bernard Xibaut, chancelier de l'archevêché.

Le troisième établissement est, à deux pas de la place Kléber, le grand Crocodile d'Émile et Monique Jung, célèbre pour ses menus thématiques. J'y ai été conduit pour la première fois par un grand responsable alsacien ; et c'est avec ravissement que j'ai alors découvert cette prestigieuse maison, si bien que mon indignation a rejoint celle de beaucoup d'Alsaciens lorsque Michelin lui a retiré sa troisième étoile. J'ai tenu à exprimer à la fois tout mon regret et mon estime redoublée aux deux restaurateurs, les assurant que leur constellation continuerait de briller pour moi de tout son éclat au firmament de la gastronomie.

Peu de temps avant mon départ, alors que je revenais de la présentation d'un ouvrage à la librairie Kléber, Émile Jung m'a vu passer dans la rue de l'Outre, sur laquelle donne son restaurant. M'ayant aimablement prié d'entrer, il m'a entraîné dans un salon privé pour y partager un grand vin d'Alsace... Comme ses confrères d'Illhaeusern, il m'a alors aimablement invité à venir dîner une dernière fois « avec qui [je voudrais] » avant que je quitte l'Alsace. J'ai estimé juste et bon de venir cette fois avec le président du Conseil régional, Adrien Zeller, qui accepta effectivement ma proposition, comprenant bien tout le sens que je lui donnais. J'ai passé en compagnie de ce grand Alsacien une merveilleuse soirée. Nous avons longuement parlé de l'Alsace – et très précisément de « l'unité de l'Alsace », je m'en souviens très bien ! J'ai pu confier à mon interlocuteur les sentiments qui étaient les miens au moment de la quitter. Comment aurais-je alors imaginé que, quelque temps après, c'est lui qui nous quitterait ?

Maintenant qu'Émile et Monique Jung ont cédé leur établissement, je voudrais les remercier pour le bonheur qu'ils ont donné à tant des gens, moi y compris, par leurs menus thématiques et leurs « grands anniversaires»... Je me réjouis que, toujours placé sous le patronage du caïman, leur restaurant mythique ait certes «fait peau neuve» sous la direction de Philippe Bohrer et du chef Gautier Gaschy, mais que tout se soit passé dans un esprit de renouveau dans la continuité.

J'en viens à Guy-Pierre Baumann, le patron de la Kammerzell, maison que j'ai relativement peu fréquentée au regard de sa proximité immédiate à la cathédrale, mais où j'ai toujours été splendidement accueilli. Lorsque le service parfait, le caractère exquis des produits tirés de la terre, la recherche du bon goût et celle des saveurs insoupçonnées se conjuguent, il ne reste plus grand-chose à désirer qui soit de l'ordre de la temporalité! Chez tous ces grands restaurateurs alsaciens, j'ai ressenti profondément le souci d'honorer la fameuse consigne: «Il vous incombe de vous charger du bonheur de votre hôte tant qu'il est sous votre toit», du grand Brillat-Savarin. L'hospitalité biblique pratiquée par Abraham à l'égard du roi de Salem au chapitre 14 du livre de la Genèse ne relevait pas d'une autre éthique.

Guy-Pierre Baumann est l'inventeur de la désormais célèbre «choucroute aux poissons», qui a tant fait scandale, paraît-il, lors de son lancement, alors qu'elle reprenait une pratique du Moyen-Âge (le restaurateur m'a un jour lui-même confié que sa propre mère l'y avait initié), et qu'elle est aujourd'hui plébiscitée aussi bien à Strasbourg qu'à Paris. Le chef vous explique dans quel ordre il convient de procéder: le flétan, le saumon, et enfin le haddock, de sorte que l'on aille du moins au plus corsé, tout en picorant dans la choucroute délicieusement enrichie d'une sauce montée façon beurre blanc, et finement citronnée. La choucroute aux poissons a célébré ses quarante ans de succès en 2009. Cette même année, Guy-Pierre Baumann a cédé une grande part de ses actions au propriétaire de La Chaîne d'or et de L'Alsace à table.

Il faudrait encore citer le restaurant de Blaesheim Chez Philippe, naguère fréquenté par les plus hautes autorités de la République, comme les présidents Giscard d'Estaing et Chirac. J'ai écrit à son patron Philippe Schadt lorsqu'il s'est retiré, pour lui dire que je me réjouissais de la manière dont j'avais été traité dans sa maison, à travers les mets qui m'avaient été servis et le vin qui les accompagnait. À l'archevêque catholique qu'il me savait être lorsque, au cours d'une visite pastorale, les prêtres du secteur m'ont invité chez lui, il avait tenu à préciser qu'il était, lui, de tradition protestante: «Qu'à cela ne tienne, lui ai-je rétorqué. Je crois bien que la façon dont vous venez de nous traiter fait la preuve que bien des choses essentielles nous unissent ! »

L'évocation de cette série de grandes maisons ne me fait pas oublier que l'Alsace est également bénie par la multitude de ses « tables », de ses auberges et de ses winstubs. De mémoire, je cite à Strasbourg Au Renard prêchant, Chez Yvonne, Le Clou, Le Saint-Sépulcre ou Hailich Graab, le Gurtlerhoft, S'Muensterstuewel, le Lohkäs... La winstub alsacienne mériterait d'être inscrite par l'Unesco au patrimoine culturel matériel et immatériel de l'humanité. Matériel, pour les décors accrochés à ses murs, pour son mobilier de bois et pour les tissus colorés qui ornent les tables et les fenêtres ; immatériel, pour l'ambiance inimitable qui règne dans ses salles, animées par les conversations des clients et les apostrophes aux serveurs en chemise blanche et gilet noir.

À vrai dire cependant, le patrimoine des winstubs est surtout leur carte à la gloire de la cuisine alsacienne, où le porc se taille la part du lion, qu'il se présente sous la forme du cochon de lait farci, du jambonneau braisé, du jambon en croûte, de *schiffala* (ou palette), de pieds de porc, de saucisses ou de boudins, et quitte à ce qu'un grand nombre de ces « éléments » se retrouvent dans une choucroute royale. Comme il serait mal inspiré, celui qui croirait ne rencontrer que la choucroute sur les tables des winstubs ! S'y ajoutent en effet de délicieuses entrées comme le foie gras, les escargots, la salade mixte alsacienne, les rollmops, la tarte à l'oignon ou le presskopf maison. Une variété de plats principaux s'enchaîne : la tête de veau, le coq au riesling, la tourte au riesling, le sandre au beurre blanc, les rognons de veau, le pot-au-feu avec ses crudités, les quenelles de foie et la fameuse bouchée à la reine débordante de crème de ris de veau, de volaille et de champignons... Qui peut résister à un tel menu ? En dessert, vous prendrez bien une tarte aux quetsches, un kougelhopf glacé au marc de gewurz, ou un vacherin ?

Tout cela explique cependant pourquoi je m'interroge quelque peu quant à la concentration des restaurants strasbourgeois aux mains de grands groupes, comme l'exprimait bien Roland Quirin au moment de quitter le Lohkäs, où il proposait de fameux plats régionaux : attention à ne pas compromettre la spécificité, l'originalité, la créativité... tout en ne cessant pourtant pas d'entretenir une vraie fidélité à l'authentique tradition !

Une mention spéciale pour quelques voisins de l'archevêché : le restaurant Aux Trois Lièvres, où les époux Miccoli m'ont toujours accueilli avec une coupe de crémant qui préparait mes papilles à leur délicieux presskopf et à leur fameux gratin de pommes de terre accompagnant une viande succulente ; et aussi la pizzeria Chez Mario, dont le patron n'hésitait pas à me héler pour l'apéritif lorsque je revenais de la cathédrale vers l'heure idoine !

Il serait très injuste de ne parler que de Strasbourg, alors que l'Alsace entière est le paradis de la gastronomie. Le Rosenmeer de Rosheim, le Cheval blanc de Lembach, le Bistro des saveurs d'Obernai, le Vieux Couvent de Rhinau, le Rendez-vous de chasse de Colmar : j'ai eu la chance de fréquenter plusieurs de ces tables à la faveur de mes tournées pastorales, lorsque le maire ou le curé du lieu voulait me faire découvrir le haut lieu gastronomique de sa commune ou de sa paroisse. Si j'étais critique au service du célèbre Guide rouge, j'ajouterais volontiers à la liste le Cerf de Marlenheim, où l'on vous mitonne une impériale choucroute nouvelle avec son cochon de lait laqué, auxquels s'ajoutent un boudin à la cannelle et un foie gras chaud et fumé. Je déplore la perte de l'étoile que possédait le Cheval blanc de Westhalten depuis plus de vingt ans, même si son chef déclare préférer cuisiner sans étoile du foie gras et du gibier, plutôt que d'offrir une cuisine moléculaire à la mode « qui n'aura jamais sa place ici ! » J'espère que l'Abbaye de la Pommeraie, à Sélestat, recevra bientôt les récompenses qu'elle mérite avec un jeune chef venu de Chartres, mais bien intégré à l'Alsace. Et je salue tout particulièrement, pour le Bas-Rhin, l'Auberge de Lembach – le pays de mon ami Jacques Schlosser, dont le frère Charles est toujours maire – et, pour le Haut-Rhin, La Poste de Riedisheim, où il est arrivé à Rudi Vigneron de m'entraîner à la faveur d'un déplacement dans les parages.

J'ai déjà signalé, à propos de la montagne vosgienne, le rôle majeur joué par les fermes-auberges, ces établissements qui servent bon an mal an deux cent mille repas à base majoritaire de leurs propres produits. Le réseau, fondé en 1972, s'est doté d'une charte de qualité plus exigeante en 2001, ce qui a fait passer leur nombre de soixante-dix à quarante-quatre dans le Haut-Rhin : la qualité plutôt que la quantité ! À la ferme du Treh par exemple, pas une bête ne passe par le maquignon ou l'« intermédiaire » : tout est transformé sur place en hure de porc, saucisse blanche, *schwarzwurst* et lard, qui seront aussi consommés sur les lieux ou emportés par des clients ravis de ce qui leur aura été servi.

Pour suivre les évolutions de la gastronomie en Alsace, je dispose entre autres des chroniques régulières de Gilles Pudlowski dans les *DNA*. Il a fêté en 2010 ses vingt ans de service au cours d'une belle fête organisée à Obernai devant un parterre d'acteurs divers du monde de la gastronomie ; et il a célébré en 2012 sa millième chronique, toujours à Obernai. Comme moi, cet homme aime l'Alsace, même s'il n'en est pas natif puisqu'il vient de la proche Moselle. Il décrit ainsi notre région : « Ce pays à part, cette région en or, la plus belle qui soit, la plus franche du collier. Avec ses contradictions, ses complexes, son sens inné de l'autodérision, la chaleur de ses tavernes, le bon goût des choses simples affirmé avec passion. » Je signe des deux mains, comme je signe la lettre ouverte qu'il a adressée à Jean-Luc Naret, directeur du guide Michelin, sur « le bon usage de l'Alsace » : « L'honneur d'une région comme l'Alsace est de n'avoir pas bradé ses recettes, son terroir, ses acquis, au nom de je ne sais quelle mode, moléculaire ou autre. » Et notre critique de prendre d'une manière exceptionnelle la défense du Cerf de Marlenheim : « Si le presskopf de tête de veau poêlée en croustille sauce gribiche ou les courgettes fleurs farcies avec risotto de girolles, œuf poché et cette pointe magique de pistou qui fait la différence ne les valent pas [les deux étoiles], je veux bien être changé en toupie ou en inspecteur Michelin. » C'est dit !

Pèse-t-il des menaces sur le ciel si radieux de la gastronomie alsacienne ? De savants diététiciens nous expliquent que le point commun entre le presskopf, la tarte flambée et la choucroute est... leur richesse calorique. Ces experts n'ont sans doute pas tort. La cuisine alsacienne est née de la nécessité de bien se nourrir dans une région où les hivers sont froids, mais aussi de l'abondance et de la qualité des productions agricoles. On nous dit que notre région compte 17,8 % d'obésité déclarée, contre 14,5 % de moyenne nationale, et l'on nous alerte sur une consommation excessive en sel (seize grammes au lieu de huit) et sur un excès de graisse saturée. D'autres accusent les restaurants alsaciens d'être trop chers ou trop vieillots.

Attention à ne pas tuer, par nos critiques, notre riche réseau de restaurants (en mars 2010 : presque trois mille dans le Bas-Rhin et bientôt deux mille dans le Haut-Rhin, avec leurs plus de quinze mille salariés). Bien entendu, je comprends, et suis tout disposé à répercuter moi-même, les appels à la modération... mais à la condition qu'on les reçoive comme des invitations à espacer les mets trop riches ou à en réduire les proportions – certainement pas à les bannir. Mangeant frugalement lorsque je suis seul au séminaire Saint-Sulpice, je reste toujours prêt à faire honneur à la cuisine alsacienne lorsque j'ai la joie de la rencontrer.

Mon dernier développement en matière de gastronomie sera dédié aux organisations professionnelles, aux festivités et autres manifestations rendant hommage à tel ou tel aspect de la cuisine alsacienne. Je cite pêle-mêle, au fil de mes lectures quotidiennes de la presse alsacienne de ces deux ou trois dernières années : le salon Mer, vigne et gastronomie organisé au Wacken avec la participation de nombreux producteurs ; le congrès départemental annuel des boulangers ; le salon des arts de la table ; la semaine Terroir et qualité ; la création d'un label Grappe d'entreprises par l'Association régionale des industries alimentaires ; le Double rendez-vous des saveurs organisé par Blienschwiller, petite commune viticole ; la délivrance du titre de « maître restaurateur » par l'État depuis 2008, titre reçu par soixante-six restaurateurs du Bas-Rhin et trente-quatre du Haut-Rhin (alors que la moyenne est de dix-sept titulaires par département) ; le concours organisé en Alsace bossue pour mettre par écrit les vieilles recettes locales qui risquent l'oubli comme les *süri rüewe* (navets salés) ou les *knepple* (ravioles) – occasion pour moi d'évoquer aussi les *fleischnaka* dégustés un soir pluvieux de la mi-janvier, après la Montée de Saint-Antoine, en compagnie de son organisateur Tharcise Meyer et de sœur Monique Guggenberger, native du lieu et alors supérieure générale des Sœurs de Ribeauvillé ; l'association Les restaurants ont une histoire pilotée par le dynamique Jean-François Kovar ; l'élection d'une femme à la tête de la corporation des bouchers-charcutiers-traiteurs du Bas-Rhin ; le grand pique-nique organisé par des vignerons qui offrent le vin aux participants, etc.

J'éprouve le désir de saluer, avant de terminer, la qualité de la formation donnée au lycée hôtelier d'Illkirch, où le recteur de l'Université de Strasbourg nous traitait toujours lors de la réunion annuelle des responsables des cultes reconnus. Je me suis laissé dire qu'on y forme « la crème de la gastronomie alsacienne ». Je souhaite seulement qu'on n'oublie pour autant pas, dans la même spécialisation, le lycée Charles de Foucauld, de l'enseignement catholique d'Alsace !

Ce n'est pas parce qu'on l'a déjà beaucoup dit que je vais me priver de le répéter. En Allemagne, de tradition, on mangeait paraît-il beaucoup. En France – opinion peut-être surfaite, à s'en rapporter, en tout cas, à l'état présent –, on mangeait bien. En Alsace, en revanche (mais là c'est sûr !), à la fois on mange assurément bien et on peut manger beaucoup. Mon seul commentaire sera alors pour demander : cela étant, pourquoi donc céderait-on aux conventions de ce qu'on a appelé la Nouvelle cuisine, pour faire la fine bouche sur la quantité précisément quand la qualité est là ?

Vins et boissons

Ne sera-t-il pas logique que ce développement consacré aux vins et boissons soit d'une importance comparable à celui que je viens de dédier à la cuisine et à la gastronomie ? J'ouvrirai le ban sur les vins pour le terminer sur les eaux ; entre-temps, place aura été dûment faite non seulement à la bière et aux alcools, mais également aux boissons sucrées !

Le vin et les vins d'Alsace

À l'abri des vents et des précipitations venus de l'ouest, le vignoble s'étend en Alsace du nord au sud sur une centaine de kilomètres, prospérant sur des collines calcaires. Sa largeur, en revanche, n'excède pas trois à quatre kilomètres. Il produit les vins sans doute les plus parfumés de France, et ses bouteilles caractéristiques se remarquent déjà à leur élégance incomparable. Avant ma venue dans la région, ma référence œnologique principale était le muscadet des pays de Loire, que j'affectionnais de boire avec les fruits de mer. Il est revenu à Mgr Joseph Gaschy, un de mes deux vicaires généraux, originaire précisément d'Eguisheim, village viticole s'il en est, de faire ma première éducation en matière de viticulture alsacienne. Désormais, je rends les armes devant les vins d'Alsace. Sous la conduite de ce guide expérimenté, j'ai visité les caves de la maison de sa famille, me souvenant que la photo du merveilleux village d'Eguisheim ornait un calendrier des postes qui trôna longtemps sur le buffet de cuisine de mes parents. Le frère et le neveu de Joseph Gaschy m'ont fait goûter tous leurs cépages, sans oublier le pinot noir vieilli en fût de chêne, qui m'a d'emblée pris sous son charme.

Contrairement à ce qui se pratique dans la plupart des autres régions françaises, le vin s'identifie et se différencie en Alsace d'abord par son cépage, et non par le lieu de sa production, qui vient en second (mais je m'avise tout à coup que, sauf erreur, la même chose vaut aussi, justement, au moins pour le muscadet !) : tel est le cas, par exemple, du sylvaner et du riesling. Les viticulteurs alsaciens mènent un véritable combat pour que leur soit reconnue cette particularité. Ils ne manquent pas d'arguments à faire valoir : d'abord, la composition géologique du sol relève d'un puzzle aux huit cents pièces – disent les spécialistes –, et il n'est pas rare que l'on trouve quatre à cinq « espèces » de sol dans une même commune, si bien qu'on estime que notre région possède l'un des terroirs les plus complexes au monde. C'est bien du reste aussi l'une des raisons pour lesquelles j'ai tant insisté, plus haut, sur le sol et le sous-sol ! Ensuite, il est de tradition de planter (on dit « complanter ») plusieurs cépages sur un même terroir. La priorité donnée aux cépages a donc de beaux jours devant elle.

Vient d'abord le sylvaner, traditionnel vin d'entrée de gamme, mais dont la surface cultivée ne cesse de décroître (8,2 % du vignoble alsacien en 2011 contre 13 % dix ans plus tôt) ; une certaine relance ne serait cependant pas exclue. Comme d'autres, les Alsaciens boivent moins de vin ordinaire au quotidien et se réservent pour une meilleure qualité ; l'edelzwicker, mélange de cépages variés, souffrirait donc également d'une certaine désaffection. Le pinot gris, en revanche, a davantage le vent en poupe ; il s'agit d'un cépage extrêmement sensible aux variations climatiques, qui demande une récolte manuelle avec un tri sur pied, ainsi qu'un pressurage très doux. Mais quelle merveille en bouche que son parfum de fleurs et sa fine acidité, « juste milieu entre la pointe d'acidité et le sucre résiduel », selon Serge Dubs, déjà cité. Naguère « tokay », ce vin fort estimable a dû renoncer à cette appellation à la demande des Hongrois, mais sa qualité n'a nullement souffert de l'amputation ainsi infligée à sa désignation.

Il faut faire une place spéciale au riesling, « cépage rhénan par excellence » puisque la vallée du Rhin est son berceau. Bien qu'il soit le plus tardif parmi les variétés alsaciennes, sa culture remonte à l'occupation romaine. Son bouquet est d'une grande finesse et présente une belle palette, en fonction du sol sur lequel il est planté. Il est tenu pour « l'un des meilleurs cépages blancs au monde ».

Qui a dit, cependant, que l'Alsace ne produit que du vin blanc ? C'est oublier le « rouge d'Ottrott », qui doit son arrivée au pied du mont Sainte-Odile aux moines de Cluny il y a plus de neuf cents ans. C'est un pinot noir cultivé sur trente-cinq hectares d'appellation contrôlée, et il est célébré par la confrérie de la Corne d'Ottrott. Mais l'on ne saurait négliger non plus le délicieux rouge de Saint-Hippolyte. Bus un peu frais, ces rouges alsaciens accompagnent aussi bien certains mets que tels sancerre, saumur-champigny ou menetou-salon !

Couronnant l'ensemble, il convient de faire l'éloge du gewurztraminer, ce vin si étonnant qui accompagne avec autant de charme un foie gras, un munster ou un dessert. La série des vins d'Alsace ne sera toutefois complète que lorsqu'on aura fait état encore du muscat, à la robe ensoleillée et qui se fait tellement apprécier en ouverture de repas.

Quant au crémant d'Alsace, à partir du moment où je l'ai découvert, j'ai à son profit banni le champagne de la résidence épiscopale – et, à ce qu'il me semble, aucun de mes invités ne l'a jamais déploré. Je m'emporterais assez facilement lorsque je constate que l'appellation de « crémant » apparaît sous-estimée ou dévoyée dans certaines régions. Le servir et le partager est toujours une fête... et, durant tout le temps de mon épiscopat, chaque fois qu'il y eut à l'archevêché une fête, on en but. C'est ce même crémant qu'avec une grande facilité d'ailleurs j'ai contribué à faire adopter pour les fêtes de famille au Grand-Auverné, et que j'ai bu avec le père Fritsch, prêtre alsacien de mon année d'ordination, lorsque je l'ai rejoint sur les hauteurs des Andes péruviennes, car je n'avais pas manqué d'y emporter avec moi deux flacons de ce précieux nectar. Je me réjouis que la superficie consacrée au crémant se soit vue multipliée par trente en l'espace de trente ans ! Il occupe désormais un quart de la superficie des AOC de notre région, et le crémant d'Alsace est, hors champagne, le leader incontesté des vins effervescents de France.

C'est chez Dopff au Moulin, de Riquewihr, qu'a commencé son aventure il y a un siècle. Ce viticulteur a en effet été le premier à se lancer dans l'élaboration d'un vin « mousseux », selon la méthode champenoise qu'il avait découverte à l'exposition universelle de 1900. Il s'est ensuite formé trois ans en Champagne et a bientôt lancé dans l'Alsace annexée un « champagne d'Alsace », qui a dû perdre ce titre au moment du retour à la France pour devenir un simple « mousseux ». Le nom de « crémant », que les Champenois avaient laissé en désuétude, a pu ensuite être récupéré ; il doit cependant toujours être suivi du nom même de la région productrice – chez nous : « crémant d'Alsace ». Il ne faut surtout pas le galvauder ! Aujourd'hui, plus de trente millions de cols sont chaque année commercialisés, et le marché croît d'environ 8 % par an. Progression notable depuis qu'a été signé en 1976, par le premier ministre Jacques Chirac, le décret définissant l'origine contrôlée !

Tout au long de mon épiscopat alsacien, j'ai toujours considéré que la meilleure manière d'honorer les vins de la région était de les servir. C'est la raison pour laquelle j'ai pensé le plus grand bien de la congrégation des Sœurs de Ribeauvillé, avant même d'avoir approfondi la connaissance de son charisme. Une sœur rencontrée peu de temps après mon arrivée m'avait expliqué qu'au noviciat de Ribeauvillé, non seulement on n'interdisait pas le vin comme dans tant d'autres institutions religieuses, mais on ne faisait pas mystère de l'estime qu'on lui portait : c'était à celles qui n'en voulaient *pas* de se signaler – ce qu'elles faisaient en retournant leur verre. J'ai d'emblée estimé qu'une consigne aussi avisée ne pouvait émaner que d'une institution estimable. J'ai en ce sens vu un signe du ciel dans le fait que lorsque je fus fait membre d'honneur de la grande confrérie Saint-Étienne de Kientzheim, une sœur de Ribeauvillé membre de la famille Blanck le fut également, en même temps d'ailleurs que le préfet de région de l'époque.

Nombreuses sont les caves privées et les coopératives que j'ai visitées durant mes tournées pastorales, de Cleebourg, près de Wissembourg, à Thann, en passant par Sigolsheim, Kintzheim et Kientzheim, Gueberschwihr, Turckheim, Blienschwiller, Guebwiller... Je m'en veux de ne pas citer toutes les localités viticoles, car j'ai partout rencontré l'accueil le plus chaleureux. J'ai été touché qu'André Hugel, ce vigneron protestant de Riquewihr, ancien Malgré-Nous qui était venu me rendre visite avant mon déplacement à Oradour, m'ait à mon retour offert une splendide « sélection de grains nobles », me précisant qu'elle était « à boire avec des gens que [j'aime] »...

Je savais l'existence des vendanges tardives, mais je les ai découvertes comme un nectar des plus précieux, à déguster en effet avec des amis proches : ce sont des vins moelleux issus de grappes portant des fruits très mûrs ou « surmûris », que l'on a laissées dans les vignes pour leur permettre de concentrer toutes leurs qualités. En revanche, j'ignorais celle des sélections de grains nobles, qui supposent la récolte à la main des seuls grains flétris par la pourriture noble (*botrytis cinerea*). Rien ne serait en effet possible sans ces micro-organismes fragiles, qui craignent l'excessive humidité, mais qui opèrent des transmutations merveilleuses. Se laisser envahir les papilles par ce vin subtil rend autrement apte à savourer l'existence ! Mais il y a aussi et encore le « vin de glace », récolté en plein hiver par une température inférieure à moins sept degrés sur des vignes protégées jusque là des oiseaux par des filets ; au final, le jus a presque disparu des grains, au profit du seul sucre. Ce vin aux arômes de fruits confits se boit avec une délectation unique qui fait vibrer toutes vos papilles.

Parmi les multiples producteurs, quelques maisons viennent spontanément à mon esprit : Gaschy d'Eguisheim, Lorentz de Bergheim, Wolfberger de Colmar, Hugel et Dopff de Riquewihr... On me permettra cependant, en vertu de leur admirable et constante générosité, de mentionner tout spécialement la maison Blanck, de Kientzheim, et la maison Sparr, de Sigolsheim. Tous mes visiteurs et convives connaissent ces noms-là, et ce n'est que justice.

À propos du vin toujours, on ne peut se dispenser de dire au moins un mot de ses conditions de production et de promotion. Le monde chrétien a fait en sorte qu'aucune réalité humaine n'échappe à la protection du ciel. C'est ainsi que les vignerons ont reçu le double patronage de saint Vincent et de saint Urbain. Saint Vincent, né aux pieds des Pyrénées à la fin du IIIe siècle, a été diacre et est mort martyr. Se demande-t-on ce qui lui vaut d'avoir été choisi comme patron du monde de la vigne ? On raconte que, à la faveur d'un arrêt du maître, son âne aurait, en broutant, inspiré aux vignerons l'idée de tailler la vigne ! Voilà donc, pour une fois au moins, un âne bien intelligent... Et si, dans les pays du Saint-Empire et également en Alsace par conséquent, Vincent connaît toutefois la concurrence du pape Urbain Ier († 230), la vigne mérite bien ce double patronage ! Elle donne du reste lieu – on le sait – à toutes sortes de fêtes, depuis la « grand'messe » de la Foire aux vins de Colmar qui, au mois d'août, accueille environ 250 000 personnes sur dix jours, jusqu'aux fêtes de village, comme à Wangen ou Marlenheim, où l'on installe chaque année devant l'église une fontaine d'où le vin coule à flots...

Les *DNA* ont lancé en 2009 un magazine intitulé *Passion vin* entièrement consacré au vin d'Alsace. Il se donne pour mission de se situer « au plus près des vignerons alsaciens » en même temps que de faire découvrir des « perles parfois cachées du vignoble ». De multiples groupes et associations se consacrent par ailleurs de longue date au service du vin. Parmi eux, honneur à l'Association des viticulteurs d'Alsace, qui a fêté ses cent ans le 6 juillet 2012 à Colmar, et qui depuis sa naissance a accompagné le vignoble en nombre d'étapes marquantes. Si elle est issue, en 1912, de la fusion du *Weinverband* bas-rhinois avec le *Weinbauverein* haut-rhinois, elle a connu la rude lutte contre le phylloxera avant d'obtenir l'accession des vins d'Alsace à l'AOC en 1962, puis leur passage progressif de la cour des « petits » à celle des « grands » blancs – avant l'entrée dans le monde très fermé des « vins de garde ».

Le Syndicat des vignerons indépendants d'Alsace bataille contre la suppression des vins de table au profit de vins « sans indication géographique », qui légaliserait la plantation de cépages alsaciens dans d'autres régions de France ; il promeut par ailleurs le tourisme viticole. La profession s'est admirablement organisée, tant pour décider chaque année du calendrier ou pour aménager la commercialisation, que pour faciliter les collaborations et veiller aux conditions des transactions éventuelles de propriété. L'Institut national de la recherche agronomique se penche sur les dizaines d'arômes (plus de soixante-dix) présents dans le vin d'Alsace. Des producteurs de plus en plus nombreux bannissent les pesticides au profit d'un vin « bio » certifié de la vigne à la cave, pendant que quelques autres (qui prétendent se limiter à la recherche) s'essaient hélas ! aux vignes transgéniques. De leur côté, les Hospices civils de Strasbourg, heureux propriétaires de merveilleuses caves louées à vingt-quatre des meilleurs domaines viticoles d'Alsace, organisent régulièrement d'éphémères ateliers de mise en bouteille.

Ah, le vin d'Alsace ! Je ne me suis pas simplement contenté d'en être un consommateur aussi avisé qu'il était possible ; j'ai souhaité suivre les évolutions de la profession viticole dans la situation d'aujourd'hui. Je me demande quelquefois ce qui fait qu'il soit parfois si difficile, en France de l'intérieur, de trouver un bon « alsace » dans un type de magasins où d'autres vins paraissent habituellement mieux représentés... Mais comment exprimer la fierté que j'ai ressentie lorsque, à l'occasion d'une visite aux États-Unis, il m'a été donné de savourer un excellent riesling dans un restaurant de San Francisco tenu par un compatriote qui se trouvait lui-même tout ému de recevoir chez lui l'archevêque de Strasbourg ?

Invité avec la complicité du curé par un viticulteur de Turckheim, j'ai une fois participé aux vendanges. Je suis parti le matin muni d'un sécateur et équipé du tablier « ad hoc » (je l'ai toujours dans ma cuisine et il me sert lorsque j'ai l'occasion – rare – d'y ouvrir des huîtres...). Je ne prétends pas avoir travaillé aussi intensément qu'un vendangeur patenté, mais tous ceux qui m'ont vu avec mes bottes au milieu des vignes – le temps que j'ai pu y rester – ont pu vérifier que je ne faisais pas de la simple figuration ! Là encore, je suis allé au bout de mon engagement en honorant dûment la cave où la vendange était destinée à aboutir : j'ai volontiers participé à la brève dégustation qui y a été organisée... pour finalement partager, *anschliessend*, le traditionnel repas des vendangeurs.

Boissons sucrées...

L'hiver venu, l'Alsacien aime boire « son » vin chaud, largement popularisé dans toute la France grâce au marché de Noël. Ce produit représente pour sa part une véritable image de marque de notre région. Un vigneron témoignait devant moi d'une longue tradition familiale : « On trouvait du vin chaud de novembre à mars. Il chauffait toute la journée dans une casserole posée à proximité du poêle à bois. Ça embaumait. » Disant cela, il ne parlait bien sûr pas du vin rouge actuellement en vogue, additionné d'orange ou de citron, mais d'un vin blanc « de chez nous », avec un peu de sucre, de la cannelle, et un clou de girofle. Il est réjouissant que cette recette traditionnelle revienne au premier plan, concurrençant le « bordeaux chaud » ! On agit ainsi à Obernai avec un bon sylvaner AOC agrémenté de cannelle, de badiane et de vanille. On évite en général le gewurztraminer, qu'on voit mal à quoi associer ; mais on n'hésitera pas à mélanger au riesling chaud du marc de gewurz et du miel. Attention, cependant, aux dosages : le vin doit primer, l'emportant sur le sucre et les épices.

La proposition souvent faite, en ces mêmes circonstances, de jus d'orange et de jus de pomme chauds m'amène à aborder les jus de fruits d'Alsace. On ne produit pas d'oranges (pas encore ?) chez nous, mais la récolte de pommes y est abondante. Un grand nombre de propriétaires de vergers fabriquent artisanalement leur propre jus, grâce à un pressoir portatif. D'autres particuliers apportent leurs pommes dans un atelier. À Bietlenheim par exemple, depuis la construction d'un tel atelier en 2006, on peut déposer pommes et bouteilles vides le mercredi ou le samedi, et repartir quelques heures plus tard avec sa cargaison de bouteilles remplies. Fondée en 1888 à Sessenheim près de Soufflenheim, l'entreprise familiale Sautter produit une série de jus de pommes et d'autres fruits, des jus de légumes, et aussi des cidres – au total, une gamme de cinquante variétés.

Si l'usine Cidou de Mietesheim a malheureusement dû fermer ses portes, la section arboricole de l'association Culture et loisirs de Gumbrechtshoffen a décidé d'organiser une grande collecte de pommes en vue de leur transformation en jus à Sessenheim. L'intention est de sauvegarder le patrimoine représenté par les vergers d'Alsace et par les nombreuses espèces de fruits anciens qu'ils produisent. Il arrive que ces fruits fassent l'objet d'une grande exposition : à Hochfelden, la Fête de la pomme en est bientôt à sa trentième édition.

Enfin, impossible de ne pas parler de la grande usine Jus de fruits d'Alsace implantée à Sarre-Union, dont la production dépasse aujourd'hui la barre des 250 millions de cols et des 200 millions de litres.

Alcools et liqueurs : les spiritueux

Dans un sous-chapitre consacré aux boissons d'Alsace, on doit nécessairement faire place aux alcools. J'ai déjà cité le marc de gewurztraminer ; depuis décembre 2009, les producteurs disposent de l'heureuse possibilité d'une AOC. Le marc alsacien est le premier à obtenir une telle reconnaissance, indispensable en un temps où sa consommation ne cesse de baisser, tandis que celle de la vodka a été multipliée par deux (et alors qu'a été lancée il y a quelque dix ans, et en Corse s'il vous plaît m'a-t-on dit, l'aventure des whiskies alsaciens !).

À côté des grands classiques que sont la quetsche et la mirabelle, vous trouvez le kirsch, qui complète les fruits à noyau, ainsi que la poire Williams et la framboise. Un mot sur la quetsche, de forme ovoïde, de couleur violette, à la chair jaune ambré, que l'on récolte entre fin août et début septembre, et qui se trouve menacée par des tonnes de prunes bleues, plus grosses et plus rondes, produites outre-Rhin et dans les pays de l'Est, et indûment vendues sous le nom de quetsches alors qu'il ne s'agit en réalité que d'une prune commune. Et l'AOC est refusée à la quetsche d'Alsace sous prétexte qu'elle a été enregistrée comme « variété » en 1965 ! On devrait savoir qu'une variété n'indique pas une provenance. On oublie par ailleurs qu'un quetschier d'Alsace planté en Normandie ne donnera jamais que de simples prunes...

Mais vous avez encore la gamme très grande des « petits fruits » : sureau ou alisier, mûre et sorbier – à quoi l'on peut ajouter le coing. J'ose dire que je me suis désormais un peu éloigné du cognac et de l'armagnac pour entrer dans l'univers du schnaps alsacien. J'ai admiré les bouteilles gravées qui souvent lui servent d'écrin. La toute première qui m'a été remise le fut à Herbitzheim, et par celui-là même qui l'avait gravée. Je la conserve précieusement, et elle fait toujours autant d'effet quand je la « sors » pour servir mes visiteurs. J'ai fait un immense plaisir à beaucoup de gens en offrant généreusement – et justement rafraîchis – les alcools blancs d'Alsace à la fin du repas, profitant de la générosité toujours renouvelée des producteurs amateurs ou professionnels.

Le val de Villé est particulièrement connu pour cette production qui, de l'Outre-Forêt aux collines du Sundgau en passant par le Florival, unit à vrai dire tous les Alsaciens, farouches défenseurs qu'ils sont tous des droits anciens du bouilleur de cru. Dieu merci, la distillerie, un instant menacée, est en train de revivre. Une Route des eaux-de-vie a été inaugurée récemment dans le val de Villé. À Wegscheid dans la vallée de la Doller, la commune, qui s'est dotée d'une distillerie-pressoir mise à la disposition des habitants, a ouvert un verger des enfants et un verger d'essences fruitières forestières, en attendant un musée notamment consacré à la distillation (que célèbre par ailleurs une fête de la distillation, le *Brennhisla Fascht*).

C'est ainsi que la formation organisée par la Fédération des producteurs de fruits du Bas-Rhin a enregistré 300 inscrits en 2009, et a dû en refuser 140 en 2010. Elle regroupe 104 associations locales et compte 8 500 membres. Les personnes nouvellement intéressées par la distillation ont entre vingt-cinq et soixante-quinze ans, et sont originaires du Bas-Rhin, mais aussi de la Moselle et de l'Ortenau. L'alambic n'est donc pas près de disparaître de nos campagnes.

Me reprochera-t-on, parlant ainsi, d'être ignorant des risques de l'alcool, ou alors irresponsable dans ma manière si positive de l'évoquer ? Je répondrai non pas seulement que tout est affaire de pondération et de tempérance, mais que je m'appuie précisément sur la manière tout à fait responsable dont j'ai vu les Alsaciens se comporter en la matière pour affirmer que l'exercice sérieux de ces sages vertus ne condamne aucunement – tout au contraire – un usage judicieux de ces précieux « spiritueux » et « remontants » que sont, en matière de « boissons et breuvages », les fruits conjugués de la création du Bon Dieu et du « travail des hommes ».

Un mot sur l'amer bière, qui est aussi un spiritueux. Dans l'intérieur de la France, on boit un Picon bière ou encore un amer Picon, de production italienne ; en Alsace, on boit un amer bière et, je le sais, Mgr Kratz l'affectionne. Il est produit par la société Klein Wanner d'Ingwiller, dans les anciens locaux de la brasserie Haag. Si cette société fabrique des sirops et des spécialités anisées, son produit phare est bien l'amer, qu'elle décline en toutes sortes de versions : artichaut, agrumes, arômes de Noël, citron...

La bière et les bières

On établit généralement une nette séparation en Europe entre les pays consommateurs de vin et ceux qui sont voués à la bière. Les seconds sont généralement ceux qui se situent au nord de la limite de culture de la vigne. Dans ce domaine, une fois de plus, l'Alsace fait exception puisqu'elle produit *et* du vin *et* de la bière ! On dit qu'avec la choucroute, on boit davantage le premier dans le Haut-Rhin et la seconde dans le Bas-Rhin... mais les deux départements produisent l'un et l'autre – d'une manière inégale en quantité il est vrai.

Je lisais en 2011 que la bière allemande espérait son entrée au Patrimoine de l'humanité en vertu de sa « pureté », liée aux quatre seuls éléments qui entrent dans sa composition, à savoir l'eau, le houblon, le malt et la levure. Que je sache, ces mêmes éléments sont bel et bien présents également dans les bières alsaciennes ! Si la bière des origines n'était sans doute qu'un habile mélange fermenté de céréales et d'eau, les moines du Moyen-Âge ont eu l'idée d'ajouter le houblon, qui lui apporte à la fois ses vertus antiseptiques et son amertume désaltérante. On a ensuite maîtrisé la pasteurisation, ce qui a permis le transport des bières d'un pays (voire d'un continent) à l'autre.

En France, le volume de bière commercialisé a baissé de 14 % entre 1991 et 2010, avec le recul inexorable des bières de table au profit de bières dites spécialisées. En bref, on boit moins de bière, mais on plébiscite les bières d'abbaye, les bières aromatisées aux fruits rouges, ou encore les bières blanches qui contiennent du blé en plus de l'orge – sans oublier les blondes classiques. En France toujours, et pendant longtemps, on n'a connu que cette bière blonde, dite « de fermentation basse », qui se conserve peu de temps en dehors du réfrigérateur, et il a fallu l'annexion de l'Alsace en 1871 pour que des brasseurs alsaciens exilés fassent découvrir la « fermentation haute », qui donne des bières avec un taux d'alcool plus élevé. Si les Tchèques, inventeurs de la bière blonde, restent à ce jour les premiers consommateurs au monde avec 159 litres, les Français se contentent de 31 litres de moyenne par an, avec de grandes disparités régionales.

En Alsace, non seulement on fabrique de la bière depuis des siècles, mais on cultive le houblon qui la parfume. Quelle merveille d'astuce et de technique que ces perches de huit mètres de hauteur que l'on admire dans les paysages du Kochersberg ou de la région de Haguenau ; elles permettent à la plante grimpante d'atteindre sa dimension maximale. Malheureusement, les dernières années n'ont pas été marquées par un dialogue serein entre les producteurs de houblon et les brasseurs. J'ai encore connu le temps où l'Alsace comptait mille hectares de houblonnières ; nous serions aujourd'hui nettement en dessous des huit cents.

Comment expliquer que les agriculteurs (quatre-vingts planteurs recensés) qui produisent 95 % du houblon français soient en difficulté, alors que 60 % de la bière produite en France est brassée en Alsace ? C'est tout simplement parce que le houblon alsacien a perdu son principal client, le brasseur américain Anheuser-Busch. Jusqu'alors, on produisait chez nous la variété *Strisselspalt*, qui réussit très bien sur nos sols. Elle est hélas ! aujourd'hui jugée aujourd'hui trop chère et pas assez « amérisante » pour suivre l'évolution du goût. Tout cela n'empêche heureusement pas Ohlungen, qui dispute à Wingersheim le titre de capitale de la production alsacienne, d'organiser dignement sa Fête du houblon, ni même d'élire sa miss Houblon.

Parler d'Ohlungen me rappelle un fort souvenir. Effectuant avec mon vicaire épiscopal Jean-Pierre Zirnheld, d'ailleurs lui-même originaire du lieu, la visite pastorale de la zone dont relève cette localité du Bas-Rhin, j'avais, comme toujours en pareil cas, eu l'occasion de rencontrer divers représentants de l'activité économique locale. Apprenant que la culture du houblon avait sur place une grande importance, je me fis expliquer en détail tout ce qui la concernait, car, bien entendu, j'en ignorais tout. On me fit à bon droit remarquer que je comprendrais mieux les choses si nous étions au temps de la récolte. Je fus alors tellement convaincu que je promis de revenir lorsque le moment de cette dernière serait arrivé. Mes interlocuteurs me trouvèrent sans doute à ce moment-là gentil et bien élevé ; j'eus cependant assez nettement l'impression qu'ils estimaient bel et bien que, si c'était là certes de bonnes paroles, on n'en verrait bien sûr jamais la réalisation... Quelle ne fut pas leur surprise lorsque, le moment venu, ils reçurent un appel de Michèle Cardoso, ma si précieuse secrétaire : « Mgr Doré a noté dans son agenda que nous en serions maintenant à peu près au temps de la récolte du houblon. Auriez-vous une soirée à lui proposer pour que, comme promis, il vienne participer à l'opération ? » Je vins en effet. Ce fut une belle soirée, et même une vraie fête. Elle s'est tellement peu effacée de ma mémoire que le souvenir m'en revient toujours quand, en compagnie amicale bien sûr, je me retrouve assis devant ce qu'on appelle « une bonne bière » !

Pas de bière, évidemment, sans brasseries. Si ces dernières ont hélas ! connu bien des concentrations, des fermetures et des rachats, il subsiste quelques beaux « survivants » dans la région. Je pense d'abord à Météor, première brasserie indépendante d'Alsace, et plus ancien site brassicole encore en activité puisqu'il date de 1640. Malgré ce grand âge, l'usine ne cesse de grandir pour se maintenir dans son lieu historique et pour sauvegarder ses deux cents emplois. Les ambitions affichées sont claires : fière de son titre de « leader national des bières de saison » (de printemps et de Noël), Météor veut gagner de nouvelles parts de marché malgré le contexte général de régression de la consommation. J'ai été quelque peu consolé de la fermeture de Fischer à Schiltigheim lorsque j'ai appris que ses gigantesques cuves ont pu prendre il y a peu le chemin de Hochfelden.

Il faut s'y faire, Heineken le néerlandais est aujourd'hui, en valeur, le leader de la bière en France : 36 % de parts de marché dans le réseau des cafés, hôtels et restaurants ; et 17,3 % dans la grande distribution. En tête pour le chiffre d'affaires, cette marque ne l'est pas encore en quantité de production, puisqu'elle brasse cinq millions d'hectolitres dans ses trois usines françaises – dont celle de Schiltigheim –, alors que Kronenbourg en produit six millions et demi ; elle n'en vise pas moins clairement la première place « toutes catégories », avec ses bières Heineken, Desperados, Pelforth et... Affligem, qui n'est plus que de nom une « bière d'abbaye ».

Kronenbourg, précisément, se bat, cherchant à redorer l'image de ses marques phares : Kronenbourg et 1664. Disons-le : c'est aujourd'hui une filiale du groupe danois Carlsberg. L'entreprise est désormais transférée à Obernai, où dès 1969 avait été engagée la construction d'une unité de production ; et le musée de la brasserie a lui-même été fermé. La dynastie des brasseurs Hatt était née en 1664 au centre de Strasbourg, mais au milieu du XIXe siècle la brasserie elle-même s'était installée à Cronenbourg – ce qui devait lui valoir son nom.

Du côté des naufragés, nous avons parlé de Fischer, dont la marque est restée, mais dont la brasserie a été démantelée. Même le vitrail des frères Ott avec le célèbre petit alsacien buvant sa bière assis sur un tonneau a fait le déménagement : il est désormais installé dans la cage d'escalier de la brasserie de l'Espérance.

Reste à dire un mot de Schutzenberger, que dirigeait d'une main magistrale mon amie Rina Muller. L'entreprise a malheureusement fait faillite peu après sa mort. Sa fille, Marie-Lorraine, se bat encore avec énergie, notamment m'a-t-on dit contre une déclaration du site « en état d'abandon manifeste » (ce qui pourrait préluder à une expropriation), alors que la procédure de liquidation judiciaire est en cours et qu'une fois les dettes apurées, on pourrait espérer y voir plus clair dans le patrimoine conservé. Je ne dispose d'aucune information particulière sur le dossier ; je ne puis que l'évoquer avec tristesse... Sans, toutefois, abdiquer tout espoir, me permettra-t-on de l'ajouter ?

Mais que dire des 2 500 brasseries artisanales qui fleurissaient jadis dans les faubourgs des villes et les villages alsaciens ? Les *DNA* du 17 octobre 2011 recensaient une petite vingtaine de survivantes, par exemple à Saâles, aux confins du département des Vosges, à Seebach, dans le nord du Bas-Rhin, ou à Saint-Louis, tout près de Bâle. Huit brasseries artisanales ont réussi à se fédérer en 2010, vingt ans après la réapparition des micro-brasseries dans notre région.

À la fin de l'été 2012 et après avoir créé en 2011 une brune « au très fort caractère », la brasserie savernoise Licorne a lancé la Licorne grand cru. En septembre 2012, Éric Wissler et Pierre Leborgne de la brasserie de Saint-Louis ont mis sur le marché, sous le nom La Mulhousienne, la nouvelle et unique bière de la cité du Bollwerk. Au début de 2013, la brasserie artisanale d'Uberach, créée en 1999, devait déménager pour cause d'exiguïté de ses locaux. L'avenir de la bière reste donc bel et bien toujours ouvert en Alsace !

Reste que la bière est faite pour être consommée. Or, certaines mesures fiscales récentes risquent désormais de peser assez lourdement sur les prix. Affaire à suivre de près, assurément, dans les temps qui viennent. Toute la filière de la bière est gravement préoccupée.

Puisque nous sommes en Alsace, la bière, c'est encore la Fête de la bière, célébrée avec grand faste à Schiltigheim : vingt-cinq mille amateurs et « fans » sont attendus chaque année sous un chapiteau installé sur la place de l'hôtel de ville. J'ai déjà dit que et comment j'ai eu la joie d'y participer. Elle sait allier la tradition et la modernité, avec ses parades de musiciens et de jongleurs, mais aussi son « biérodrome », bar immense de dix-huit mètres de long avec vingt-six « becs de tirage » qui proposent quinze variétés des deux brasseurs locaux ! Le succès populaire n'est plus à prouver. Il y a aussi le Mondial de la bière, petit frère européen d'une manifestation née au Canada en 1993, et qui a vu le jour à Strasbourg en octobre 2009, avec la présence de quatre-vingts micro-brasseries, faisant provisoirement de la capitale de l'Alsace la capitale des bières du monde.

Cela dit, je ne voudrais certes pas indisposer mon lecteur, mais je ne vois pas comment je pourrais taire la déception qui fut il y a peu la mienne, en matière justement de « promotion » de la cause de la bière alsacienne, en plein cœur de Strasbourg. J'avais rendez-vous avec une personnalité, disons, « européenne » à la terrasse d'un grand café de la place Broglie. Je lui proposai de prendre « une bière ». Il ne nous fut pas possible, ce jour-là, en ce lieu-là, d'obtenir une bière alsacienne. Je dis vrai, je le jure !

L'eau et les eaux

« Coup de grâce » de ce sous-chapitre à la gloire de la boisson en Alsace : notre région produit aussi des eaux ! Eaux minérales dont la réputation n'est plus à faire sur son sol, mais mériterait de passer davantage et mieux la frontière des Vosges. Chaque « pays » d'Alsace privilégie son eau : du côté de Niederbronn, on boit Celtic ; le Haut-Rhin balance entre Carola, l'eau de Ribeauvillé, et Wattwiller, dont le nom indique la provenance. Point commun entre ces trois eaux : elles jaillissent toutes de la montagne vosgienne. Wattwiller signifie Wasserweiler / le village de l'eau. Dès le temps des Romains, le lieu était fréquenté pour des bains. Les moines ont cultivé la tradition de l'eau, qui a périclité après les destructions de la Première Guerre mondiale. Par chance, on a construit en 1924 sur les anciens sites thermaux une usine d'embouteillage, fermée en 1974 et rouverte en 1993... Mais sait-on que c'est l'Alsace qui a inventé l'astucieux système des couleurs bleue, verte et rouge pour différencier les eaux plates, les finement pétillantes et les fortement effervescentes – un système aujourd'hui largement copié partout ?

Conviction définitive au terme de cet examen de la question des vins et boissons chez nous : en Alsace, pays producteur de vin, d'eau-de-vie, de bière, de jus de fruits et d'eau, non seulement on mange merveilleusement, mais encore on boit à la hauteur des mets servis. Et il y en a pour tous les goûts, pour tous les âges et pour toutes les bourses. *G'sundheit*, l'Alsace !

CHAPITRE 12

Personnalités d'hier et d'aujourd'hui

Mon amour de l'Alsace me conduit naturellement à aimer les Alsaciens : on l'a bien compris maintenant, je pense. Mais, inversement et logiquement aussi, la découverte de personnalités alsaciennes marquantes a encore fait grandir mon amour pour la région qui leur a donné le jour. Je distinguerai ici entre personnalités de l'histoire et personnalités d'aujourd'hui.

Grandes figures d'hier

On ne sera pas surpris que je mentionne d'abord le pape Léon IX, originaire d'Eguisheim, puisque j'ai eu en 2002 la grande joie et la fierté de célébrer le millénaire de sa naissance. J'ai déjà eu l'occasion de l'évoquer. Je précise seulement ici que ce fut un grand pape réformateur, mal servi assurément par l'initiative malencontreuse de son légat qui prit en son nom, mais *après sa mort* – en 1054, date fatidique –, la grave décision d'excommunier le patriarche de Constantinople.

Quand ce ne serait que pour être absous de n'en avoir qu'à peine connu le nom avant ma venue en Alsace, il faut bien que je fasse état, ensuite, de Herrade de Landsberg. Elle fut abbesse du monastère de Hohenbourg, aujourd'hui mont Sainte-Odile, environ de 1175 à 1196. Ayant réorganisé et restructuré matériellement et spirituellement l'abbaye dont elle avait la charge, elle sut à la fois se préoccuper des nécessiteux en bâtissant pour eux un hôpital et un hospice, et servir la cause de l'éducation et de la culture en menant à bien le chef-d'œuvre littéraire et iconographique qu'est le *Hortus deliciarum*. Cette compilation de textes bibliques et patristiques richement enluminée réunit et organise les informations de l'époque sur, entre autres, la physique, la géographie, l'histoire, la philosophie et la théologie. L'ensemble, comportant 354 feuillets précieux, fut détruit dans l'incendie de la Bibliothèque municipale de Strasbourg allumé par un bombardement prussien dans la nuit de 24 au 25 août 1870. Heureusement, des calques – dont certains étaient même coloriés – avaient été réalisés dans la première moitié du XIXe siècle.

Comment pourrais-je, ensuite encore, ne pas retenir les mystiques rhénans ? « Eckhart a su dire de manière claire et simple l'insertion de l'homme dans le Christ. » Ce bel hommage est signé du théologien Joseph Ratzinger, qui s'exprimait ainsi en 1960. Aujourd'hui, constate Marie-Anne Vannier, grande spécialiste de la mystique rhénane et cheville ouvrière de l'*Encyclopédie des mystiques rhénans* parue en décembre 2011 avec la collaboration d'une centaine de spécialistes, « Maître Eckhart tend [...] à faire partie des classiques de la théologie et des références pour la post-modernité. » Plus généralement, on pourrait dire que la mystique rhénane, dont Eckhart est en quelque sorte « l'initiateur » et la figure de proue, est à la mode. A-t-on cependant suffisamment conscience que l'Alsace a été le berceau de cette mystique ? Qu'on en juge ! Celui qui devait passer à la postérité sous le nom de « Maître Eckhart » a été envoyé par l'ordre dominicain à Strasbourg en 1313, et cette affectation a véritablement bouleversé sa vie, sur le fond comme sur la forme. Habitué, à Paris, à rédiger des sermons latins dans le contexte des controverses savantes de l'Université, il s'est mis à prêcher en allemand pour être compris des moniales dominicaines et des béguines dont il avait la charge spirituelle. Dès lors, son enseignement s'est fait particulièrement concret : on dit qu'il est ainsi passé du *Lesemeister* (maître de lecture) au *Lebemeister* (maître de vie), se faisant véritable guide spirituel pour ces femmes avides de Dieu. On peut en conclure que la mystique rhénane est née de cette prédication strasbourgeoise, qui s'est développée durant toute une décennie.

Quant à Jean Tauler, qui prolonge l'enseignement d'Eckhart, c'est un vrai Strasbourgeois puisqu'il est né dans la ville capitale de l'Alsace vers 1300 et qu'il y est mort en 1361. Sa pierre tombale est du reste encore visible dans l'actuel Temple-Neuf, ancienne église des Dominicains reconstruite après le bombardement de 1870. Je me souviens du colloque qui fut organisé en janvier 2001 en notre faculté de théologie catholique de Strasbourg pour commémorer le sept centième anniversaire de sa naissance.

Enfin, il est établi que le bienheureux Henri Suso, l'auteur du fameux *Petit Livre de la Vérité*, a suivi les prédications d'Eckhart à Cologne, mais aussi à Strasbourg.

Cela étant, je me réjouis que la mystique rhénane ait gardé de notables « propagandistes » en Alsace. Pendant longtemps, sœur Suzanne Eck, moniale au monastère des dominicaines d'Orbey (qui a succédé au fameux couvent d'Unterlinden de Colmar), a porté haut le flambeau des études en ce domaine ; on lui doit du reste plusieurs ouvrages très compétents sur le sujet. À celle qui est aujourd'hui atteinte par une terrible maladie, mais qui a si bien œuvré pour la grande cause de la mystique rhénane, on me permettra de rendre ici un hommage à la fois d'estime et de reconnaissance. Ayant exercé à la faculté de théologie de Strasbourg, où elle a été à son tour saisie par le « virus » de cette même mystique rhénane, Marie-Anne Vannier a pris le relais, avant de rejoindre le Centre autonome de Metz, où elle enseigne désormais la théologie dans le cadre de la faculté des lettres. Enfin, le frère Rémy Vallejo – déjà cité – a pris la merveilleuse initiative du Rhin mystique, qui propose de belles soirées de lectures-concerts donnant à entendre des textes anciens, mais qui organise aussi des expositions montées avec grand soin et vrai professionnalisme. Au moment où il projetait cette aventure, j'ai eu l'occasion de lui apporter mes vifs encouragements et mon soutien. J'espère qu'il restera assigné suffisamment longtemps au couvent de Strasbourg pour prolonger en Alsace la mémoire de cette riche épopée spirituelle susceptible de toucher l'humanité post-moderne. J'ai été ravi de pouvoir lui apporter sur place, il y a peu, une nouvelle manifestation de mon soutien.

Gutenberg. Il existe à Strasbourg, tout près de la cathédrale, une place qui lui est dédiée et qui accueille en son centre la statue de cet inventeur qu'on peut tenir pour génial, même s'il n'est pas au sens strict « le père de l'imprimerie ». Avant lui, on avait en effet déjà bien commencé à graver un texte en négatif sur des planches en bois qui, une fois encrées, étaient susceptibles d'« imprimer » des feuilles... au moins tant qu'elles ne seraient pas trop usées par la presse. Ce système de xylographie exigeait cependant la confection d'une planche par page de livre – et si cela constituait certes un progrès par rapport au document manuscrit et au système des copistes, cela empêchait bien entendu une diffusion massive. Le génie de Gutenberg a consisté à mettre au point le caractère métallique mobile : en assemblant entre eux des caractères en plomb en nombre illimité, il devenait possible de composer, puis d'imprimer, tous les textes que l'on pouvait souhaiter. Après avoir effectivement produit divers petits textes entre 1450 et 1454, Gutenberg s'est lancé à la fin de l'été de cette dernière année dans l'impression de la Bible. Une telle Bible a certes paru à Mayence ; mais tout porte à croire que la technique qui en a rendu possible la publication a été élaborée au cours de ces années 1434-1444 où, selon les documents d'un procès de 1439, notre savant avait fondé « avec divers Strasbourgeois » une association pour exploiter un savoir technique et travailler « un art secret ». Une chose est sûre : l'invention de Gutenberg a constitué un « pas de géant pour l'humanité » en facilitant la diffusion de la culture, jadis dépendante des seuls moines aptes à la copie (et éventuellement à l'enluminure). La Réforme de Luther, entre autres, a su mobiliser ce moyen nouveau ; et tout porte à penser que la « galaxie Gutenberg » n'est pas près de mourir, malgré la concurrence récente de l'internet.

Il n'est certes guère possible de faire un Alsacien du mystérieux Matthias Grünewald, auteur du prodigieux *Retable d'Issenheim*. En revanche, en la personne de Martin Schongauer, fils d'un orfèvre de Colmar où il est né, et qui est mort à Vieux-Brisach en 1491, on a non seulement un Alsacien bon teint, mais « l'un des artistes les plus illustres de son époque », comme en témoigne cette *Vierge au buisson de roses* qui est actuellement visible en l'église des Dominicaines de Colmar, et dont j'ai déjà dit qu'elle fut l'un de mes premiers contacts avec l'Alsace. Or, si l'on ajoute le Bâlois Konrad Witz, on peut tenir que ces trois noms reflètent bien les traits principaux et les richesses spécifiques de cette « communauté culturelle qui existait [à leur époque] le long de l'axe rhénan, [allant] de Constance à Rotterdam », et où se mêlaient de fait « influences italiennes et françaises, d'une part, influences allemandes et flamandes de l'autre » (Catherine Koenig).

Calvin. Comme je l'ai rappelé dans la partie consacrée à la communauté protestante, le réformateur Calvin a passé trois ans de sa vie à Strasbourg, vers sa trentième année, à une époque où la ville bouillonnait des idées de la Réforme (1538-1541). Reçu bourgeois de la ville en 1539, il a été pasteur de la première église réformée de langue française (l'*ecclesiola gallicana*), pour laquelle il a rédigé une liturgie et mis au point un psautier. C'est d'ailleurs aussi à Strasbourg que Calvin se maria en 1540 avec Idelette de Bure, et qu'il y écrivit son commentaire de l'*Épître aux Romains*. On dit que l'organisation qu'il a donnée plus tard à la ville de Genève a été fortement influencée par ce qu'a, de fait, été pour lui le « laboratoire strasbourgeois », selon une expression de Jacques Fortier. On doit cependant relever qu'on se trouve aujourd'hui dans la situation paradoxale d'une communauté protestante de Strasbourg majoritairement luthérienne, alors que, à l'inverse de son homologue réformé, le moine saxon n'a jamais séjourné dans cette ville !

Sébastien Brant. Ce personnage est bien connu en Alsace, où une place de Strasbourg porte d'ailleurs son nom. Il doit surtout sa réputation à son fameux ouvrage *La nef des fous* (*Das Narrenschiff*), publié en 1494 à Bâle, l'auteur étant lui-même né à Strasbourg en 1458. Quelques années plus tard, aux alentours de 1500, il revint dans sa ville auréolé du succès de son livre ; il y retrouva son ami le prédicateur de la cathédrale Geiler de Kaysersberg. L'ouvrage a eu une postérité étonnante, alors qu'il décrit le monde des « givrés » du XVe siècle. Il faut croire que toutes les époques se réapproprient successivement cette satire morale qui est, somme toute, assez riche d'enseignements dans son pessimisme pourtant insistant.

La même année que Brant, se fixe à Strasbourg (après avoir séjourné trente ans à l'université de Heidelberg) Jacques Wimpfeling (1450-1528). Né à Sélestat, il excella à la fois en pédagogie et en histoire, voyant dans la seconde aussi une « maîtresse de vie ». Bien qu'il ait été porté (contre le franciscain Thomas Murner) à souligner les appartenances germaniques de l'Alsace, il n'adhéra pas à la Réforme et se retira dans la ville de sa naissance, où il fonda une société littéraire et où il fut enterré en l'église Saint-Georges.

Jean-André Silbermann. Sa famille est originaire de Saxe, mais lui-même naît à Strasbourg en 1712. Comme je l'ai souligné dans le sous-chapitre consacré à la musique, ce « facteur d'orgues » a réalisé une synthèse habile entre les styles français et allemand. Alors que son père André a construit les deux grands instruments des abbayes bénédictines de Marmoutier et d'Ebersmunster, il a lui-même conçu les grandes orgues de l'église protestante Saint-Thomas de Strasbourg où se donnent de si beaux concerts, et l'orgue du Temple-Neuf, malheureusement disparu. Il a aussi été actif en Bade et en Suisse. À côté des grands instruments réalisés pour les cathédrales et les abbatiales, il a laissé quelques très beaux petits «positifs», dont celui qui vient de trouver place dans la chapelle gothique de l'église Sainte-Madeleine de Strasbourg – un projet que j'avais soutenu dès le moment où il avait été formulé par les Musées de la ville, auxquels il appartient.

Gustave Doré. On comprendra que j'aie pu être particulièrement attentif aux traces laissées en Alsace par ce grand graveur, mon homonyme. Gustave Doré, né à Strasbourg en 1832, est surtout connu pour ses talents de dessinateur: après avoir illustré les écrits de Rabelais en 1854, il agira de même pour une centaine d'œuvres majeures de la littérature universelle, dont la Bible et les ouvrages de Dante, Cervantès, Perrault ou La Fontaine... On connaît moins sa peinture, en particulier le monumental *Christ quittant le prétoire* aujourd'hui exposé au Musée d'art moderne et contemporain de sa ville natale. Voir son nom inscrit sur les murs de Strasbourg est toujours pour moi une source réelle de fierté; j'ai déjà dit comment j'ai découvert la plaque que lui a dédiée la ville de sa naissance.

Frédéric Auguste Bartholdi. La statue de la Liberté à New York est assurément un monument majeur de l'humanité, reproduit entre autres dans de multiples films. Tout le monde, et dans le monde entier, connaît cette statue gigantesque offerte par la France aux États-Unis et placée ensuite sur Bedloe's Island, à l'entrée du port de New York. Mais qui, en dehors de l'Alsace, sait que son auteur est un Alsacien: un Haut-Rhinois, né à Colmar en 1834? Un certain nombre ont taquiné le maire de cette ville au moment où il a fait établir une copie de l'œuvre, en miniature bien sûr, à l'entrée de sa commune. J'ai trouvé pour ma part judicieux que cette origine, trop souvent oubliée, soit ainsi visiblement rappelée. Je n'oublie pas que Bartholdi a également sculpté le fameux *Lion de Belfort*, symbole de la résistance de cette ville lors du siège de la guerre de 1870.

Goethe. Lorsque je me rendais – aussi fréquemment que possible – au Palais universitaire, qui abrite les deux facultés de théologie strasbourgeoises, je ne manquais pas de m'arrêter brièvement devant la statue de Goethe, dressée à proximité. C'est un légitime motif de fierté, de ce côté-ci du Rhin, de savoir que cet enfant d'une famille patricienne de Francfort a été envoyé à Strasbourg pour y achever ses études entre 1770 et 1771. On sait qu'il a fait sur place la connaissance de Frédérique Brion, la fille du pasteur de Sessenheim (où je me suis dûment rendu une fois en compagnie d'une nièce!), et que cette relation passionnée a laissé de précieuses traces poétiques. Sur la tombe de Frédérique, on peut lire: «Un rayon de soleil du poète l'a rendue immortelle.» Mais Goethe s'est également beaucoup intéressé à notre cathédrale, sur laquelle il a écrit de belles choses dans ses *Mémoires*. Par exemple:

> «Que de fois je suis revenu pour contempler la cathédrale de tous les côtés, à toutes les distances, dans chaque lumière du jour, sa majesté et sa grandeur! [...] Avec quelle fraîcheur elle brillait en face de moi dans les vapeurs lumineuses du matin, avec quelle joie je pouvais lui tendre les bras, regarder les grandes masses harmonieuses animées en d'innombrables parties, de même que dans les œuvres de la nature éternelle. Jusqu'à la moindre petite fibre, tout est *forme* et tout vise à l'ensemble. Comme l'édifice aux fondations solides, immenses, s'élevait avec légèreté dans les airs! Comme tout était ajouré et cependant là pour l'éternité [...]»

Me permettra-t-on de dire que ce texte m'importe aussi pour des raisons proprement théologiques? Les spécialistes savent la place que tient chez Hans Urs von Balthasar la notion de *Gestalt*/figure, forme; mais peu d'entre eux ont repéré que le grand théologien suisse l'a empruntée à Goethe. Que le présent texte utilise ce terme ici précisément à propos de notre cathédrale (le soulignement est de moi) a redoublé les raisons que je pouvais avoir de faire ici place à Johann Wolfgang von Goethe.

Charles Spindler. Fils d'un notaire de Boersch, il mérite au moins deux fois mention dans ce contexte. D'abord certes comme marqueteur de génie à partir de 1893 (mais il fut aussi illustrateur, peintre et photographe), et l'on sait que son petit-fils Jean-Jacques poursuit aujourd'hui heureusement sa lignée. Mais aussi à cause de son «formidable apport au sentiment d'identité alsacienne dont il était un fervent défenseur, tout en envisageant la région comme un trait d'union entre la France et l'Allemagne» (Pascal Coquis).

Jacques Gruber. Lorsqu'on parle de l'École de Nancy, on devrait ajouter qu'un Alsacien a joué un rôle majeur dans sa fondation, aux côtés d'un Émile Gallé: Jacques Gruber. Il est né à Sundhouse près de Sélestat en 1870, et il fait partie de ces Alsaciens dont les parents optèrent pour rester français au moment du traité de Francfort (1871), ce qui le conduisit à Nancy en 1877. Professeur aux Beaux-Arts de cette ville en 1893, il dirigea le département artistique de la maison Daum, apportant à la fabrique sa sensibilité artistique, avec des thèmes puisés dans les opéras de Wagner. Son œuvre est également marquée par le végétal et par la couleur ; on le voit bien sur ses vitraux, et notamment sur la grande verrière du magasin des Galeries Lafayette à Paris. Les dames parisiennes et les touristes japonais qui font là leurs achats de Noël pourraient-ils avoir un minimum de reconnaissance envers cet artiste qui savait emprunter à la nature « la souplesse de ses lignes constructives et le charme de son ornementation » ?

J'ai au moins deux bonnes raisons de faire ici place à Albert Kahn, ce banquier un temps prospère, et célèbre, qui fut élève et disciple de Bergson. D'abord, il est alsacien, né à Marmoutier en 1860. Ensuite, il a vécu dans une propriété de Boulogne-Billancourt toute proche d'Issy-les-Moulineaux où je réside désormais. Il y a aménagé des jardins extraordinaires où il a voulu célébrer « le monde en paix » dont il rêvait. Et il y a domicilié les non moins extraordinaires *Archives de la planète*, qu'il a su constituer à grands frais grâce à de très nombreux reportages qu'il a lui-même financés. Je fréquente régulièrement et les jardins et les *Archives*. Les uns et les autres sont un pur enchantement.

Comment pourrais-je faire silence sur Hansi/Jean-Jacques Waltz... quand il est partout : sur les assiettes et les sets de table, sur les calendriers et les cartes postales – et jusque sur la table de ma propre cuisine ? Je n'ignore pas certains reproches qui lui sont faits, mais je les surmonte pour ma part, tant j'admire qu'en une époque si rude il sut conjoindre si étroitement amour de la France et amour de l'Alsace. Tout compte fait, je dois d'ailleurs bien reconnaître que sa manière de célébrer son Alsace eut sa place dans tout ce qui me conduisit moi-même à « tant aimer » la merveilleuse région à laquelle tout ce livre est consacré.

Albert Schweitzer. Voilà un Alsacien bien connu sous son titre de docteur en médecine, illustré par la fondation de l'hôpital de Lambaréné au Gabon et par le fameux film *Il est minuit*, *Docteur Schweitzer*. Né dans la charmante bourgade de Kaysersberg proche de Colmar à laquelle je me sens si attaché, il est, en même temps que médecin, tout à la fois théologien protestant, organiste et musicologue. En théologie, il défend la thèse de l'« eschatologie conséquente », selon laquelle Jésus aurait annoncé son Retour imminent ; en musicologie, il est célèbre pour ses interprétations de Bach et son engagement en faveur d'une réforme de la facture d'orgues. Cela n'empêche pas, bien sûr, d'admirer, son étonnante œuvre caritative. Un livre tout récent lui est consacré par le professeur Matthieu Arnold, *Albert Schweitzer, Les années alsaciennes* (La Nuée Bleue). Je ne puis que me féliciter de son succès.

La musique m'amène à dire un mot de Charles Munch, illustre chef d'orchestre que, très longtemps, je n'ai pas su alsacien. Il avait commencé sa carrière comme violon solo à Strasbourg avant de connaître une destinée internationale à Boston, puis de créer l'Orchestre de Paris. La mort l'a surpris aux États-Unis en 1968, lors d'une tournée de cet orchestre qui lui devait tant ; elle est venue mettre le sceau sur la dimension mondiale de sa réputation.

René Kuder. Ce peintre alsacien originaire du val de Villé a été un très bon illustrateur et un grand maître de l'aquarelle. Il s'est notamment fait connaître par ses œuvres religieuses. L'église Sainte-Madeleine de Strasbourg dispose d'un chemin de croix de sa main, exceptionnellement réalisé à la peinture à l'huile. Il lui avait par ailleurs été demandé de décorer la grande salle à manger de notre grand séminaire d'une fresque représentant la Cène. Peint à la veille de la Deuxième Guerre mondiale, le tableau porte l'angoisse de cette époque sur les visages des Apôtres. Je suis d'autant plus attaché à cette peinture qu'une reproduction encadrée m'en a été offerte par les directeurs et les séminaristes strasbourgeois au moment de mon départ. Je l'ai dit : elle orne en bonne place mon propre bureau d'aujourd'hui à Issy-les-Moulineaux.

Au rang des évêques, je tiens à dire que j'estime beaucoup Mgr Félix Korum, qui fut à la tête du diocèse de Trèves au moment de l'annexion allemande de l'Alsace. Surmontant ses préjugés pour ne considérer que le caractère universel de l'Église, il accepta d'aller exercer la fonction épiscopale de l'autre côté du Rhin en une époque où, moins que jamais, cela n'allait de soi. En ce grand théologien, qui fut aussi un grand pasteur outre-Rhin après avoir été un grand prédicateur de la cathédrale de Strasbourg, on peut saluer un grand pionnier chrétien et catholique des relations franco-allemandes.

Au même moment, un autre Alsacien, Charles-Émile Freppel, était évêque d'Angers et manifestait du mieux qu'il le pouvait son attachement à la France, après avoir écrit au roi de Prusse pour le conjurer de renoncer à annexer l'Alsace à son nouvel Empire. Ce prélat, né à Obernai en 1827, aura été une grande figure du clergé français de la deuxième moitié du XIXe siècle. Dès ma première venue à Obernai, j'ai tenu à me rendre devant sa statue. J'ai suivi, par les articles de la presse, notamment ceux de *L'Ami hebdo*, les grandes commémorations organisées dans sa ville natale en décembre 2011 à l'occasion du cent vingtième anniversaire de son décès, en présence de l'actuel évêque d'Angers. J'ai noté que les «Trois mots» que le mystérieux Charles Haegen se proposait d'énoncer à son sujet dans l'hebdomadaire se sont en fait transformés en une série impressionnante d'articles, tant il y a à dire sur un homme qui a été successivement professeur d'«éloquence sacrée» à la Sorbonne, évêque d'Angers, père du concile Vatican I, et député du Finistère. Le petit village de Blienschwiller, où vécurent ses grands-parents maternels, s'est associé à l'événement anniversaire par des vêpres présidées par deux évêques, celui de Strasbourg et celui d'Angers; ce dernier se déclara tout surpris de voir chanter aujourd'hui impeccablement les psaumes et le Magnificat dans un village rural de moins de trois cents habitants!

Parmi les fondateurs d'ordres religieux, je note l'étonnante présence de deux juifs convertis: Ratisbonne, à qui l'on doit la fondation des Sœurs de Notre-Dame de Sion, aujourd'hui si engagées dans le dialogue judéo-chrétien, et Libermann, dont on sait combien les fils, les missionnaires spiritains, ont été attachés à répandre l'Évangile chez tant de peuples divers.

Il est rare qu'une ville ait conservé d'un préfet un tel souvenir qu'elle lui ait élevé une statue. Tel est pourtant le cas d'Adrien de Lezay-Marnésia, préfet du Bas-Rhin nommé par Napoléon, qui s'est signalé par son souci d'améliorer les conditions de vie dans les campagnes à travers des initiatives originales: plantation d'arbres fruitiers le long des routes, installation de bancs-reposoirs, encouragement de la culture du tabac et du houblon, mais aussi de la betterave sucrière. Il est décédé en activité d'une manière bien malencontreuse: sa voiture s'étant renversée, il s'est empalé sur son épée de préfet. Après diverses pérégrinations, ses restes ont fini par trouver un emplacement définitif dans la cathédrale, ce qui est pour le moins original pour un préfet. En 2010, sa statue, quelque peu souillée par la végétation, a fait l'objet d'un toilettage bienvenu. Je l'ai saluée un grand nombre de fois au coin du jardin de la préfecture, sur mon trajet de retour de mes nombreux déplacements en voiture.

Des architectes de la cathédrale, je retiens d'abord Gustave Klotz, celui qui a réparé les outrages de la Révolution, mais je veux plus encore rendre hommage à Johann Knauth, qui a sauvé la flèche – et donc la cathédrale – d'un risque d'effondrement et en a été si mal récompensé, puisqu'il est mort dans l'isolement et l'accablement. J'enregistre avec satisfaction le projet de lui élever peut-être, enfin, un monument – en tout cas, d'honorer sa mémoire – sur la place du Château rénovée. Cela dit, n'ayant pas encore eu l'occasion de l'évoquer, je ne peux pas faire silence sur le plus illustre de tous les bâtisseurs de l'édifice, nommé pour la première fois dans une charte de 1284 : Erwin von Steinbach, à qui l'on attribue couramment toute l'élévation de la façade occidentale, avec sa merveilleuse rose et sa tour unique entre toutes.

Sait-on suffisamment que Charles de Foucauld est né à Strasbourg ? Seuls les non-Alsaciens ont été surpris que sa ville natale soit capable de lui élever en quelques mois une statue que nous avons pu solennellement inaugurer peu de temps après sa béatification. Il en sera peut-être un jour de même pour Christian de Chergé, le prieur des moines de Tibhirine, dont beaucoup ignorent sans doute qu'il a été baptisé dans la collégiale Saint-Martin de Colmar en 1937... et qu'il a résidé au séminaire sulpicien des Carmes à Paris, où l'on a récemment restauré la cellule qu'il y occupait comme futur prêtre. Lui aussi appartenait à une famille de militaires, ce qui, en Alsace, compte sans doute plus encore qu'en nombre d'autres régions françaises – on me permettra de le souligner.

Jacques et Raïssa Maritain, qui ont formé un étonnant couple d'intellectuels chrétiens, ne sont pas, eux, originaires d'Alsace, mais ils ont découvert dans les années 1930 le charme du château de Kolbsheim, aux bords de la Bruche, et c'est là qu'ils sont tous les deux enterrés. Leurs archives, conservées sur place, et sur lesquelles veille avec soin et compétence René Mougel, directeur des précieux *Cahiers Jacques Maritain* (auxquels je suis toujours abonné !), sont riches de près de 42 000 lettres, concernant 6 000 correspondants du monde entier, allant de Cocteau à De Gaulle, de Léon Bloy à Bergson, de Charles Péguy à Marc Chagall, de l'abbé Pierre au pape Paul VI. L'archevêque de Fribourg, Mgr Oscar Saier, avait tenu à ce que nous fassions ensemble une fois le pèlerinage de Kolbsheim (et je crois bien que c'est sur notre trajet vers le cimetière du lieu et vers la tombe des Maritain que mon confrère d'outre-Rhin me proposa *« uns zu duzen »* – de se tutoyer !).

On le sait trop peu : deux de mes prédécesseurs ont joué un rôle majeur au moment du Concile, à savoir Mgr Weber et Mgr Elchinger.

Cela me paraît mériter d'être relevé en ces années où nous célébrons le cinquantième anniversaire de Vatican II (1962-1965). Lors de la messe célébrée le 2 juillet 2008 à la cathédrale pour marquer à la fois le centième anniversaire de la naissance du second et le dixième anniversaire de ses obsèques – puisqu'il a été enterré le jour même de ses quatre-vingt-dix ans –, le chanoine Zimmermann, son ancien secrétaire particulier, évoquait avec justesse les intuitions d'un évêque passionné par cette Vérité et par cette Vie qu'il avait inscrites dans sa devise. Et le chanoine Bernard Xibaut a été bien inspiré d'écrire un livre pour rappeler son apport substantiel, mais trop oublié, au concile Vatican II. La préface que j'ai donnée à cette publication importante obéissait à deux intentions : honorer ce grand prédécesseur, et témoigner mon estime à l'auteur, prêtre et chancelier du diocèse, qui l'a si bien présenté.

Je n'oublie pas les prêtres d'Alsace. Ils seraient innombrables à mériter d'être évoqués. Je veux au moins dire que j'ai été très impressionné par l'ouvrage du professeur René Epp, *L'Enfer sur terre. Prêtres et religieux d'Alsace internés et déportés par les nazis (1940-1945)* ; (L'Ami hebdo, Strasbourg, 2000). J'y renvoie avec insistance, ne pouvant par ailleurs que me limiter à Mgr Muller-Simonis, fondateur en 1903 de la première Caritas diocésaine du monde, et au chanoine Eugène Muller, théologien, député successivement à Berlin et à Paris (ce qui ne peut bien entendu arriver qu'à un Alsacien !). Je veux signaler que ce grand collectionneur d'objets religieux nous a légué les superbes figurines napolitaines de la crèche de Noël de la cathédrale, qui font actuellement l'objet d'une restauration minutieuse. Mais je dois faire mention encore, au moins, de Mgr Pierre Bockel, grand résistant, ami de Malraux, prédicateur hors pair, à qui une récente biographie vient d'être consacrée à La Nuée Bleue en 2012. L'auteur, Daniel Froville, a été sensible à cette belle figure d'humaniste épris de dialogue et de liberté, qui a été tout aussi bien engagé dans la Brigade Alsace-Lorraine que présent auprès des étudiants, dont il fut de longues années l'aumônier vénéré... avant de devenir archiprêtre de la cathédrale, en même temps qu'il dirigeait une grande revue de culture biblique éditée à Paris.

Malraux m'amène à De Gaulle. Loin de moi l'idée de l'annexer à l'Alsace, mais je voudrais partager la surprise qui a été la mienne en lisant dans les *DNA* du 13 juin 2010, sous la plume de Bernard

Delattre, qu'il aurait envisagé de se réfugier au mont Sainte-Odile le 29 mai 1968. En cette vraie crise politique que la France connaissait alors, il y aurait été très certainement fort bien accueilli. Et pourquoi pas dans les deux pièces habituellement réservées sur place à l'évêque de Strasbourg ?

Deux grands maires appartenant au courant chrétien-social se sont succédé vers la même époque à la municipalité de Strasbourg : Pierre Pflimlin, dont j'ai parlé à propos de la réconciliation franco-allemande, puis Marcel Rudloff, humaniste généreux et largement estimé. Je tiens à leur rendre hommage à tous les deux. À propos du premier (dont il m'est revenu de présider les obsèques à la cathédrale), il m'importe de préciser qu'il est faux d'imaginer, comme on le fait encore quelquefois, que le dernier président du Conseil de la IVe République finit brouillé avec le premier président de la Ve ! La publication de lettres et notes du Général nous montre au contraire un vrai respect de sa part envers le maire de Strasbourg, dont il affirme lire avec grand intérêt les publications, et à qui il exprime sa « sincère amitié ». Dans la « dynastie Pflimlin », ne confondons pas Étienne, fils de Pierre, qui a longtemps présidé le Crédit Mutuel et que je veux saluer nommément, et Rémy Pflimlin, président de France Télévisions, fils d'un cousin germain. Avec les deux, j'ai pu entretenir de confiantes et cordiales relations.

J'achève ce parcours historique (lacunaire certes – mais comment faire autrement ?) par l'évocation d'un historien, à savoir Marc Bloch, professeur à l'Université de Strasbourg de 1919 à 1936, grand spécialiste du Moyen-Âge, fusillé par les nazis en 1944, qui lui reprochaient sans doute sa probité scientifique au-delà même de son identité juive. Il décrit de manière fort intéressante le processus d'intégration des Germains dans l'Europe romanisée, et l'éloignement malheureux, puis l'écart de plus en plus accentué, l'une par rapport à l'autre, des deux rives de ce que les Romains appelaient *mare nostrum*. C'est à juste titre que l'Université des sciences humaines de Strasbourg – dont étaient membres nos deux facultés de théologie – avait pris son nom en hommage ; elle l'a gardé jusqu'au moment récent où fut scellée la réunification de l'Université de Strasbourg.

Personnalités d'aujourd'hui

On comprendra, j'imagine, sans difficulté que s'il est déjà bien risqué de proposer une sélection de grandes figures du passé, il est beaucoup plus délicat encore, d'abord, d'opérer un choix parmi les personnalités d'aujourd'hui, et ensuite de s'exprimer à leur sujet. Aussi bien, dans un premier temps du moins, évoquerai-je maintenant, plutôt que des personnes, des catégories de personnes...

Je parlerai d'abord des différents préfets que j'ai été amené à fréquenter professionnellement et « humainement », car l'un ne va pas sans l'autre. Haut-Rhin et Bas-Rhin : j'en ai connu au total une dizaine. Je me suis souvent fait à moi-même la remarque que l'on doit soigneusement les trier avant de les envoyer en Alsace, car vraiment – et personne ne me paye pour le dire – je n'ai eu globalement qu'à me féliciter de mes relations avec eux ! Chacun me faisait une « visite de courtoisie » à son arrivée. J'honorais toujours de mon côté les invitations que je pouvais recevoir d'eux. Tous étaient respectueux des dispositions concordataires. Avec plusieurs, j'ai eu des échanges plus personnels de belle qualité. Il m'est arrivé de dire qu'à voir les préfets qu'il nous envoyait en Alsace, j'étais fier de mon pays.

Parmi les autres personnalités publiques, les maires ont bien entendu occupé une place très éminente à mes yeux ; je mesure l'importance décisive de leur rôle dans notre société. À Strasbourg, j'ai eu des liens privilégiés avec Catherine Trautmann, puis avec Roland Ries, enfin avec le « tandem » Keller/Grossmann, avec qui je me souviens d'avoir eu, un certain samedi matin, dans leur bureau du neuvième étage, un entretien d'une densité telle qu'il nous fit oublier à tous les trois l'heure du déjeuner. J'ai eu aussi des contacts importants avec les maires de Colmar (Gilbert Meyer), de Mulhouse (Jean-Marie Bockel) et de Haguenau (Pierre Strasser). Mais je peux énumérer comme une litanie la liste des villes alsaciennes dont, du nord au sud, j'ai bien connu l'édile : Wissembourg, Saverne, Brumath et Sélestat d'un côté ; Rouffach, Altkirch, Saint-Louis, Thann et Cernay de l'autre... Que ceux que je ne peux nommer me pardonnent.

Au cours des vacances déjà évoquées que j'ai passées en Alsace, chaque fois avec l'une de mes sœurs, durant les étés 2007 et 2008, il m'arrivait fréquemment, en traversant cette fois de petites localités, d'évoquer le nom et la personne du maire. Cela faisait immanquablement s'exclamer mes sœurs : « Mais tu connais aussi le curé, j'imagine ! »

Si je connaissais donc beaucoup de maires, je me félicitais de les rencontrer d'abord lors des visites pastorales, et ensuite à l'occasion des reconnaissances de communautés de paroisses (lorsque ces « reconnaissances » prirent pour un temps le relais des traditionnelles « visites »). J'ai également fréquenté les présidents des maires du Bas- et du Haut-Rhin – Joseph Ostermann et René Danesi –, tout comme les présidents du Conseil régional et des deux Conseils généraux : MM. Zeller, Richert, Kennel, Buttner, et plus anciennement Daniel Hoeffel.

Je connaissais par ailleurs tous les députés – y compris les « européens » – et les sénateurs d'Alsace. Je les rencontrais volontiers eux aussi lors de mes visites pastorales « de terrain ». Avec plusieurs, les contacts furent ou plus développés ou plus réguliers. J'ai toujours été frappé par l'attachement de *tous* au statut particulier de l'Alsace, y compris dans les dispositions qu'il comporte à l'égard des « cultes ».

Avec des personnalités comme Jean-Pierre Baeumler de Thann, Jo Spiegel de Kingersheim, ainsi qu'avec, entre autres, André Klein-Mosser, André Schneider d'une part, ou Jean Ueberschlag et Michel Sordi de l'autre, les échanges ont parfois pris plus d'ampleur. Ce fut spécialement le cas, à d'autres titres, avec Hubert Haenel, dont j'ai déjà parlé et que j'ai pu revoir au Sénat depuis mon départ, avant son passage au Conseil constitutionnel. Nous avions en particulier organisé avec lui, au grand séminaire et à l'archevêché de Strasbourg, une journée sur l'Europe dans le temps même où je me disposais à quitter l'Alsace ; elle me reste en vive mémoire.

Le « clou » en ce domaine du contact politique a évidemment été le fameux « Jubilé des politiques » du 11 novembre 2000 : une méditation-réflexion dans une cathédrale quasiment pleine de politiques de tout rang (dont un très grand nombre de maires, parfois accompagnés de leur conjoint), puis une assemblée-débat de plusieurs centaines de personnes au collège Saint-Étienne, animée par Jean-Louis English, directeur de France 3 Alsace : je ne suis pas près de l'oublier ! Comme je ne suis pas près d'oublier, non plus, que les équipes du même J.-L. English avaient assuré la retransmission télévisée de mon ordination épiscopale en la cathédrale de Strasbourg (où il était donc juste que je préside ses obsèques quelques années plus tard).

À côté des personnalités politiques, militaires ou académiques, je connaissais et rencontrais semblablement un certain nombre de responsables et décideurs économiques. Ce fut spécialement le cas au Cercle de l'Ill dont, je l'ai dit, j'ai eu l'honneur de faire partie. Je n'y reviens ici que pour préciser à son sujet deux choses. D'abord ceci : alors que l'habitude n'y est pas à la parole publique, le président Jean Weber me fit à mon départ la faveur de me la proposer pourtant, ce qui me permit d'exprimer à tous les membres mes remerciements et mon au revoir. Ensuite cela (sur quoi porta du reste essentiellement mon mot d'adieu) : j'estime que c'est à juste titre qu'en Alsace on ouvre de la sorte aux dirigeants religieux une pareille instance, qui rassemble des responsables de niveau comparable dans l'ensemble de la société, de sorte que l'archevêque que j'étais y était tout aussi bienvenu que, par exemple, le président des Églises protestantes. Je soulignerais d'ailleurs qu'après tout ils ne sont pas si nombreux, les lieux où pareille possibilité est aussi « naturellement » ouverte...

Il m'est arrivé, dans le même esprit, de répondre favorablement, l'une ou l'autre fois, à une invitation du Rotary, ou bien des Anciens du lycée Fustel de Coulanges ou du lycée Kléber. Je ne l'ai jamais regretté, même si j'ai souvent dû expliquer à mes proches collaborateurs qu'il ne s'agissait pas là de simples mondanités, comme certains d'entre eux se sentaient un peu portés à le croire. Pour être juste, je peux préciser qu'il est par ailleurs arrivé qu'un pasteur protestant local s'interroge, par exemple, sur ma participation à la Foire aux vins de Colmar : « Que vient-y faire l'archevêque ? » Avouerai-je que j'ai été moi-même un peu surpris de cette surprise, et qu'elle m'a même un peu indisposé ? J'ai souvent fait savoir qu'en général, je n'allais que là où j'étais invité – et encore pas toujours.

C'est dans cette perspective, en tout cas, que j'honorais par exemple les invitations du préfet ou du gouverneur militaire lorsqu'elles se présentaient, que j'assistais chaque fois que je le pouvais à l'ouverture de la Foire européenne, aux vœux des Conseils généraux, aux rentrées solennelles des tribunaux de Colmar et de Strasbourg, que sais-je ?

Et je peux encore citer les institutions européennes et les multiples manifestations liées à leur présence à Strasbourg, par exemple les réceptions des parlementaires, celle des diplomates ou la rentrée de la Cour européenne des droits de l'homme – ou bien encore certains colloques et débats organisés par le Conseil de l'Europe. Et, faut-il l'ajouter, j'ai apprécié d'être plusieurs fois invité à intervenir à l'Ena.

Jusque dans mes fatigues les plus extrêmes, je me suis forcé à participer à ces manifestations, lieux intenses de rencontres, de dialogues, voire de négociations. Lorsque plusieurs invitations étaient en concurrence, je choisissais celle qu'il convenait d'honorer en premier, en fonction des priorités du moment. Je m'efforçais de répondre aux autres en y déléguant un représentant qualifié. Une fois ou l'autre, j'ai dû déployer des trésors de persuasion pour convaincre tel de mes collaborateurs que je souhaitais ainsi déléguer, qu'il ne s'agissait vraiment pas de céder à de quelconques futilités superflues, mais bien de tenir une place d'Église dans la société des hommes... et surtout sans doute lorsqu'elle y était souhaitée ! Plusieurs de ces précieux collaborateurs ont bien voulu me confier, au moment de mon départ, qu'ils avaient mieux compris le sens de la chose grâce à ma ténacité à les y associer.

Mais, quittant maintenant les catégories par lesquelles – j'ai dit pourquoi – j'ai commencé, je voudrais néanmoins, pour finir, rendre nommément un hommage plus particulier à quelques personnalités de l'Alsace toute contemporaine.

Un poète : Claude Vigée. Né en 1921 à Bischwiller dans une famille du judaïsme rural, cet homme a hélas ! été chassé de notre région par la guerre. Il a enseigné pendant plus de vingt ans la littérature française comparée à Jérusalem. Sa retraite professionnelle, en 1984, n'a pas sonné le glas de son inspiration poétique, bien au contraire. Vigée maîtrise toutes les subtilités du français, mais aussi de l'hébreu et de l'alsacien – ces trois langues dont je suis porté à dire qu'elles figurent parmi les plus belles de la terre. Il a obtenu de nombreux prix prestigieux. Sa bibliographie est constituée de recueils aux titres évocateurs : *La lutte avec l'ange*, *La corne du grand pardon*, *Le puits d'eau vive* et, tout récemment, *Les sentiers de velours sous les pas de la nuit.*

Un général : Jean-Paul Baillard. Je l'ai souvent croisé, à l'occasion de réunions des membres de la Légion d'honneur, dont il était commandeur, ou dans le cadre de plusieurs des autres cercles qu'il fréquentait régulièrement. Il a eu la bonne idée, en 2010, de publier son autobiographie, passionnante à lire. Elle décrit l'itinéraire d'un Alsacien enrôlé de force dans la Wehrmacht à l'âge de dix-neuf ans, et qui finit officier général de l'armée française. Cette qualité lui valut d'assister à près de quarante essais nucléaires. Depuis sa retraite, il se consacrait, entre autres, à faire reconnaître les Malgré-Nous comme des victimes du nazisme, notamment dans le cadre du triste massacre d'Oradour. J'ajoute, et c'est par là que j'aurais dû commencer, qu'il était né à Strasbourg, où il est mort il y a peu.

Un homme politique : André Bord. Il venait de fêter ses quatre-vingt-dix ans et de publier lui aussi son « autobiographie » (en forme de dialogue), *Les 4 vérités d'André Bord* (Coprur, 2012). Les deux choses lui avaient justement valu un regain d'attention et d'honneurs. Son engagement fut résolu et constant, à la fois contre le nazisme et dans la Résistance, ainsi que pour le relèvement de la France et pour la construction de l'Europe. Je salue avant tout chez lui le fondateur et l'animateur de la respectée et efficace Entente franco-allemande, qui fit exemplairement progresser de conserve, pour sa part, promotion de l'Alsace et promotion de l'Europe.

Un peintre : Camille Claus. Il est de la même génération que le précédent, puisqu'il est né, lui aussi à Strasbourg, en 1920. Cela lui a également valu d'être incorporé de force, avec en prime l'internement dans le sinistre camp soviétique de Tambov. On comprend que toute sa peinture ait été ensuite marquée par la représentation du tragique et de la violence. Écoutons le témoignage posthume – il est décédé en 2005 – de ses amis, constitués en association :

> « Camille Claus, trop oublié, nous manque [...]. Dans l'atelier, dans la solitude et le silence, Camille était proche des promesses et de leur accomplissement. Sur la broderie du coussin, il retrouvait la vérité du chat, sa grâce, sa patience, malgré ses folies et sa sauvagerie. Il savait aussi que les arbres, morts pendant des mois, retrouvaient à chaque nouveau printemps la beauté et les fruits [...]. Il ne représente pas ce qu'il a vu, il voudrait montrer le paysage où il aimerait vivre, où il aurait vécu s'il avait été là de longues années plus tôt [...]. Il s'est plongé dans les couleurs à l'époque de l'abstraction, puis il en est revenu enrichi par la découverte de formes pures, maître d'une harmonie qui est sa musique à lui. »

Je partage le sentiment attristé des amis de Camille Claus et souhaite que sa peinture soit appréciée à sa juste mesure. Je me réjouis qu'une part en soit visible dans l'église du Christ-Ressuscité à Strasbourg, mais aussi dans celle de Gunstett grâce au curé Paul Winninger.

Un second homme politique : Adrien Zeller. Dans le chapitre sur « le cadre politique », j'ai eu l'occasion de rendre l'hommage mérité que je devais personnellement à ce grand Alsacien, disparu en 2009 ; et j'ai évoqué la soirée passée avec lui au restaurant de Émile et Monique Jung avant mon départ d'Alsace. J'ai été heureux de découvrir dans la presse régionale que son souvenir est loin d'être oublié, comme le prouve entre bien d'autres signes le baptême à son nom du complexe sportif jusque là nommé « du Haut-Barr », un an après sa mort, à l'initiative de la commune de Saverne qu'il a longtemps dirigée. La Ville de Strasbourg et la Région n'ont pas été en reste, en renommant en septembre 2010 la place du Wacken « place Adrien-Zeller », de sorte que ce soit désormais l'adresse du siège du Conseil régional, qu'il avait justement établi en ces lieux. À cette occasion, Philippe Richert et Roland Ries, mais aussi Jean-Louis Borloo, ont eu des paroles à la fois fortes et délicates, en présence de la famille du disparu. Enfin, et cela aurait fait particulièrement plaisir à Adrien Zeller, la promotion 2010 des Bretzels d'or, ces prix décernés depuis 1976 par l'Institut des arts et traditions populaires fondé par Germain Muller et André Bord, porte désormais son nom.

Un artiste illustrateur : Tomi Ungerer. Le journal *La Croix*, dans la page entière qu'il lui consacrait en décembre 2011, le qualifiait d'« éternel garnement », tandis que *Le Monde* le traitait, à la même époque, de « vieux brigand ». La célébration de ses quatre-vingts ans cette année-là a donné lieu à de grandes festivités ; les *DNA* lui offraient même quatre pages largement illustrées avec, en gros titre, « Tomi : bon anniversaire ! » À sa demande, je l'ai reçu pour un petit déjeuner à l'archevêché – comme, m'a-t-il dit alors, il en avait déjà partagé un dans les mêmes lieux avec Mgr Elchinger. Nous avons à la fois grandement, gaiement et profondément échangé quasiment deux heures, et je sais bien que l'on me croira si je dis que je ne me suis pas ennuyé. S'il est vrai que cet Alsacien, né en 1931 à Strasbourg, a longtemps vécu aux États-Unis – où il est parti à l'âge de vingt-cinq ans avec soixante dollars en poche – et qu'il est désormais établi en Irlande, il est demeuré fidèle à sa ville natale, notamment en lui offrant onze mille de ses dessins, soit un quart de sa production ; ils sont conservés à la villa Greiner, devenue en 2007 un musée Tomi-Ungerer très fréquenté. Une sculpture inaugurée par l'artiste *himself* et représentant un homme qui scie sa propre tête y accueille les visiteurs. Le maire de Strasbourg s'est dit, lors de l'inauguration, « troublé, dérangé, interrogé, mais aussi enchanté », ce qui résume bien la diversité des sentiments que suscite l'œuvre (inclassable) de cet artiste alsacien.

Robert Walter, le directeur du Centre culturel franco-allemand de Karlsruhe, fervent et cordial zélateur de l'œuvre de Tomi Ungerer, m'a un jour invité à commenter l'adage fameux du « maître » : « *Die Hölle ist das Paradies des Teufels* / L'enfer est le paradis du diable. » J'ai simplement écrit qu'au fond, tout le monde est à la recherche de son paradis, et que si à son sujet la consigne évangélique est « cherchez et vous trouverez », il est précisé qu'il suffit, pour trouver effectivement, d'être un « homme de bonne volonté »... mais que cela n'interdit aucunement d'être en même temps un homme d'esprit !

Je ne me sens pas nécessairement accordé à toutes les productions de cet artiste prolifique, notamment à sa partie érotique, mais je rejoins le combat qu'il exprime dans le livre d'André Klein, *L'Alsace, un autre passé pour un autre avenir*, paru en 2009 chez Do Bentzinger. Laissons-nous interroger, même si les propos sont crus :

> « Pour faire de nous, Alsaciens, une région de Kougelhopfs et de Dumkopfs docilisés, les gouvernements de l'après-guerre ont mis en place une politique qui a provoqué un désastre culturel. Par le biais de l'enseignement, ils se sont acharnés à nous couper de nos racines, de notre patrimoine littéraire et artistique, de notre culture millénaire. Le rapprochement franco-allemand, un miracle historique sans précédent, allant de pair avec la construction européenne, a fait évoluer les choses. La décentralisation en France a été un progrès, mais que de chemin reste à faire pour rendre justice à l'Alsace et à sa langue [...] Pour ma part, j'aboie en allemand, je jappe en français et je grogne en alsacien, et si je grogne, c'est aussi pour mordre les fesses d'une Marianne qui trop souvent nous impose avec arrogance sa suffisance et son dédain. Je ne monte pas à Paris, j'y descends. Avec l'indécence d'être ce que je suis. Si l'Alsace est une terre battue par l'histoire, ce n'est pas à nous de nous laisser abattre. »

On me permettra d'avouer que, sur la question abordée, chez l'Alsacien, certes d'adoption, mais non moins résolu que je suis, de tels propos ne sont pas restés tout à fait sans écho – quand bien même je serais porté à faire, cependant, deux remarques. D'une part, en même temps que par les élites alsaciennes, le rapprochement franco-allemand a quand même été initié et porté aussi par les gouvernements français successifs ; d'autre part, si la relation compliquée aux racines alsaciennes a certes souffert d'une sorte de « *Kulturkampf* français », n'a-t-elle pas pu être aussi influencée par un certain retrait des Alsaciens eux-mêmes, à la suite des horreurs germano-nazies ?

Je terminerai à dessein sur un protestant et un juif: Jean Weber et Jean Kahn. Le premier, ancien président du Cial (faut-il rappeler qu'il s'agit du CIC alsacien-lorrain ?), s'est vu décerner *« das Grosskreuz des Verdienstordens der Bundesrepublik Deutschlands »* pour son action dans le rapprochement franco-allemand. Il est aussi, avec le pasteur Michel Hoeffel je crois, à l'origine du Cercle de l'Ill dont j'ai parlé plus haut. J'ai beaucoup apprécié mes quelques rencontres avec cet homme que j'ai toujours vu souriant, fin, délicat jusque dans la rigueur de ses analyses et la netteté de ses engagements.

Le second, grande figure du judaïsme alsacien, s'est illustré dans le combat pour les droits de l'homme. Après qu'il eut échappé à une rafle alors qu'il était adolescent, la Shoah est devenue naturellement le pivot de toute sa réflexion et de toute son action ultérieures, y compris lorsqu'il a présidé la communauté juive de Strasbourg, puis le Crif, mais aussi la Commission nationale consultative des droits de l'homme, et encore, à l'échelle européenne cette fois, l'Observatoire des phénomènes racistes et xénophobes, créé à son initiative. Je recommande son livre de souvenirs *L'obstination du témoignage* (Plon, 2003), qui évoque avec délicatesse les grands maîtres qui l'ont marqué (comme le rabbin Max Warschawski, ou encore le professeur André Neher, tous deux très proches de mon pré-prédécesseur Mgr Elchinger), et qui rapporte son action nationale et internationale. J'ai pour ma part été très touché qu'il soit présent à quelques grands moments de mon existence, comme la réception des mélanges *La responsabilité des théologiens* à l'Institut catholique de Paris, à l'occasion de mes soixante-cinq ans. D'avoir été reçu à sa table par son épouse et en compagnie du professeur Jean Waline reste un de mes grands souvenirs alsaciens. Maintenant qu'il nous a quittés pour les « demeures éternelles », je lui adresse mon respectueux et fraternel salut, en réponse en somme à celui qu'il m'adressa, le tout premier, non seulement avant que je quitte Paris pour Strasbourg, mais avant même que soit officiellement notifiée ma nomination comme évêque d'Alsace.

L'Alsace a, et dans tous les sens du terme là encore, « produit » au cours des siècles des personnalités remarquables et attachantes, dont la pensée et l'action furent fécondes. Dieu merci, notre si chère région continue toujours de nous en donner aujourd'hui. Dans le présent comme par le passé, le « facteur humain » s'avère essentiel. L'avenir dépendra aussi de lui.

ENVOI

Je reviendrai en Alsace

Le moment étant arrivé pour moi de prendre congé de mon lecteur, je me propose de couronner le parcours que nous venons d'accomplir ensemble en me risquant à proposer quelques éléments de réflexion sur ce que je pourrais aussi bien appeler la spécificité ou le rayonnement de l'Alsace, que ses chances et ses atouts aujourd'hui. Telle est d'ailleurs la raison qui m'a conduit à présenter ces dernières pages comme un «envoi» plutôt que comme une conclusion. Envoi d'un «message» que, certes sans prétendre faire la leçon à personne – je le redis –, mais en exprimant quand même mon avis sans détour, je formule à l'intention des Alsaciens qui auront bien voulu me suivre jusqu'ici. Je le leur adresse au seul nom de l'amour qu'ils m'ont eux-mêmes conduit à éprouver pour leur région, et que non seulement mes années de résidence et d'engagement sur place (1997-2007), mais aussi le temps de réflexion qui a suivi (une demi-douzaine d'années) n'ont fait à la fois que confirmer et développer, qu'élargir et approfondir.

J'ai déjà eu l'occasion, dans le chapitre que j'ai consacré au cadre politique de l'Alsace, de faire référence à la chronique qu'Alain Duhamel signait le 14 avril 2013 dans les *DNA* à la suite du récent référendum qui la concernait si directement. En toute considération pour l'auteur de l'avis ainsi émis, pour la compétence qui s'y exprime et pour les arguments qui le soutiennent, je voudrais ici exprimer une opinion différente, directement motivée par ce que j'ai appris de l'Alsace et sur elle en y vivant, et que ce livre s'est efforcé d'exposer tout au long. Citant l'introduction de notre politologue parisien, je faisais valoir que le « mythe alsacien » n'en était pas un et que, contrairement à ce que son titre énonçait, rien n'était ici « fini ». Je repartirai maintenant de la conclusion de cette même chronique, que voici : « Tout le monde a perdu [au "non" donné à leur référendum par les Alsaciens] : l'Alsace, la France, les partis, les élites, les citoyens. C'est ce que l'on appelle un acte manqué. » En premier commentaire, je rappellerai que, des résultats effectivement obtenus, j'ai déduit, moi, non pas que cela en était fini d'un certain « rêve » en Alsace, mais que les Alsaciens devaient tirer des leçons de l'estime générale que manifestait la déception même que leur vote a de fait suscité de toutes parts. Mais je poursuivrai en soulignant qu'un « acte manqué » n'est précisément qu'un acte, et que s'y limiter ne permettrait pas de rendre raison de l'ensemble de la dynamique dans laquelle il s'insère bel et bien, ni de faire justice à la réalité des ressources et potentialités que cette dynamique continue effectivement de receler et qu'un seul acte n'a pas pu d'un seul coup annuler.

Me référant à ce que j'ai cru devoir relever dans tout ce livre qui s'achève, je commencerai par rappeler certaines spécificités marquantes de l'Alsace qui sont, et demeurent selon moi, autant de chances pour elle. J'inviterai alors à ne pas sous-estimer le fait que notre région n'est pour autant pas faite que de spécificités, et donc qu'elle ne doit pas négliger ce qu'entraîne son appartenance à un environnement national et international qui de toute manière la déborde et la conditionne. Je terminerai sur l'évocation de quelques atouts fondamentaux et de quelques moyens concrets.

Des traits caractéristiques qui sont autant de ressources

Il me paraît pertinent de commencer cet « envoi » conclusif en évoquant quelques traits caractéristiques de l'Alsace (ou plutôt des Alsaciens), qu'on doit tenir pour autant de ressources assez spécifiques.

Vient d'abord, évidemment, la donnée historique, elle-même liée tant à la configuration du territoire qu'à la nature du sol (et du sous-sol). Mieux que les habitants de la plupart des autres régions de France, les Alsaciens savent d'où ils viennent et, par voie de conséquence, qui ils sont et ce qu'ils veulent être. Ils ont certes bien conscience que leur région s'est constituée et continue de vivre comme un lieu de passage et de convergences. Il n'existe cependant pas en notre pays d'autre « province » que son histoire, les épreuves qui l'ont marquée, les responsables qui l'ont conduite et la population qu'elle a rassemblée à travers les siècles jusqu'à nous aient pareillement *unie* dans la volonté même d'être française... Quitte à ce que des différences apparaissent ensuite dans la façon de rapporter concrètement à cette identité nationale les nombreuses et diverses spécificités locales dues à l'histoire.

Je mentionnerai ensuite ce que j'appellerai volontiers un attachement déterminé aux « réalités primaires de l'existence », qui a abouti à constituer un art de vivre assez nettement typé. J'en vois la manifestation aussi bien dans l'admiration spontanée que tout Alsacien éprouve pour la beauté si diversifiée de ses paysages, que dans le soin qu'il apporte à la propreté, à l'entretien et à la décoration de sa maison et de son environnement, aussi bien qu'au fleurissement de son village ou de son quartier. Un signe du même ordre est encore donné dans l'attention accordée à la préparation, à la dégustation, et plus encore au partage, de tout ce qui relève des arts de la table : nourriture et boissons. Et tout se couronne ici par le sens de la convivialité et de la solidarité qui s'exprime dans toutes ces formes de l'être ensemble qui vont de l'organisation des fêtes à la multiplication étonnante des sociétés, associations et autres confréries : le nombre de ces dernières ne dépasse-t-il pas très notablement tout ce qui peut se rencontrer ailleurs dans les mêmes domaines ?

Mérite aussi d'être signalée ici la richesse potentielle unique que représente le bilinguisme. Celle-ci ne se vérifie du reste pas seulement au plan culturel – ce qui est déjà énorme quand on pense, par exemple, à la puissance de la pensée philosophique et de la littérature allemandes –, mais aussi et même d'abord au plan économique : il suffit ici de rappeler ce qui a été signalé à propos de l'emploi dans les zones frontalières ou en matière de partenariat commercial. Grâce à Dieu, au-delà même des heureux efforts déployés en faveur du dialecte alsacien, des actions sont de nouveau entreprises aux plans universitaire, politique et même commercial, pour relancer chez nous l'apprentissage de la langue de Goethe. Il semble que partout où il en va ainsi, la connaissance – par ailleurs évidemment souhaitable – de celle de Shakespeare n'en est pas compromise, au contraire même peut-être ! Et bien entendu, l'ouverture sur la langue, et par voie de conséquence sur l'économie, la politique et l'histoire allemandes, présente l'avantage complémentaire de contribuer à une ouverture européenne plus effective que partout ailleurs en France.

Autre caractéristique, ressource de l'Alsace : sa situation particulière au plan religieux. Ce n'est que chez ceux qui n'ont jamais eu de contact direct ou réel avec le régime dit « concordataire » – je les connais d'autant mieux que j'ai moi-même figuré un temps parmi eux – que cette donnée est tenue soit pour une exception politique en réalité contestable, soit pour un anachronisme à plus ou moins long terme condamné. Car l'immense majorité de ceux – dans la classe politique aussi bien que dans l'opinion commune – qui vivent entre Vosges et Rhin (et en Moselle) ne cessent pas, au contraire, de se féliciter de ce que le « régime local » rend de fait possible. N'attentant aucunement au principe de la laïcité puisqu'elles se vivent effectivement sur le mode d'une réelle « séparation des pouvoirs », les modalités de reconnaissance et de rencontre entre responsables politiques et autorités religieuses se soldent par un échange régulier d'informations mutuelles qui rend possibles de précieuses collaborations au service de la même population. De leur côté, également obligées à l'égard de la société civile et politique et équitablement traitées par les différents responsables de celle-ci, les diverses instances religieuses sont amenées non seulement à se respecter réellement, mais à dialoguer régulièrement entre elles et à définir des attitudes communes pour le bien de tous. Enfin l'on ne peut, à mon sens, tenir pour rien le fait que soit ainsi respectée l'existence en l'homme d'une dimension proprement spirituelle que, certes, le politique n'a pas la possibilité de satisfaire, mais qu'il n'a pas non plus les moyens de réguler par lui-même ; il ne peut donc que se réjouir de voir cette dimension essentielle honorée et gérée par des instances qualifiées, dès lors qu'elles s'avèrent capables de concourir pour leur part à la paix sociale et d'apporter des secours spécifiques aux individus et groupes qui estiment devoir y recourir et, en toute conscience et liberté, s'y déclarent donc attachés.

Un dernier trait caractéristique recelant de grandes ressources est représenté par ce que l'on peut globalement désigner comme le patrimoine artistique, avec tout ce qu'il est susceptible de susciter de richesse émotionnelle d'ordre esthétique, tant au plan personnel qu'au plan collectif. Formations musicales, pratique instrumentale, festivals et manifestations diverses dans les domaines de la musique, du théâtre et de l'opéra même : l'Alsace est ici une région comblée entre toutes. Quant à l'architecture, la sculpture et la peinture, la richesse des édifices, musées et programmes de mise en valeur que notre région peut aligner en la matière lui confère une attractivité dont les fruits, déjà manifestes sur le plan du tourisme et de la fécondité économique qui en résulte, se révèlent aussi dans le fait qu'ils entraînent un net rayonnement culturel, mais aussi une reconnaissance admirative et finalement un attachement affectif à coup sûr rarement vérifiés au même degré en d'autres lieux.

Des points d'attention, voire d'alerte

Je viens de présenter plusieurs des spécificités alsaciennes qui représentent toutes ensemble de grandes ressources pour notre région et de puissantes raisons de s'y déclarer attaché. La même objectivité qui vient de s'exprimer ainsi impose toutefois de faire état, corrélativement, de plusieurs aspects moins positifs qui se présentent, eux, comme des points à surveiller avec attention ou sur lesquels, même, il convient sans doute d'être résolument en alerte.

Un premier point d'attention est d'ordre assez général. On peut le caractériser comme une difficulté à assumer toutes les conséquences de l'appartenance à un ensemble socio-politique plus large. N'est-on pas un peu facilement porté, entre Vosges et Rhin, à accuser « Paris », « les Parisiens », voire les politiques alsaciens engagés au plan national, de tous les dysfonctionnements, blocages ou retards qui, en tel ou tel domaine, relèvent effectivement des instances gouvernementales, mais dans la gestion desquels on n'est pas non plus, sur place, sans responsabilités ? Le « c'est la faute à Paris » est sans doute parfois fondé ; il ne saurait cependant fournir la seule clé d'interprétation de tout ce qui, chez nous, suscite légitimement déception ou frustration. On l'a bien vu à l'occasion du référendum du printemps 2013 : ne faut-il pas aussi faire leur place, entre bien d'autres facteurs, à la volonté de « se marchander des exceptions, des dérogations, des compensations, [à] la maladie de la rumeur, [et au] syndrome de la division » (A. Duhamel) d'un côté, ainsi qu'à des intentions électoralistes et à la tentation populiste de l'autre ? Que le référendum comme tel ait, en somme, été vite oublié ne devrait pas dispenser de tirer des leçons de ce qui s'est révélé à son occasion. Au fond, nous ne sommes guère meilleurs que les autres ; et si notre héritage et notre tradition nous ont à l'évidence dotés d'enviables ressources, leur maintien et leur pérennisation ne sont aucunement assurés. Ici comme ailleurs, les mêmes causes produisent toujours les mêmes effets. Ce n'est pas parce que nous n'avons aucune raison de nous accabler par rapport aux « autres », que nous sommes autorisés à nous exonérer à trop bon compte, ou à nous estimer maltraités alors que, tout simplement, nous sommes nous aussi logés à l'enseigne commune.

Un deuxième domaine paraît mériter une particulière surveillance. Il semble bien qu'il faille présentement enregistrer une certaine baisse de la disponibilité à s'engager pour l'avenir, ce qui se marque à deux signes au moins. L'un est la surprenante baisse de la fécondité. Depuis 1999, la population s'accroissait de 0,66 % par an, les naissances entrant pour deux tiers dans la progression. Ces chiffres indiquaient une situation particulièrement dynamique. Or, un réel ralentissement est apparu ces dernières années, puisqu'une enquête menée en 2012 par l'Union régionale des associations familiales (Haut- et Bas-Rhin) alerte sur une récente évolution préoccupante du « nombre moyen d'enfants par femme en âge de procréer ». L'autre est la non moins surprenante démobilisation sur le front politique : suffit-il, pour expliquer la faiblesse de la participation au récent référendum, de dire que la seule faute en serait aux responsables politiques, coupables de n'avoir pas été ou assez explicites, ou assez organisés, ou assez convaincants ? Ne faut-il pas aussi faire la part de la tentation individualiste de se refermer chacun sur son pré carré, de s'en tenir à ce qu'on a déjà, et donc de se refuser à tout éventuel changement ?

J'ai tendance à considérer qu'un troisième domaine relève plus encore de l'alerte que de la simple attention : la sérieuse menace qui pèse sur l'environnement. La pollution de l'air, du sol et du sous-sol, des rivières et de la nappe phréatique, ne devrait laisser personne indifférent. De son côté, la question de la gestion des sols ne paraît pas avoir fait l'objet de prises de conscience suffisantes à tous les niveaux concernés. Le souhait de se donner encore un peu de temps, ou bien la bonne excuse que représente parfois le radicalisme de certains militants de la cause verte, ainsi que la difficulté à trouver des solutions alternatives efficaces en matière d'énergie, n'ont sans doute pas encore permis à tous de se responsabiliser à un niveau suffisant. Il y a pourtant urgence. Et ce n'est pas parce qu'ailleurs on ne fait sans doute guère mieux qu'on peut s'estimer dispensé d'avoir à passer ici à la vitesse supérieure... si du moins l'on veut éviter de graves déconvenues dans un avenir plus proche qu'on ne l'imagine souvent.

J'ai bien conscience que, consacrée à des aspects, disons, moins positifs de la situation alsacienne, cette deuxième partie de mon propos ne sera pas aussi développée que l'ensemble constitué par les deux autres, dont l'objectif est au contraire de mettre en valeur le positif des choses. Il y a au moins deux bonnes raisons à cela. D'une part, s'il est une position que je n'ai aucunement envie d'adopter, c'est bien celle du faiseur de remontrances ou de redresseur de torts : qui suis-je pour me laisser aller en pareille direction ? D'autre part, une chose est de s'efforcer de cultiver l'honnêteté et donc de ne pas s'en tenir mordicus à la consigne « tout beau, tout bien », et autre chose est de donner à penser qu'on se croirait qualifié pour distribuer à tout va mérites et blâmes. Je n'en fais pas mystère : ma principale intention ne peut être ici que de dire du bien de l'Alsace, puisque je ne veux que comprendre moi-même pourquoi je l'aime, et si possible le faire comprendre à d'autres.

Un ensemble d'atouts et de moyens

Ce sera maintenant la dernière étape : épingler un certain nombre de facteurs qu'on peut tenir pour soit des atouts fondamentaux, soit des moyens concrets, dans l'ordre du rayonnement présent de l'Alsace et de son avenir espérable.

Des « traits de mentalité »

Commençons par des traits de mentalité qui, en Alsace, me paraissent caractériser spécialement le « facteur humain ».

Je retiens ici en premier que l'Alsace est généreuse : environ un contribuable alsacien imposable sur trois a fait un don en 2010 : deux fois plus qu'en Corse. J'ai été témoin direct de cette générosité comme archevêque, aussi bien lorsque je lançais un appel pour la vie de notre Église diocésaine que lorsque je relayais ceux de Caritas ou du CCFD (Comité catholique contre la faim et pour le développement). Et les Alsaciens ne donnent pas seulement de leur argent : ils sont aussi généreux de leur temps, et très imaginatifs pour le faire. Retenons ici l'exemple de l'opération Lunettes sans frontière, lancée par un père capucin dans le Sundgau. Aujourd'hui, l'association qu'il a fondée récupère, trie, nettoie et expédie chaque année près de cent mille paires de lunettes vers des pays démunis. N'est-ce pas extraordinaire ?

L'Alsace est aussi marquée par une culture de rencontre. Adrien Zeller l'avait compris, lui qui avait institué un « Mois de l'autre » qui a fêté ses dix ans, avec toutes sortes d'initiatives dans les lycées (soixante établissements participants en 2011), lesquels sont financés, rappelons-le, par la Région. Le président défunt pensait que, dans un contexte où réapparaissent les tentations de racisme, d'antisémitisme et de « phobies » de toutes sortes, sa responsabilité ne consistait pas seulement à bâtir des murs scolaires, mais encore à favoriser le « dialogue des différences » entre les élèves qui y sont accueillis.

Une autre caractéristique valorisante du tempérament et de l'esprit alsaciens se manifeste dans l'engagement, la persévérance, l'endurance, la fidélité (qui peuvent même quelquefois aller vers l'opiniâtreté, sinon l'obstination). C'est spécialement notable dans le domaine de l'attachement patriotique à la France, avec l'étonnante capacité à traverser occupations, déportations et exils (choisis ou non). Mais le même signe est aussi donné du côté du travail, et plus précisément de l'entreprise, par ceux qu'on a pu appeler les nombreuses « dynasties industrielles alsaciennes », depuis les De Dietrich et les Dolfus, Dreyfus et Mieg, jusqu'aux Hatt et Koechlin, Schutzenberger et Schlumberger. Le même témoignage n'est-il pas enfin donné dans le domaine sportif, qu'il s'agisse – pour ne parler que du passé – de cyclisme (Hassenforder), de football (Heisserer et Gress) ou de décathlon (Heinrich), le cas le plus révélateur étant peut-être celui de « l'enfant de Schiltigheim », l'extraordinaire marcheur Ernest Romens, héros régional et national du Paris-Strasbourg ?

Au rang des grandes spécificités, il convient de souligner encore la belle idée de mutualité. Loin de moi l'absurdité de réserver cette valeur aux Alsaciens, mais je dois bien reconnaître une fois de plus qu'elle est singulièrement cultivée par eux. Dans quelle autre partie de la France une assemblée générale du Crédit Mutuel permet-elle de réunir 6 500 personnes ? Lors de l'assemblée générale 2009, le président Étienne Pflimlin pouvait, devant un tel public, prononcer l'éloge du mutualisme – les journaux ont même parlé d'« encensement » : « Notre modèle d'entreprise coopérative répond aux attentes nées de la crise. Notre stratégie de développement confirme sa validité jour après jour [...]. Nous pouvons compter sur notre différence mutualiste pour faire la différence avec nos concurrents. Le modèle d'entreprise coopérative est enfin reconnu comme gage de stabilité, de sécurité et de compétitivité. » La plupart des villages d'Alsace disposent encore de leur succursale propre, avec cette idée encore ancrée que l'argent déposé par une famille sert à financer un prêt à une autre famille, et inversement (au départ, chaque famille venait à l'issue de la messe du dimanche verser « les sous économisés durant la semaine »). Le drame de la finance contemporaine n'est-il pas d'avoir rendu les flux d'argent totalement opaques et anonymes ? Or, ça marche : en vingt-cinq ans, le nombre de sociétaires du Crédit Mutuel a doublé au niveau national, et chaque année 500 000 d'entre eux participent aux 2 000 assemblées générales des caisses, où ils élisent 24 000 administrateurs. Au moment de son départ à la retraite, Étienne Pflimlin n'avait qu'un message à adresser à son successeur, Michel Lucas : « Gardez la flamme mutualiste ! » Il a été et sera, bien sûr, entendu.

L'Alsacien aime que ses efforts soient reconnus et encouragés, ce qui explique l'existence de nombreux prix et distinctions. J'ai parlé plus haut de l'Institut des arts et traditions populaires, qui remet chaque année ses Bretzels d'or dans des domaines aussi divers que la conservation du patrimoine, l'histoire de l'Alsace, les métiers de bouche, la dialectologie ou l'humanisme... En 2009 a été créée une fondation territoriale régionale intitulée Fondation Passions Alsace. Ne confondons pas cette instance avec, encore, la Fond'action Alsace, qui choisit des lauréats parmi les individus ayant « un talent, un projet original et innovant ». On pourrait aussi parler des prix décernés chaque année à de jeunes historiens par les Amis du Vieux Strasbourg. Dans un tout autre domaine, Alsace Qualité encourage les entreprises de la région qui s'engagent dans une vraie démarche de qualité, comme la volaille Label rouge, procédure qui a permis de sauvegarder la confiance des consommateurs au moment de la funeste crise de la vache folle.

Autre trait de l'Alsace qui représente pour elle un atout : on peut dire qu'elle est en quelque sorte « imprégnée de culture » – ou bien : qu'on y retrouve de multiples manières de « cultiver la culture ». En témoigne déjà la façon admirable dont l'immense patrimoine religieux alsacien se trouve apprécié et entretenu. Est ici décisif le rôle joué par la Fondation du patrimoine et par l'Association pour la conservation du patrimoine religieux en Alsace, d'abord présidée par Pierre Goetz, aujourd'hui relayé par Pierre Meyer. J'ai expressément désiré la fondation de cette dernière, avec Adrien Zeller. Il s'agissait d'accueillir des objets du culte (surtout catholique, mais aussi protestant et israélite), d'abord pour les conserver dans de bonnes conditions, qui ne sont pas toujours assurées par les sacristies, puis pour les exposer périodiquement, de sorte qu'à travers ces objets du patrimoine, la réalité du culte puisse être présentée aux visiteurs. Une fois de plus, le diocèse catholique s'associe avec des institutions publiques pour mettre en valeur le patrimoine spirituel, comme il le fait aussi à travers les initiatives du service diocésain de la pastorale du tourisme piloté par Charles Singer, ou encore à travers la Nuit des cathédrales, à laquelle Strasbourg participe depuis 2010. Mais le patrimoine alsacien n'est pas seulement religieux ! Les Journées européennes du patrimoine sont très suivies chaque année, et les Alsaciens n'ont que l'embarras du choix pour découvrir les salons de l'empereur de la gare de Strasbourg, une église de Colmar, un musée de Mulhouse, l'une ou l'autre synagogue ou, depuis peu, la grande mosquée de Strasbourg (par quoi, bien sûr, on revient au religieux).

Dans le champ culturel toujours et pour ce qui est de l'histoire, s'impose le beau travail mené par l'Institut d'histoire de l'Alsace, désormais dirigé par Claude Muller et qui, malgré ses quatre-vingt-dix ans accomplis, trouve toujours de nouveaux sujets à faire défricher par sa quarantaine d'étudiants en licence et sa vingtaine en master. Lors du colloque anniversaire de juin 2010, on m'a d'ailleurs demandé une contribution sur mon épiscopat. Les sociétés d'histoire et d'archéologie d'Alsace évoquées plus haut ne sont pas en reste : elles ont élu récemment Gabrielle Claerr-Stamm, responsable de la Société d'histoire du Sundgau, à la tête de leur fédération, qui publie régulièrement la très intéressante *Revue d'Alsace*. Après avoir également publié en fascicules l'excellent *Nouveau Dictionnaire de biographie alsacienne*, cette même fédération s'est lancée dans un *Dictionnaire historique des institutions de l'Alsace*, commençant par « abbaye » et qui finira par quelque mot en Z (il y en a beaucoup en Alsace !). Moins connue sans doute, la *Revue alsacienne de littérature* a l'avantage d'introduire dans un autre univers, celui des Lettres. Son numéro semestriel 117, paru en 2012, proposait une palette extrêmement variée allant de la poésie à la narration, sans oublier les chroniques et les notes de lecture.

Au pays de Gutenberg, on ne peut négliger le domaine de l'édition. Plusieurs éditeurs se passionnent pour l'alsatique, entre autres avec la fameuse collection « L'Alsatique de poche », fondée en 1973 par l'abbé Gérard Wackenheim et aujourd'hui poursuivie par *L'Ami hebdo*. Dans un tout autre genre, la collection « 's Elsàssbuech » est portée par les éditions du Donon ; moins historique, elle offre des *Chansons d'autrefois en Alsace* ou encore *Une année en Alsace*. Les éditions Arfuyen soutiennent les recherches sur la mystique rhénane. La Nuée Bleue est essentiellement tournée vers l'Alsace (qu'elle célèbre en toutes ses richesses), si l'on excepte la grande collection sur les cathédrales que j'y ai fondée (mais qui s'est ouverte par un ouvrage consacré à celle de Strasbourg !). Entre bien d'autres réalisations, signalons aussi chez elle *La grande encyclopédie des lieux d'Alsace*, livre « exhaustif, détaillé, approfondi et remarquable » aux dires du président Richert, et la belle collection « Figures d'Alsace ». Quant aux éditions du Signe, elles ont eu, à côté d'autres réalisations historiquement, culturellement et religieusement riches, la bonne idée de lancer une passionnante bande dessinée sur l'histoire de l'Alsace.

La culture d'aujourd'hui passant aussi de plus en plus par la radio et la télévision, l'Alsace a la chance précieuse de disposer et d'une chaîne publique régionale de télévision (France 3 Alsace) et d'une radio publique régionale (France Bleu Alsace). Adrien Zeller voyait rouge lorsque des plans d'économie évoquaient là une fusion avec la Lorraine ou la Franche-Comté : « C'en serait fini de la particularité régionale », estimait-il. Et n'oublions pas que ces deux médias non seulement ouvrent largement leur antenne à l'actualité locale, y compris religieuse, mais encore proposent des émissions en langue alsacienne. Comment, enfin, ne pas signaler Arte, chaîne franco-allemande implantée à Strasbourg, sur laquelle on peut voir à une heure de grande écoute des émissions que l'on ne diffuse ailleurs qu'à trois heures du matin : opéras sous-titrés, émissions historiques spécialisées... le tout dans une ambiance de réconciliation franco-allemande produite par la juxtaposition des langues et le croisement des cultures ?

D'importantes initiatives récentes

Des «traits de mentalité» à dimension personnelle marquée, passons à des initiatives récentes de grande ampleur qui se situent davantage au niveau de la Région et de ses diverses instances de gouvernement et d'animation.

Après une longue et soigneuse période de préparation, et prenant le relais de plusieurs initiatives antérieures (on peut ici songer au projet Alsace 2005), la «marque Alsace» a été lancée par la Région en 2012. Il s'agit d'une «marque de territoire», autrement dit d'un identifiant qui «permet à un territoire, comme à une entreprise ou à un produit, de se démarquer des autres et d'être attractif». Elle s'est donné un sigle qui, apposé et exploité à des conditions précises, vaudra garantie d'«alsacianité». Selon le président Philippe Richert, cette «marque» se propose de renforcer l'attractivité et la compétitivité de l'Alsace, d'aider les entreprises à mieux se positionner à l'international, et d'attirer des groupes et des sociétés – ce qu'il résume en une phrase-choc: «Nous voulons donner envie d'Alsace bien au-delà de nos frontières. Et c'est une ambition que chaque Alsacien peut partager et faire vivre là où il se trouve.»

Pour préparer la marque Alsace, le cabinet CoManaging a mené auprès de milliers de personnes une enquête qui a connu un très grand pourcentage de réponses et qui a mis en avant la très forte identité régionale, puisque 40 % des personnes se déclarent alsaciennes avant de se revendiquer d'une ville particulière, cas unique en France. De cette enquête, il ressort cependant un paradoxe: l'Alsace a énormément de qualités, mais elle hésite à les mettre largement en valeur, d'abord auprès des quelque 126 millions de personnes qui vivent à moins de trois heures de chez nous. Déjà en avril 2009, alors qu'il venait bruyamment de rejeter la proposition du rapport Balladur d'une région Alsace-Lorraine, et bien avant le lancement officiel de la marque, Adrien Zeller disait sa profonde confiance en une région qui ne manque pas d'atouts et qu'il présentait ainsi: «De Jean-Marie Lehn, prix Nobel de chimie, au professeur Jacques Marescaux avec l'Ircad (Institut de recherche contre les cancers de l'appareil digestif), de Sébastien Loeb au regretté Bashung, qui avait su "prendre le meilleur de l'Alsace", notre région est riche en ambassadeurs de la marque Alsace.»

Du point de vue économique, les dernières années ont pourtant connu un bilan contrasté. En 2008, le plan de relance s'était concrétisé pour l'Alsace par le soutien à la deuxième tranche du TGV Est, à savoir la prolongation de la ligne de Baudrecourt à Vendenheim, de sorte que Strasbourg ne soit plus qu'à 1h50 de Paris. Le bilan touristique avait été spécialement bon, je vais y revenir. Mais notons quand même qu'un triste état des lieux de l'année précédente a été établi au mois de juin 2010, et qu'a été mis en lumière le fait que, davantage dépendante de l'industrie que d'autres régions, l'Alsace a été plus touchée qu'elles par la crise. Réaction de Philippe Richert : il faut « remettre l'Alsace et son économie dans la spirale gagnante », mais cela demandera la mobilisation de tous...

Au second semestre 2012, le baromètre semestriel de conjoncture de la CCI de région faisait encore apparaître « des indices d'évolution négatifs », quel que soit le secteur d'activité ou la taille de l'entreprise. Un certain optimisme renaissait pourtant pour le premier semestre 2013 : en mars de cette année, Philippe Gabarra, le nouveau directeur régional de la Banque de France en Alsace, estimait que l'Alsace a quand même bien résisté, et que sur plusieurs points décisifs, elle était « plutôt bien orientée ». Mais le dernier mot n'est à l'évidence pas dit. Il importe plus que jamais sans doute d'en avoir conscience.

De son côté, si le journaliste et politologue Alain Howiller admet que la situation est sérieuse, il la relativise au regard de grandes crises du passé récent, comme la débâcle du textile, ou la fermeture des mines de potasse : tout cela n'a-t-il pas été surmonté ? « L'Alsace, à chaque fois, a su rebondir grâce à son énergie. » Il pense donc que la région conserve de beaux atouts pour sortir de la crise. Contrairement à ses voisines d'outre-Vosges et d'outre-Rhin, c'est une région jeune : elle compte presque un tiers de moins de vingt-cinq ans, et la population en âge de travailler représente la moitié du total. Alain Howiller estime par ailleurs qu'une Alsace sans industrie est « absolument impensable » : alors que les salariés relevant du secteur industriel représentent entre 16 et 18 % dans la France de l'intérieur, le pourcentage est de plus de 20 % en Alsace, et de 31 % en Allemagne. Il juge enfin que l'université unifiée d'Alsace est appelée à jouer un rôle majeur dans la reconversion de certaines activités industrielles, même si tout ne se transformera pas en « high-tech » ou en « biotechnologie ». Fin octobre 2013, « sur l'idée de Philippe Richert » (*DNA* du 27 octobre 2013), le Conseil régional d'Alsace a, sous le titre « Alsace 2030 », lancé le grand chantier d'une réflexion « la plus large possible » menée par un certain nombre d'« ateliers thématiques » avec l'objectif d'aboutir à un document d'« orientations stratégiques » destinées à préparer « l'Alsace de demain ».

Un coup d'œil du côté de ce qu'on ne craint pas d'appeler l'« industrie touristique » – secteur qui s'avère particulièrement dynamique en termes économiques – confirme l'impression de relance liée à des initiatives prometteuses. La troisième rencontre du Club Écho DNA, qui s'est tenue le 16 décembre 2010 à Colmar, réunissait « quatre acteurs clés de l'économie touristique », à savoir Marc Haeberlin, patron de l'Auberge de l'Ill, Dominique Hummel, président du directoire du Futuroscope de Poitiers, Jean Klinkert, directeur de Haute-Alsace Tourisme (l'agence de développement touristique du Haut-Rhin), et Christian Schmitter, PDG de CroisiEurope, le premier croisiériste européen. Ces quatre responsables ont partagé « leur analyse et leur vision prospective d'un secteur toujours en croissance » ; ils se sont notamment arrêtés sur le fait que le mois de décembre soit devenu en quelques années l'une des meilleures, sinon la meilleure période touristique, alors qu'il était encore il y a vingt ans un « moment creux ». Marc Haeberlin s'est par exemple étonné de la venue fréquente d'Autrichiens dans son restaurant triplement étoilé, alors que « les Autrichiens ont eux aussi de très beaux marchés de Noël ! » ; il décèle d'autre part « un désir de visiter l'Alsace qui est colossal en France ». De son côté, Dominique Hummel a très justement défini sa région d'origine comme « une région de pupilles et de papilles : "On vient en Alsace pour la beauté de ses paysages, ça sort en tête des motivations, et parce qu'on y mange bien." » Toutes choses que j'ai essayé d'illustrer tout au long de cet ouvrage, n'est-ce pas ?

Belle preuve de notre attractivité, l'Alsace a été placée au premier rang du « top 10 » du *Lonely Planet*, un célèbre éditeur australien de guides de voyage. Jacques Dreyfuss, président du Comité régional du tourisme, commente : « Nous passons de la quatrième "région la plus visitée" en France à l'"incontournable mondial" pour 2010. » Précisons ici que l'Alsace coiffe au poteau Bali, Fernando de Noronha (Brésil), Goa, Koh Kong (Cambodge) et le lac Baïkal, en même temps qu'elle se trouve définie comme une destination « hors des sentiers battus ». Quatre pages sont consacrées dans le guide du *Lonely Planet* à la cuisine alsacienne, définie par son authenticité et son caractère. Le même Jacques Dreyfuss expliquait l'année précédente la réussite du tourisme alsacien par la conjonction de trois éléments : la bonne entente entre les opérateurs de tourisme et les hôteliers et restaurateurs, le succès du slogan « Alsacez-vous », et le concept des « villages alsaciens » mis en place dans toute l'Europe, de Londres à Linz en passant par Paris et Anvers.

Après une brillante année 2009, on annonçait en mars 2011 une nouvelle hausse en 2010. Le bilan de l'année 2012 marquait, cependant, une « stabilisation de la fréquentation touristique en Alsace ». Ne perdons jamais de vue, toutefois, qu'alors qu'il y a dix ans le tourisme d'hiver n'existait pratiquement pas chez nous, le mois de décembre est désormais le premier en termes de fréquentation... La conclusion paraît claire : si la partie n'est jamais définitivement gagnée, « l'attractivité touristique de l'Alsace se maintient ». Les bilans effectués et pour Strasbourg et pour l'Alsace à la fin de l'année 2013 le confirment bien.

Quelques institutions de rayonnement

Terminons en évoquant, au-delà des mentalités et des initiatives récentes, quelques institutions plus ou moins anciennes, elles aussi porteuses de rayonnement.

L'Union internationale des Alsaciens. Un grand nombre de personnes dont la famille est originaire d'Alsace vivent aujourd'hui aux quatre coins de la planète. L'Union internationale des Alsaciens répond au désir légitime de ces « Alsaciens du bout du monde » de se retrouver et d'évoquer leurs racines. Co-fondée vers 1980 par François Brunagel, qui l'a dirigée pendant vingt et un ans et en reste le président d'honneur, elle sert à « identifier et structurer le réseau de compétences dont dispose l'Alsace à l'étranger ». Fédérant une trentaine d'associations liées chacune à un pays d'accueil, elle peut revendiquer un millier d'adhérents directs.

La Maison de l'Alsace à Paris. Jouissant sur les Champs-Élysées d'une implantation exceptionnelle, cette « maison » est en train de se donner une nouvelle jeunesse en vue d'une nouvelle relance. Bernard Kuentz, son directeur, expose que lorsqu'elle rouvrira ses portes à l'issue des grands travaux en cours, elle ne se limitera plus à la promotion du tourisme grâce aux produits régionaux et aux propositions de voyages, mais se mettra effectivement au service des entreprises et des industriels alsaciens. L'intention est de poursuivre la féconde collaboration déjà assurée entre les grandes collectivités alsaciennes : Conseils généraux et Conseil régional.

L'Alsace à Shanghaï. Jacques Bigot, président de la Communauté urbaine de Strasbourg, était présent en 2010 aux côtés de Philippe Richert pour inaugurer le pavillon de l'Alsace à l'Exposition universelle de Shanghaï, un mois et demi après son ouverture au public, en présence de deux cents invités dont beaucoup d'Alsaciens. Certes, ce pavillon était relativement modeste à côté d'autres ; il revêtait cependant une architecture futuriste, avec une belle scénographie permettant un voyage virtuel en Alsace. L'idée a été exprimée de ne pas abandonner cette réalisation, mais de la transformer en «Alsace center». Quoi qu'il en soit, cette présence à l'exposition universelle chinoise aura permis, selon les termes du président Richert, de « remettre l'Alsace dans une spirale gagnante ».

Shanghaï est aussi le nom d'un fameux classement des universités mondiales, dans lequel la France est assurément défavorisée en raison du caractère trop réduit de ses établissements. L'unification de l'Université de Strasbourg a permis à cette dernière d'entrer dans la liste enviée des cent meilleures universités du monde.

Les Ambassadeurs d'Alsace. Ce concept a été lancé en 2008. Il s'agit de profiter du grand nombre d'Alsaciens dispersés dans le monde pour les transformer en relais des intérêts économiques de la région. L'Agence de développement du Bas-Rhin a mis en place des moyens pour fédérer cette « communauté » à travers les techniques modernes du réseau Facebook. C'est ainsi que Christophe Essig, qui a lui-même travaillé sept ans à Singapour pour Publicis et y a découvert le grand nombre d'expatriés alsaciens présents en Asie, est devenu le «community manager» de ce groupe, qui recense déjà plus de deux mille personnes. Si malgré tout je me vois assez mal rejoindre personnellement cette « communauté » (expression préférée à celle de « réseau social »), j'avoue revendiquer volontiers aussi pour moi-même le titre d'« ambassadeur d'Alsace » ! Écrivant ce livre, je n'ai à vrai dire rien cherché d'autre que d'en remplir la fonction... en m'efforçant seulement de toujours dûment motiver pareil engagement !

Péguy, qui compte pour moi parmi les témoins majeurs, a un jour déclaré que, quitte à susciter le ricanement autour de lui, il tenait à participer au défilé populaire organisé à travers toute la ville d'Orléans en hommage à Jeanne d'Arc. Il acceptait même le risque de passer là pour un demeuré (il employait en réalité un autre terme), tant l'œuvre et la figure de cette héroïne nationale lui paraissaient significatives pour l'histoire et l'identité du peuple français.

Je ne parle pas ici, moi, de Jeanne et de la France, mais d'Odile et de l'Alsace. Pour autant, je ne crains pas davantage que Péguy les éventuels commentaires désobligeants si, ne laissant moi aussi parler que mon cœur, je reprends sans vergogne cette petite cantilène populaire dont j'ai déjà dit tout le sens qu'elle a pris pour moi :

> « Toi qui pars, je voudrais mon ami
> Que tu passes par l'Alsace.
> Tu verras qu'il est beau mon pays,
> Plein de grâce et d'esprit [...] »

Oui, je passerai et repasserai par l'Alsace, car, aussi longtemps que je pourrai en reprendre le chemin, je ne me verrai jamais finir ma vie sans la revoir. Puis, le moment venu, j'aurai ma dernière demeure en sa cathédrale – au cœur donc de cette terre d'entre Vosges et Rhin que, oui, décidément, j'aurai tant aimée.

Notice biographique

MGR JOSEPH DORÉ

Archevêque émérite de Strasbourg (1997-2007), théologien, éditeur
Directeur de la collection « La grâce d'une cathédrale » (La Nuée Bleue)

Né en 1936 au Grand-Auverné (Loire-Atlantique), ordonné prêtre du diocèse de Nantes en 1961, il est entré dans la Compagnie de Saint-Sulpice en 1962. Il a suivi une formation théologique à Paris, Rome et Münster (Westphalie). Il a été directeur du grand séminaire de Nantes (1965-1971) puis directeur du séminaire des Carmes de Paris (1971-1981) et professeur puis doyen de la faculté de théologie de l'Institut catholique de Paris (1971-1997). Il a été membre de la Commission théologique internationale (Rome) et président de l'Académie internationale des sciences religieuses (Bruxelles). Comme archevêque de Strasbourg (1997-2007), il s'est employé au réaménagement interne du diocèse, à son ouverture au monde – en particulier dans les domaines de la culture, de l'interreligieux et de la politique – avec une attention spéciale portée à la cathédrale.

Il a écrit ou co-écrit plusieurs ouvrages, principalement de théologie, parmi lesquels :

La grâce de croire, Éditions de l'Atelier, Paris, 2002-2003.
La grâce de vivre. Entretiens avec Michel Kubler et Charles Ehlinger, Bayard, Paris, 2004.
La grâce de vivre en chrétien, Mame, Paris, 2006.
Strasbourg. La grâce d'une cathédrale (avec 22 auteurs), La Nuée Bleue, Strasbourg, 2007.

Son livre de souvenirs, *À cause de Jésus* (Plon, Paris, 2011), a été un grand succès de librairie et son dernier ouvrage publié, un petit manifeste intitulé *Peut-on vraiment rester catholique ?* (Bayard, Paris, 2012) a connu un grand retentissement dans les médias et le public.

Il a dirigé plus d'une vingtaine d'ouvrages de théologie, notamment :

Les grands thèmes de la foi. Dictionnaire de théologie chrétienne, Desclée, Paris, 1979.
Perspectives actuelles sur la tolérance. Actes du colloque tenu à Nice du 11 au 14 septembre 1994, AISR, Artel, Namur, 1997.
Le devenir de la théologie catholique mondiale depuis Vatican II. 1965-1999, Beauchesne, Paris, 2000.
Des ministres pour l'Église (dir. avec Maurice Vidal), Bayard-Centurion/Fleurus-Mame/Cerf, Paris, 2001.

Il a signé plus de 250 articles dans des revues spécialisées ou des périodiques de grande diffusion ou dans de grandes encyclopédies (*Dictionnaire des religions* (PUF), *Lexikon für Theologie und Kirche, Encyclopædia Universalis, Grand Larousse universel*…).

Il a fondé et dirigé plusieurs collections :

« Jésus et Jésus-Christ » (Desclée, 100 titres).
« Le christianisme et la foi chrétienne. Manuel de théologie » (Desclée, 8 volumes parus).
« Sciences théologiques et religieuses » (Beauchesne, 10 volumes parus).

Il a collaboré à plusieurs revues, notamment *Recherches de Science religieuse*, la *Revue de l'Institut catholique de Paris/Transversalités* (qu'il a dirigée à partir de 1994), *Spiritus*, *Prêtres diocésains* et *La Documentation catholique*.

Mgr Joseph Doré est commandeur dans l'ordre de la Légion d'honneur et officier des Arts et Lettres.

Table

PRÉFACE
Un livre d'amour et de passion, *par Mgr Jean-Pierre Grallet* 7

OUVERTURE – Par amour de l'Alsace 11

CHAPITRE 1 – Un rapport très personnel à l'Alsace 21

CHAPITRE 2 – Le pays d'Alsace 55

CHAPITRE 3 – L'histoire de l'Alsace 77

CHAPITRE 4 – Le cadre politique 97

CHAPITRE 5 – À même la terre d'Alsace 119

CHAPITRE 6 – Agriculture et écologie 143

CHAPITRE 7 – Artisanat, industrie et commerce 165

CHAPITRE 8 – La communication, ses formes et ses moyens 183

CHAPITRE 9 – Le patrimoine artistique et la vie culturelle 219

CHAPITRE 10 – La dimension religieuse et ses manifestations 243

CHAPITRE 11 – Deux grands savoir-vivre 277

CHAPITRE 12 – Personnalités d'hier et d'aujourd'hui 309

ENVOI – Je reviendrai en Alsace 331

NOTICE BIOGRAPHIQUE 349

Achevé d'imprimer par Corlet, Imprimeur, S.A. - 14110 Condé-sur-Noireau
N° d'Imprimeur : 161107 - Dépôt légal : février 2014 - *Imprimé en France*